2021年勘察设计注册土木工程师(道路工程)执业资格考试用书

专业基础知识

交通运输部职业资格中心　组织编写

人民交通出版社股份有限公司
北京

内 容 提 要

本书为全国勘察设计注册土木工程师(道路工程)执业资格考试用书。全书共分六篇,内容包括建筑材料、土质学与土力学、工程地质、工程勘测、结构设计原理、职业法规。

本书由交通运输部职业资格中心组织相关专家编写,可作为广大考生复习备考的参考用书,也可作为从业人员及交通院校相关师生在实际工作和教学中的参考用书。

图书在版编目(CIP)数据

2021年勘察设计注册土木工程师(道路工程)执业资格考试用书. 专业基础知识／交通运输部职业资格中心组织编写. — 北京：人民交通出版社股份有限公司,2021.6

ISBN 978-7-114-17343-1

Ⅰ.①2… Ⅱ.①交… Ⅲ.①道路工程—资格考试—自学参考资料 Ⅳ.①U41

中国版本图书馆 CIP 数据核字(2021)第 092026 号

2021 Nian Kancha Sheji Zhuce Tumu Gongchengshi(Daolu Gongcheng)Zhiye Zige Kaoshi Yongshu Zhuanye Jichu Zhishi

书　　名：	**2021年勘察设计注册土木工程师(道路工程)执业资格考试用书　专业基础知识**
著 作 者：	交通运输部职业资格中心
责任编辑：	刘永超　侯蓓蓓
责任校对：	孙国靖　魏佳宁　扈　婕
责任印制：	张　凯
出版发行：	人民交通出版社股份有限公司
地　　址：	(100011)北京市朝阳区安定门外外馆斜街3号
网　　址：	http://www.ccpcl.com.cn
销售电话：	(010)59757973
总 经 销：	人民交通出版社股份有限公司发行部
经　　销：	各地新华书店
印　　刷：	北京市密东印刷有限公司
开　　本：	787×1092　1/16
印　　张：	26
字　　数：	630 千
版　　次：	2021年6月　第1版
印　　次：	2021年6月　第1次印刷
书　　号：	ISBN 978-7-114-17343-1
定　　价：	130.00 元

(有印刷、装订质量问题的图书,由本公司负责调换)

《2021年勘察设计注册土木工程师(道路工程)执业资格考试用书 专业基础知识》编审委员会

本书编写人员

(以姓氏笔画为序)

丁建明　刘　晓　刘传志　何东坡
余　波　陈素华　黄文元　曾宪武

本书审定人员

(以姓氏笔画为序)

王守彬　杨　洁　陈　林　赵君黎
袁　洪　廖朝华

前言

  党的十八大以来，在习近平新时代中国特色社会主义思想指引下，中国交通发展取得历史性成就，已经建成交通大国，正加快向交通强国迈进。道路工程基础设施方面，高速公路网络规模不断增加，"四好农村路"建设扎实推进，有力服务和支撑了经济社会持续快速健康发展。中国交通进入了高质量发展的新时代。

  道路工程建设，勘察设计是龙头，是灵魂。为了规范道路工程勘察设计人员管理，提高道路工程勘察设计人员综合素质，提升道路工程勘察设计整体水平，打造一支高素质的道路工程勘察设计队伍，2007年4月，原交通部会同原人事部和原建设部建立了勘察设计注册土木工程师（道路工程）制度。据此，交通运输部会同有关部门拟定了勘察设计注册土木工程师（道路工程）《基础考试（下）》的考试大纲。

  为方便考生备考，我们组织有关专家在2009年版考试用书的基础上修订形成了《勘察设计注册土木工程师（道路工程）执业资格考试用书　专业基础知识》，与《基础考试（下）》科目对应。新版考试用书既可作为广大考生复习备考的参考用书，也可作为从业人员及交通院校相关师生在实际工作和教学中的参考用书。

  考试用书编写过程中得到中交第一公路勘察设计研究院有限公司、中交第二公路勘察设计研究院有限公司、中交公路规划设计研究院有限公司、中国公路工程咨询集团有限公司、东南大学、东北林业大学等单位和专家的大力支持，在此一并表示感谢！

  由于时间有限，疏漏和纰误在所难免，敬请批评指正。

交通运输部职业资格中心
2021年5月

目 录
Contents

第一篇 建筑材料

第一章 砂石材料 ………………………………………………………………………… 1
  第一节 集料的技术性质及其检测方法 ………………………………………………… 1
  第二节 矿质混合料的组成设计 ………………………………………………………… 6

第二章 石灰和水泥 ……………………………………………………………………… 14
  第一节 石灰 ……………………………………………………………………………… 14
  第二节 硅酸盐水泥 ……………………………………………………………………… 17

第三章 无机结合料稳定材料 …………………………………………………………… 23
  第一节 石灰稳定材料 …………………………………………………………………… 23
  第二节 水泥稳定土基层 ………………………………………………………………… 26
  第三节 工业废渣稳定土基层 …………………………………………………………… 30

第四章 水泥混凝土和砂浆 ……………………………………………………………… 33
  第一节 普通水泥混凝土 ………………………………………………………………… 33
  第二节 普通水泥混凝土的组成材料 …………………………………………………… 43
  第三节 普通水泥混凝土的组成设计 …………………………………………………… 49
  第四节 混凝土外加剂 …………………………………………………………………… 54
  第五节 建筑砂浆 ………………………………………………………………………… 57

第五章 沥青材料 ………………………………………………………………………… 62
  第一节 石油沥青的组成结构 …………………………………………………………… 62
  第二节 石油沥青的技术性质与要求 …………………………………………………… 62
  第三节 改性沥青 ………………………………………………………………………… 67

第六章 沥青混合料 ……………………………………………………………………… 70
  第一节 沥青混合料的分类 ……………………………………………………………… 70
  第二节 沥青混合料的组成结构和强度形成原理 ……………………………………… 71
  第三节 沥青混合料的技术性质与技术标准 …………………………………………… 73
  第四节 沥青路面混合料组成设计 ……………………………………………………… 74

第七章　建筑钢材 ········ 78
第一节　钢材的分类及建筑钢材的类属 ········ 78
第二节　建筑钢材的技术性质 ········ 79

第八章　其他建筑材料 ········ 83
第一节　纤维材料的技术性质 ········ 83
第二节　土工合成材料技术性质 ········ 83
第三节　木材 ········ 83

第二篇　土质学与土力学

第一章　土的物理化学性质及工程分类 ········ 85
第一节　土的三相比例指标 ········ 85
第二节　黏性土的状态与界限含水率 ········ 87
第三节　砂土的密实度 ········ 89
第四节　土体工程性质的变化机理 ········ 90
第五节　土的工程分类 ········ 91

第二章　土中水的运动规律 ········ 94
第一节　土的毛细特性 ········ 94
第二节　土的渗透性 ········ 95
第三节　动水力的概念及流沙现象 ········ 97
第四节　冻胀的机理与影响因素 ········ 98

第三章　土中应力计算 ········ 100
第一节　土中有效应力 ········ 100
第二节　土的自重应力 ········ 101
第三节　基底压力的简化算法 ········ 102
第四节　附加应力的计算方法 ········ 103

第四章　土的力学性质 ········ 109
第一节　土的压缩特性与变形指标 ········ 109
第二节　土的强度理论 ········ 113
第三节　土体抗剪强度试验及强度指标 ········ 115
第四节　软土在荷载作用下的强度增长规律 ········ 118
第五节　土的压实特性与压实土的力学特性 ········ 119

第五章　地基沉降计算与地基承载力 ········ 122
第一节　分层总和法计算最终沉降 ········ 122
第二节　一维固结理论 ········ 123
第三节　地基沉降的历时特征 ········ 127
第四节　地基破坏的性状及地基承载力的概念 ········ 128
第五节　按临界荷载确定地基承载力 ········ 130
第六节　按极限荷载确定地基承载力的方法 ········ 131
第七节　地基容许承载力的修正方法 ········ 134

第六章　土坡稳定分析 …… 136
第一节　砂性土土坡稳定分析 …… 136
第二节　黏性土土坡圆弧滑动体整体稳定分析 …… 137
第三节　条分法的基本原理 …… 140
第四节　毕肖普条分法 …… 142
第五节　土坡稳定分析中一些特殊问题 …… 143

第三篇　工程地质

第一章　岩石与矿物 …… 146
第一节　岩浆岩 …… 146
第二节　沉积岩 …… 148
第三节　变质岩 …… 150
第四节　岩石的工程地质性质 …… 151
第二章　地质构造 …… 154
第三章　外动力地质作用 …… 163
第一节　风化作用 …… 163
第二节　地表流水地质作用 …… 166
第三节　常见的第四系松散堆积物 …… 168
第四章　地貌 …… 172
第一节　河流阶地 …… 173
第二节　山岭地貌 …… 173
第三节　平原地貌 …… 176
第五章　水文地质 …… 177
第六章　道路工程地质问题 …… 181
第一节　路基工程地质问题 …… 181
第二节　不良地质与特殊土 …… 182
第三节　工程地质选线 …… 207
第七章　道路工程地质勘察 …… 210
第一节　公路工程地质勘察内容 …… 210
第二节　公路工程地质勘探 …… 211

第四篇　工程勘测

第一章　公路工程勘测的基本概念 …… 214
第一节　概述 …… 214
第二节　公路工程勘测的基本要求和阶段划分 …… 215
第三节　测量学的几个基本概念 …… 216
第二章　公路测量标志与测量记录 …… 220
第一节　公路测量标志 …… 220
第二节　测量记录 …… 222

第三章	控制测量	227
第一节	公路平面控制测量	227
第二节	公路高程控制测量	235
第三节	资料提交	243

第四章	地形图测绘	244
第一节	地形图的基本知识	244
第二节	公路地形图测绘的基本规定	247
第三节	航空摄影测量	253
第四节	数字地面模型	256
第五节	资料提交	257

第五章	初测	258
第一节	初测阶段的测量工作内容和要求	258
第二节	路线勘测与调查	260
第三节	路基、路面及排水勘测与调查	261
第四节	桥涵勘测与调查	263
第五节	隧道勘测与调查	265
第六节	路线交叉勘测与调查	266
第七节	沿线设施勘测与调查	267
第八节	环境保护调查	268
第九节	临时工程勘测与调查	268
第十节	工程经济调查	268
第十一节	资料提交	270

第六章	定测	271
第一节	定测阶段的测量工作内容和要求	271
第二节	路基、路面及排水勘测与调查	282
第三节	桥涵勘测与调查	284
第四节	隧道勘测与调查	285
第五节	路线交叉勘测与调查	286
第六节	沿线设施勘测与调查	287
第七节	环境保护调查	287
第八节	临时工程勘测与调查	288
第九节	工程经济调查	288
第十节	资料提交	289

第五篇 结构设计原理

第一章	钢筋混凝土结构设计原则	290
第一节	钢筋混凝土简述	290
第二节	钢筋与混凝土的黏结	291
第三节	极限状态设计法	293

第二章 受弯构件承载力计算 ········ 304
第一节 受弯构件的截面形式与构造 ········ 304
第二节 受弯构件正截面受力全过程和破坏特征 ········ 308
第三节 受弯构件正截面承载力计算 ········ 309
第四节 受弯构件斜截面受力特点和破坏形态 ········ 317
第五节 受弯构件斜截面承载力 ········ 319
第六节 全梁承载力校核与构造要求 ········ 322
第七节 连续梁的斜截面抗剪承载力 ········ 323

第三章 受压构件承载力计算 ········ 325
第一节 受压构件一般构造要求 ········ 325
第二节 轴心受压构件正截面抗压承载力 ········ 326
第三节 偏心受压构件的受力特点与破坏形态 ········ 328
第四节 矩形截面偏心受压构件正截面承载力计算 ········ 330
第五节 I 形和 T 形截面偏心受压构件 ········ 332
第六节 圆形截面偏心受压构件 ········ 334

第四章 钢筋混凝土构件裂缝和变形验算 ········ 335
第一节 换算截面 ········ 335
第二节 裂缝宽度验算 ········ 338
第三节 受弯构件的变形验算 ········ 340

第五章 预应力混凝土结构 ········ 343
第一节 预应力混凝土的基本原理 ········ 343
第二节 预加应力的方法与设备 ········ 345
第三节 预应力损失与有效预应力 ········ 347
第四节 预应力混凝土受弯构件的承载力计算 ········ 353
第五节 抗裂验算 ········ 353
第六节 端部锚固区计算 ········ 355
第七节 预应力混凝土受弯构件的构造要求 ········ 356

第六章 砌体结构 ········ 360
第一节 砌体结构的材料及受力性能 ········ 360
第二节 受压构件正截面承载力计算 ········ 363

第六篇 职业法规

第一章 建设工程法律制度 ········ 368
第一节 法律概述 ········ 368
第二节 《中华人民共和国公路法》的相关内容 ········ 369
第三节 《中华人民共和国建筑法》的相关内容 ········ 372
第四节 《中华人民共和国森林法》的相关内容 ········ 376
第五节 《中华人民共和国民法典》合同编的相关内容 ········ 377

第六节　《中华人民共和国招标投标法》的相关内容 …………………………………… 384
　　第七节　《中华人民共和国安全生产法》的相关内容 …………………………………… 391
　　第八节　《建设工程安全生产管理条例》的相关内容 …………………………………… 394
　　第九节　《建设工程质量管理条例》的相关内容 ………………………………………… 395
　　第十节　《建设工程勘察设计管理条例》的相关内容 …………………………………… 398
第二章　勘察设计从业人员职业道德准则规范 ……………………………………………… 402

第一篇 建筑材料

第一章 砂石材料

第一节 集料的技术性质及其检测方法

集料是指在混合料中起骨架或填充作用的粒料,包括岩石天然风化而成的砾石(卵石)和砂等,以及由岩石经人工轧制的各种尺寸的碎石、机制砂、石屑等。

工程上一般将集料分为粗集料和细集料两类。

在沥青混合料中,粗集料是指粒径大于 2.36mm 的碎石、破碎砾石、筛选砾石和矿渣等;在水泥混凝土中,粗集料是指粒径大于 4.75mm 的碎石、砾石和破碎砾石等。

一、粗集料的技术性质

1. 物理性质

(1)物理常数

集料的体积和质量的关系如图 1-1-1 所示。

集料除了由矿质实体和孔隙(包括开口孔隙和闭口孔隙)组成外,还有集料之间空隙。因此,集料堆积体积包括:矿质实体、开口孔隙、闭口孔隙和空隙四部分。图中 V_a 为表观体积,V_h 为毛体积,V_f 为堆积体积。

①表观密度:粗集料的表观密度(简称视密度)是在规定条件(105℃ ±5℃烘干至恒重)下,单位表观体积(包括矿质实体和闭口孔隙的体积)的质量。

集料表观密度以 ρ_a 表示。由图 1-1-1 体积与质量的关系,可表示为:

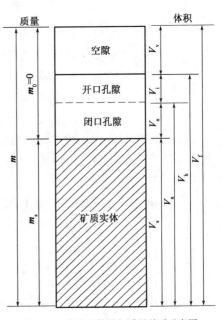

图 1-1-1 集料的体积与质量关系示意图

$$\rho_a = \frac{m_s}{V_s + V_n} \tag{1-1-1}$$

式中：ρ_a——粗集料表观密度（g/cm³）；

m_s——矿质实体质量（g）；

V_s、V_n——矿质实体体积、闭口孔隙体积（cm³）。

粗集料表观密度是按《公路工程集料试验规程》（JTG E42—2005）规定采用网篮法测定，具体做法是：将已知质量的干燥粗集料装在金属吊篮中浸水24h，使开口孔隙吸饱水，然后在浸水天平上称出饱水后粗集料在水中的质量，按排水法可计算出包括闭口孔隙在内的体积，根据粗集料的质量和表观体积，即可按式（1-1-1）计算出表观密度。

②毛体积密度：粗集料的毛体积密度是在规定的条件下，单位毛体积（包括矿质实体、闭口孔隙和开口孔隙）的质量。粗集料毛体积密度按图1-1-1和下式求得：

$$\rho_b = \frac{m_s}{V_s + V_n + V_i} \tag{1-1-2}$$

式中：ρ_b——粗集料毛体积密度（g/cm³）；

m_s——矿质实体质量（g）；

V_s、V_n、V_i——矿质实体、闭口孔隙和开口孔隙体积（cm³）。

集料毛体积密度的测定方法是将已知质量的干燥集料，经24h饱水后，用湿毛巾擦干而求得饱和面干质量，然后用排水法求得在水中的质量，按此测得集料质量和饱和面干体积。按式（1-1-2）即可求得集料毛体积密度。

③堆积密度：单位体积（含物质颗粒固体及其闭口、开口孔隙体积及颗粒间空隙体积）物质颗粒的质量。可按图1-1-1和下式求得：

$$\rho = \frac{m_s}{V_s + V_n + V_i + V_v} \tag{1-1-3}$$

式中：ρ——粗集料堆积密度（g/cm³）；

V_s、V_n、V_i、V_v——矿质实体、闭口孔隙、开口孔隙和空隙体积（cm³）；

m_s——矿质实体的质量（g）。

粗集料的堆积密度由于颗粒排列的松紧程度不同，又可分为自然堆积密度与振实堆积密度。

粗集料的堆积密度是将干燥的粗集料装入规定容积的容量筒来测定的。自然堆积密度是按自然下落方式装样而求得的单位体积的质量；振实堆积密度是用振摇方式装样而求得的单位体积的质量。

④空隙率：集料空隙率是指集料的颗粒之间空隙体积占集料总体积的百分比。

粗集料空隙率可按式（1-1-4）计算：

$$n = \left(1 - \frac{\rho}{\rho_a}\right) \times 100 \tag{1-1-4}$$

式中：n——粗集料空隙率（%）；

ρ_a——粗集料表观密度（g/cm³）；

ρ——粗集料堆积密度（g/cm³）。

(2) 级配

粗集料中各组成颗粒的分级和搭配称为级配,级配是通过筛分试验确定的。筛分试验就是将粗集料通过一系列规定筛孔尺寸的标准筛,测定出存留在各个筛上的集料质量,根据集料试样的质量与存留在各筛孔上的集料质量,就可求得一系列与集料级配有关的参数,包括分计筛余百分率、累计筛余百分率、通过百分率。

(3) 针片状颗粒含量(游标卡尺法)

按图1-1-2所示的方法将欲测量的颗粒放在桌面上并保持稳定的状态,图中颗粒平面方向的最大长度为L,侧面厚度的最大尺寸为t,颗粒最大宽度为$\omega(t<\omega<L)$,用卡尺逐颗测量石料的L及t,将$L/t \geq 3$的颗粒(即最大长度方向与最大厚度方向的尺寸之比大于3的颗粒)分别挑出作为针片状颗粒。按下式计算针片状颗粒含量:

$$Q_e = \frac{m_1}{m_0} \times 100 \quad (1\text{-}1\text{-}5)$$

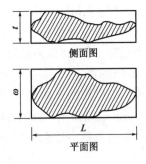

图1-1-2 测量方法

式中:Q_e——针片状颗粒含量(%);
m_1——试验用的集料总质量(g);
m_0——针片状颗粒的质量(g)。

(4) 坚固性

坚固性是指卵石、碎石在自然风化和其他外界物理化学因素作用下抵抗破裂的能力。

对已轧制成的碎石或天然的卵石,亦可采用规定级配的各粒级集料,按《公路工程集料试验规程》(JTG E42—2005)选取规定数量集料,分别装在金属网篮中,浸入饱和硫酸钠溶液进行干湿循环试验。经一定的循环次数后,观察其表面破坏情况,并用质量损失百分率来计算其坚固性。

(5) 软石含量

软石含量是指碎石、砾石及破碎砾石中软弱颗粒含量。

称风干试样2kg(m_1),如颗粒粒径大于31.5mm,则称4kg,过筛分成4.75~9.5mm、9.5~16mm、16mm以上各1份;将每份中每一个颗粒大面朝下稳定平放在压力机平台中心,按颗粒大小分别加以0.15kN、0.25kN、0.34kN荷载,破裂的颗粒即属于软弱颗粒,将其弃去,称出未破裂颗粒的质量(m_2)。按下式计算软弱颗粒含量,精确至0.1%:

$$P = \frac{m_1 - m_2}{m_1} \times 100 \quad (1\text{-}1\text{-}6)$$

式中:P——粗集料的软弱颗粒含量(%);
m_1——各粒级颗粒总质量(g);
m_2——试验后各粒级完好颗粒总质量(g)。

2. 路用粗集料的力学性质

道路路面、建筑用粗集料的力学性质,主要是压碎值和磨耗率;还包括抗滑表层用集料的三项试验的力学性质,即磨光值、道瑞磨耗值和冲击值。

不同道路等级对抗滑表层集料的磨光值、道瑞磨耗值和冲击值的技术要求列于

表1-1-1中。

抗滑表层用集料技术要求 表1-1-1

指　　标	高速公路、一级公路	其　他　公　路
集料磨光值(PSV),不小于	42	35
道瑞磨耗值(AAV),不大于	14	16
集料冲击值(AIV),不大于(%)	28	30

(1)集料压碎值

集料压碎值是集料在连续增加的荷载下抵抗压碎的能力。它作为衡量石料相对强度的一个指标,用以评价公路路面和基层用集料的适用性。按《公路工程集料试验规程》(JTG E42—2005)的规定,该方法是将9.5~13.2mm的集料试样3kg,用标准夯实法分三层装入压碎值测定仪的钢质圆筒内,每层用夯棒夯25次,最后在碎石上再加一压头。将试模移于压力机上,于10min内加荷至400kN,使压头匀速压入筒内,部分集料被压为碎屑。测定通过2.36mm筛孔的筛余质量占原集料总质量的百分率,称为压碎值,可按下式求得:

$$Q'_a = \frac{m_1}{m_0} \times 100 \qquad (1-1-7)$$

式中:Q'_a——石料压碎值(%);
　　　m_0——试验前试样质量(g);
　　　m_1——试验后通过2.36mm筛孔的细料质量(g)。

(2)集料磨光值

现代高速交通的行车条件对路面的抗滑性提出更高的要求。路面用的集料在车辆轮胎的作用下,不仅要求具有高的抗磨耗性,而且要求具有高的抗磨光性。集料的抗磨光性采用石料磨光值来表示。

集料磨光值的试验方法为:选取9.5~13.2mm集料试样,密排于试模中,并且用砂填密集料间空隙,然后再用环氧树脂砂浆固结,经养护制成试件。每种集料要制备4块试件。将制备好的试件安装于加速磨光机的道路轮上,道路轮在轮胎带动下随之旋转,在两轮之间加入水和金刚砂,使试件受到磨料金刚砂的磨耗。经磨耗后取下试件,冲洗去金刚砂,用摆式摩擦系数仪测定试件的摩擦系数值,乘以折算系数,按标准试件磨光平均值换算后即可得到石料磨光值。得到的石料磨光值越高,表示其抗滑性越好。抗滑面层应选用磨光值高的集料,如玄武岩、安山岩、砂岩和花岗岩等。几种典型集料的磨光值示例如表1-1-2所示。

几种典型岩石的磨光值示例 表1-1-2

岩石名称		石灰岩	角页岩	斑岩	石英岩	花岗岩	玄武岩	砂岩
磨光值(PSV)	平均值	43	45	56	58	59	62	72
	范围	30~70	40~50	43~71	45~67	45~70	45~81	60~82

(3)集料磨耗值(AAV)

集料磨耗值用于评定抗滑表层的集料抵抗车轮磨耗的能力。集料磨耗值越高,表示集料的耐磨性越差。现行《公路工程集料试验规程》(JTG E42)中,采用洛杉矶法和道瑞试验法来测定集料磨耗值,其中常用的方法是洛杉矶法。洛杉矶法是将洗净、烘干的集料试样,按规定的粒级组成备料、筛分,分级称量(准确至5g),称取总质量(m_1),装入磨耗机圆筒中。按规定选择钢球,将钢球加入钢筒中,盖好筒盖,紧固密封。将计数器调整到零位,设定要求的回转次数,开动磨耗机,以 30~33r/min 转速转动至要求的回转次数为止。取出钢球,将经过磨耗后的试样从投料口倒入接受容器(搪瓷盘)中。将试样用 1.7mm 的方孔筛过筛,筛去试样中被撞击磨碎的细屑。用水冲干净留在筛上的碎石,置 105℃±5℃烘箱中烘干至恒重(通常不少于 4h),准确称量(m_2)。按下式计算粗集料洛杉矶磨耗损失,精确至 0.1%。

$$Q = \frac{m_1 - m_2}{m_1} \times 100 \tag{1-1-8}$$

式中:Q——洛杉矶磨耗损失(%);
m_1——装入圆筒中试样质量(g);
m_2——试验后在 1.7mm 筛上洗净烘干的试样质量(g)。

二、细集料的技术性质

细集料的技术性质与粗集料的技术性质基本相同,但是由于细度不同,两者亦有不同之处。

1. 物理常数

细集料的表观密度、堆积密度和空隙率等物理常数的含义与粗集料完全相同,但是由于它的粒径较小,所需试样数量可以减少,测定精度亦可提高,因此测定计算的方法亦稍有不同。

2. 级配

级配是集料各级粒径颗粒的分配情况,砂的级配可通过砂的筛分试验确定。砂的筛分试验是取试样 500g,在一整套标准筛上进行筛分,分别求出试样存留在各筛上的质量。然后按下述方法计算其级配有关参数:

(1)分计筛余百分率——在某号筛上的筛余质量占试样总质量的百分率,可按式(1-1-9)求得:

$$a_i = \frac{m_i}{M} \times 100 \tag{1-1-9}$$

式中:a_i——某号筛的分计筛余百分率(%);
m_i——存留在某号筛上的质量(g);
M——试样总质量(g)。

(2)累计筛余百分率——某号筛的分计筛余百分率和大于某号筛的各筛分计筛余百分率之总和,可按式(1-1-10)求得:

$$A_i = a_1 + a_2 + \cdots + a_i \tag{1-1-10}$$

式中: A_i——累计筛余百分率(%);
a_1、a_2、$\cdots$、a_i——从 4.75mm、2.36mm$\cdots$至计算的某号筛的分计筛余百分率(%)。

(3)通过百分率。通过某筛的质量占试样总质量的百分率,即 100 与累计筛余百分率之差,按式(1-1-11)求得:

$$p_i = 100 - A_i \tag{1-1-11}$$

式中:p_i——通过百分率(%);

A_i——累计筛余百分率(%)。

3. 粗度

粗度是评价砂粗细程度的一种指标,通常用细度模数表示。细度模数亦称细度模量,是各号筛的累计筛余百分率之和与100之商。

$$M_x = \frac{(A_{0.15} + A_{0.3} + A_{0.6} + A_{1.18} + A_{2.36}) - 5A_{4.75}}{100 - A_{4.75}} \quad (1\text{-}1\text{-}12)$$

式中: M_x——细度模数;

$A_{0.15}$、$A_{0.3}$、…、$A_{4.75}$——0.15mm、0.3mm、…、4.75mm 各筛的累计筛余百分率(%)。

细度模数越大,表示细集料越粗。我国《建筑用砂》(GB/T 14684—2011)规定,砂的粗度按细度模数可分为下列三级:

$M_x = 3.1 \sim 3.7$ 为粗砂;

$M_x = 2.3 \sim 3.0$ 为中砂;

$M_x = 1.6 \sim 2.2$ 为细砂。

虽然细度模数在一定程度上能反映砂的粗细,但并未能全面反映砂的粒径分布情况,因为不同级配的砂可以具有相同的细度模数。

4. 硫化物和硫酸盐含量

硫化物和硫酸盐含量的测定方法:称取粉状试样1g(精确至0.001g),倒入300mL烧杯中,加入20~30mL蒸馏水及10mL稀盐酸,然后放在电炉上加热至微沸,并保持微沸5min,使试样充分分解后取下,用中速滤纸过滤,用温水洗涤10~20次。加入蒸馏水调整滤液体积至200mL,煮沸后搅拌滴加10mL浓度为10%的氯化钡溶液,并将溶液煮沸数分钟,取下静置至少4h(此时溶液体积应保持在200mL),用慢速滤纸过滤,用温水洗涤至氯离子反应消失。将沉淀物及滤纸一并移入已恒量的瓷坩埚内,灰化后在800℃高温炉内灼烧30min。取出瓷坩埚,在干燥器中冷却至室温后,称出试样质量,精确至0.001g。如此反复灼烧,直至恒量。

水溶性硫化物和硫酸盐含量(以 SO_3 计)按下式计算,精确至0.1%:

$$Q_e = \frac{G_2 \times 0.343}{G_1} \times 100 \quad (1\text{-}1\text{-}13)$$

式中: Q_e——水溶性硫化物和硫酸盐含量(%);

G_1——粉磨试样质量(g);

G_2——灼烧后沉淀物的质量(g);

0.343——硫酸钡($BaSO_4$)换算成 SO_3 的系数。

第二节 矿质混合料的组成设计

一、矿质混合料的级配理论

1. 矿质混合料的级配理论

(1)级配曲线

各种不同粒径的集料,按照一定的比例搭配起来,以达到较高的密实度,可以采用下列两种级配组成。

①连续级配:连续级配是某一矿质混合料在标准筛孔配成的套筛中进行筛分时,所得的级配曲线平顺圆滑,具有连续的(不间断的)性质,相邻粒径的粒料之间有一定的比例关系(按质量计)。这种由大到小、逐级粒径均有并按比例互相搭配组成的矿质混合料,称为连续级配矿质混合料。

②间断级配:间断级配是在矿质混合料中剔除其中一个(或几个)分级,形成一种不连续的混合料。这种混合料为间断级配矿质混合料。

(2)级配理论

①最大密度曲线理论:最大密度曲线是通过试验提出一种理想曲线。W. B. Fuller研究认为:固体颗粒按粒度大小,有规则地组合排列,粗细搭配,可以得到密度最大、空隙最小的混合料。该理论认为,矿质混合料的颗粒级配曲线越接近抛物线,则其密度越大。

当矿质混合料的级配曲线为抛物线时,最大密度理论曲线可用颗粒粒径(d)与通过量(p)表示,如式(1-1-14)所示:

$$p^2 = kd \qquad (1\text{-}1\text{-}14)$$

式中:d——矿质混合料各级颗粒粒径(mm);

p——各级颗粒粒径集料的通过量(%);

k——常数。

当颗粒粒径 d 等于最大粒径 D 时,则通过量 $p=100\%$。即 $d=D$ 时,$p=100$。

故:

$$k = 100^2 \cdot \frac{1}{D} \qquad (1\text{-}1\text{-}15)$$

当希望求任一级颗粒粒径 d 的通过量 p 时,可将式(1-1-15)代入式(1-1-14)得:

$$p = 100 \left(\frac{d}{D}\right)^{0.5} \quad \text{或} \quad p = 100\sqrt{\frac{d}{D}} \qquad (1\text{-}1\text{-}16)$$

式中:d——希望计算的某级颗粒粒径(mm);

D——矿质混合料的最大粒径(mm);

p——希望计算的某级集料的通过量(%)。

式(1-1-16)就是最大密度理想曲线的级配组成计算公式。根据这个公式,可以计算出矿质混合料最大密度时各种颗粒粒径(d)的通过量(p)。

在实际应用中,许多研究认为,这一公式的指数不应固定为0.5。有的研究认为在沥青混合料中应用,当 $n=0.45$ 时密度最大;有的研究认为在水泥混凝土中应用,当 $n=0.25\sim0.45$ 时工作性较好。通常使用的矿质混合料的级配范围(包括密级配和开级配),n 次幂常在0.3~0.7之间。因此在实际应用时,矿质混合料的级配曲线应该允许在一定范围内波动,所以目前多采用 n 次幂的通式表达,如式(1-1-17)所示:

$$p = 100 \left(\frac{d}{D}\right)^n \qquad (1\text{-}1\text{-}17)$$

式中:p、d、D——意义同式(1-1-16);

n——试验指数。

②粒子干涉理论:C. A. G 魏矛斯(Weymouth)研究认为,为达到最大密度,前一级颗粒之间的空隙应由次一级颗粒所填充,其所余空隙又由再次小颗粒所填充,但填隙的颗粒粒径不得大于其间隙之距离,否则大小颗粒粒子之间势必发生干涉现象。为避免干涉,大小粒子之间应按一定数量分配,并在临界干涉的情况下导出前一级颗粒间的距离,该距离应为:

$$t = \left[\left(\frac{\psi_0}{\psi_a}\right)^{1/3} - 1\right]D \tag{1-1-18}$$

式中: t——前粒级的间隙距离(等于次粒级的粒径d);

D——前粒的粒径;

ψ_0——次粒级的理论实积率(实积率即堆积密度与表观密度之比);

ψ_a——次粒级的实用实积率。

在应用时,如已知集料的堆积密度和表观密度,即可求得集料理论实积率(ψ_0)。连续级配时$d/D = 1/2$,则可按式(1-1-18)求得实用实积率(ψ_a)。由实用实积率可计算出各级集料的配量(即各级分计筛余)。

2. 级配曲线范围的绘制

以通过百分率(%)为纵坐标,以粒径(mm)为横坐标,绘制成曲线,即为理论级配曲线。但由于矿料在轧制过程中的不均匀性,以及混合料配制时的误差等因素影响,所配制的混合料往往不可能与理论级配完全符合。因此,必须允许配料时的合成级配在适当的范围内波动,这就是"级配范围"。

我国现行的路面基层及沥青路面技术规范,均采用 0.45 次方坐标系绘制级配范围曲线的方法。首先,要按筛孔尺寸的 0.45 次方计算出各种颗粒粒径(即筛孔尺寸)在横坐标轴上的位置,而表示通过(或存留)百分率的纵坐标则按普通算术坐标绘制。绘制好纵、横坐标后,最后将计算所得的各颗粒粒径(d_i)的通过百分率(p_i)绘制在坐标图上,再将确定的各点连接为光滑的曲线,在两个指数(n_1 和 n_2)之间所包络的范围即为级配范围。

二、矿质混合料的组成设计方法

天然或人工轧制的一种集料的级配往往很难完全符合某一级配范围的要求,因此必须采用两种或两种以上的集料配合起来才能符合级配范围的要求。矿质混合料配合组成设计的任务就是确定组成混合料各集料的比例。确定混合料配合比的方法很多,但是归纳起来主要可分为数解法与图解法两大类。

1. 数解法

用数解法求解矿质混合料组成的方法很多,最常用的为"试算法"和"线性规划法"。前者用于3~4种矿料组成,后者可用于多种矿料组成,所得结果准确,但计算较为繁杂,不如图解法简便。

1)线性规划法

多种集料采用数解法求算配合比,其基本原理是根据各种集料的筛分数据和规范要求的级配中值,列出正规方程,然后用数学回归的方法或电算的方法求解。

设有 k 种集料,各种集料在 n 级筛孔的通过百分率为 $p_{i(j)}$,欲配制为级配范围中值的矿质混合料,其组成如表 1-1-3 所示。

配置级配范围中值矿料组成计算表　　　　表 1-1-3

筛孔通过百分率\集料	各 种 集 料				各种集料用量				级配范围中值
	1	2	...	k	x_1	x_2	...	x_k	
1	$p_{1(1)}$	$p_{2(1)}$	...	$p_{k(1)}$	$p_{1(1)} \cdot x_1$	$p_{2(1)} \cdot x_2$	...	$p_{k(1)} \cdot x_k$	$p_{(1)}$
2	$p_{1(2)}$	$p_{2(2)}$	...	$p_{k(2)}$	$p_{1(2)} \cdot x_1$	$p_{2(2)} \cdot x_2$	...	$p_{k(2)} \cdot x_k$	$p_{(2)}$
...	...	...	...	...	...	...	...	...	...
n	$p_{1(n)}$	$p_{2(n)}$		$p_{k(n)}$	$p_{1(n)} \cdot x_1$	$p_{2(n)} \cdot x_2$		$p_{k(n)} \cdot x_k$	$p_{(n)}$

设矿质混合料任何一级筛孔的通过率为 $p_{(j)}$,它是由各种组成集料在该级的通过百分率 $p_{i(j)}$ 乘以各种集料在混合料中的用量 (x_i) 之和得到的。

即:
$$P_{i(j)} \cdot x_i = p_{(j)} \tag{1-1-19}$$

式中:i——集料种类,$i = 1,2,\cdots,k$;

j——筛孔数,$j = 1,2,\cdots,n$。

按表 1-1-3 级配组成可列为下列方程组:

$$\begin{cases} p_{1(1)} \cdot x_1 + p_{2(1)} \cdot x_2 + \cdots + p_{k(1)} \cdot x_k = p_{(1)} & (1) \\ p_{1(2)} \cdot x_1 + p_{2(2)} \cdot x_2 + \cdots + p_{k(2)} \cdot x_k = p_{(2)} & (2) \\ \cdots\cdots \\ p_{1(n)} \cdot x_1 + p_{2(n)} \cdot x_2 + \cdots + p_{k(n)} \cdot x_k = p_{(n)} & (n) \end{cases}$$

上述方程组可用数学回归法或电算法求解。

2)试算法

(1)基本原理

试算法的基本原理是,设有几种矿质集料,欲配制某种一定级配要求的混合料。在决定各组成集料在混合料中的比例时,先假定混合料中某种粒径的颗粒是由某一种对该粒径占优势的集料所组成,而其他各种集料不含这种粒径。如此根据各个主要粒径去试算各种集料在混合料中的大致比例。如果比例不合适,则稍加调整,这样逐步渐进,最终达到符合混合料级配要求的各集料配合比例。

设有 A、B、C 三种集料,欲配制成级配为 M 的矿质混合料,求 A、B、C 集料在混合料中的比例,即为配合比。

按题意作下列两点假设:

①设 A、B、C 三种集料在混合料 M 中的用量比例为 X、Y、Z,则:
$$X + Y + Z = 100 \tag{1-1-20}$$

②又设混合料 M 中某一级粒径要求的含量为 $a_{M(i)}$,A、B、C 三种集料在该粒径的含量为 $a_{A(i)}$、$a_{B(i)}$、$a_{C(i)}$。则:
$$a_{A(i)} \cdot X + a_{B(i)} \cdot Y + a_{C(i)} \cdot Z = a_{M(i)} \tag{1-1-21}$$

(2)计算步骤

在上述两点假设的前提下,按下列步骤求 A、B、C 三种集料在混合料中的用量:

①计算 A 料在矿质混合料中的用量。在计算 A 料在混合料中的用量时,按 A 料在优势含量的某一粒径计算,而忽略其他集料在此粒径的含量。

设按粒径尺寸为 $i(\mathrm{mm})$ 的粒径来进行计算,则 B 料和 C 料在该粒径的含量 $a_{B(i)}$ 和 $a_{C(i)}$ 均等于零,由式(1-1-21)可得:

A 料在混合料中的用量:

$$X = \frac{a_{M(i)}}{a_{A(i)}} \times 100 \tag{1-1-22}$$

②计算 C 料在矿质混合料中的用量。同前理,在计算 C 料在混合料中的用量时,按 C 料占优势的某一粒径计算,而忽略其他集料在此粒级的含量。

设按 C 料粒径尺寸为 $j(\mathrm{mm})$ 的粒径来进行计算,则 A 料和 B 料在该粒径的含量 $a_{A(i)}$ 和 $a_{B(i)}$ 均等于零。由式(1-1-21)可得:$a_{C(i)} \cdot Z = a_{M(i)}$

即 C 料在混合料中的用量:

$$Z = \frac{a_{M(j)}}{a_{C(j)}} \times 100 \tag{1-1-23}$$

③计算 B 料在矿质混合料中的用量。由式(1-1-22)和式(1-1-23)求得 A 料和 C 料在混合料的含量 X 和 Z 后,由式(1-1-20)可得:

$$Y = 100 - (X + Z) \tag{1-1-24}$$

如为四种集料配合时,C 料和 D 料仍可按其占优势粒级用的试算法确定。

④校核调整。按以上计算的配合比,经校核如不在要求的级配范围内,应调整配合比,重新计算和复核,经几次调整,逐步渐进,直到符合要求为止。如经计算确不能满足级配要求时,可掺加某些单粒级集料,或调换其他原始集料。

2. 图解法

采用图解法来确定矿质混合料的组成,常用的有两种集料组成的"矩形法"和三种集料组配的"三角形法"等,但对于多种集料,则不能求解。确定多种集料级配的图解法,可采用"平衡面积法",该法是采用一条直线来代替集料的级配曲线,这条直线是使曲线左右两边的面积平衡(即相等),这样简化了曲线的复杂性。这个方法又经过许多研究者的修正,故称现行的图解方法为"修正平衡面积法"。

1)基本原理

(1)级配曲线坐标图的绘制方法

通常级配曲线图是采用半对数坐标图,即纵坐标的通过量(p)为算术坐标,横坐标为粒径(d)的 0.45 次方。因此,按 $p = 100(d/D)^n$ 所绘出的要求级配中值为一曲线。但图解法为使要求级配中值呈一直线,因此纵坐标的通过量(p)仍为算术坐标,而横坐标的粒径采用 $(d/D)^n$ 表示,则级配曲线中值呈直线形式(图 1-1-3)。

(2)各种集料用量的确定方法

将各种集料级配曲线绘于坐标图上。为简化起见,作下列假设:①各集料为单一粒径,即各种集料的级配曲线均为直线;②相邻两曲线相接,即在同一筛孔上,前一集料的通过量为 0% 时,而后一集料的通过量为 100%。因此,各集料级配曲线和设计混合料级配中值见图 1-1-4。

将 A、B、C 和 D 各集料首尾相连,即作垂线 AA'、BB' 和 CC'。各垂线与级配中值 OO' 相交于 M、N 和 R,由 M、N 和 R 作水平线与纵坐标交于 P、Q 和 S,则 OP、PQ、QS 和 ST 之比为 A、B、C 和 D 四种集料在混合料的配合比,即为 $X:Y:Z:W$。

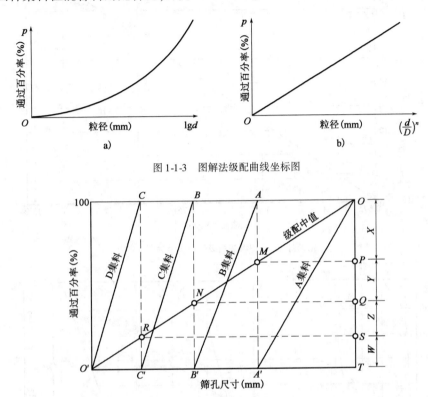

图 1-1-3 图解法级配曲线坐标图

图 1-1-4 确定各集料配合比原理图

2) 计算步骤

(1) 绘制级配曲线坐标图

按上述原理,在设计说明书上按规定尺寸绘一方形图框。通常纵坐标通过量取 10cm,横坐标筛孔尺寸(或粒径)取 15cm。连对角线 OO'(图 1-1-5)作为要求级配曲线中值。纵坐标按算术标尺,标出通过量百分率(0~100%)。根据要求将级配中值(表 1-1-4)的各筛孔通过百分率标于纵坐标上,则纵坐标引水平线与对角线相交,再从交点作垂线与横坐标相交,其交点即为各相应筛孔尺寸的位置。

细粒式沥青混合料用矿料级配范围   表 1-1-4

筛孔尺寸(mm)	16.0	13.2	9.5	4.75	2.36	1.18	0.6	0.3	0.15	0.075
级配范围(mm)	100	95~100	70~88	48~68	36~53	24~41	18~30	12~22	8~16	4~8
级配中值(mm)	100	98	79	57	45	33	24	17	12	6

(2) 确定各种集料用量

将各种集料的通过量绘于级配曲线坐标图上(图 1-1-6)。因为实际集料的相邻级配曲线并不是像计算原理所述的那样,均为首尾相接的。可能有下列三种情况(图 1-1-6)。根据各集料之间的关系,按下述方法即可确定各种集料用量。

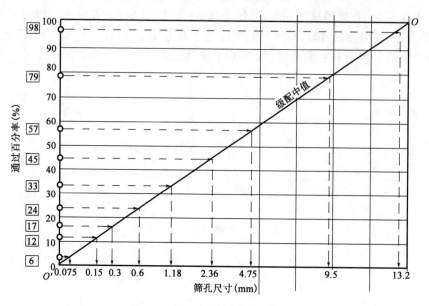

图 1-1-5　图解法用级配曲线坐标图

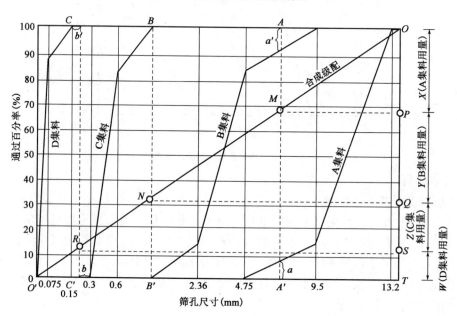

图 1-1-6　组成集料级配曲线和要求合成级配曲线图

①两相邻级配曲线重叠(如集料 A 级配曲线的下部与集料 B 级配曲线上部搭接时)，在两级配曲线之间引一根垂直于横坐标的直线(即 $a=a'$)，线 AA' 与对角线 OO' 交于点 M，通过 M 作一水平线与纵坐标交于 P 点。OP 即为集料 A 的用量。

②两相邻级配曲线相接(如集料 B 的级配曲线末端于集料 C 的级配曲线首端，正好在一垂直线上时)，将前一集料曲线末端与后一集料曲线首端作垂线相连，垂线 BB' 与对角线 OO' 相交于点 N。通过 N 作一水平线与纵坐标交于 Q 点。PQ 即为集料 B 的用量。

③两相邻级配曲线相离(如集料 C 的集配曲线末端与集料 D 的级配曲线首端，在水平方

向彼此离开一段距离时),作一垂直平分相离开的距离(即 $b=b'$),垂线 CC' 与对角线 OO' 相交于点 R,通过 R 作一水平线与纵坐标交于 S 点,QS 即为集料 C 的用量。剩余 ST 即为集料 D 的用量。

随着计算机软件的开发,常用 Excel 表格作图法完成矿料中各档材料的掺配比例,如图 1-1-7 所示。

筛 分 试 验 记 录

筛孔尺寸 (mm)	通过百分率(%)						规定值(%)	
	矿粉	机制砂 0~2.36	碎石 2.36~4.75	碎石 4.75~9.5	碎石 9.5~19	碎石 19~26.5	合成后	级配下限	级配上限
掺配比例(%)	5	25	5	13	29	23	100		
31.5	100	100.0	100.0	100.0	100.0	100.0	100.0	100	100
26.5	100	100.0	100.0	100.0	100.0	98.4	99.6	90	100
19	100	100.0	100.0	100.0	100.0	46.8	87.8	75	90
16	100	100.0	100.0	100.0	97.8	18.0	80.5	65	83
13.2	100	100.0	100.0	100.0	96.3	6.0	77.3	57	76
9.5	100	100.0	100.0	99.1	30.4	2.8	57.3	45	65
4.75	100	98.9	95.1	22.3	3.3	1.9	38.8	24	52
2.36	100	79.4	6.5	8.2	0.7	0.5	26.6	16	42
1.18	100	58.6	4.8	5.8	0.5	0.0	20.8	12	33
0.6	100	42.8	3.8	4.5	0.0	0.0	16.5	8	24
0.3	100	25.4	2.9	2.6	0.0	0.0	11.8	5	17
0.15	99.6	18.2	2.7	0.0	0.0	0.0	9.7	4	13
0.075	78.0	10.0	0.0	0.0	0.0	0.0	6.4	3	7
筛底		0.0	0.0	0.0	0.0	0.0	0.0	0	0

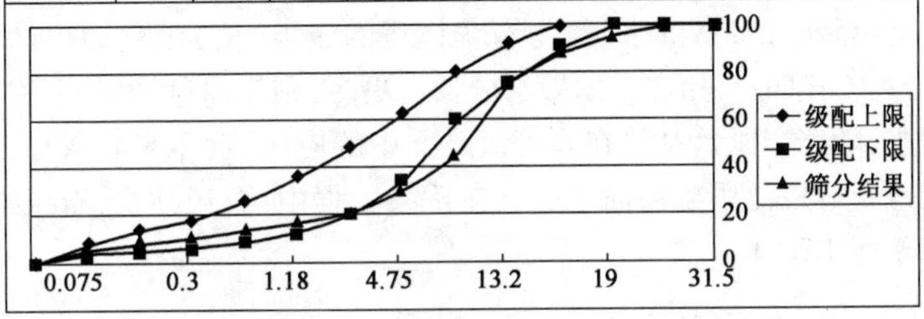

图 1-1-7 Excel 完成矿料中各档材料的比例

注:按上图形式在 Excel 中做好表格及各部分的计算,任意调整掺配比例,则"合成后"一栏的数据及级配曲线图将发生相应的调整,直到适配曲线在规定曲线范围中值附近为止。

(3)校核

按图解所得的各种集料用量,实际筛分校核计算所得合成级配是否符合要求。如不能符合要求(超出级配范围),应调整各集料的用量。

第二章　石灰和水泥

第一节　石　灰

石灰是以碳酸盐类岩石(石灰石、白云石、白垩、贝壳等)为原料,经过900~1000℃高温煅烧,分解出二氧化碳(CO_2)后所得到的一种胶凝材料。其主要成分为氧化钙(CaO)和氧化镁(MgO)。

根据成品加工方法的不同,可分为:
①块状生石灰:由原料煅烧而成的原产品,主要成分为CaO。
②生石灰粉:由块状生石灰磨细而得到的细粉,其主要成分亦为CaO。
③消石灰:将生石灰用适量的水消化而得的粉末,亦称熟石灰,其主要成分为$Ca(OH)_2$。
④石灰浆:将生石灰加多量的水(约为石灰体积的3~4倍)消化而得的可塑性浆体称为石灰膏,主要成分为$Ca(OH)_2$和水。如果水分加得更多,则为白色悬浮液,称为石灰乳。

在道路工程中,随着半刚性基层在高等级路面中的应用,近年来石灰稳定土、石灰粉煤灰稳定土及其稳定碎石等广泛用于路面基层。在桥梁工程中,石灰砂浆、石灰水泥砂浆、石灰粉煤灰砂浆广泛用于圬工砌体。

一、石灰的消化和硬化

1. 石灰的消化

烧制成的生石灰为块状的,在使用时必须加水使其"消化"成为粉末状的"消石灰",这一过程亦称"熟化",故消石灰亦称"熟石灰"。

消石灰的主要化学成分为氢氧化钙[$Ca(OH)_2$]。在石灰消化时,应注意加水速度。对活性大的石灰,如加水过慢,水量不够,则已消化的石灰颗粒生成$Ca(OH)_2$包围于未消化颗粒周围,使内部石灰不易消化,这种现象为"过烧"现象;相反,对于活性差的石灰,如加水过快,则发热量少,水温过低,增加了未消化颗粒,这种现象称为"过冷"现象。石灰消化时,为了消除"过火石灰"的危害,可以消化后"陈伏"半月左右再使用。石灰浆在陈伏期间,在其表面应有一层水分,使之与空气隔绝,以防止碳化。

2. 石灰的硬化

石灰的硬化过程包括干燥硬化和碳酸化两部分。

(1)石灰浆的干燥硬化

石灰浆体干燥过程,由于水分蒸发形成网状孔隙,这时滞留在孔隙中的自由水由于表面张力的作用而产生毛细管压力,使石灰粒子更加密实,而获得"附加强度"。

此外,由于水分的蒸发,引起 $Ca(OH)_2$ 溶液过饱和而结晶析出,并产生"结晶强度"。但从溶液中析出 $Ca(OH)_2$ 数量极少,因此强度增长不显著。

(2)硬化石灰浆的碳化

石灰浆体经碳化后获得的最终强度,称为"碳化强度"。石灰碳化作用只有在有水条件下才能进行。

二、石灰的技术要求和技术标准

1. 技术要求

用于道路与桥梁工程的石灰,应符合下列技术要求。

(1)有效氧化钙和氧化镁含量

石灰中产生黏结性的有效成分是活性氧化钙和氧化镁,它们的含量是评价石灰质量的主要指标。有效氧化钙和氧化镁含量测定的方法,按现行《公路工程无机结合料稳定材料试验规程》(JTG E51)执行。

(2)生石灰产浆量和未消化残渣含量

产浆量是单位质量(1kg)的生石灰经消化后,所产石灰浆体的体积(L)。石灰产浆量越高,则表示其质量越好。未消化残渣含量是生石灰消化后,未能消化而存留在 4.75mm 方孔筛上的残渣占试样的百分率。

(3)二氧化碳(CO_2)含量

生石灰或生石灰粉中 CO_2 含量指标,是为了控制石灰石在煅烧时"欠火"造成产品中未分解完成碳酸盐的含量。CO_2 含量越高,即表示未分解完全的碳酸盐含量越高,则(CaO + MgO)含量相对降低,从而影响石灰的胶结性能。

(4)消石灰粉游离水含量

游离水含量,指化学结合水以外的含水率。理论上,$Ca(OH)_2$ 中结合水占 24.32%,但由于消化是放热反应,部分水被蒸发,所以实际消化加水量是理论值的 1 倍左右。多加的水残留于氢氧化钙中,残余水分蒸发后,留下孔隙会加剧消石灰粉碳化现象的产生,因而影响其使用质量。

(5)细度

细度与石灰的质量有密切联系,《建筑生石灰》(JC/T 479—2013)和《建筑消石灰》(JC/T 481—2013)以 0.9mm 和 0.125mm 筛余百分率控制。0.125mm 筛余量包括消化过程中未消化的"过烧"石灰颗粒,含有大量钙盐的石灰颗粒,以及"欠火"石粒或未燃尽的煤渣等。过量的筛余物影响石灰的黏结性。

2. 技术标准

(1)生石灰技术标准

根据氧化镁含量,将生石灰分为钙质生石灰和镁质生石灰两类,然后再按有效(CaO + MgO)含量、产浆量、未消化残渣含量和 CO_2 含量 4 个项目的指标,分为优等品、一等品和合格品 3 个等级,如表 1-2-1 所示。

生石灰技术指标 表1-2-1

项目	钙质生石灰			镁质生石灰		
	优等品	一等品	合格品	优等品	一等品	合格品
$(CaO+MgO)$含量(%),不小于	90	85	80	85	80	75
未消化残渣含量(5mm圆孔筛筛余量)(%),不大于	5	10	15	5	10	15
CO_2含量(%),不大于	5	7	9	6	8	10
产浆量(L/kg),不小于	2.8	2.3	2.0	2.8	2.3	2.0

(2)生石灰粉技术标准

根据氧化镁含量按表1-2-1分为钙质生石灰和镁质生石灰两类后,再按$(CaO+MgO)$含量、CO_2含量和细度等项目的指标,分为优等品、一级品和合格品3个等级,如表1-2-2所示。

生石灰粉技术指标 表1-2-2

项目		钙质生石灰			镁质生石灰		
		优等品	一等品	合格品	优等品	一等品	合格品
$(CaO+MgO)$含量(%),不小于		85	80	75	80	75	70
CO_2含量(%),不大于		7	9	11	8	10	12
细度	0.9mm筛筛余(%),不大于	0.2	0.5	1.5	0.2	0.5	1.5
	0.125mm筛筛余(%),不大于	7.0	12.0	18.0	7.0	12.0	18.0

(3)消石灰粉技术标准

消石灰粉亦可根据氧化镁含量按表1-2-1分为钙质消石灰和镁质消石灰两类,然后再按$(CaO+MgO)$含量、游离水和细度3项指标,分为优等品、一等品和合格品等3个等级,如表1-2-3所示。

消石灰粉技术指标 表1-2-3

项目		钙质消石灰			镁质消石灰		
		优等品	一等品	合格品	优等品	一等品	合格品
$(CaO+MgO)$含量(%),不小于		70	65	60	65	60	55
游离水含量(%)		0.4~2.0			0.4~2.0		
体积安定性		合格	合格	—	合格	合格	—
细度	0.9mm筛筛余(%),不大于	0	0	0.5	0	0	0.5
	0.125mm筛筛余(%),不大于	3	10	15	3	10	15

第二节 硅酸盐水泥

水泥是一种多组分的人造矿物粉料,它与水拌和后成为塑性胶体,既能在空气中硬化,又能在水中硬化,并能将砂石等材料胶结成具有一定强度的整体,所以水泥是一种水硬性胶凝材料。

在道路与桥梁工程中通常应用的水泥有:硅酸盐水泥、普通硅酸盐水泥、矿渣硅酸盐水泥、火山灰质硅酸盐水泥和粉煤灰硅酸盐水泥五大品种水泥。由于道路路面工程对水泥的特殊要求,近年来已生产了道路水泥。此外,在某些特殊工程中,还使用高铝水泥、膨胀水泥、快硬水泥等。

凡由硅酸盐水泥熟料、0~5%石灰石或粒化高炉矿渣、适量石膏磨细制成的水硬性胶凝材料,称为硅酸盐水泥。

硅酸盐水泥分两种类型,不掺加混合材料的称Ⅰ型硅酸盐水泥,代号P·Ⅰ。在硅酸盐水泥熟料粉磨时掺加不超过质量5%石灰石或粒化高炉矿渣混合材料的称Ⅱ型硅酸盐水泥,代号P·Ⅱ。

1. 硅酸盐水泥的矿物组成

硅酸盐水泥的主要化学成分包括石灰质原料中的氧化钙(CaO)、黏土质原料(或校正原料)中的二氧化硅(SiO_2)、氧化铝(Al_2O_3)和氧化铁(Fe_2O_3)。

经过高温煅烧后,$CaO-SiO_2-Al_2O_3-Fe_2O_3$四种成分化合为熟料中的主要矿物组成:硅酸三钙($3CaO·SiO_2$,简式$C_3S$)、硅酸二钙($2CaO·SiO_2$,简式$C_2S$)、铝酸三钙($3CaO·Al_2O_3$,简式$C_3A$)和铁铝酸四钙($4CaO·Al_2O_3·Fe_2O_3$,简式$C_4AF$)。水泥原料的各化学成分及其经煅烧后水泥熟料的矿物组成可归纳如下:

$$\begin{matrix} [原料] & [主要成分] & & [矿物组成] \\ 石灰质材料 & CaO & & 3CaO·SiO_2 \\ & SiO_2 & \xrightarrow{\triangle}_{煅烧} & 2CaO·SiO_2 \\ 黏土质材料 & Al_2O_3 & & 3CaO·Al_2O_3 \\ & Fe_2O_3 & & 4CaO·Al_2O_3·Fe_2O_3 \end{matrix}$$

硅酸盐水泥熟料四种主要矿物化学组成与含量列于表1-2-4。

硅酸盐水泥熟料的矿物组成 表1-2-4

矿物组成	化学组成	常用缩写	大致含量(%)	矿物组成	化学组成	常用缩写	大致含量(%)
硅酸三钙	$3CaO·SiO_2$	C_3S	35~65	铝酸三钙	$3CaO·Al_2O_3$	C_3A	0~15
硅酸二钙	$2CaO·SiO_2$	C_2S	10~40	铁铝酸四钙	$4CaO·Al_2O_3·Fe_2O_3$	C_4AF	5~15

2. 水泥熟料主要矿物组成的性质

(1)矿物组成

①硅酸三钙:硅酸三钙是硅酸盐水泥中最主要的矿物组分,其含量通常在50%左右,它对

硅酸盐水泥性质有重要的影响。硅酸三钙遇水反应速度较快,水化热高,水化产物对水泥早期强度和后期强度起主要作用。

②硅酸二钙:硅酸二钙在硅酸盐水泥中的含量约为10%~40%,亦为主要矿物组分,遇水时对水反应速度较慢,水化热很低,它的水化产物对水泥早期强度贡献较小,但对水泥后期强度起重要作用。耐化学侵蚀性和干缩性较好。

③铝酸三钙:铝酸三钙在硅酸盐水泥中含量通常在15%以下。它是四种组分中遇水反应速度最快、水化热最高的组分。铝酸三钙的含量决定水泥的凝结速度和释热量。通常为调节水泥凝结速度需掺加石膏,硅酸三钙与石膏形成的水化产物,对水泥早期强度起一定作用。耐化学侵蚀性差,干缩性大。

④铁铝酸四钙:铁铝酸四钙在硅酸盐水泥中含量通常为5%~15%,遇水反应较快,水化热较高,强度较低,但对水泥抗折强度起重要作用,耐化学侵蚀性好,干缩性小。

(2)硅酸盐水泥组成矿物性能的比较

硅酸盐水泥熟料中这四种矿物组成的主要特性见表1-2-5。

硅酸盐水泥主要矿物组成与特性 表1-2-5

矿物组成		硅酸三钙(C_3S)	硅酸二钙(C_2S)	铝酸三钙(C_3A)	铁铝酸四钙(C_4AF)
与水反应速度		中	慢	快	中
水化热		中	低	高	中
对强度的作用	早期	良	差	良	良
	后期	良	优	中	中
耐化学侵蚀		中	良	差	优
干缩性		中	小	大	小

3. 硅酸盐水泥的凝结和硬化

硅酸盐水泥是由多种化合物组成的,这些化合物与水作用后,最终将导致水泥的凝结、硬化。

(1)硅酸盐水泥的水化

硅酸盐水泥熟料矿物的水化主要包括:①硅酸三钙的水化;②硅酸二钙的水化;③铝酸三钙的水化;④铁铝酸四钙的水化。

硅酸盐水泥水化后主要有表1-2-6所列的几种水化产物。

硅酸盐水泥水化产物的化学组成 表1-2-6

水化产物名称	化学组成	常用缩写
水化硅酸钙	$xCaO \cdot SiO_2 \cdot yH_2O$	C-S-H
氢氧化钙	$Ca(OH)_2$	CH
三硫型水化铝酸钙(钙矾石)	$3CaO \cdot Al_2O_3 \cdot 3CaSO_4 \cdot 32H_2O$	$C_3A3CS \cdot H_{32}$(或AFt)
单硫型水化铝酸钙(单硫盐)	$3CaO \cdot Al_2O_3 \cdot CaSO_4 \cdot 12H_2O$	$C_3ACS \cdot H_{12}$(或AFm)
三硫型水化铁铝酸钙	$3CaO(Al_2O_3,Fe_2O_3) \cdot 3CaSO_4 \cdot 32H_2O$	$C_3(A,F)3CSH_{32}$
单硫型水化铁铝酸钙	$3CaO(Al_2O_3,Fe_2O_3) \cdot CaSO_4 \cdot 12H_2O$	$C_3(A,F)3CSH_{12}$

充分水化的水泥浆体中,主要水化产物为C-S-H凝胶,约占70%,CH结晶约占20%,AFt

和 AFm 约占 7%，其余是未水化的水泥和次要组分。

(2) 硅酸盐水泥的凝结和硬化

水泥与水拌和后，熟料矿物发生水化反应，生成各种水化生成物，随着时间的推延，具有塑性的水泥浆体经过凝结，逐渐硬化成为具有一定强度的石状体。

水泥浆体凝结硬化过程中物态变化由可塑态逐渐失去塑性，进而硬化产生强度，根据物态变化可以分为三个阶段（即潜化期、凝结期和硬化期）来描述。

①潜化期。水泥与水接触以后，很快就发生化学反应，但在表观上无法察觉到，水泥浆体仍然在相当一段时间内保持可塑性状态，实际上是潜在化学的活动状态阶段，所以称为"潜化期"（或称"诱导期"）。

②凝结期。经过一段时间（大约 1h 后），水泥浆体开始失去塑性，例如用稠度仪的标准针刺入，不能刺到底，表明水泥浆体开始凝结。再经过一段时间（大约 6～8h）水泥浆体完全失去塑性，用标准针不能刺入浆体（即使能刺入也不能超过 1mm），表示水泥浆体凝结终了。这段时间称为"凝结期"。

③硬化期。凝结期的终了，也就是硬化的开始，水泥浆体逐渐硬化，成为刚性的固体，强度随时间不断增长，这段时间称为"硬化期"，硬化期可以延续至很长时间，但 28d 基本表现出大部分强度。

4. 硅酸盐水泥的技术性质和技术标准

1) 技术性质

按照《通用硅酸盐水泥》（GB 175—2020）规定，硅酸盐水泥的技术性质包括下列项目。

(1) 化学性质

为了保证水泥的使用质量，水泥的化学指标主要是控制水泥中有害的化学成分，要求其不超过一定的限量。若超过最大允许限量，即意味着对水泥性能和质量可能产生有害或潜在的影响。

①氧化镁含量。在水泥熟料中，常有少量未与其他矿物结合的游离氧化镁，这种多余的氧化镁是高温燃烧时形成的方镁石，它水化为氢氧化镁速度很慢，常在水泥硬化以后才开始水化，在水化时产生体积膨胀，可导致水泥石结构产生裂缝甚至破坏，因此它是引起水泥安定性不良的原因之一。我国现行国家标准规定，水泥中氧化镁含量不得超过 6%。

②三氧化硫含量。水泥中的三氧化硫主要是在水泥生产时为调节凝结时间加入石膏而来的；也可能是煅烧熟料时加入石膏矿化剂而带入熟料中的。适量石膏虽能改善水泥性能（如提高水泥强度、降低收缩性、改善抗冻、耐蚀和抗渗性等），但石膏超过一定限量后，水泥性能会变坏，甚至引起硬化后水泥石体积膨胀，导致结构物破坏。因此水泥中三氧化硫最大允许含量必须加以限制。我国现行标准规定，水泥中三氧化硫含量≤3.5%，矿渣硅酸盐水泥三氧化硫含量≤4%。

③烧失量。水泥煅烧不佳或受潮后，均会导致烧失量增加。烧失量测定是以水泥试样在 950～1000℃下烧灼 15～20min 冷至室温称量。如此反复灼烧，直至恒重，然后根据烧好前后质量变化计算烧失量。

④不溶物。水泥中不溶物是用盐酸溶解滤去不溶残渣，经碳酸钠处理再用盐酸中和，高温灼烧后称量，计算不溶物。

（2）物理性质

水泥物理性质技术要求包括：细度、水泥标准稠度用水量、凝结时间、安定性和强度。

①细度。细度是指水泥颗粒粗细的程度。细度越细，水泥与水起反应的面积越大，水化越充分，水化速度越快。所以相同矿物组成的水泥，细度越大，早期强度越高，凝结速度越快，析水量减少。实践表明，细度提高，可使水泥混凝土的强度提高，工作性能得到改善。但是，水泥细度提高，在空气中的硬化收缩也较大，使混凝土发生裂缝的可能性增加。此外，细度提高导致粉磨能耗增加，成本提高。为充分发挥水泥熟料的活性，改善水泥性能；同时考虑能耗的合理分配。因此，对水泥细度必须予以合理控制。水泥细度可用下列方法表示：

a. 筛析法，以 $45\mu m$ 方孔标准筛和 $80\mu m$ 方孔标准筛对水泥试样进行筛析试验，用筛网上所得筛余物的质量百分数来表示水泥样品的细度。细度采用《水泥细度检验方法　筛析法》（GB/T 1345—2005）规定的筛析法测定，筛析法有负压筛析法、水筛法和手工筛析法三种，有争议时，以负压筛析法为准。

b. 比表面积法，以每千克水泥总表面积（m^2）表示。比表面积采用《水泥比表面积测定方法　勃氏法》（GB/T 8074—2008）规定的勃氏法测定。

我国现行标准规定：硅酸盐水泥细度以比表面积表示，不低于 $300m^2/kg$ 但不大于 $400m^2/kg$；普通硅酸盐水泥、矿渣硅酸盐水泥、粉煤灰硅酸盐水泥、火山灰硅酸盐水泥、复合硅酸盐水泥的细度以 $45\mu m$ 方孔筛筛余表示，不小于 5%。当有特殊要求时，由买卖双方协商确定。

②水泥标准稠度用水量。为使水泥凝结时间和安定性的测定结果具有可比性，在此两项测定时必须采用标准稠度的水泥净浆。我国国家标准规定，水泥标准稠度用水量采用《水泥标准稠度用水量、凝结时间、安定性检验方法》（GB/T 1346—2011）测定，水泥净浆稠度采用维卡仪测定，以试杆沉入净浆并距底板为 $6mm\pm1mm$ 时的水泥净浆为"标准稠度净浆"，此时的用水量为标准稠度用水量，按水泥质量的百分比计。

③凝结时间。凝结时间是水泥从加水开始到水泥浆失去塑性所需的时间。凝结时间分初凝时间和终凝时间。初凝时间是从水泥加水到水泥浆开始失去塑性的时间；终凝时间是从水泥加水到水泥浆完全失去塑性的时间。

我国国家标准规定采用凝结时间测定仪测定凝结时间。方法是将标准稠度用水量制成的水泥净浆装在试模中，在凝结时间测定仪上，以标准针测试。从加水时起至试针沉入沉浆中，距底板为 $2\sim3mm$ 时所经历的时间为"初凝时间"；从加水时起至试针沉入净浆不超过 $1mm$ 时所经历的时间为"终凝时间"。

水泥的凝结时间对水泥混凝土的施工有重要意义。初凝时间太短，将影响混凝土拌合料的运输和浇灌；终凝时间过长，则影响混凝土工程的施工进度。我国现行国家标准规定，硅酸盐水泥的初凝时间不小于 $45min$，终凝时间不大于 $390min$。普通硅酸盐水泥、矿渣硅酸盐水泥、粉煤灰硅酸盐水泥、火山灰硅酸盐水泥、复合硅酸盐水泥的初凝时间不小于 $45min$，终凝时间不大于 $600min$。

④安定性。水泥与水拌制成的水泥浆体，在凝结硬化过程中，一般都会发生体积变化。如果这种体积变化是在凝结硬化过程中，则对建筑物的质量并没有什么影响。但是如果混凝土硬化后，由于水泥中某些有害成分的作用，在水泥石内部产生了剧烈的、不均匀的体积变化，在建筑物内部产生破坏应力，导致建筑物的强度降低。若破坏应力发展到超过建筑物的强度，则

会引起建筑物的开裂、崩塌等严重质量事故。表征水泥硬化后体积变化均匀性的物理性能指标,称为水泥的体积安定性。

影响体积安定性的因素主要有熟料中氧化镁含量和水泥中三氧化硫含量。

安定性检验方法：

a. 沸煮法。由于三氧化硫引起的安定性不良,可用沸煮法。按《水泥标准稠度用水量、凝结时间、安定性检验方法》(GB/T 1346—2011)规定,可采用试饼法或雷氏法。

试饼法是将水泥拌制成标准稠度净浆,制成直径70~80mm、中心厚约10mm的试饼,在湿气养护箱内养护24h±2h,然后在沸煮箱中30min±5min加热至沸,然后恒沸180min±5min,最后根据试饼的变形,判断其安定性。

雷氏法是将标准稠度净浆装于雷氏夹的环形试模中,经湿养24h±2h后,在沸煮箱中30min±5min加热至沸,继续恒沸180min±5min。测定试件两指针尖端距离,两个试件在煮后,针尖端增加的距离平均值不大于5.0mm时,即认为该水泥安定性合格。有争议时,以雷氏法为主。

b. 压蒸法。由于氧化镁引起的安定性不良,可采用压蒸法。根据《水泥压蒸安定性试验方法》(GB/T 750—1992),将水泥制成净浆试体,经压蒸法,膨胀率不超过0.5%则认为合格。

⑤强度。强度是水泥技术要求中最基本的指标,它直接反映了水泥的质量水平和使用价值。水泥强度测定时可以将水泥制成水泥净浆、水泥砂浆或水泥混凝土的试件来检验其强度。净浆法只能反映水泥浆的内聚力,未能反映出水泥浆对砂石材料的胶结力,与水泥在混凝土中的实际使用情况有差距,因此通常不采用此方法。混凝土虽可较好地反映水泥在使用中的实际情况,但砂石材料条件很难统一,并会增加检验工作的复杂性,目前只有个别国家采用混凝土法作为砂浆法的参比检验。砂浆法不仅可避免净浆法的缺点,又可克服混凝土法条件统一的困难,所以国际上都采用砂浆法作为水泥强度的标准检验方法。我国亦采用水泥胶砂来评定水泥的强度。

水泥的强度除了与水泥本身的性质(如熟料的矿物组成、细度等)有关外,还与水灰比、试件制作方法、养护条件和时间等有关。按《水泥胶砂强度检验方法(ISO法)》(GB/T 17671—1999)规定,以1:3的水泥和标准砂,按规定的水灰比(0.5),用标准制作方法,制成4cm×4cm×16cm标准试件。在标准养护条件下,达规定龄期(3d、28d或3d、7d、28d)时,测定其抗折和抗压强度,按《通用硅酸盐水泥》(GB 175—2007)规定的最低强度值来评定其所属强度等级。

a. 水泥强度等级。按规定龄期抗压强度和抗折强度来划分,硅酸盐水泥各龄期强度不低于表1-2-7的数值。

硅酸盐水泥的强度指标   表1-2-7

强度等级	抗压强度(MPa)		抗折强度(MPa)	
	3d	28d	3d	28d
42.5	≥17.0	≥42.5	≥4.0	≥6.5
42.5R	≥22.0		≥4.5	
52.5	≥22.0	≥52.5	≥4.5	≥7.0
52.5R	≥27.0		≥5.0	

续上表

强度等级	抗压强度(MPa)		抗折强度(MPa)	
	3d	28d	3d	28d
62.5	≥27.0	≥62.5	≥5.0	≥8.0
62.5R	≥32.0		≥5.5	

b. 水泥型号。为提高水泥早期强度,我国现行标准将水泥分为普通型和早强型(或称 R 型)两个型号。早强型水泥的 3d 抗压强度较同强度等级的普通型强度提高 10%~20%;早强型水泥的 3d 抗压强度可达 28d 抗压强度的 50%。水泥混凝土路面用水泥,在供应条件允许的条件下,应尽量优先选用早强型水泥,以缩短混凝土养护时间,提早通车。

2) 技术标准

硅酸盐水泥的技术标准按《通用硅酸盐水泥》(GB 175—2007)的有关规定,汇总摘列于表 1-2-8。

硅酸盐水泥部分技术指标　　表 1-2-8

技术性能	细度比表面积(m^2/kg)	凝结时间(min)		安定性(沸煮法)	抗压强度(MPa)	不溶物含量(%)		水泥中 MgO 含量(%)	水泥中 SO_3 含量(%)	烧失量(%)		水泥中碱含量按 Na_2O +0.658K_2O 计(%)
		初凝	终凝			Ⅰ型	Ⅱ型			Ⅰ型	Ⅱ型	
质量	>300 且 ≤400	≥45	≤390	必须合格	见表 1-2-7	≤0.75	≤1.50	6.0	≤3.5	≤3.0	≤3.5	当用户要求提供低碱水泥时,由买卖双方协商确定
试验方法	GB/T 1345 —2005	GB/T 1346 —2011	GB/T 1346 —2011	GB/T 17671 —1999	GB/T 176—2017							

第三章　无机结合料稳定材料

第一节　石灰稳定材料

在粉碎的土和原状松散的土(包括各种粗、中、细粒土)中,掺入适量的石灰和水,按照一定技术要求,经拌和,在最佳含水率下摊铺、压实及养生,其抗压强度符合规定要求的路面基层称为石灰稳定类基层。用石灰稳定细粒土得到的混合料简称石灰土,所做成的基层称石灰土基层(底基层)。

石灰剂量是石灰质量占全部土颗粒的干质量的百分率,即:

$$石灰剂量 = 石灰质量/干土质量$$

石灰稳定类材料适用于各级公路路面的底基层,可用作二级和二级以下公路的基层,但石灰土不应用作高等级公路的基层。

一、影响石灰稳定材料强度的因素

1. 土质

各种成因的土都可以用石灰来稳定,但生产实践说明,黏性土的稳定效果显著,强度也高。采用高液限黏土时施工不易粉碎;采用粉性土的石灰土早期强度较低,但后期强度也可满足行车要求;采用低液限土时易拌和,但难以碾压成型,稳定的效果不显著。采用的土质,既要考虑其强度,还要考虑到施工时易于粉碎便于碾压成型。一般采用塑性指数为12~18(100g平衡锥测液限,搓条法测塑限)的黏性土为好。塑性指数偏大的黏性土,要加强粉碎,粉碎后,土中15~25mm的土块不宜超过5%。经验证明,塑性指数小于12的土不宜用石灰稳定。对于硫酸盐类含量超过0.8%或腐殖质含量超过10%的土,因对强度有显著影响,不宜直接采用。

2. 灰质

石灰应是消石灰或生石灰粉,高速公路或一级公路宜用磨细生石灰粉。

石灰质量应符合Ⅲ级以上的技术指标,并要尽量缩短石灰的存放时间。在同等石灰剂量下,质量好的石灰,稳定效果好。如采用质量差的石灰,为了满足石灰土的技术要求,就得适当增加石灰剂量。

3. 石灰剂量

石灰剂量对石灰土强度影响显著,石灰剂量较低(小于3%~4%)时,石灰主要起稳定作用,土的塑性、膨胀、吸水量减小,使土的密实度、强度得到改善。随着剂量的增加,强度和稳定性均提高,但剂量超过一定范围时,强度反而降低。生产实践中常用的最佳剂量范围,对于黏性土及粉性土为8%~14%,对于砂性土则为9%~16%。剂量的确定应根据结构层技术要求进行混合料组成设计。

4. 含水率

水是石灰土的重要组成部分。它促使石灰土发生物理化学变化，形成强度，便于土的粉碎、拌和与压实，并且有利于养生。不同土质的石灰土有不同的最佳含水率，需通过标准击实试验确定，并用以控制施工中的实际加水量。所用水应是干净可供饮用的水。

5. 密实度

石灰土的强度随密实度的增加而增长。实践证明，石灰土的密实度每增减1%，强度约增减4%左右。而密实的石灰土，其抗冻性、水稳定性也好，缩裂现象也少。

6. 龄期

石灰土的强度具有随龄期增长的特点。一般石灰土初期强度低，前期（1~2个月）增长速率较后期为快。石灰土强度与龄期关系可表示为：

$$R_t = R_1 t^\beta \tag{1-3-1}$$

式中：R_1——1个月龄期抗压强度；

　　　R_t——t个月龄期抗压强度；

　　　β——系数，约为0.1~0.5。

7. 养生条件

养生条件主要指温度与湿度。养生条件不同，其强度也有差异。当温度高时，物理化学反应、硬化、强度增长快，反之强度增长慢，在负温条件下甚至不增长。因此，要求施工期的最低温度应在5℃以上，并在第一次重冰冻（-5~-3℃）到来之前1~1.5个月完成。

多年的施工经验证明，热季施工的灰土强度高，质量可以保证，一般在使用中很少损坏。

养生的湿度条件对石灰土的强度也有很大影响。实践证明，在一定潮湿条件下形成的养生强度比在一般空气中养生要好。

二、石灰土基层的应用

石灰稳定材料不仅具有较高的抗压强度，而且也具有一定的抗弯强度，且强度随龄期逐渐增加。因此，石灰稳定材料一般可以用于各类路面的基层或底基层。但石灰稳定材料因其水稳定性较差不应做高速公路或一级公路的基层，必要时可以用作底基层。在冰冻地区的潮湿路段以及其他地区的过分潮湿路段，也不宜采用石灰土做基层。

三、石灰稳定材料基层缩裂防治

1. 控制压实含水率

石灰稳定材料因含水率过多产生的干缩裂缝显著，因而压实时含水率一定不要大于最佳含水率，其含水率应略小于最佳含水率。

2. 严格控制压实标准

实践证明，压实度小时产生的干缩要比压实度大时严重，因此，应尽可能达到最大压实度。

3. 控制施工条件

温缩的最不利季节是材料处于最佳含水率附近,且温度处于 $-10 \sim 0$℃。因此施工要在当地气温进入 0℃ 前一个月结束,以防在不利季节产生严重温缩。石灰稳定材料施工结束后要及早铺筑面层,使石灰土基层含水率不发生大变化,可减轻干缩裂隙。

4. 控制养生条件

干缩的最不利情况是石灰稳定材料成型初期,因此,要重视初期养生,保证石灰土表面处于潮湿状况,防止干晒。

5. 掺加粗集料

在石灰稳定材料中掺加集料(砂砾、碎石等),使其集料含量为 60%～70%,使混合料满足最佳组成要求,不但提高强度和稳定性,而且具有较好的抗裂性。

6. 控制裂缝反射

基层的缩裂会反射到面层,为了防止基层裂缝的反射,国内外常采取以下措施:

(1) 设置联结层

设置沥青碎石或沥青贯入式联结层是防止反射裂缝的有效措施。

(2) 铺筑碎石隔离过渡层

在石灰土与沥青面层间铺筑厚 10～20cm 的碎石层或玻璃纤维网格,可减轻反射裂缝出现。

四、石灰土混合料设计

石灰稳定材料是由土、石灰和水组成的。混合料的组成设计包括:根据强度标准、通过试验选取合适的土,确定必需的或最佳的石灰剂量和混合料的最佳含水率。

1. 石灰土的强度标准

石灰土的强度标准根据相应的公路等级和在路面结构中的层位而定。在规定温度保湿养生 6d、浸水 1d 后无侧限抗压强度标准如表 1-3-1 所示。

石灰稳定细粒土的抗压强度和压实度标准　　　　表 1-3-1

使用层次	高速和一级公路		二级和二级以下公路	
	抗压强度(MPa)	压实度	抗压强度(MPa)	压实度
基层	—	—	≥0.8	中、粗粒土97%,细粒土95%
底基层	≥0.8	中、粗粒土97%,细粒土95%	0.5～0.7	中、粗粒土95%,细粒土93%

2. 混合料的设计步骤

① 制备同一种土样、不同石灰剂量的石灰土混合料,根据不同的层位,可参照下列石灰剂量进行配制:

a. 做基层用:

砂砾土和碎石土:3%,4%,5%,6%,7%。

塑性指数小于 12 的黏性土:10%,12%,13%,14%,16%。

塑性指数大于 12 的黏性土:5%,7%,9%,11%,13%。

b. 做底基层用:
塑性指数小于 12 的黏性土:8%,10%,11%,12%,14%。
塑性指数大于 12 的黏性土:5%,7%,8%,9%,11%。

②确定混合料的最佳含水率和最大干压实密度(用重型击实标准试验),至少做三个不同石灰剂量混合料的击实试验,即最小剂量、中间剂量和最大剂量。

③按最佳含水率与工地预期达到的压实密度制备试件,进行强度试验时,做平行试验的试件数量应符合规定。

④试件在规定温度(北方冰冻地区为 20℃ ±2℃,南方非冰冻地区为 25℃ ±2℃)下保湿养生 6d,浸水 1d,进行无侧限抗压强度试验,根据表 1-3-1 的强度标准,选定合适的石灰剂量,室内试验结果的平均抗压强度应符合公式(1-3-2)的要求:

$$\overline{R} \geqslant \frac{R_d}{1 - Z_\alpha C_v} \tag{1-3-2}$$

式中:R_d——设计抗压强度;
　　C_v——试验结果的偏差系数(小数计);
　　Z_α——标准正态分布表中随保证率(或置信度 α)而变的系数。重交通道路应取保证率为 95%,此时 $Z_\alpha = 1.645$;其他道路可取保证率为 90%,即 $Z_\alpha = 1.282$。

工地实际采取的石灰剂量应较试验室内试验确定的剂量多 0.5%~1.0%。

第二节　水泥稳定土基层

一、概述

在粉碎的或原状松散的土(包括各种粗、中、细粒土)中,掺入适当水泥和水,按照技术要求,经拌和摊铺,在最佳含水率时压实及养护成型,其抗压强度符合规定要求,以此修建的路面基层称水泥稳定类基层。当用水泥稳定细粒土(砂性土、粉性土或黏性土)时,简称水泥土。

水泥是水硬性结合料,绝大多数的土类(高塑性黏土和有机质较多的土除外)都可以用水泥来稳定,改善其物理力学性质,适应各种不同的气候条件与水文地质条件。水泥稳定类基层具有良好的整体性、足够的力学强度、抗水性和耐冻性。其初期强度较高,且随龄期增长而增长,所以应用范围很广。近年来,在我国一些路面工程中,水泥稳定土可用于路面结构的基层和底基层,在保证路面使用品质上取得了满意的效果。但水泥土禁止作为高速公路或一级公路路面的基层,只能用作底基层。在高等级公路的水泥混凝土路面板下,水泥土也不应做基层。

二、影响强度的因素

1. 土质

土的类别和性质是影响水泥稳定土强度的重要因素,各类砂砾土、砂土、粉土和黏土级配砾石、级配碎石均可用于水泥稳定,但稳定效果不同。试验和生产实践证明,用水泥稳定级配良好的碎(砾)石和砂砾效果最好,不但强度高,而且水泥用量少;其次是砂性土;再次之是粉性土和黏性土。重黏土难于粉碎及拌和,不宜单独用水泥来稳定,因此,一般要求土的塑性指数不大于17。

2. 水泥的成分和剂量

各种类型的水泥都可以用于稳定土。但试验研究证明,水泥的矿物成分和分散度对其稳定效果有明显影响。对于同一种土,通常情况下硅酸盐水泥的稳定效果好,而铝酸盐水泥较差。

在水泥硬化条件相似、矿物成分相同时,随着水泥分散度的增加,其活性程度和硬化能力也有所增大,水泥土的强度也大大提高。

水泥土的强度随水泥剂量的增加而增长,但过多的水泥用量虽使强度增加,在经济上却不一定合理,在效果上也不一定显著,且容易开裂。试验和研究证明,水泥剂量为4%~8%较为合理。

3. 含水率

含水率对水泥稳定土强度影响很大,当含水率不足时,水泥不能在混合料中完全水化和水解,发挥不了水泥对土的稳定作用,影响强度形成。同时,含水率小,达不到最佳含水率也影响水泥稳定土的压实度。因此,使含水率达到最佳含水率的同时,也要满足水泥完全水化和水解作用的需要为好。

水泥正常水化所需的水量约为水泥重的20%,对于砂性土,完全水化达到最高强度的含水率较最佳密度的含水率为小;而对于黏性土则相反。

三、施工工艺过程

水泥土和水拌和得均匀,且在最佳含水率下充分压实,使之干密度最大,其强度和稳定性就高。水泥土从开始加水拌和到完成压实的延迟时间要尽可能最短,一般要在6h以内。若时间过长,则水泥凝结,在碾压时,不但达不到压实度要求,而且也会破坏已结硬水泥的胶凝作用,反而使水泥稳定土强度下降。在水泥终凝时间达不到规定要求时,可以使用一定剂量的缓凝剂,但缓凝剂的品种和具体数量应根据试验确定。

水泥稳定土需湿法养生,以满足水泥水化形成强度的需要。养生温度越高,强度增长越快,因此,要保证水泥稳定土养生的温度和湿度条件。

四、材料要求及混合料组成设计

1. 材料要求

(1) 土

凡能被粉碎的土都可用水泥稳定。宜作水泥稳定类基层的材料有:石渣、石屑、砂砾、碎石土、砾石土、级配砾石、级配碎石等。集料的技术要求见表1-3-2和表1-3-3。

粗集料技术要求   表1-3-2

指 标	层位	高速公路和一级公路				二级及二级以下公路	
		极重、特重交通		重、中、轻交通			
		Ⅰ类	Ⅱ类	Ⅰ类	Ⅱ类	Ⅰ类	Ⅱ类
压碎值(%)	基层	≤22	≤22	≤26	≤26	≤35	≤30
	底基层	≤30	≤26	≤30	≤26	≤40	≤35
针片状颗粒含量(%)	基层	≤18	≤18	≤22	≤18	—	≤20
	底基层	—	≤20	—	≤20	—	≤20
0.075mm以下粉尘含量(%)	基层	≤1.2	≤1.2	≤2	≤2	—	—
	底基层						
软石含量(%)	基层	≤3	≤3	≤5	≤5		
	底基层						

细集料技术要求   表1-3-3

项 目	水泥稳定	石灰稳定	石灰粉煤灰综合稳定	水泥粉煤灰综合稳定
颗粒分析	满足级配要求			
塑性指数	≤17	适宜范围15~20	适宜范围12~20	—
有机质含量(%)	<2	≤10	≤10	<2
硫酸盐含量(%)	≤0.25	≤0.8	—	≤0.25

当用水泥稳定土做基层或底基层时,对于高速公路和一级公路,颗粒最大粒径不应超过31.5mm(指方孔筛)。土的颗粒组成应符合表1-3-4规定,同时土的均匀系数(为通过量60%的筛孔尺寸与通过量10%的筛孔尺寸的比值)应大于5,细粒土的塑性指数不应超过17。实际工作中,宜选用均匀系数大于10、塑性指数小于12的土。当用水泥稳定级配砾石或水泥稳定级配碎石做基层或底基层时,其推荐级配范围应符合表1-3-5规定。

水泥稳定土的推荐级配范围   表1-3-4

筛孔尺寸(mm)	高速公路和一级公路的底基层或二级公路的基层	高速公路和一级公路的底基层	二级以下公路的基层	二级及二级以下公路的底基层
	C-A-1	C-A-2	C-A-3	C-A-4
53	—	—	100	100
37.5	100	100	90~100	—
31.5	90~100	—	—	—
26.5	—	—	66~100	—
19	67~90	—	54~100	—
9.5	45~68	—	39~100	—
4.75	29~50	50~100	28~84	50~100
2.36	18~38	—	20~70	—

续上表

筛孔尺寸(mm)	高速公路和一级公路的底基层或二级公路的基层 C-A-1	高速公路和一级公路的底基层 C-A-2	二级以下公路的基层 C-A-3	二级及二级以下公路的底基层 C-A-4
1.18	—	—	14~57	—
0.6	8~22	17~100	8~47	17~100
0.075	0~7	0~30	0~30	0~50

注：表中水泥稳定材料不包括水泥稳定级配碎石或砾石。

水泥稳定级配碎石或砾石的推荐级配范围　　表1-3-5

筛孔尺寸(mm)	高速公路和一级公路			二级及二级以下公路		
	C-B-1	C-B-2	C-B-3	C-C-1	C-C-2	C-C-3
37.5	—	—	—	100	—	—
31.5	—	—	100	90~100	100	—
26.5	100	—	—	81~94	90~100	100
19	82~86	100	68~86	67~83	73~87	90~100
16	73~79	88~93	—	61~78	65~82	79~92
13.2	65~72	76~86	—	54~73	58~75	67~83
9.5	53~62	59~72	38~58	45~64	47~66	52~71
4.75	35~45	35~45	22~32	30~50	30~50	30~50
2.36	22~31	22~31	16~28	19~36	19~36	19~36
1.18	13~22	13~22	—	12~26	12~26	12~26
0.6	8~15	8~15	8~15	8~19	8~19	8~19
0.3	5~10	5~10	—	5~14	5~14	5~14
0.15	3~7	3~7	—	3~10	3~10	3~10
0.075	2~5	2~5	0~3	2~7	2~7	2~7

(2)水泥

普通硅酸盐水泥、矿渣硅酸盐水泥或火山灰质硅酸盐水泥都可以用于稳定土，但应选用终凝时间较长（宜6h以上）的水泥。早强、快硬及受潮变质的水泥不应使用。宜采用强度等级较低的水泥，如32.5或42.5级水泥。

(3)水

符合现行《生活饮用水卫生标准》(GB 5749)的饮用水均可直接作为基层、底基层材料拌和及养生用水。

2. 混合料组成设计

水泥稳定土混合料组成设计与石灰稳定材料基本相同。

(1)强度和压实度标准

7d无侧限抗压强度和压实度应根据公路等级和所在路面结构中的层位确定，如表1-3-6所示。

水泥混合料的无侧限抗压强度(MPa)及压实度(%)标准　　　表1-3-6

结构层	公路等级	无侧限抗压强度(MPa)			压实度(%)
		极重、特重交通	重交通	中、轻交通	
基层	高速公路和一级公路	5.0~7.0	4.0~6.0	3.0~5.0	≥98
	二级和二级以下公路	4.0~6.0	3.0~5.0	2.0~4.0	中、粗粒土97,细粒土95
底基层	高速公路和一级公路	3.0~5.0	2.5~4.5	2.0~4.0	中、粗粒土97,细粒土95
	二级和二级以下公路	2.5~4.5	2.0~4.0	1.0~3.0	中、粗粒土95,细粒土93

(2)设计步骤

①制备同一种土样、不同水泥剂量的混合料,一般按表1-3-7所列的水泥剂量配制。

水泥稳定材料配合比试验推荐水泥剂量　　　表1-3-7

被稳定材料	条件		推荐试验剂量(%)
有级配的碎石或砾石	基层	$R_d \geq 5.0$ MPa	5、6、7、8、9
		$R_d < 5.0$ MPa	3、4、5、6、7
土、砂、石屑等		塑性指数<12	5、7、9、11、13
		塑性指数≥12	8、10、12、14、16
有级配的碎石或砾石	底基层	—	3、4、5、6、7
土、砂、石屑等		塑性指数<12	4、5、6、7、8
		塑性指数≥12	6、8、10、12、14
碾压贫混凝土	基层	—	7、8.5、10、11.5、13

②确定最佳含水率和最大干压实密度。

③按最佳含水率和计算得到的干密度制试件。根据表1-3-6强度标准选定合适的水泥剂量。此剂量试件室内试验结果的平均抗压强度 $\bar{R}$ 应符合式(1-3-2)的要求。

工地实际采用的水泥剂量应比室内试验确定剂量多0.5%~1.0%,摊铺时混合料的含水率可高于最佳含水率0.5~1个百分点。

第三节　工业废渣稳定土基层

一、概述

随着工业发展,工业废渣逐渐增多,怎样综合利用工业废渣引起了国内外的高度重视。近年来,我国利用工业废渣铺筑路面基层,取得显著成效,不但提高了路面使用品质,而且降低了工程造价,"变废为宝",具有很大的经济意义。

公路上常用的工业废渣有:火力发电厂的粉煤灰和煤渣,钢铁厂的高炉渣和钢渣,化肥厂的电石渣,以及煤矿的煤矸石等。粉煤灰和煤渣中含有较多的二氧化硅、氧化钙或氧化铝等活性物质。用石灰稳定工业废渣时,石灰在水的作用下形成饱和的 $Ca(OH)_2$ 溶液,废渣的活性氧化硅和氧化铝在 $Ca(OH)_2$ 溶液中产生火山灰反应,生成水化硅酸钙和铝酸钙凝胶,把颗粒胶凝在一起,随水化物不断产生而结晶硬化,具有水硬性。温度较高时,强度增长快,因此石灰稳定工业废渣最好在热季施工,并加强保湿养生。

工业废渣材料主要用石灰与之综合稳定,即石灰工业废渣材料,主要有石灰粉煤灰类及石灰其他废渣类。

石灰稳定工业废渣基层具有水硬性、缓凝性、强度高、稳定性好,成板体且强度随龄期不断增加,抗水、抗冻、抗裂而且收缩性小,适应各种气候环境和水文地质条件等特点。所以,近几年来,修筑高等级公路,常选用石灰稳定工业废渣做高级或次高级路面的基层或底基层。

二、对材料的要求

1. 石灰

工业废渣基层所用的结合料是石灰。石灰的质量宜符合Ⅲ级以上技术指标。

2. 废渣材料

粉煤灰是火力发电厂燃烧煤粉产生的粉状灰渣,主要成分是二氧化硅(SiO_2)和三氧化二铝(Al_2O_3),其总含量一般要求超过70%。粉煤灰的烧失量一般要小于20%,如达不到上述要求,应通过试验后才能采用。干粉煤灰和湿粉煤灰都可以应用。干粉煤灰堆放时应洒水以防飞扬。湿粉煤灰堆放时,含水率不宜超过35%。

3. 粒料

集料的技术指标应符合表1-3-2及表1-3-3的要求,其级配应符合表1-3-8的要求。

石灰工业废渣混合料中粒料质量宜占80%以上,并有良好的级配;石灰工业废渣稳定材料可采用表1-3-8推荐的级配范围。

石灰工业废渣稳定材料推荐的级配范围 表1-3-8

筛孔尺寸(mm)	高速公路和一级公路				二级及二级以下公路			
	LF-A-1S	LF-A-2S	LF-A-1L	LF-A-2L	LF-B-1S	LF-B-2S	LF-B-1L	LF-B-2L
37.5	—				100		100	
31.5	100	—	100	—	90~100	100	90~100	100
26.5	91~95	100	93~96	100	81~94	90~100	84~95	90~100
19	76~85	82~89	81~88	86~91	67~83	73~87	72~87	77~91
16	69~80	73~84	75~84	79~87	61~78	65~82	67~83	71~86
13.2	62~75	65~78	69~79	72~82	54~73	58~75	62~79	65~81
9.5	51~65	53~67	60~71	62~73	45~64	47~66	54~72	55~74
4.75	35~45	35~45	45~55	45~55	30~50	30~50	40~60	40~60
2.36	22~31	22~31	27~39	27~39	19~36	19~36	24~44	24~44
1.18	13~22	13~22	16~28	16~28	12~26	12~26	15~33	15~33
0.6	8~15	8~15	10~20	10~20	8~19	8~19	9~25	9~25
0.3	5~10	5~10	6~14	6~14	—	—	—	—
0.15	3~7	3~7	3~10	3~10	—	—	—	—
0.075	2~5	2~5	2~7	2~7	2~7	2~7	2~10	2~10

三、混合料组成设计

石灰工业废渣混合料的组成设计内容包括：根据表1-3-9的强度标准，通过试验选取适宜稳定的土，确定石灰与工业废渣的比例，确定石灰工业废渣与土的比例（均为质量比），通过试验确定混合料的最佳含水率、最大干密度。

二灰稳定材料的无侧限抗压强度和压实度标准   表1-3-9

结构层	公路等级	无限侧抗压强度(MPa)			压实度(%)
		极重、特重交通	重交通	中、轻交通	
基层	高速公路和一级公路	≥1.1	≥1.0	≥0.9	≥98
	二级和二级以下公路	≥0.9	≥0.8	≥0.7	中、粗粒土97，细粒土95
底基层	高速公路和一级公路	≥0.8	≥0.7	≥0.6	中、粗粒土97，细粒土95
	二级和二级以下公路	≥0.7	≥0.6	≥0.5	中、粗粒土95，细粒土93

石灰与工业废渣的比例、石灰工业废渣与土的比例可采用表1-3-10的推荐比例。

二灰稳定材料的推荐比例   表1-3-10

材料类型	材料名称	使用层位	结合料间比例	结合料与被稳定材料间比例
石灰粉煤灰	硅铝粉煤灰的石灰粉煤灰类[a]	基层或底基层	石灰:粉煤灰=1:2~1:9	—
	石灰粉煤灰土	基层或底基层	石灰:粉煤灰=1:2~1:4[b]	石灰粉煤灰:细粒材料=30:70[c]~10:90
	石灰粉煤灰稳定级配碎石或砾石	基层	石灰:粉煤灰=1:2~1:4	石灰粉煤灰:被稳定材料=20:80~15:85[d]
石灰煤渣	石灰煤渣稳定材料	基层或底基层	石灰:煤渣=20:80~15:85	—
	石灰煤渣土	基层或底基层	石灰:煤渣=1:1~1:4	石灰煤渣:细粒材料=1:1~1:4[e]
	石灰煤渣稳定材料	基层或底基层	石灰:煤渣:被稳定材料=(7~9):(26~33):(67~58)	

注：[a] CaO含量为2%~6%的硅铝粉煤灰。
    [b] 粉土以1:2为宜。
    [c] 采用此比例时，石灰与粉煤灰之比宜为1:2~1:3。
    [d] 石灰粉煤灰与粒料之比为15:85~20:80时，在混合料中，粒料形成骨架，石灰粉煤灰起填空孔隙和胶结作用。这种混合料称为骨架密实式石灰粉煤灰粒料。
    [e] 混合料中石灰应不少于10%，可通过试验选取强度较高的配合比。

根据最近研究，为了防止裂缝，采用石灰与粉煤灰的配比为1:3~1:4，集料含量为80%~85%为最佳，既可抗干缩又可抗温缩。不少地区在修筑高级或次高级路面时选用这种基层和底基层，既减少了因基层反射裂缝而引起的面层开裂问题，还减轻沥青路面的车辙。

石灰粉煤灰类的基层施工同石灰稳定材料基层的施工。施工时，应尽量安排在温暖高温季节，以利于形成早期强度而成型。

第四章　水泥混凝土和砂浆

水泥混凝土是道路与桥梁工程建设中应用最广泛、用量最大的建筑材料之一。随着现代高等级公路的发展，水泥混凝土与沥青混凝土一样，成为高等级路面的主要建筑材料。在现代公路桥梁中，钢筋混凝土桥是最主要的一种桥型，广泛应用于高等级公路和立交工程。

水泥混凝土是以水泥和水组成的水泥浆体为黏结介质，将分散其间的不同粒径的粗、细集料胶结起来，在一定条件下，硬化成为具有一定力学性能的一种人工石材。

第一节　普通水泥混凝土

普通水泥混凝土通常用水泥为胶结材料，用普通砂石为集料，并以水为原材料，按专门设计的配合比，经搅拌、成型、养护而得到的复合材料。现代水泥混凝土中，为了调节和改善其工艺性能和力学性能，还需加入各种化学外加剂和磨细矿质掺合料。

普通水泥混凝土具有原料丰富，便于施工和浇筑成各种形状的构件，硬化后性能优越、耐久性好，节约能源，成本低廉等优点。所以普通水泥混凝土广泛应用于道路与桥梁工程。

水泥混凝土的主要性质包括：新拌混凝土的工作性，硬化后混凝土的力学性质和耐久性。

一、新拌水泥混凝土的工作性（和易性）

水泥混凝土在尚未凝结硬化以前，称为新拌混凝土或混凝土拌合物。目前在生产实践上，对新拌混凝土的性质，主要用工作性来表征。

1. 工作性的含义

通常认为，工作性包含流动性、可塑性、稳定性和易密性四方面的含义。优质的新拌混凝土应该具有满足输送和浇捣要求的流动性，不为外力作用产生脆断的可塑性，不产生分层、泌水的稳定性和易于浇捣密致的密实性。

2. 工作性的测定方法

按照《普通混凝土拌合物性能试验方法标准》（GB/T 50080—2016）规定，混凝土拌合物的稠度试验方法有坍落度与坍落度扩展度法试验和维勃稠度试验两种方法。

（1）坍落度与坍落度扩展度法试验

本方法适用于集料最大粒径不大于40mm、坍落度不小于10mm的混凝土拌合物稠度测定。坍落度与坍落扩展度试验所用的混凝土坍落度仪应符合《混凝土坍落度仪》（JG/T 248—2009）中有关技术要求的规定。

《公路工程水泥及水泥混凝土试验规程》（JTG 3420—2020）规定：坍落度试验用标准坍落

度圆锥筒测定,该筒为钢皮制成,高度 $H = 300\text{mm} \pm 2\text{mm}$,上口直径 $d = 100\text{mm} \pm 2\text{mm}$,下底直径 $D = 200\text{mm} \pm 2\text{mm}$。试验时,将圆锥置于平板上,然后将混凝土拌合物分三层装入标准圆锥筒内(使捣实后每层高度为筒高的 1/3 左右),每层用弹头棒均匀地捣插 25 次。多余试样用镘刀刮平,然后垂直提取圆锥筒,将圆锥筒与混合料并排放于平板上,测量筒高与坍落后混凝土试件最高点之间的高差,即为新拌混凝土拌合物的坍落度,以 mm 为单位(测量精确至 1mm,结果精确至 5mm)。进行坍落度试验同时,应观察混凝土拌合物的黏聚性、保水性和含砂情况等,以便全面地评价混凝土拌合物的和易性。坍落度是新拌混凝土自重引起的变形,坍落度只有对富水泥浆的新拌混凝土才比较敏感。相同性质的新拌混凝土,不同试样,坍落度可能相差很大;相反,不同组成的新拌混凝土,它们工作性虽有很大的差别,但却可得到相同的坍落度。因此,坍落度不是唯一的工作性能指标。

(2)维勃稠度试验

本方法适用于集料最大粒径不大于 40mm,维勃稠度在 5~30s 之间的混凝土拌合物稠度测定。

《普通混凝土拌合物性能试验方法标准》(GB/T 50080—2016)规定:维勃稠度试验方法是将坍落度筒放在直径为 240mm ± 5mm、高度为 200mm 的圆筒中,圆筒安装在专用的振动台上。按坍落度试验的方法将新拌混凝土装入坍落度筒内后再拔去坍落度筒,并在新拌混凝土顶上置一透明圆盘。开动振动台并记录时间,从开始振动至透明圆盘底面被水泥浆布满瞬间止,所经历的时间,即为新拌混凝土的维勃稠度值以 s 计(精确至 1s)。

此外,国际上测定工作性的试验方法,经常采用的还有密实因数试验、重塑性试验、球体贯入度试验。

根据《公路工程水泥及水泥混凝土试验规程》(JTG 3420—2020),路面混凝土稠度分级如表 1-4-1 所示。

路面混凝土稠度分级　　　　　　　表 1-4-1

级　别	维勃稠度(s)	坍落度(mm)	级　别	维勃稠度(s)	坍落度(mm)
特干硬	≥30	—	低塑	10~5	50~90
很干稠	30~21	—	塑性	≤4	100~150
干稠	20~11	10~40	流型	—	>160

3. 影响新拌混凝土的工作性因素

(1)组成材料质量及其用量的影响

①水泥特性的影响:水泥的品种、细度、矿物组成以及混合材料的掺量等都会影响需水量。由于不同品种的水泥达到标准稠度的需水量不同,所以不同品种水泥配制成的混凝土拌合物具有不同的工作性。通常普通水泥的混凝土拌合物比矿渣和火山灰的工作性好。矿渣水泥拌合物的流动性虽大,但黏聚性差,易泌水离析;火山灰水泥流动性小,但黏聚性最好。此外,水泥细度对混凝土拌合物的工作性亦有影响,适当提高水泥的细度可改善混凝土拌合物的黏聚性和保水性,减少泌水、离析现象。

②集料特性的影响:集料的特性包括集料的最大粒径、形状、表面纹理(卵石或碎石)、级配和吸水性等,这些特性将不同程度地影响新拌混凝土的工作性。其中最为明显的是,卵石拌

制的混凝土拌合物较山砂的好。集料的最大粒径增大,可使集料的总表面积减小,拌合物的工作性也随之改善。此外,具有良好级配的混凝土拌合物具有较好的工作性。

③单位用水量影响:集浆比就是单位混凝土拌合物中,集料绝对体积与水泥浆绝对体积之比,常用单位用水量表示。水泥浆在混凝土拌合物中,除了填充集料间的空隙外,还包裹集料的表面,以减少集料颗粒间的摩阻力,使混凝土拌合物具有一定的流动性。在单位体积的混凝土拌合物中,如水灰比保持不变,则水泥浆的数量越多,拌合物的流动性越大。但若水泥浆数量过多,则集料的含量相对减少,达一定限度时,将会出现流浆现象,使混凝土拌合物的黏聚性和保水性变差。相反若水泥浆数量过少,不足以填满集料的空隙和包裹集料表面,则混凝土拌合物黏聚性变差,甚至产生崩坍现象。因此,混凝土拌合物中水泥浆数量应根据具体情况决定,在满足工作性要求的前提下,同时要考虑强度和耐久性要求,尽量采用较大的集浆比(即较少的水泥浆用量)、最小的单位用水量,以节约水泥用量。

④水灰比的影响:在单位混凝土拌合物中,集浆比确定后,即水泥浆的用量为一固定数值时,水灰比即决定水泥浆的稠度。水灰比较小,则水泥浆较稠,混凝土拌合物的流动性亦较小,当水灰比小于某一极限时,在一定施工方法下就不能保证密实成型;反之,水灰比较大,水泥浆较稀,混凝土拌合物的流动性虽然较大,但黏聚性和保水性却随之变差。当水灰比大于某一极限时,将产生严重离析、泌水现象。因此,为了使混凝土拌合物能够密实成型,所采用的水灰比值不能过小;为了保证混凝土拌合物具有良好的黏聚性和保水性,所采用的水灰比值又不能过大。在实际工程中,为增加拌合物的流动性而增加用水量时,必须保证水灰比不变,同时增加水泥用量,否则将显著降低混凝土的质量。因此,决不能以单纯改变用水量的办法来调整混凝土拌合物的流动性。在通常使用范围内,当混凝土中水量一定时,水灰比在小范围内变化,对混凝土拌合物的流动性影响不大。

⑤砂率的影响:砂率是指混凝土中砂的质量占砂、石总质量的百分率。砂率表征混凝土拌合物中砂与石相对用量比例的组合。由于砂率变化,可导致集料的空隙率和总表面积的变化,因而混凝土拌合物的工作性亦随之产生变化。

当砂率过大时,集料的空隙率和总表面积增大,在水泥浆用量一定的条件下,混凝土拌合物就显得干稠,流动性小。当砂率过小时,虽然集料的总表面积减小,但由于砂浆量不足,不能在粗集料的周围形成足够的砂浆层来起润滑作用,因而使混凝土拌合物的流动性降低;更严重的是影响了混凝土拌合物的黏聚性与保水性,使拌合物显得粗涩、粗集料离析、水泥浆流失,甚至出现溃散等不良现象。因此,在不同的砂率中应有一个合理砂率值。

混凝土拌合物的合理砂率是指在用水量和水泥用量一定的情况下,能使混凝土拌合物获得最大的流动性,且能保持黏聚性和保水性能良好的砂率。

⑥外加剂的影响:在拌制混凝土拌合物时,加入少量外加剂,可在不增加水泥用量的情况下改善拌合物的工作性,同时尚能提高混凝土的强度和耐久性。

(2)环境条件的影响

引起混凝土拌合物工作性降低的环境因素主要有温度、湿度和风速。对于给定组成材料性质和配合比例的混凝土拌合物,其工作性的变化主要受水泥的水化率和水分的蒸发率所支配。因此,混凝土拌合物从搅拌到捣实的这段时间里,温度的升高会加速水化率且水由于蒸发而损失,这些都会导致拌合物坍落度减小。湿度会影响拌合物水分的蒸发率,因而影响坍落度。不同环境条件下,要保证拌合物具有一定的工作性,必须采用相应的改善工作性的措施。

(3)时间的影响

混凝土拌合物在搅拌后,其坍落度随时间的增长而逐渐减小,称为坍落度损失。主要是由于拌合物中自由水随时间而蒸发、集料的吸水和水泥早期水化而损失的结果。混凝土拌合物工作性的损失率,受组成材料的性质(如水泥的水化和发热特性、外加剂的特剂、集料的空隙率等)以及环境因素的影响。

4. 改善新拌混凝土工作性的措施

改善新拌混凝土的工作性可从下列途径采取必要的技术措施:

①调节混凝土的材料组成:在保证混凝土强度、耐久性和经济性的前提下,适当调整混凝土的组成配合比例以提高工作性。

②掺加各种外加剂:如减水剂、塑化剂等均能提高新拌混凝土的工作性,同时能提高强度、耐久性并节约水泥。

③提高振捣机械的效能:由于振捣效能提高,可降低施工条件对混凝土拌合物工作性的要求,因而保持原有工作性能亦能达到捣实的效果。

5. 混凝土拌合物的工作性选择

混凝土拌合物的工作性,依据结构物的断面尺寸、钢筋配置的疏密以及捣实的机械类型和施工方法等来选择。一般对无筋、钢筋配置稀疏易于施工的结构,尽可能选用较小的坍落度,以节约水泥。反之,对横断面尺寸较小、形状复杂或配筋特密的结构,则应选用较大的坍落度,易于浇捣密实,以保证施工质量。公路桥涵与道路路面用混凝土可按下述规定选用。

(1)公路桥涵用混凝土拌合物的工作性选择

公路桥涵用混凝土拌合物的工作性根据公路桥涵技术规范有关规定选择,表1-4-2可供选用参考。

公路桥涵用混凝土拌合物的坍落度　　　　表1-4-2

项次	结构种类	坍落度(mm)
1	桥涵基础、墩台、仰拱、挡土墙及大型制块等便于灌筑捣实的结构	0~20
2	上列桥涵墩台等工程中较不便施工处	10~30
3	普通配筋的钢筋混凝土结构,如钢筋混凝土板、梁、柱等	30~50
4	钢筋较密、断面较小的钢筋混凝土结构(梁、柱、墙等)	50~70
5	钢筋配制特密、断面高而狭小的极不便灌注捣实的特殊结构部位	70~90

(2)道路混凝土拌合物的工作性选择

水泥混凝土路面用道路混凝土拌合物的工作性,按《普通混凝土拌合物性能试验方法标准》(GB/T 50080—2016)规定,坍落度宜为10~25mm,采用维勃稠度仪测定维勃时间宜为5~30s。

二、硬化混凝土的力学性质

硬化后混凝土的力学性质,主要包括强度和变形两方面。

1. 强度

强度是混凝土硬化后的主要力学性能,按《混凝土物理力学性能试验方法标准》(GB/T 50081—2019)规定,混凝土强度有立方体抗压强度、棱柱体抗压强度、劈裂抗拉强度、抗折强度(抗弯拉强度或弯拉强度)等,公路工程结构物中混凝土强度常用立方体抗压强度表征,路面水泥混凝土常用弯拉强度表征。

(1) 抗压强度标准值和强度等级

钢筋混凝土和预应力钢筋混凝土桥梁结构设计时,混凝土材料的强度是用强度等级作为设计依据的。在结构设计时,混凝土各种力学强度的标准值均可由强度等级换算得出,所以强度等级是混凝土各种力学强度标准值的基础。

①立方体抗压强度定义:按照标准的制作方法制成边长为150mm的正方体试件,在标准养护条件(温度20℃±2℃,相对湿度95%以上)下,养护至28d龄期,按照标准的测定方法测定其抗压强度值,称为"混凝土立方体试件抗压强度"(简称"立方抗压强度")。

②立方体抗压强度标准值定义:《混凝土强度检验评定标准》(GB/T 50107—2010)和《混凝土结构设计规范(2015年版)》(GB 50010—2010)中定义为按照标准方法制作和养护的边长为150mm的立方体试件,养护至28d龄期,用标准试验方法测定的抗压强度总体分布中的一个值,强度低于该值的百分率不超过5%(即具有95%保证率的抗压强度),以N/mm²即MPa计。

从以上定义可知,立方体抗压强度只是一组混凝土试件抗压强度的算术平均值,并未涉及数理统计、保证率的概念。而立方体抗压强度标准值按数理统计方法确定,是具有不低于95%保证率的立方体抗压强度。

③立方体抗压强度计算:

混凝土试件抗压强度按式(1-4-1)计算:

$$f_{cu} = \frac{F}{A} \quad (1\text{-}4\text{-}1)$$

式中:f_{cu}——混凝土立方体抗压强度(MPa);

F——极限荷载(N);

A——受压面积(mm²)。

计算结果精确至0.1MPa。

当混凝土强度等级小于C60时,应用非标准试件的抗压强度乘以尺寸换算系数(表1-4-3),并应在报告中注明。

立方体抗压强度尺寸换算系数　　　　表1-4-3

试件尺寸	尺寸换算系数
100mm×100mm×100mm	0.95
150mm×150mm×150mm	1.00
200mm×200mm×200mm	1.05

当混凝土强度等级大于或等于C60时,宜采用150mm×150mm×150mm标准试件,使用非标准试件时,换算系数由试验确定。

立方体试件抗压强度值的确定应符合下列规定:以三个试件测量值的算术平均值为测定值,结果精确至 0.1MPa。三个试件测量值的最大值或最小值中如有一个与中间值之差超过中间值的 15%,则取中间值为测定值;如最大值和最小值与中间值的差值均超过中间值的 15%,则该组试验结果无效。

④强度等级:混凝土强度等级是根据立方体抗压强度标准值来确定的。

强度等级用符号 C 和立方体抗压强度标准值两项内容表示。例如"C30"即表示混凝土立方体抗压强度标准值 $f_{cu,k}$ = 30MPa。

《混凝土结构设计规范(2015 年版)》(GB 50010—2010)规定,普通混凝土按立方体抗压强度标准值划分为 C15、C20、C25、C30、C35、C40、C45、C50、C55、C60、C65、C70、C75 和 C80 等 14 个强度等级。

(2)弯拉强度

①弯拉强度定义:弯拉强度是按照标准的制作方法制成 150mm×150mm×550mm 的水泥混凝土棱柱体试件在标准养护条件(温度20℃±2℃,相对湿度95%以上)下养护至 28d 龄期,在两点加载条件下断裂时的极限应力。

公路路面或机场道路用水泥混凝土,以弯拉强度为主要强度指标、抗压强度为参考指标。根据《公路水泥混凝土路面设计规范》(JTG D40—2011),不同交通量分级的路面水泥混凝土弯拉强度标准值如表 1-4-4 所示。道路水泥混凝土弯拉强度与抗压强度的关系如表 1-4-5 所示。

路面水泥混凝土弯拉强度标准值　　　　　　表 1-4-4

交通量分级	极重、特重、重	中等	轻
水泥混凝土弯拉强度标准值(MPa)	≥5.0	4.5	4.0
钢纤维水泥混凝土弯拉强度标准值(MPa)	≥6.0	5.5	5.0

道路水泥混凝土弯拉强度与抗压强度的关系　　　　　　表 1-4-5

弯拉强度(MPa)	4.0	4.5	5.0	5.5
抗压强度(MPa)	25.0	30.0	35.5	40.0

②弯拉强度计算:

当断面发生在两个加荷点之间时,试件的弯拉强度按式(1-4-2)计算:

$$f_f = \frac{FL}{bh^2} \tag{1-4-2}$$

式中:f_f——试件的弯拉强度(MPa);

F——极限荷载(N);

L——支座间距离(mm);

b——试件宽度(mm);

h——试件高度(mm)。

结果计算精确至 0.01MPa。

当采用 100mm×100mm×400mm 非标准试件时,在三分点加荷的试验方法同前,但所取得的弯拉强度值应乘以尺寸换算系数 0.85。当混凝土强度等级大于或等于 C60 时,应采用 150mm×150mm×550mm 标准试件。

弯拉强度值的确定应符合下列规定:以三个试件测量值的算术平均值为测定值。三个试件测量值的最大值或最小值中如有一个与中间值之差超过中间值的15%,则把最大值和最小值舍去,以中间值作为试件的弯拉强度。如有两个测量值与中间值的差值均超过15%时,则该组试验结果无效。

三个试件中如有一个断裂面位于加荷点外侧,则混凝土弯拉强度按另外两个试件的试验结果计算。如这两个测量值的差值不大于这两个测量值中最小值的15%,则以两个测量值的平均值为测试结果,否则结果无效。如有两试件均出现断裂面位于加荷点外侧,则该组结果无效。

2. 影响硬化后水泥混凝土强度的因素

影响硬化后水泥混凝土强度的因素,归纳起来主要有材料组成、制备方法、养护条件和试验条件四个方面。

(1) 材料组成对混凝土强度的影响

材料组成是混凝土强度形成的内因,主要取决于组成材料的质量及其在混凝土中的数量。

①水泥的强度和水灰比:水泥混凝土的强度主要取决于其内部起胶结作用的水泥石的质量,水泥石的质量则取决于水泥的特性和水灰比。

根据大量的试验资料统计结果,提出灰水比(C/W)、水泥实际强度(f_{ce})与混凝土28d立方体抗压强度($f_{cu,28}$)的关系公式如下:

$$f_{cu,28} = A \cdot f_{ce} \cdot \left(\frac{C}{W} - B\right) \tag{1-4-3}$$

式中:$f_{cu,28}$——混凝土28d龄期的立方体抗压强度(MPa);

f_{ce}——水泥强度等级值(MPa);

C/W——灰水比;

A、B——经验常数,按《普通混凝土配合比设计规程》(JGJ 55—2011)规定,混凝土强度公式的经验常数A、B列于表1-4-6。

混凝土强度公式的经验常数A、B 表1-4-6

集料类别	经验常数	
	A	B
碎石	0.53	0.20
卵石	0.49	0.13

②集料特性:集料对混凝土的强度有明显的影响,特别是粗集料的形状与表面性质和强度有着直接的关系。在我国现行规范采用的混凝土强度公式中,对表面粗糙、有棱角的碎石以及表面光滑浑圆的卵石,它们的经验系数A和B均不同。

③浆集比:混凝土中水泥浆的体积和集料体积之比对混凝土的强度也有一定的影响。特别是高强度等级的混凝土更为明显,在水灰比相同的条件下,在达到最优浆集比后,混凝土的强度随着浆集比的增加而降低。

(2) 养护条件对混凝土强度的影响

对于相同配合比和相同施工方法的水泥混凝土,其力学强度取决于养护的湿度、温度和养护时间(龄期)。

①湿度:混凝土浇筑成型后,如能保持湿润的状态,混凝土的强度将随龄期按水泥的特性呈对数关系增长。

②温度:养护温度对混凝土强度发展有很大影响。在相同湿度的养护条件下,低温养护强度发展较慢,为了达到一定强度,低温养护较高温养护需要更长的龄期。

③龄期:混凝土的强度随着龄期的增长而提高。一般早期增长比例较为显著,后期较为缓慢。

(3)试验条件对混凝土强度的影响

相同材料组成、制备条件和养护条件制成的混凝土试件,其力学强度还取决于试验条件。影响混凝土力学强度的试验条件主要有:试件形状与尺寸、试件湿度、试件温度、支承条件和加载方式等。

3. 提高混凝土强度的措施

(1)选用高强度水泥和早强型水泥

为提高路面用混凝土的强度,应选用高强度的水泥。对于重型交通路面,抗折强度应大于5.0MPa,在水灰比不大于0.46、水泥用量不大于360kg/m³的条件下,必须采用高强水泥或道路水泥,才能满足混凝土强度高且水泥用量少的要求。为缩短养护时间,及早通车,在供应条件允许时,应优先选用早强型水泥。

(2)采用低水灰比和较小的单位用水量

为提高路面混凝土的强度,通常采用的水灰比不超过0.45、用水量不超过150kg/m³(卵石不超过140kg/m³)。对于掺加外加剂的混凝土,还可用更低的水灰比和用水量。采用低的水灰比,可以减少混凝土中的游离水,从而减小混凝土中的空隙,提高混凝土的密实度和强度。此外,降低浆集比,减薄水泥浆层的厚度,可以充分发挥集料的骨架作用,对混凝土强度的提高亦有帮助。如采用适宜的最大粒径,可调节抗压和抗折强度之间的关系,以达到提高抗折强度的效果。

(3)掺加混凝土外加剂和掺合料

目前桥梁工程用预应力混凝土,通常要求设计强度在C50以上,除了采用52.5级或62.5级硅酸盐水泥外,水灰比必须在0.30~0.40之间才能达到强度要求,而混凝土拌合物的坍落度又要求在50mm以上,因此必须采用高效减水剂等外加剂,才能保证混凝土拌合物的工作性和混凝土的强度。

(4)采用湿热处理——蒸汽养护和蒸压养护

①蒸汽养护:蒸汽养护是使浇筑好的混凝土构件经1~3h预养后,在90%以上相对湿度、60℃以上温度的饱和蒸汽中养护,以加速混凝土强度的发展。

②蒸压养护:蒸压养护是将浇筑完的混凝土构件静停8~10h后,放入蒸压釜内,通入高压、高温(如大于或等于8个大气压,温度为175℃以上)饱和蒸汽进行养护。

(5)采用机械拌和振捣

混凝土拌合物在强力拌和振捣作用下,水泥浆的凝聚结构暂时受到破坏,因而降低了水泥浆的黏度和集料间的摩阻力,提高了拌合物的流动性,使混凝土拌合物能更好地充满模型并均匀密实,混凝土强度得到提高。

4. 变形

混凝土的变形主要有弹性变形、收缩变形、徐变变形和温度变形四类。

(1) 弹性变形

弹性变形是指当荷载施加于材料立即出现、荷载卸除后立即消失的变形。

(2) 弹性模量

①抗压弹性模量：抗压弹性模量是指棱柱体试件或圆柱体试件（高度方向是截面方向边长或直径的 2 倍）轴向承受一定压力时产生单位变形所需的应力。《公路工程水泥及水泥混凝土试验规程》(JTG 3420—2020)规定，水泥混凝土的抗压弹性模量取 1/3 轴心抗压强度对应的弹性模量。

②弯拉弹性模量：弯拉弹性模量是指水泥混凝土棱柱体试件承受一定弯拉应力时，产生单位变形所需的应力。《公路工程水泥及水泥混凝土试验规程》(JTG 3420—2020)规定，弯拉弹性模量是以 1/2 极限弯拉强度时的加荷模量为准。常见水泥混凝土弯拉弹性模量见表 1-4-7。

水泥混凝土弯拉弹性模量　　　　　　　　　　　　　　　表 1-4-7

水泥混凝土弯拉强度(MPa)	4.0~4.5	4.5~5.5
水泥混凝土弯拉弹性模量(MPa)	27000~31000	28000~35000

(3) 影响混凝土弹性模量的因素

混凝土弹性模量和混凝土强度一样，首先受其组成的孔隙率影响，混凝土强度越高，弹性模量亦越高。首先，当混凝土中高弹性模量的粗集料含量越多，混凝土的弹性模量越高。其次，水泥浆体的弹性模量取决于其孔隙率。控制水泥浆体的孔隙率因素（如水灰比、含气率、水化程度等）均与弹性模量有关。此外，养护条件也对混凝土弹性模量有影响，如蒸汽养护混凝土的弹性模量比潮湿养护的要低。最后，弹性模量与测试条件和方法等同样有关，如在潮湿状态下的弹性模量比干燥时的高。

(4) 收缩

收缩是混凝土材料因物理和化学作用所产生的体积缩小的总称。

收缩能使混凝土产生内应力，导致路面或桥梁结构发生变形甚至裂缝，从而降低其强度和刚度；此外，收缩还能使混凝土内部产生微裂缝，破坏混凝土的微结构，降低混凝土的耐久性。对预应力钢筋混凝土结构，由于混凝土收缩，会产生应力损失。

(5) 影响混凝土收缩的因素

影响混凝土收缩的因素大致可分为组成材料的品种、质量、级配等内因与介质温度、湿度、约束钢筋等外因。后者影响比前者略大些。

①集料含量：混凝土产生收缩的主要组分是水泥石，增加集料的相对含量即可减少收缩。

②集料的质量：在混凝土配合比一定时，采用弹性模量值较高的集料，可以减少收缩。

③单位用水量：在混凝土中，水泥与水经水化反应生成凝胶，凝胶吸湿则膨胀、干燥则收缩。干燥收缩主要是由于凝胶收缩而引起的，因此单位用水量对混凝土收缩有较大影响。

④相对湿度：周围介质的相对湿度是影响混凝土收缩的重要因素。相对湿度越低，混凝土收缩越大。

⑤养护方法:延长潮湿养护期可以推迟混凝土收缩的开始,但影响甚微。在水中养护,混凝土约膨胀$(100 \sim 200) \times 10^{-6}$ mm/mm,普通蒸汽养护可使混凝土收缩减少,压蒸汽养护对混凝土收缩减少的作用更为显著。

⑥外加剂:不同化学外加剂对混凝土收缩影响不同,其中氯化钙对混凝土收缩影响最大。

(6) 减少收缩的措施

①正确设计密级配,并提高集浆比,使集料在混凝土中形成密实骨架。

②采用弹性模量较高的岩石所轧制的集料。

③在混凝土配合比中除了采用较低的单位用水量和低的水灰比外,还要重视水泥品种的选用,选用 C_4AF 含量较高者。

④正确选用外加剂,不掺加氯盐早强剂。

⑤采用蒸养或压蒸养护。

5. 耐久性

对道路与桥梁建筑混凝土,由于无遮盖而裸露大气中,长期受风霜雨雪的侵蚀,因此耐久性的首要要求是抗冻性;其次对道路混凝土,因受车辆轮胎的作用,还要求其有耐磨性;桥梁墩台混凝土受海水或污水的侵蚀,还要求其具有抗化学侵蚀的耐蚀性。此外,近年来,碱-集料反应造成高速公路及桥梁的破坏,亦引起了人们的关注。

(1) 抗冻性

混凝土遭受到冻融的循环作用,可导致强度降低甚至破坏。为评价混凝土的抗冻性,按《普通混凝土长期性能和耐久性能试验方法标准》(GB/T 50082—2009)规定,抗冻性能试验方法可分为慢冻法、快冻法和单面冻融法三种。对于抗冻性要求,《公路工程水泥及水泥混凝土试验规程》(JTG 3420—2020)规定采用快冻法。该方法是以 100mm × 100mm × 400mm 棱柱体混凝土试件,经 28d 龄期,于 $-18℃ \pm 2℃$ 和 $5℃ \pm 2℃$ 条件下快速冻结和融化循环。每 25 次冻融循环,对试件进行一次横向基频的测试并称重。当冻融至 300 次,或相对动弹模量下降至 60% 以下,或质量损失达到 5%,即可停止试验,然后分别计算。

当混凝土相对动弹模量降低至小于或等于 60%,或质量损失达 5% 时的循环次数,即为混凝土的抗冻标号。抗冻标号分为 D25、D50、D100、D150、D200、D250 和 D300 等。

混凝土抗冻性亦可用耐久性指数表示。耐久性指数按下式计算:

$$K_n = \frac{P \cdot n}{300} \tag{1-4-4}$$

式中:K_n——混凝土耐久性指数;

n——达到前述规定的冻融循环次数;

P——经 n 次冻融循环后试件的相对动弹性模量(%)。

(2) 耐磨性

耐磨性是路面和桥梁用混凝土的重要性能之一。作为高级路面的水泥混凝土,必须具有抵抗车辆轮胎磨耗和磨光的性能。作为大型桥梁墩台用水泥混凝土,也需要具有抵抗湍流空蚀的能力。混凝土耐磨性评价按《公路工程水泥及水泥混凝土试验规程》(JTG 3420—2020)确定,是以 150mm × 150mm × 150mm 立方体试件,养生至 27d 龄期,在 $60℃ \pm 5℃$ 烘干恒量,然后在带有花轮磨头的混凝土磨耗试验机上,在 200N 负荷下磨 30 转,然后取下试件刷净表面粉尘称重,记下质量 m_1,再在 200N 负荷下磨 60 转,然后取下试件刷净表面粉尘称重,记下质量 m_2,则 $(m_2-m_1):A$ 即为磨耗量。

(3)碱-集料反应

水泥混凝土中水泥的碱与某些碱活性集料发生化学反应,可引起混凝土产生膨胀、开裂,甚至破坏,这种化学反应称为碱-集料反应。含有这种碱活性矿物的集料,称为碱活性集料(简称碱集料)。碱-集料反应会导致高速公路路面或大型桥梁墩台的开裂和破坏,并且这种破坏会继续发展下去,难以补救,因此引起了世界各国的普遍关注。近年来,我国水泥含碱量的增加、水泥用量的提高,以及含碱外加剂的普遍应用,增加了碱-集料反应破坏的潜在危险,因此,混凝土用砂石料的碱活性问题必须引起重视。

碱-集料反应有两种类型:

①碱-硅反应是指碱与集料中活性二氧化硅反应。

②碱-碳酸盐反应是指碱与集料中活性碳酸盐反应。

(4)抗硫酸盐侵蚀性能

混凝土在硫酸盐环境中同时耦合干湿循环条件的实际环境经常遇到,硫酸盐侵蚀再耦合干湿循环条件对混凝土的损伤速度较快,故处于干湿循环环境中遭受硫酸盐侵蚀的混凝土应进行混凝土抗硫酸盐侵蚀试验,尤其是强度等级较高的混凝土。抗硫酸盐等级应以混凝土抗压强度耐蚀系数下降到不低于 75% 时的最大干湿循环次数来确定,符号采用汉语拼音的首字母 K_S 来表示。当干湿循环试验出现下列三种情况之一时,可停止试验:

①当抗压强度耐蚀系数达到 75%;

②干湿循环次数达到 150 次;

③达到设计抗硫酸盐等级相应的干湿循环次数。

抗压强度耐蚀系数按下式计算:

$$K_f = \frac{f_{cn}}{f_{c0}} \times 100\% \qquad (1\text{-}4\text{-}5)$$

式中:K_f——抗压强度耐蚀系数(%);

f_{cn}——N 次干湿循环后受硫酸盐腐蚀的一组混凝土试件的抗压强度测定值(MPa),精确至 0.1MPa;

f_{c0}——与受硫酸盐腐蚀试件同龄期的标准养护的一组对比混凝土试件的抗压强度测定值(MPa),精确至 0.1MPa。

第二节　普通水泥混凝土的组成材料

一、水泥

水泥是混凝土的胶结材料,混凝土的性能很大程度上取决于水泥的质量。所以在选择混凝土组成材料时,对水泥的品种和强度的选择必须特别慎重。

1. 水泥品种的选择

可根据混凝土工程的特点、所处环境、施工气候和条件等因素,参照表 1-4-8 进行选用。

常用水泥品种的选用参考表 表1-4-8

水泥品种适用范围		硅酸盐水泥(P)	普通水泥(P·O)	矿渣水泥(P·S)	火山灰水泥(P·P)	粉煤灰水泥(P·F)
工程特点	厚大体积混凝土	×	△	☆	☆	☆
	快硬混凝土	☆	△	×	×	×
	高强(大于C40级)混凝土	☆	△	△	×	×
	有抗渗要求的混凝土	☆	☆	×	☆	☆
	耐磨混凝土(水泥等级应≥42.5级)	☆	☆	△	×	×
环境条件	在普通气候环境中的混凝土	△	☆	△	△	△
	在干燥环境中的混凝土	△	☆	△	×	×
	在高湿度环境中或永远处在水下的混凝土	△	△	☆	△	△
	严寒地区的露天混凝土,严寒地区处在水位升降范围内的混凝土(水泥等级应≥42.5级)	☆	☆	△	×	×
	严寒地区处在水位升降范围内的混凝土(水泥等级应≥42.5级)	☆	☆			

注:"☆"-优先选用,"△"-可以使用,"×"-不得使用。

2. 水泥等级的选择

选用水泥的强度应与要求配制的混凝土强度等级相适应。如水泥强度选用过高,则混凝土中水泥用量过低,影响混凝土的和易性与耐久性。反之,如水泥强度选用过低,则混凝土中水泥用量太多,非但不经济,而且会降低混凝土的某些技术品质(如收缩率增大等)。通常,配制一般混凝土时,水泥强度为混凝土抗压强度的1.5~2.0倍;配制高强度混凝土时,水泥强度为混凝土抗压强度的0.9~1.5倍。但是,随着混凝土要求的强度等级不断提高,近代高强度混凝土并不受此比例的约束。

水泥混凝土路面用水泥的等级与品种的选择,应根据路面的交通等级所要求的设计抗折强度来确定。水泥供应条件允许,应优先选用早强型水泥,以缩短养护时间。

二、细集料

1. 级配和细度模数

(1)级配

优质的混凝土用砂希望具有高的密度和小的比表面,这样才能既保证新拌混凝土有适宜的工作性且硬化后混凝土有一定的强度、耐久性,同时又达到节约水泥的目的。

混凝土用细集料的级配要求,应与一定的粗集料级配所组成的矿质混合料一并考虑。但是,如细集料的级配不良则很难配制成良好的矿质混合料。混凝土用砂的级配根据《普通混凝土用砂、石质量及检验方法标准》(JGJ 52—2006)的规定,是以细度模数 $M_x=1.6~3.7$ 的砂,按0.63mm筛孔的累计筛余划分为3个级配区,级配范围如表1-4-9所示。

砂的颗粒级配区　　　　　　　表1-4-9

级配区	筛孔尺寸(mm)						
	10.0	5.00	2.50	1.25	0.630	0.315	0.160
	累计筛余(%)						
Ⅰ区	0	10~0	35~5	65~35	85~71	95~80	100~90
Ⅱ区	0	10~0	25~0	50~10	70~41	92~70	100~90
Ⅲ区	0	10~0	15~0	25~0	40~16	85~55	100~90

Ⅰ区砂属于粗砂范畴，用Ⅰ区砂配制混凝土时，应较Ⅱ区砂采用较大的砂率。否则，新拌混凝土的内摩擦阻力较大、保水性差、不易捣实成型。Ⅱ区砂由中砂和一部分偏粗的细砂组成，Ⅲ区砂由细砂的一部分和偏细的中砂组成。当应用Ⅲ区砂配制混凝土时，应较Ⅱ区砂采用较小的砂率，因应用Ⅲ区砂所配制成的新拌混凝土黏性略大，比较明软，易插捣成型，而且由于Ⅲ区砂的级配细、比表面积大，所以对新拌混凝土的工作性影响比较敏感。

对要求耐磨的混凝土，小于0.08mm的颗粒不应超过3%，其他混凝土则不应超过5%。当其颗粒成分为石粉时，此限值可分别增至7%。

(2) 细度模数

砂的粗细程度，用细度模数来表示。砂按细度模数分为：粗砂($M_x=3.7~3.1$)、中砂($M_x=3.7~3.2$)和细砂($M_x=2.2~1.6$)三级。

2. 有害杂质含量

集料中含有妨碍水泥水化，或能降低集料与水泥石黏附性，以及能与水泥水化产物产生不良化学反应的各种物质，称为有害杂质。

砂中含量的有害杂质含量，主要包括含泥量和泥块含量，以及云母、轻物质、硫酸盐和硫化物以及有机质等含量。

(1) 含泥量和泥块含量

砂石中含泥量是指粒径小于0.080mm的颗粒的含量；泥块是指原颗粒粒径大于5mm，经水洗手捏后变成小于2.5mm的颗粒。泥块主要有三种类型：①纯泥块：由纯泥组成粒径大于5mm的团块；②泥砂团或石屑团：由砂或石屑与泥混成粒径大于5mm的团块；③包裹型的泥：是包裹在石子表面的泥。这三种存在形式中，包裹型的泥是以表面覆盖层的形式存在，它妨碍集料与水泥净浆的黏结，影响混凝土的强度和耐久性。

(2) 云母含量

某些砂中含有云母。云母呈薄片状，表面光滑，且极易沿节理裂开，因此它与水泥石的黏附性极差。砂中含有云母，对混凝土拌合物的和易性和硬化后混凝土的抗冻性和抗渗性都有不利的影响。白云母似乎较黑云母更为有害。按标准规定，砂中云母含量不得大于2%。对于有抗冻性、抗渗性要求的混凝土，则应通过混凝土试件的相应试验，确定其有害量。

(3) 轻物质含量

砂中的轻物质是指相对密度小于2.0的颗粒(如煤和褐煤等)。规范规定，轻物质含量不宜大于1%。轻物质的含量用相对密度为1.95~2.00的重液进行分离测定。

(4) 有机质含量

天然砂中有时混杂有有机物质(如动植物的腐殖质、腐殖土等),这类有机物质将延缓水泥的硬化过程,并降低混凝土的强度,特别是早期强度。

规范规定,应用比色法测定砂中有机物含量,试液颜色不应深于标准颜色,如深于标准颜色时,则应进行混凝土(或砂浆)强度的对比试验。

为了消除砂中有机物的影响,可采用石灰水淘洗,或在拌和混凝土时加入少量消石灰。此外,亦可将砂在露天摊成薄层,经接触空气和阳光照射后也可消除有机物的不良影响。

(5) 硫化物和硫酸盐含量

在天然砂中,常掺杂有硫铁矿(FeS_2)或石膏($CaSO_4 \cdot 2H_2O$)的碎屑,如含量过多,将在已硬化的混凝土中与水化铝酸钙发生反应,生成水化硫铝酸钙结晶,体积膨胀,在混凝土内产生破坏作用。所以,规范规定,其含量(折算为 SO_3)不得超过砂重的1%。对无筋混凝土,砂中硫化物和硫酸盐含量可酌情放宽。

判断砂中有无硫化物及硫酸盐,可先用氯化钡溶液做定性试验,如有白色沉淀,再做定量试验。

《普通混凝土用砂、石质量及检验方法标准》(JGJ 52—2006)对混凝土用砂的有害杂质含量规定如表1-4-10所示。

混凝土用砂的有害杂质限值　　　　　表1-4-10

项　　目	质量指标
云母含量(质量,%)	≤2.0
轻物质含量(质量,%)	≤1.0
硫化物及硫酸盐含量(折算成 SO_3,质量,%)	≤1.0
有机物含量(用比色法试验)	颜色不应深于标准色,如深于标准色则应进行水泥胶砂强度对比试验,抗压强度比不应低于0.95

3. 细集料的含水率和湿胀

在工程应用中砂是露天堆放的,砂的含水率随着天气而变化,砂的体积亦发生变化。

(1) 细集料的含水率

砂从干到湿,可分为四种状态,全干状态、气干状态、饱和面干状态、湿润状态。

(2) 细集料的湿胀

砂从全干至饱和面干状态,它的体积都不变化,至湿润状态后,由于砂颗粒表面水膜的存在,使颗粒相互接触处积存了一些水,这些水会缩小自己的面积而向夹缝里缩,其结果是把两颗粒子张开,从而使湿砂的体积膨胀起来。

在施工现场按体积计量砂的用量时,因含水率的变化,砂的体积亦随即变化,通常配合比计算时是按饱和面干时的体积为标准的。为此,必须对现场含水率下砂的体积进行折算。

三、粗集料

1. 强度

为保证混凝土强度,要求碎石必须具备有一定的强度。碎石的强度可用岩石的抗压强度和压碎指标值表示。通常岩石的抗压强度由碎石生产单位提供。在混凝土工程中,可用压碎指标值控制。碎石和卵石要求的压碎指标值，根据混凝土的强度等级确定。

2. 坚固性

为保证混凝土的耐久性，用作混凝土的粗集料，应具有足够的坚固性，以抵抗冻融和自然因素的风化作用。混凝土用粗集料的坚固性用硫酸钠溶液法检验，试样经5次循环后，求其质量损失。

3. 级配

为获得密实、高强的混凝土，并能节约水泥，要求粗细集料组成的矿质混合料要有良好的级配。矿质混合料的级配首先取决于粗集料的级配。混凝土用粗集料的级配，采用连续级配或间断级配均可。

连续级配矿质集料的要求级配范围，可参考《普通混凝土用砂、石质量及检验方法标准》（JGJ 52—2006）规定的连续粒级的矿质混合料。当连续粒级不能配合成满意的混合料时，可掺加单粒级集料配合。连续级配矿质混合料的优点是所配制的新拌混凝土较为密实，特别是具有优良的工作性，不易产生离析等现象，故为经常采用的级配。但与间断级配矿质混合料相比，配制相同强度的混凝土，连续级配所需要的水泥耗量较高。

间断级配矿质混合料的级配要求，可根据粒子干涉理论计算，亦可参考各种经验的级配。间断级配矿质混合料的最大优点是它的空隙率低，可以配制成密实高强的混凝土，而且水泥耗量较小，但是间断级配混凝土拌合物容易产生离析现象，适宜于配制稠硬性拌合物，并须采用强力振捣。

4. 最大粒径的选择

粗集料中公称粒级的上限称为该粒级的最大粒径。对5～25mm粒级而言，其上限粒径25mm即为最大粒径。新拌混凝土随着最大粒径的增大，单位用水量应减少。在固定的用水量和水灰比的条件下，加大最大粒径，可获得较好的和易性，或减少水灰比而提高混凝土强度和耐久性。通常在结构截面允许条件下，尽量增大最大粒径以节约水泥。根据《混凝土结构工程施工质量验收规范》（GB 50204—2015）规定：混凝土用粗集料，其最大颗粒粒径不得超过构件截面最小尺寸的1/4，同时不得超过钢筋间最小净距的3/4。对于混凝土实心板粗集料，其最大粒径不宜超过板厚的1/3。

5. 表面特征和形状

表面粗糙且多棱角的碎石与表面光滑和圆形的卵石相比较，碎石配制成的混凝土，由于它对水泥石的黏附性好，故具有较高的强度，但是相同单位用水量（即相同水泥浆用量）条件下，卵石配制的新拌混凝土具有较好的和易性。

粗集料的粒形接近正立方体者为佳，不宜含有较多针状颗粒（颗粒长度大于该颗粒所属粒级平均粒径的2.4倍）和片状颗粒（颗粒厚度小于该颗粒所属粒级平均粒径的0.4倍）。否则将显著降低水泥混凝土的抗折强度，同时影响新拌混凝土的和易性。混凝土用粗集料的针片状颗粒含量按《普通混凝土用砂、石质量及检验方法标准》（JGJ 52—2006）规定，如表1-4-11所示。对强度等级≤C10的混凝土，其针片状颗粒含量可放度到40%。

混凝土用粗集料针片状颗粒含量限值 表1-4-11

混凝土强度等级	≥C60	C30～C55	≤25
针、片状颗粒含量（质量，%）不大于	8	15	25

6. 含泥量和泥块含量

混凝土用碎石(或卵石)中的含泥量,是指粒径小于 0.080mm 颗粒的含量。泥块含量是指原颗粒大于 5mm,经水洗、手捏后可破碎成小于 2.5mm 的颗粒含量。它们对混凝土强度和耐久性的影响详见砂中含泥量与泥块含量。碎石(或卵石)中的含泥量,按《普通混凝土用砂、石质量及检验方法标准》(JGJ 52—2006)规定,应符合表 1-4-12 要求。对于有抗冻、抗渗要求的混凝土,其所用碎石或卵石的含泥量应不大于 1.0%。如含泥基本上是非黏土质的石粉时,含泥量可由表 1-4-12 的 0.5%、1.0%、2.0%,分别提高到 1.0%、1.5%、3.0%。

混凝土用碎石或卵石含泥量和泥块含量限制　　　　　　　　　　表 1-4-12

混凝土强度等级	含泥量(质量,%)	泥块含量(质量,%)
≥C60	≤0.5	≤0.2
C30~C55	≤1.0	≤0.5
≤25	≤2.0	≤0.7

7. 有害杂质含量

混凝土用粗集料不应含有某些对混凝土强度形成的有害杂质(主要有硫化物和硫酸盐含量,以及有机质含量)。这些有害杂质含量的限制如表 1-4-13 所示。

碎石(或卵石)中有害物质限值　　　　　　　　　　表 1-4-13

项 目	质量要求	项 目	质量要求
硫化物及硫酸盐含量(折算为 SO_3 按质量计,%)	≤1.0	卵石中有机质含量(用比色法试验)	颜色应不深于标准色,如深于标准色,则应配制成混凝土进行强度对比试验,抗压强度比应不低于 0.95

8. 碱活性检验

对于重要混凝土工程用集料,应进行集料碱活性检验,首先应用岩相法确定活性集料的种类和数量。若岩石中含有活性二氧化硅时,应用化学法或砂浆长度法检验,确定其是否含有潜在危险。

四、混凝土拌和用水

按《混凝土用水标准》(JGJ 63—2006)规定,混凝土拌和用水根据其对混凝土(或砂浆)物理力学性能的影响和有害物质含量控制质量。具体要求如下:

1. 有害物质含量控制

混凝土拌和用水中的有害物质含量应符合表 1-4-14 的规定。

混凝土拌和用水质量要求　　　　　　　　　　表 1-4-14

项 目	素混凝土	钢筋混凝土	预应力混凝土
pH 值,不小于	4.5	4.5	5.0
不溶物(mg/L),不大于	5000	2000	2000

续上表

项　　目	素混凝土	钢筋混凝土	预应力混凝土
可溶物(mg/L),不大于	10000	5000	2000
氯化物(以 Cl^- 计)(mg/L),不大于	3500	1000	500
硫酸盐(以 SO_4^{2-} 计)(mg/L),不大于	2700	2000	600
碱含量(mg/L),不大于	1500	1500	1500

2. 对混凝土凝结时间的影响

用待检验水与蒸馏水(或符合国家标准生活用水)进行水泥凝结时间试验,两者的初凝时间差及终凝时间差均不得大于30min。待检验水拌制的水泥浆的凝结时间尚应符合水泥国家标准的规定。

3. 对混凝土强度的影响

用待检验水配制水泥砂浆或混凝土,并测定其28d抗压强度(若有早期强度要求时,需增做3d抗压强度),其强度值不应低于饮用水(或符合国家标准的生活用水)拌制的相应砂浆或混凝土抗压强度的90%。

第三节　普通水泥混凝土的组成设计

一、概述

混凝土配合比设计包括两方面的内容:

①选料——按照道路和桥梁工程设计和施工的要求,选择适合制备所需混凝土的材料。

②配料——根据道路与桥梁设计中指定的混凝土性能(包括工作性、强度、耐久性等)和经济的原则,选择混凝土各组分的最佳配合比和用料量。

1. 混凝土配合比表示方法

水泥混凝土配合比表示方法,有下列两种:

(1) 单位用量表示法

单位用量表示法是指以每$1m^3$混凝土中各种材料的用量表示(例如水泥:水:细集料:粗集料 = 330kg:150kg:706kg:1264kg)混凝土配合比。

(2) 相对用量表示法

相对用量表示法是以水泥的质量为1,并按"水泥:细集料:粗集料;水灰比"的顺序排列表示(例如1:2.14:3.82;$W/C=0.45$)混凝土配合比。

2. 配合比设计的基本要求

混凝土配合比设计,应满足下列四项基本要求:

(1)满足结构物设计强度的要求

不论混凝土路面或桥梁,在设计时都会对不同的结构部位提出不同的设计强度要求。为了保证结构物的可靠性,在配制混凝土配合比时,必须要考虑到结构物的重要性、施工单位的施工水平等因素,采用一个比设计强度高的配制强度,才能满足设计强度的要求。配制强度定得太低,结构物不安全;定得太高又浪费资金。

(2)满足施工工作性的要求

按照结构物断面尺寸和形状、配筋的疏密以及施工方法和设备来确定工作性(坍落度或维勃稠度)。

(3)满足环境耐久性的要求

根据结构物所处环境条件,如严寒地区的路面或桥梁、桥梁墩台在水位升降范围等,为保证结构的耐久性,在设计混凝土配合比时应考虑允许的最大水灰比和最小水泥用量。

(4)满足经济的要求

在满足设计强度、工作性和耐久性的前提下,配合比设计中尽量降低高价材料(水泥)的用量,并考虑应用就地材料和工业废料(如粉煤灰等),以配制成性能优越、价格便宜的混凝土。

3. 混凝土配合比设计的三参数

由水泥、水、细集料和粗集料组成的普通混凝土配合比设计,就是确定这四组之间的分配比例,四组分的比例可以由下列参数来控制。

(1)水灰比

水与水泥组成水泥浆体。水泥浆体的性能,在水与水泥性质固定的条件下,就决定水与水泥的比例,这一比例就称为水灰比。

(2)砂率

细集料(砂)与粗集料(石)组成矿质混合料。矿料骨架的性能,在砂石性质固定的条件下,就取决于砂与石之间的用量比例,这一比例称为砂石比。但现行混凝土配合比设计方法对砂石之间的用量比例,是采用"砂率"来表示。砂率就是砂的用量占砂石总用量的质量百分率,所以实质上砂率表征的是砂与石之间的相对含量。

(3)用水量

水泥浆与集料组成混凝土拌合物。拌合物的性能,在水泥浆与集料性质固定的条件下,就取决于水泥浆与集料的比例,这一比例称为浆集比。但现行混凝土配合比设计方法对水泥浆与集料之间的比例关系,是用单位用水量(简称用水量)来表示。所谓单位用水量,是指 $1m^3$ 混凝土拌合物中水的用量(kg/m^3)。当水灰比固定的条件下,用水量既定,水泥用量亦随之确定。在 $1m^3$ 拌合物中,水与水泥用量既定,当然集料的总用量亦确定。所以用水量即表示水泥浆与集料之间的用量比例关系。

上述三参数与四组分间的关系如图 1-4-1 所示。在混凝土配合比设计中,如能正确处理好四种组成材料之间的三参数关系,就能使设计的混凝土达到上述基本要求。三参数与技术性能的关系如图 1-4-2 所示。

4. 混凝土配合比设计的步骤

混凝土配合比设计可按下列步骤进行:

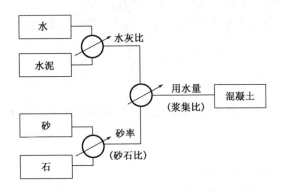

图 1-4-1　混凝土四组分三参数的关系图

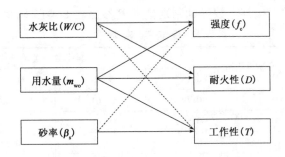

图 1-4-2　三参数对技术性能的影响

（1）计算初步配合比

根据原始资料，按我国现行的配合比设计方法，计算初步配合比，即水泥∶水∶细集料∶粗集料 $= m_{co} : m_{wo} : m_{so} : m_{Go}$。

（2）提出基准配合比

根据初步配合比，采用施工实际材料，进行试拌，测定混凝土拌合物的工作性（坍落度或维勃稠度），调整材料用量，提出一个满足工作性要求的基准配合比，即 $m_{ca} : m_{wa} : m_{sa} : m_{Ga}$。

（3）确定试验室配合比

以基准配合比为基础，增加和减少水灰比，拟定几组（通常为三组）适合工作性要求的配合比，通过制备试块、测定强度，确定既符合强度和工作性要求，又较经济的试验室配合比，即 $m_{cb} : m_{wb} : m_{sb} : m_{Gb}$。

（4）换算工地配合比

根据工地现场材料的实际含水率，将试验室配合比换算为工地配合比，即 $m_c : m_w : m_s : m_G$ 或 $1 : m_w/m_c : m_s/m_c : m_G/m_c$。

二、路面水泥混凝土配合比设计方法

水泥混凝土路面用混凝土配合比设计方法，按我国现行《公路水泥混凝土路面施工技术细则》(JTG/T F30)的规定,采用抗弯拉强度为指标的方法。

路面水泥混凝土配合比设计,应满足施工工作性、弯拉强度、耐久性(包括耐磨性)和经济合理的要求。

1. 计算初步配合比

(1) 确定配制强度

混凝土配合比设计时的混凝土试配弯拉强度的均值应按式(1-4-6)确定。

$$f_{rm} = \frac{f_r}{1 - 1.04 c_v} + ts \tag{1-4-6}$$

式中:f_{rm}——混凝土试配弯拉强度的均值(MPa);

f_r——混凝土弯拉强度标准值(MPa);

c_v——混凝土弯拉强度的变异系数;

s——混凝土弯拉强度试验样本的标准差;

t——保证率系数,按样本数 n 和判别概率 P 参照表1-4-15确定。

保证率系数 表1-4-15

公路等级	判别概率 P	样本数 n(组)			
		6~8	9~14	15~19	≥20
高速	0.05	0.79	0.61	0.45	0.39
一级	0.10	0.59	0.46	0.35	0.30
二级	0.15	0.46	0.37	0.28	0.24
三、四级	0.20	0.37	0.29	0.22	0.19

(2) 计算水灰比(W/C)

根据已知的混凝土配制弯拉强度(f_c)和水泥的实际弯拉强度(f_s),代入式(1-4-7)或式(1-4-8)得到灰水比,然后可换算为水灰比。

对碎石混凝土:

$$\frac{W}{C} = \frac{1.5684}{f_c + 1.0097 - 0.3595 f_s} \tag{1-4-7}$$

对砾(卵)石混凝土:

$$\frac{W}{C} = \frac{1.2618}{f_c + 1.5492 - 0.4709 f_s} \tag{1-4-8}$$

式中:f_c——混凝土配制弯拉强度(MPa);

f_s——水泥实际弯拉强度(MPa);

W/C——水灰比。

路面混凝土水灰比一般不小于0.40且不大于0.50。

(3) 计算单位用水量(W_0)

混凝土拌合物每 $1m^3$ 的用水量(kg),按式(1-4-9)或式(1-4-10)确定。

对碎石混凝土:

$$W_0 = 104.97 + 0.309 S_L + 11.27 \frac{C}{W} + 0.61 S_P \tag{1-4-9}$$

对卵石混凝土：

$$W_0 = 86.89 + 0.370S_L + 11.24\frac{C}{W} + 1.00S_P \tag{1-4-10}$$

式中：S_L——混凝土拌合物坍落度(cm)；

S_P——砂率(%)，参考表1-4-16选定。

混凝土拌合物砂率范围　　　　　　表1-4-16

砂细度模数		2.2~2.5	2.5~2.8	2.8~3.1	3.1~3.4	3.4~3.7
砂率S_P(%)	碎石	30~34	32~36	34~38	36~40	38~42
	卵石	28~32	30~34	32~36	34~38	36~40

(4)计算单位水泥用量(C_0)

混凝土拌合物每$1m^3$水泥用量(kg)，按式(1-4-11)计算：

$$C_0 = \left(\frac{C}{W}\right)W_0 \tag{1-4-11}$$

路面混凝土单位水泥用量一般不小于$300kg/m^3$且不大于$360kg/m^3$。

(5)计算砂石材料单位用量

砂石用量可以采用密度法或体积法计算。

2.试拌调整、提出基准配合比

(1)试拌

取施工现场实际材料，配制$0.03m^3$混凝土拌合物。

(2)测定工作性

测定坍落度(或维勃稠度)，并观察黏聚性和保水性。

(3)调整配合比

如流动性不符合要求，应在水灰比不变的情况下，增减水泥浆用量；如黏聚性和保水性不符合要求，应调整砂率。

(4)提出基准配合比

通过调整后，提出一个流动性、黏聚性和保水性均符合要求的基准配合比。

3.强度测定，确定试验室配合比

(1)制备弯拉强度试件

按基准配合比，增加和减少水灰比0.03，再计算2组配合比，用3组配合比制备弯拉强度试件。

(2)弯拉强度测定

3组试件经28d标准条件下的养护后，按标准方法测定其弯拉强度。

(3)确定试验室配合比

根据弯拉强度，确定符合工作性和强度要求且最经济合理的试验室配合比(或称理论配合比)。

4.换算工地配合比

根据施工现场材料性质、砂石材料颗粒表面含水率，对理论配比进行换算，最后得出施工配合比。

第四节　混凝土外加剂

混凝土外加剂是在拌制混凝土过程中掺入,用以改善混凝土性质的物质。外加剂掺量一般不大于水泥质量的5%。各种混凝土外加剂的应用改善了新拌和硬化混凝土的性能,促进了混凝土新技术的发展,促进了工业副产品在胶凝材料系统中更多的应用,还有助于节约资源和保护环境,已经逐步成为优质混凝土必不可少的材料。近年来,国家基础建设保持高速增长,铁路、公路、机场、煤矿、市政工程、核电站、大坝等工程对混凝土外加剂的需求一直很旺盛,我国的混凝土外加剂行业也一直处于高速发展阶段。

减水剂是混凝土外加剂中最重要的品种,按其减水率大小,可分为普通减水剂(以木质素磺酸盐类为代表)、高效减水剂(包括萘系、密胺系、氨基磺酸盐系、脂肪族系等)和高性能减水剂(以聚羧酸系高性能减水剂为代表)。

高性能减水剂具有一定的引气性、较高的减水率和良好的坍落度保持性能。与其他减水剂相比,高性能减水剂在配制高强度混凝土和高耐久性混凝土时,具有明显的技术优势和较高的性价比。国外从20世纪90年代开始使用高性能减水剂,受日益提高的环保标准影响,普通减水剂和高效减水剂(特别是萘系减水剂)逐步退出市场。高性能减水剂包括聚羧酸系减水剂、氨基羧酸系减水剂以及其他能够达到国家标准指标要求、环保要求的减水剂。我国从2000年前后逐渐开始对高性能减水剂进行研究,近年以聚羧酸系减水剂为代表的高性能减水剂在工程中已经大量应用。

一、外加剂的分类

混凝土外加剂按其主要功能可分为高性能减水剂(早强型、标准型、缓凝型)、高效减水剂(标准型、缓凝型)、普通减水剂(早强型、标准型、缓凝型)、引气减水剂、泵送剂、早强剂、缓凝剂、引气剂共8类外加剂。

1. 高性能减水剂

高性能减水剂具有一定的引气性、较高的减水率和良好的坍落度保持性能。与其他减水剂相比,高性能减水剂在配制高强度混凝土和高耐久性混凝土时,具有明显的技术优势和较高的性价比。高性能减水剂是国内外近年来主要使用的新型外加剂品种,目前主要为聚羧酸盐类产品。它具有"梳状"的结构特点,由带有游离的羧酸阴离子团的主链和聚氧乙烯基侧链组成,通过改变单体的种类、比例和反应条件可生产具有各种不同性能和特性的高性能减水剂。早强型、标准型和缓凝型高性能减水剂可由分子设计引入不同功能团而生产,也可掺入不同组分复配而成。其主要特点为:

①掺量低(按照固体含量计算,一般为胶凝材料质量的0.15%~0.25%),减水率高;
②混凝土拌合物工作性及工作性保持性较好;
③外加剂中氯离子和碱含量较低;
④用其配制的混凝土收缩率较小,可改善混凝土的体积稳定性和耐久性;

⑤对水泥的适应性较好;
⑥生产和使用过程中不污染环境,是环保型的外加剂。

2. 高效减水剂

高效减水剂不同于普通减水剂,具有较高的减水率和较低的引气量,但是受日益提高的环保标准影响,高效减水剂(特别是萘系减水剂)已经很少用于高等级公路的水泥混凝土中。目前,我国使用的高效减水剂品种主要有下列几种:①萘系减水剂;②氨基磺酸盐系减水剂;③脂肪族(醛酮缩合物)减水剂;④密胺系及改性密胺系减水剂;⑤蒽系减水剂;⑥洗油系减水剂。

3. 普通减水剂

普通减水剂的主要成分为木质素磺酸盐,通常由亚硫酸盐法生产纸浆的副产品制得。常用的有木钙、木钠和木镁。其具有一定的缓凝、减水和引气作用。以其为原料,加入不同类型的调凝剂,可制得不同类型的减水剂,如早强型、标准型和缓凝型的减水剂。受日益提高的环保标准影响,普通减水剂已经逐步退出市场。

4. 引气减水剂

引气减水剂是兼有引气和减水功能的外加剂。它是由引气剂与减水剂复合组成,根据工程要求不同,性能有一定的差异。

5. 泵送剂

泵送剂是用来改善混凝土泵送性能的外加剂。它由减水剂、调凝剂、引气剂、润滑剂等多种组分复合而成。根据工程要求,其产品性能有所差异。

6. 早强剂

早强剂是能加速水泥水化和硬化,促进混凝土早期强度增长的外加剂,可缩短混凝土养护龄期,加快施工进度,提高模板和场地周转率。早强剂主要是无机盐类、有机物等,但现在越来越多地使用各种复合型早强剂。

7. 缓凝剂

缓凝剂是可在较长时间内保持混凝土工作性,延缓混凝土凝结和硬化时间的外加剂,缓凝剂的种类较多,可分为有机和无机两大类。主要有:①糖类及碳水化合物,如淀粉、纤维素的衍生物等;②羟基羧酸,如柠檬酸、酒石酸、葡萄糖酸及其盐类;③可溶硼酸盐和磷酸盐等。

8. 引气剂

引气剂是一种在搅拌过程中具有在砂浆或混凝土中引入大量、均匀分布的微气泡,而且在硬化后能保留在其中的一种外加剂,引气剂的种类较多,主要有:①可溶性树脂酸盐(松香酸);②文沙尔树脂;③皂化的吐尔油;④十二烷基磺酸钠;⑤十二烷基苯磺酸钠;⑥磺化石油羟类的可溶性盐等。

二、混凝土外加剂的主要功能

混凝土外加剂的主要功能包括以下几方面:
①改善混凝土或砂浆拌合物施工时的和易性;
②提高混凝土或砂浆的强度及其他物理力学性能;

③节约水泥或代替特种水泥；
④加速混凝土或砂浆的早期强度发展；
⑤调节混凝土或砂浆的凝结硬化速度；
⑥调节混凝土或砂浆的含气量；
⑦降低水泥初期水化热或延缓水化放热；
⑧改善拌合物的泌水性；
⑨提高混凝土或砂浆耐各种侵蚀性盐类的抗腐蚀性；
⑩减弱碱集料反应；
⑪改善混凝土或砂浆的毛细孔结构；
⑫改善混凝土的泵送性；
⑬提高钢筋的抗锈蚀能力；
⑭提高集料与砂浆界面的黏结力，提高钢筋与混凝土的握裹力；
⑮提高新老混凝土界面的黏结力等。

三、影响水泥和外加剂适应性的主要因素

水泥与外加剂的适应性是一个十分复杂的问题，至少受到下列因素的影响。遇到水泥和外加剂不适应的问题，必须通过试验，对不适应因素逐个排除，找出其原因。

1. 水泥

水泥适应性的影响因素包括矿物组成、细度、游离氧化钙含量、石膏加入量及形态、水泥熟料碱含量、碱的硫酸饱和度、混合材料种类及掺量、水泥助磨剂等。

2. 外加剂的种类和掺量

外加剂种类和掺量对水泥和外加剂适应性的影响也较大，如：萘系减水剂的分子结构，包括磺化度、平均分子量、分子量分布、聚合性能、平衡离子的种类等。

3. 混凝土配合比

混凝土配合比尤其是水胶比、矿物外加剂的品种和掺量的影响。

4. 混凝土的搅拌

混凝土搅拌时的加料程序、搅拌时的温度、搅拌机类型等的影响。

四、应用外加剂主要注意事项

外加剂的使用效果受到多种因素的影响，因此，选用外加剂时应特别注意。

1. 外加剂品种的选择

外加剂的品种应根据工程设计和施工要求选择。应使用工程原材料，通过试验及技术经济比较后确定。

2. 外加剂复合使用的影响

几种外加剂复合使用时，应注意不同品种外加剂之间的相容性及对混凝土性能的影响。使用前应进行试验，满足要求后，方可使用。如：聚羧酸系高性能减水剂与萘系减水剂不宜复

合使用。

3. 安全措施

严禁使用对人体产生危害,对环境产生污染的外加剂。用户应注意工厂提供的混凝土外加剂安全防护措施的有关资料,并遵照执行。

4. 混凝土中氯离子含量和碱的数量

对钢筋混凝土和有耐久性要求的混凝土,应按有关标准规定严格控制混凝土中氯离子含量和碱的数量。混凝土中氯离子含量和总碱量是其各种原材料所含氯离子和碱含量之和。

5. 聚羧酸系高性能减水剂的掺加量

由于聚羧酸系高性能减水剂的掺加量对其性能影响较大,用户应注意准确计量。

第五节 建筑砂浆

道路和桥隧工程中,砂浆主要用来砌筑圬工桥涵、挡土墙和隧道衬砌等砌体,以及修饰这些构筑物的表面。按砂浆的用途,可分为砌筑砂浆和抹面砂浆两类。本书仅介绍砌筑砂浆相关内容。

1. 砌筑砂浆组成材料

砂浆的组成材料除不含粗集料外,基本上与混凝土的组成材料要求相同,但也有其差异之处,现就其特点分述如下:

(1) 水泥

常用的各种水泥均可作为砂浆的结合料。但由于砂浆的等级较低,所以水泥的强度不宜太高,否则水泥的用量太低,会导致砂浆的保水性不良。通常水泥的强度应为砂浆强度等级的 4~5 倍。

(2) 掺合料

为提高砂浆的和易性,除水泥外,还掺加各种掺合料(如石灰、黏土和粉煤灰等)作为结合料,配制成各种混合砂浆,以达到提高质量、降低成本的目的。

(3) 细集料

细集料为砂浆的集料,其最大粒径不应超过灰缝的 1/4~1/5。砖砌体用砂浆,砂的最大粒径为 2.5mm;石砌体用砂浆,砂的最大粒径为 5.0mm。为保证砂浆质量,砂中含泥量应予以限制。

(4) 水

拌制砂浆用水与混凝土用水相同。

(5) 外加剂

为提高砂浆和易性,节约结合料的用量,必要时可掺加外加剂,最常用的是一种松香热聚物微沫剂,掺量为水泥质量的 0.005%~0.010%,已取得良好效果。

2. 砌筑砂浆技术性质

(1) 新拌砂浆和易性

砂浆在硬化前应具有良好的和易性,和易性包括流动性和保水性。

①流动性:砂浆的流动性是指其在自重或外力作用下流动的性能。

砂浆的流动性与用水量、胶结材料的品种和用量、细集料的级配和表面特征、掺合料及外加剂的特性和用量、拌和时间等因素有关。

砂浆的流动性用"稠度"来表示。稠度采用稠度仪测定。测定方法是将砂浆拌合物一次装入稠度仪的容器中,使砂浆表面低于容器口1mm左右,用捣棒插捣25次,然后轻轻将容器摇动或敲击5~6下,使砂浆表面平整,将容器置于稠度仪上,使试锥与砂浆表面接触,旋紧制动螺丝,使指针对准零点。拧开制动螺丝,同时计时间,待10s后立即固定螺丝,从刻度盘读出试锥下沉深度(精确至1mm),即为砂浆的稠度。

在选用砂浆的稠度时,可根据砌体的类型、气候条件、施工条件等因素决定。

②保水性:砂浆保水性是指砂浆能保持水分的性能。砂浆在运输、静置或砌筑过程中,水分不应从砂浆中离析,并使砂浆保持必要的稠度,便于操作;同时使水泥正常水化,保证砌体强度。

砂浆的保水性与胶结材料的类型和用量、细集料的级配、用水量以及有无掺合料和外加剂等有关。为提高保水性,可掺加石灰膏、粉煤灰和微沫剂等。

砂浆的保水性采用"分层度"表示。分层度用分层度仪测定。其方法是将已测定稠度的砂浆,一次装入分层度筒内,待装满后,用木锤在容器周围距离大致相等的4个不同地方轻轻敲击1~2下,如砂浆沉落到低于筒口,则应随时添加,然后刮去多余的砂浆并抹平。静置30min后,去掉上节200mm砂浆,剩余的砂浆,倒出放在拌和锅中拌2min,测定其稠度。前后测得的稠度之差即为该砂浆的分层度(以cm计)。

良好保水性的砂浆,其分层度应不大于2cm。分层度大于2cm的砂浆容易离析,不便施工;分层度小于1cm的砂浆,硬化后易产生干缩裂缝。

(2) 硬化后砂浆的强度

砂浆硬化后应具有足够的强度。砂浆在圬工砌体中主要是传递压力,所以要求砌筑砂浆应具有一定的抗压强度。砂浆抗压强度是确定其强度等级的重要依据。

砂浆抗压强度等级是以70.7mm×70.7mm×70.7mm的正方体试件,在标准温度(20℃±3℃)和规定湿度(水泥混合砂浆相对湿度为60%~80%,水泥砂浆和微沫砂浆相对湿度为90%以上)的条件下,养护28d龄期的平均极限抗压强度而确定的。

我国公路工程常用砂浆强度等级为:M30、M25、M20、M15、M10、M7.5、M5等7个强度等级。公路圬工桥涵常用砂浆的强度根据结构物类型和用途而决定。

砂浆的强度除与水泥的强度和用量有关外,还与砌体材料的吸水性有关。

3. 砌筑砂浆配合比设计

路桥工程砌体用砂浆,可根据构筑物的部位确定设计强度等级,然后查阅图表选定配合比。但在工程量较大时,为保证质量和降低造价,应进行配合比设计,并经试验调整,最后确定配合比,其配合比设计方法按照《砌筑砂浆配合比设计规程》(JGJ/T 98—2010)执行。

目前常用的砌筑砂浆按胶凝材料不同可分为:水泥砂浆、水泥粉煤灰砂浆和水泥混合砂浆等,下面分别介绍三种砂浆的设计过程。

(1) 水泥混合砂浆的配合比计算

①砂浆试配强度计算:

$$f_{m,0} = kf_2 \tag{1-4-12}$$

式中:$f_{m,0}$——砂浆的试配强度(MPa),应精确至 0.1MPa;

f_2——砂浆强度等级值(MPa),应精确至 0.1MPa;

k——系数,按表 1-4-17 取值。

砂浆强度标准差 σ 及 k 值   表 1-4-17

施工水平	强度标准差 σ(MPa)							k
	M5	M7.5	M10	M15	M20	M25	M30	
优良	1.00	1.50	2.00	3.00	4.00	5.00	6.00	1.15
一般	1.25	1.88	2.50	3.75	5.00	6.25	7.50	1.20
较差	1.50	2.25	3.00	4.50	6.00	7.50	9.00	1.25

②水泥用量计算:

每立方米砂浆中的水泥用量由式(1-4-13)计算:

$$Q_c = 1000(f_{m,0} - \beta)/(\alpha \cdot f_{ce}) \tag{1-4-13}$$

式中:Q_c——每立方米砂浆的水泥用量(kg),应精确至 1kg;

f_{ce}——水泥的实测强度(MPa),应精确至 0.1MPa;

α、β——砂浆的特征系数,其中 α 取 3.03,β 取 -15.09。

在无法取得水泥的实测强度值时,可按下式计算:

$$f_{ce} = \gamma_c \cdot f_{ce,k} \tag{1-4-14}$$

式中:$f_{ce,k}$——水泥强度等级值(MPa);

γ_c——水泥强度等级值的富余系数,宜按实际统计资料确定;无统计资料时可取 1.0。

③石灰膏用量计算:

$$Q_D = Q_A - Q_c \tag{1-4-15}$$

式中:Q_D——每立方米砂浆的石灰膏用量(kg),应精确至 1kg;石灰膏使用时的稠度宜为 120mm±5mm;

Q_c——每立方米砂浆的水泥用量(kg),应精确至 1kg;

Q_A——每立方米砂浆中水泥和石灰膏总质量(kg),应精确至 1kg,可为 350kg。

④砂用量确定:每立方米砂浆中的砂用量,应按干燥状态(含水率小于 0.5%)的堆积密度值作为计算值(kg)。

⑤用水量确定:每立方米砂浆中的用水量,可根据砂浆稠度等要求选用 210~310kg。应注意:混合砂浆中的用水量不包括石灰膏中的水;当采用细砂或粗砂时,用水量分别取上限或下限;稠度小于 70mm 时,用水量可小于下限;施工现场气候炎热或干燥季节,可酌量增加用水量。

(2) 水泥砂浆的材料用量

每立方米水泥砂浆的材料用量可按表 1-4-18 选用。

每立方米水泥砂浆材料用量(kg/m³)　　表1-4-18

强度等级	水 泥	砂	用 水 量
M5	200~230	砂的堆积密度值	270~330
M7.5	230~260		
M10	260~290		
M15	290~330		
M20	340~400		
M25	360~410		
M30	430~480		

注:1. M15及M15以下强度等级水泥砂浆,水泥强度等级为32.5级;M15以上强度等级水泥砂浆,水泥强度等级为42.5级。
2. 当采用细砂或粗砂时,用水量分别取上限或下限。
3. 稠度小于70mm时,用水量可小于下限。
4. 施工现场气候炎热或干燥季节,可酌量增加用水量。
5. 试配强度应按式(1-4-12)计算。

(3) 水泥粉煤灰砂浆的材料用量

水泥粉煤灰砂浆的强度等级可分为M15、M10、M7.5、M5等4个等级,每立方米水泥粉煤灰砂浆的材料用量可按表1-4-19选用。

每立方米水泥粉煤灰砂浆材料用量(kg/m³)　　表1-4-19

强度等级	水泥和粉煤灰总量	粉 煤 灰	砂	用 水 量
M5	210~240	粉煤灰掺量可占胶凝材料总量的15%~25%	砂的堆积密度值	270~330
M7.5	240~270			
M10	270~300			
M15	300~330			

注:1. 表中水泥强度等级为32.5级。
2. 当采用细砂或粗砂时,用水量分别取上限或下限。
3. 稠度小于70mm时,用水量可小于下限。
4. 施工现场气候炎热或干燥季节,可酌量增加用水量。
5. 试配强度应按式(1-4-12)计算。

(4) 三种砌筑砂浆配合比的调整

砂浆试配时至少应采用三个不同的配合比,其中一个配合比应为按上述方法得出的基准配合比,其余两个配合比的水泥用量应按基准配合比分别增加及减少10%。在保证稠度、保水率合格的条件下,可将用水量、石灰膏、保水增稠材料或粉煤灰等活性掺合料用量做相应调整。

(5) 砌筑砂浆配合比的确定

砌筑砂浆试配时稠度应满足施工要求,并应按现行《建筑砂浆基本性能试验方法标准》(JGJ/T 70)分别测定不同配合比砂浆的表观密度及强度,并应选定符合试配强度及和易性要求、水泥用量最低的配合比作为砂浆的试配配合比。

砌筑砂浆试配配合比尚应按下列步骤进行校正:

①应根据砂浆配合比材料用量,按下式计算砂浆的理论表观密度值:

$$\rho_t = Q_c + Q_D + Q_s + Q_w \tag{1-4-16}$$

式中:ρ_t——砂浆的理论表观密度值(kg/m^3),应精确至$10kg/m^3$。

②按下式计算砂浆配合比校正系数δ:

$$\delta = \frac{\rho_c}{\rho_t} \tag{1-4-17}$$

式中:ρ_c——砂浆的实测表观密度值(kg/m^3),应精确至$10kg/m^3$。

③当砂浆的实测表观密度值与理论表观密度值之差的绝对值不超过理论值的2%时,可将试配配合比确定为砂浆设计配合比;当超过2%时,应将试配配合比中每项材料用量均乘以校正系数δ后,确定为砂浆设计配合比。

第五章 沥青材料

第一节 石油沥青的组成结构

一、元素组成

石油沥青是由多种碳氢化合物及其非金属(氧、硫、氮)的衍生物组成的混合物。所以它的组成主要是碳(80%~87%)、氢(10%~15%),其次是非烃元素,如氧、硫、氮等(<3%)。此外,还含有一些微量的金属元素,如镍、钒、铁、锰、钙、镁、钠等,但含量都很少,约为几个至几十个 ppm。

二、化学组分

化学组分分析就是将沥青分离为化学性质相近而且与其路用性质有一定联系的几个组,这些组就称为"组分"。

四组分是将沥青分为饱和分、芳香分、胶质和沥青质。我国现行四组分分析法是将沥青试样先用正庚烷沉淀沥青质,再将可溶分(即软沥青质)吸附于氧化铝谱柱上,先用正庚烷冲洗,所得的组分称为饱和分;继续用甲苯冲洗,所得的组分称为芳香分;最后用甲苯-乙醇、甲苯、乙醇冲洗,所得组分称为胶质。

第二节 石油沥青的技术性质与要求

用于现代沥青路面的沥青材料,应具备下列主要技术性质。

1. 物理特征常数

(1)密度

沥青密度是在规定温度条件下单位体积的质量,单位为 kg/m^3 或 g/cm^3。《公路工程沥青及沥青混合料试验规程》(JTG E20—2011)规定用比重瓶法测得沥青密度和相对密度,非特殊要求,本方法宜在试验温度 25℃ 及 15℃ 下测定沥青密度与相对密度。

(2)热胀系数

沥青在温度上升 1℃ 时的长度或体积的变化,分别称为线胀系数或体胀系数,统称热胀系数。

沥青路面的开裂与沥青混合料的温缩系数有关。沥青混合料的温缩系数,主要取决于沥青热学性质。特别是含蜡沥青,当温度降低时,蜡由液态转变为固态,比容突然增大,沥青的温缩系数发生突变,从而易导致路面产生开裂。

(3)介电常数

沥青的介电常数与沥青使用的耐久性有关,沥青的介电常数与沥青路面抗滑性有很好的相关性。

2.黏滞性

沥青的黏滞性(简称黏性)是与沥青路面力学行为联系最密切的一种性质。在现代交通条件下,为防止路面出现车辙,沥青黏度的选择是首要考虑的参数。沥青的黏性通常用黏度表示,所以黏度是现代沥青等级(标号)划分的主要依据。

动力黏度计量单位,按 SI 单位制为"帕·秒"(Pa·s)。目前还有沿用 CGS 制单位"泊"(P),1 泊等于 0.1 帕·秒(即 $1P=0.1Pa·s$)。

(1)运动黏度

在运动状态下,测定沥青黏度时,考虑到密度的影响,动力黏度还可采用另一种量描述,即沥青在某一温度下的动力黏度与同温度下沥青密度之比,称为"运动黏度"(或称"动比密黏度")。运动黏度(ν)表示如下:

$$\nu = \frac{\eta}{\rho} \tag{1-5-1}$$

式中:ν——运动黏度($10^{-4} m^2/s$);

η——动力黏度(Pa·s);

ρ——密度(g/cm³)。

运动黏度的计量单位,按 SI 单位制为"米²/秒"(m²/s)。目前还有沿用 CGS 制单位"斯(托克)"(St),1 斯等于 10^{-4} 米²/秒(即 $1St = 10^{-4} m^2/s$)。

沥青黏度的测定方法可分为两类,一类为"绝对黏度"法,另一类为"相对黏度"(或称"条件黏度")法。前者用毛细管黏度计测定,后者常用各种流出型的黏度计(如道路标准黏度计、赛氏黏度计和恩氏黏度计等)测定。

(2)针入度法

针入度试验是国际上经常用来测定黏稠(固体、半固体)沥青稠度的一种方法。针入度是指沥青材料在规定温度条件下,以规定质量的标准针经过规定时间贯入沥青试样的深度(以 0.1mm 为单位计)。试验条件以 $P_{T,m,t}$ 表示,其中 P 为针入度,T 为试验温度,m 为标准针(包括连杆及砝码)的质量,t 为贯入时间。《公路工程沥青及沥青混合料试验规程》(JTG E20—2011)规定:针入度指数(PI)用于描述沥青的温度敏感性,宜在15℃、25℃、30℃等3个或3个以上温度条件下测定针入度后按规定的方法计算得到,若30℃时的针入度值过大,可采用5℃代替。

按上述方法测定的针入度值越大,表示沥青越软(稠度越小)。

(3)软化点

沥青材料是一种非晶质高分子材料,它由液态凝结为固态,或由固态熔化为液态时,没有敏锐的固化点或液化点,通常采用条件的硬化点和滴落点来表示。沥青材料在硬化点至滴落点之间的温度阶段时,是一种黏滞流动状态,在工程实用中为保证沥青不致由于温度升高而产生流动状态,取液化点与固化点之间温度间隔的 87.21% 作为软化点。

我国现行试验法是采用环球法软化点。该法是将沥青试样注于内径为 18.9mm 的铜环中,环上置一重 3.5g 的钢球,在规定的加热速度(5℃/min)下进行加热,沥青试样逐渐软化,直至在钢球荷重作用下使沥青产生 25.4mm 挠度时的温度,称为软化点。

3. 延性和脆性

(1) 延性

沥青的延性是当其受到外力的拉伸作用时,所能承受的塑性变形的总能力,通常是用延度作为条件延性指标来表征。延度试验方法是将沥青试样制成 8 字形标准试件(最小断面 $1cm^2$),在规定拉伸速度和规定温度下拉断时的长度(以 cm 计)称为延度。沥青的延度采用延度仪来测定。

(2) 脆性

沥青材料在低温下受到瞬时荷载时,常表现为脆性破坏。沥青脆性的测定极为复杂,通常采用 A. 费拉斯(Fraass)脆点作为条件脆性指标。

脆点试验的方法是将 0.4g 沥青试样在一个标准的金属薄片上摊成薄层,将涂有沥青薄膜的金属片置于有冷却设备的脆点仪内,摇动脆点仪的曲柄,使涂有沥青薄膜的金属片产生弯曲。随着冷却设备中制冷剂温度以 1℃/min 的速度降低,沥青薄膜的温度也逐渐降低,当降至某一温度时,沥青薄膜在规定弯曲条件下产生断裂时的温度,即为沥青的脆点。

4. 流变特性

流变学是根据应力、应变时间来研究物质流动和变形的构成与发展的一般规律的科学。沥青材料是一种具有流变特性的典型材料,它的流动和变形不仅与应力有关,而且与时间和温度有关。

1) 感温性

沥青材料的温度感应性与沥青路面的施工(如拌和、摊铺、碾压)和使用性能(如高温稳定性和低温抗裂性)都有密切关系,所以它是评价沥青技术性质的一个重要指标。沥青的感温性采用"黏度"随"温度"变化的行为(黏-温关系)来表达。目前最常用的有下述两种方法。

(1) 针入度指数法

针入度指数是一种评价沥青感温性的指标。建立这一指标的基本思路是:沥青针入度值的对数(lg$P$)与温度(T)具有线性关系,即:

$$\lg P = AT + K \quad (1\text{-}5\text{-}2)$$

式中:A——直线斜率;

K——截距(常数)。

采用斜率 $A = d(\lg P)/dT$ 来表征沥青针入度(lg$P$)随温度(T)的变化率,故称 A 为针入度-温度感应性系数。

针入度指数计算公式为:

$$PI = \frac{20 - 500A}{1 + 50A} \quad (1\text{-}5\text{-}3)$$

针入度指数(PI)值越大,表示沥青的感温性越低。此外,针入度指数(PI)值也可作为沥青胶体结构类型的评价标准。

(2)修正的针入度指数法

P. Ph. 普费确定针入度指数的方法是以假定沥青在软化点($T_{R\&B}$)时的针入度值为800(0.1mm)为前提的。实际上，沥青在软化点(环与球法)时的针入度可在600~1000(0.1mm)之间波动。特别是高含蜡量沥青，在软化点时的针入度值会在更宽的范围内波动。因此，在使用时，必须修正软化点[即寻求针入度值为800(0.1mm)时的温度T_{800}]，然后再按T_{800}求出修正的针入度指数(PI)。针入度指数的修正，可以采用诺模图法或计算法。

(3)针入度-黏度指数法

针入度指数(PI)通常仅能表征低于软化点温度的沥青感温性，沥青在道路使用中或在施工时，还需要了解高于软化点温度时沥青的感温性。N. W. Mcleod提出了"针入度-黏度指数"(PVN)法。该法是应用沥青25℃时的针入度值和135℃(或60℃)时的黏度值与温度的关系来计算沥青感温性的方法。

① 已知25℃时针入度值P(0.1mm)和135℃时运动黏度值ν(cm²/s)时，按式(1-5-4)计算PVN:

$$(PVN)_1 = \left(\frac{10.258 - 0.7967 - \lg\nu}{1.050 - 0.2234\lg P}\right) \times (-1.5) \tag{1-5-4}$$

② 已知25℃时针入度值P(0.1mm)和60℃绝对黏度值η(Pa·s)时，可按式(1-5-5)计算PVN:

$$(PVN)_2 = \left(\frac{5.489 - 1.590\lg P - \lg\eta}{1.050 - 0.2234\lg P}\right) \times (-1.5) \tag{1-5-5}$$

针入度黏度数PVN越大，表示沥青的感温性越低。

2)感时性

沥青材料的时间感应性简称感时性。感时性与感温性一样，是表征沥青流变特性的一个重要指标。感时性可以采用不同的方法表征，最常用的为采用"针入度-贯入时间的关系"来表达的方法。

针入度-贯入时间的关系：采用位移传感器式针入度仪可以自动测出沥青不同温度条件下，不同贯入时间(t)的针入度值(P)。将两者取对数，得到关系式：

$$\lg P = B\lg t + K \tag{1-5-6}$$

式中：B——直线的斜率，即$B = \dfrac{\mathrm{d}(\lg P)}{\mathrm{d}(\lg t)}$称为针入度-贯入时间指数；

K——直线的截距，为一常数。

沥青的针入度-贯入时间指数B越大，表示在相同的荷载下，经历相同的时间，它的剪切变形越大，也就是这种沥青的时间感应性越高。

3)沥青劲度模量

沥青的劲度模量(S_b)是在一定荷载时间(t)和温度(T)条件下，应力(σ)与总应变(ε)之比。即：

$$S_b = \left(\frac{\sigma}{\varepsilon}\right)_{t,T} \tag{1-5-7}$$

式中：S_b——沥青的劲度模量(Pa)；

σ——应力(Pa)；

ε——总应变；
t——荷载作用时间(s)；
T——温度(℃)。

当沥青在低温(高黏度)和瞬时荷载作用下时，弹性形变占主要地位；而在高温(低黏度)和长时间荷载作用下时，主要为黏性变形。在大多数实际使用情况下，沥青表现为弹-黏性。

5. 黏附性

沥青与集料的黏附性直接影响沥青路面的使用质量和耐久性，所以黏附性是评价沥青技术性能的一个重要指标。沥青裹覆集料后的抗水性(即抗剥性)不仅与沥青的性质有密切关系，而且与集料性质有关。

评价沥青与集料黏附性最常采用的方法有水煮法和水浸法。

我国现行试验法规定，沥青与集料黏附性的试验方法根据沥青混合料的最大粒径决定，大于 13.2mm 者采用水煮法，小于(或等于)13.2mm 者采用水浸法。水煮法是选取粒径为 13.2~19mm、形状近正立方体的规则集料 5 个，经沥青裹覆后，在蒸馏水中沸煮 3min，按沥青膜剥落的情况分为 5 个等级来评价沥青与集料的黏附性。水浸法是选取 9.5~13.2mm 的集料 100g 与 5.5g 的沥青在规定温度条件下拌和，配制成沥青-集料混合料，冷却后浸入 80℃ 的蒸馏水中保持 30min，然后按剥落面积百分率来评定沥青与集料的黏附性。

6. 耐久性

(1)影响因素

沥青在路面施工时，需要在空气介质中进行加热。路面建成后，长期裸露在现代工业环境中，经受日照、降水、气温变化等自然因素的作用。因此，影响沥青耐久性的因素主要有大气(氧)、日照(光)、温度(热)、雨雪(水)、环境(氧化剂)以及交通(应力)等。

①热的影响：热能加速沥青分子的运动，除了引起沥青的蒸发外，还能促进沥青化学反应的加速，最终导致沥青技术性能降低。尤其是在施工加热(160~180℃)时，由于有空气中的氧参与共同作用，可使沥青性质产生严重的劣化。

②氧的影响：空气中的氧在加热的条件下，能促使沥青组分对其吸收，并产生脱氢作用，使沥青的组分发生移行(如芳香分转变为胶质，胶质转变为沥青质)。

③光的影响：日光(特别是紫外线)对沥青照射后，能产生光化学反应，促使氧化速率加快；使沥青中羟基、羧基和碳氧基等基因增加。

④水的影响：水在与光、氧和热共同作用时，能起催化剂的作用。

综上所述，沥青在上述因素的综合作用下，产生"不可逆"的化学变化，导致路用性能的逐渐劣化，这种变化过程称为"老化"。

(2)评价方法

①热致老化：沥青薄膜加热试验又称"薄膜烘箱试验"(TFOT)。试验方法是将 50g 沥青试样盛于内径 139.7mm、深为 9.5mm 的铝皿中，使沥青成为厚约 3mm 的薄膜。沥青薄膜在 163℃±1℃ 的标准烘箱中加热 5h。以加热前后的质量损失、针入度比和 25℃ 及 15℃ 的延度值作为评价指标。

薄膜加热试验后的性质与沥青在拌和机中加热拌和后的性质有很好的相关性。沥青在薄膜加热试验后的性质，相当于在 150℃ 拌和机中拌和 1.0~1.5min 后的性质。后来又发展了

"旋转薄膜烘箱试验"(RTFOT)。这种试验方法的优点是:试样在垂直方向旋转,沥青膜较薄;能连续鼓入热空气,以加速老化,使试验时间缩短为75min;试验结果精度较高。

②耐候性:评价沥青在气候因素(光、氧、热和水)的综合作用下路用性能衰降的程度,可以采用"自然老化"和"人工加速老化"试验。人工加速老化试验,是在由计算机程序控制有氙灯光源和自动调温、鼓风、喷水设备的耐候仪中进行的,通常只有在科研时才进行耐候性试验。

7. 安全性

沥青材料在使用时必须加热,当加热至一定温度时,沥青材料中挥发的油分蒸汽与周围空气组成混合气体,此混合气体遇火焰则易发生闪火。若继续加热,油分蒸汽的饱和度增加,由于此种蒸汽与空气组成的混合气体遇火焰极易燃烧,因此容易引起溶油车间发生火灾或使沥青烧坏。综上,必须测定沥青加热闪火和燃烧的温度,即所谓闪点和燃点。

闪点和燃点是保证沥青加热质量和施工安全的一项重要指标。我国现行行业标准规定,对黏稠石油沥青采用克利夫兰开口杯法,简称 COC 法测定闪点、燃点。闪点、燃点试验方法是,将沥青试样盛于标准杯中,按规定加热速度进行加热。当加热到某一温度时,点火器扫拂过沥青试样任何一部分表面,出现一瞬即灭的蓝色火焰状闪光时,此时温度即为闪点。按规定加热速度继续加热,至达点火器扫拂过沥青试样表面发生燃烧火焰,并持续5s以上,此时的温度即为燃点。

第三节　改性沥青

改性沥青是指掺加橡胶、树脂、高分子聚合物、磨细的橡胶粉或其他填料等外掺剂(改性剂),经过充分混熔,使之均匀分散在沥青中,或采取对沥青轻度氧化加工等措施,使沥青或沥青混合料的性能得以改善而制成的沥青结合料。改性剂是指在沥青或沥青混合料中加入的天然或人工的有机或无机材料,可熔融、分散在沥青中,改善或提高沥青性能,如聚合物、纤维、抗剥落剂、岩沥青、填料(如硫黄、炭黑等)。

一、常用道路沥青改性剂

改性沥青的改性剂种类繁多,主要有聚合物类、树脂类、纤维类、硫磷类、固体颗粒等。

1. 橡胶类

橡胶是在外力用下可发生较大形变,外力撤除后又迅速复原,具有高弹性的高聚物。橡胶有天然橡胶、合成橡胶、再生橡胶。常用的有天然橡胶(NR)、丁苯橡胶(SBR)、氯丁橡胶(CR)、丁二烯橡胶(BR)、乙丙橡胶(EPDM)、异戊二烯(IR)、异丁烯异戊二烯共聚物(IIR)、苯乙烯异戊二烯橡胶(SIR)、硅橡胶(SR)以及氟橡胶(FR)等。其中代表物丁苯橡胶(SBR)的主要特性是高温稳定性、高弹性、高机械强度和高黏附性。而氯丁橡胶(CR)具有极性,常掺入煤沥青中使用。

2. 树脂类

树脂按其可塑性分为热塑性树脂和热固性树脂。热塑性树脂主要有聚乙烯(PE)、乙烯-

醋酸乙烯共聚物(EVA)、无规聚丙烯(APP)、聚氯乙烯(PVC)、聚酰胺等;热固性树脂主要有环氧树脂(EP)等。PE是高压低密度聚乙烯,它与国产多蜡沥青相容性较好,既可改善沥青高温稳定性,又可改善低温脆性,并且价格低廉,在我国使用范围较广。EVA的弹性与橡胶相似,但抗老化性能比橡胶好;EVA的密度和熔融指数与低密度聚乙烯相近,但柔软性、韧性、抗裂性、抗老化和抗光性能优于聚乙烯。EVA具有良好的热稳定性、较好的抗氧化稳定性、较宽的橡胶态温度区域、良好的耐低温特性和较强的耐水性。

3. 热塑性橡胶类

热塑性橡胶也称热塑性弹性体,主要是苯乙烯类嵌段共聚物,如苯乙烯-丁二烯嵌段共聚物(SBS)、苯乙烯-异戊二烯嵌段共聚物(SIS)、苯乙烯-聚乙烯/丁基-聚乙烯(SE/BS)嵌段共聚物等。其中SBS是用阳离子聚合方法制得的丁二烯-苯乙烯热塑性丁苯橡胶。SBS有线形及星形两种,星形的改性效果优于线形。SBS外观为白色(或微黄)爆米花状,质轻多孔。其在低于聚苯乙烯组分的玻璃化转变温度时是强韧的高弹性材料,而在较高温度下,又成为接近线性聚合物的流体状态。它既具有橡胶的弹性又有树脂的热塑性,兼具橡胶和树脂的特性,具有良好的变形自恢复性及裂缝自越性,成为目前最为普遍使用的道路沥青改性剂。

4. 其他改性剂

(1) 纤维类改性剂

常用的纤维物质有:各种人工合成纤维和矿质石棉纤维、土工布等。掺入纤维类改性剂后,沥青高温稳定性得到显著提高,并且低温抗拉强度也能得到改善,但需注意这类物质对人体健康有影响,应谨慎使用。

(2) 固体颗粒改性剂

主要有废橡胶粉、炭黑、高钙粉煤灰、火山灰等,这些固体颗粒的级配、表面性质和空隙状态等都影响着沥青混合料的高温流变特性和低温变形能力。

(3) 硫磷类改性剂

硫磷在沥青中的链桥作用可提高沥青的高温稳定性,但应采用"预熔法",否则改善了高温稳定性,但低温抗裂性则明显降低。

(4) 黏附性改性剂

①无机类如水泥、石灰或电石渣。用这类改性剂预处理集料表面或直接加入沥青中,可提高沥青与集料的黏附性。

②有机酸类。掺加各类合成高分子有机酸,可提高沥青活性。

③重金属皂类。常用的有皂脚铁、环烷酸铝皂等,可降低沥青与集料的界面张力,改善黏附性。

④合成类抗剥剂。如醚胺、醇胺类、烷基胺类、酰胺类等,这些高效低剂量抗剥剂对黏附性的改善效果较好,一般用于对黏附性要求很高的高等级路面。

5. 耐老化改性剂

受阻酚、受阻胺等抗老化剂的改性效果好,但价格较为昂贵,目前常用的是炭黑。炭黑粒径小、表面积大,弥散于沥青中,可吸附沥青热氧化作用产生的游离基,阻止沥青老化的链式反应,并且炭黑又是一种屏蔽剂,能阻止紫外线进入,使光致老化作用受到抑制。

二、改性沥青的评价指标

由于改性沥青具有不同的技术特点,除沥青常规试验针入度、延度、软化点、黏度等指标外,还采用了几项与评价沥青性能不同的技术指标,如聚合物改性沥青离析试验、沥青弹性恢复试验、黏韧性试验、测力延度试验等。

1. 弹性恢复(回弹)

弹性恢复试验采用一般的沥青延度试验设备,首先按规定浇筑沥青试样,冷却后放在15℃的水中保温1h,接着脱模并在延度仪上进行拉伸,拉伸温度为15℃,拉伸速率为5cm/min。当拉伸到10cm时,停止拉伸并从中间剪断试样,在水中原封不动地保持1h后,把剪断的试样两头对接起来并测量其恢复后的长度。按下式计算其弹性恢复率:

$$弹性恢复率 = \frac{10 - X}{10} \times 100\% \tag{1-5-8}$$

式中:X——恢复后的试样长度(cm)。

弹性恢复率越大,表明沥青的弹性性质越好。

2. 聚合物改性沥青的离析试验

聚合物改性沥青在停止搅拌、冷却过程中,聚合物可能从沥青中离析,当聚合物改性沥青在生产后不能立即使用,而需经过储运再加热等过程后使用时,需进行离析试验。不同改性沥青离析的状况有所不同,SBR、SBS类改性沥青,离析时表现为聚合物上浮,采用的试验是将试样置于规定条件的盛样管中,并在163℃烘箱中放置48h后从聚合物改性沥青的顶部和底部分别取样,测定其环球法软化点之差来判定;对PE、EVA类聚合物改性沥青,用改性沥青在135℃存放24h过程中是否结皮,或凝聚在容器表面四壁的情况进行判定。

3. 沥青黏韧性试验

国内外研究表明,沥青黏韧性试验是评价橡胶类改性沥青的一种较好的方法,并已列入我国《公路沥青路面施工技术规范》(JTG F40—2004)。沥青黏韧性试验是测定沥青在规定温度条件下高速拉伸时与金属半球的黏韧性和韧性。非经注明,试验温度为25℃,拉伸速度为500mm/min。

4. 测力延度试验

测力延度试验是在普通的延度仪上附加测力传感器,试验用的试模与沥青弹性恢复试验相同。试验温度通常采用5℃,拉伸速度5cm/min,传感器最大负荷不小于100kg即可。试验结果可由X-Y函数记录仪记录拉力-变形(延度)曲线。曲线形状和面积对评价改性沥青的性能具有重要意义。

第六章 沥青混合料

按照现代沥青路面的建筑工艺,沥青与不同组成的矿质集料可以修建成不同结构的沥青路面。最常用的沥青路面包括:沥青表面处治、沥青贯入式、沥青碎石和沥青混凝土等4种。

第一节 沥青混合料的分类

沥青混合料是沥青混凝土混合料和沥青碎石混合料的总称。

沥青混凝土混合料是指由适当比例的粗集料、细集料及填料与沥青在严格控制条件下拌和的沥青混合料。沥青碎石混合料是指由适当比例的粗集料、细集料及填料(或不加填料)与沥青拌和的沥青混合料。

1. 按结合料分类

(1)石油沥青混合料

石油沥青混合料是指以石油沥青为结合料的沥青混合料(包括黏稠石油沥青、乳化石油沥青及液体石油沥青)。

(2)煤沥青混合料

煤沥青混合料是指以煤沥青为结合料的沥青混合料。

2. 按施工温度分类

按沥青混合料拌制和摊铺温度分为:

(1)热拌热铺沥青混合料

热拌热铺沥青混合料,简称热拌沥青混合料,是沥青与矿料在热态拌和、热态铺筑的混合料。

(2)常温沥青混合料

常温沥青混合料是指以乳化沥青或稀释沥青与矿料在常温状态下拌制、铺筑的混合料。

3. 按矿质集料级配类型分类

(1)连续级配沥青混合料

沥青混合料中的矿料是按级配原则,从大到小各级粒径都有,按比例相互搭配组成的混合料,称为连续级配混合料。

(2)间断级配沥青混合料

连续级配沥青混合料矿料中缺少一个或两个档次粒径的沥青混合料称为间断级配沥青混合料。

4. 按混合料密实度分类

(1) 密级配沥青混凝土混合料

密级配沥青混凝土混合料是指按密实级配原则设计的连续型密级配沥青混合料,其集料组成后按照4.75mm筛孔的通过率将其分为C型和F型两种:

① C型沥青混凝土混合料:4.75mm筛孔的通过率大于45%;

② F型沥青混凝土混合料:4.75mm筛孔的通过率小于45%。

(2) 开级配沥青混凝土混合料

开级配沥青混凝土混合料是指按级配原则设计的连续型级配混合料,但其粒径递减系数较大,剩余空隙率大于18%。

也有将剩余空隙率介于密级配和开级配之间的马歇尔试件剩余空隙率6%~12%混合料称为半开级配沥青混合料。

5. 按最大粒径分类

沥青混凝土混合料的集料最大粒径可分为下列4类:

(1) 粗粒式沥青混合料

粗粒式沥青混合料是指集料最大粒径等于或大于26.5mm的沥青混合料。

(2) 中粒式沥青混合料

中粒式沥青混合料是指集料最大粒径为16mm或19mm的沥青混合料。

(3) 细粒式沥青混合料

细粒式沥青混合料是指集料最大粒径为9.5mm或13.2mm的沥青混合料。

(4) 砂粒式沥青混合料

砂粒式沥青混合料是指集料最大粒径等于或小于4.75mm的沥青混合料,也称为沥青石屑或沥青砂。

沥青碎石混合料除上述四类外,还有特粗式沥青碎石混合料,集料最大粒径在37.5mm以上。

第二节　沥青混合料的组成结构和强度形成原理

沥青混合料是一种复合材料,它由沥青、粗集料、细集料和矿粉以及外加剂所组成。这些组成材料在混合料中,由于组成材料质量的差异和数量的多少,可形成不同的组成结构,并表现为不同的力学性能。

一、沥青混合料的组成结构类型

通常沥青-集料混合料按其组成结构可分为下列三类:

1. 悬浮-密实结构

当采用连续型密级配矿质混合料与沥青组成的沥青混合料时,按粒子干涉理论,为避免次级集料对前级集料密排的干涉,前级集料之间必须留出比次级集料粒径稍大的空隙供次级集料排布。按此组成的沥青混合料,经过多级密垛虽然可以获得很大的密实度,但是各级集料均被次级集料所隔开,不能直接靠拢而形成骨架,而是悬浮于次级集料及沥青胶浆之间。这种结构的沥青混合料,虽然具有较高的黏聚力 c,但摩擦角 φ 较低,因此高温稳定性较差。

2. 骨架-空隙结构

当采用连续型开级配矿质混合料与沥青组成的沥青混合料时,由于这种矿质混合料递减系数较大,粗集料所占的比例较高,细集料则很少,甚至没有。按此组成的沥青混合料,粗集料可以互相靠拢形成骨架,但由于细集料数量过少,不足以填满粗集料之间的空隙,因此形成"骨架-空隙"结构,虽然具有较高的内摩擦角 φ,但黏聚力 c 较低。

3. 密实-骨架结构

当采用间断型密级配矿质混合料与沥青组成的沥青混合料时,由于这种矿质混合料缺少了中间尺寸粒径的集料,既有较多数量的粗集料可形成空间骨架,同时又有相当数量的细集料可填密骨架的空隙,因此形成"密实-骨架"结构,不仅具有较高的黏聚力 c,而且具有较高的内摩擦角 φ。

二、沥青混合料的强度形成原理

1. 沥青混合料抗剪强度的材料参数

沥青混合料在路面结构中产生破坏的情况,主要是发生在高温时由于抗剪强度不足或塑性变形过剩而产生推挤等现象,以及低温时抗拉强度不足或变形能力较差而产生裂缝现象。目前沥青混合料强度和稳定性理论,主要是要求沥青混合料在高温时必须具有一定的抗剪强度和抵抗变形的能力。

沥青混合料的抗剪强度主要取决于黏聚力 c 和内摩擦角 φ 两个参数,即:

$$t = f(c, \varphi) \tag{1-6-1}$$

2. 影响沥青混合料抗剪强度的因素

(1) 影响沥青混合料抗剪强度的内因

①沥青黏度的影响:在其他因素固定的条件下,沥青混合料的黏聚力 c 是随着沥青黏度的提高而增加的。

②沥青与矿料化学性质的影响:在沥青混合料中,沥青与矿粉交互作用后,沥青在矿粉表面产生化学组分的重新排列,并形成一层厚度为 δ_0 的扩散溶剂化膜。在此膜厚度以内的沥青称为"结构沥青",在此膜厚度以外的沥青称为"自由沥青"。

如果矿粉颗粒之间接触处是由结构沥青膜所联结,这样促使沥青具有更高的黏度和更大的扩散溶化膜接触面积,因而可以获得更大的黏聚力。反之,如颗粒之间接触处是自由沥青所联结,则具有较小的黏聚力。

沥青与矿料相互作用不仅与沥青的化学性质有关,而且与矿粉的性质有关。

(2) 影响沥青混合料抗剪强度的外因

①温度的影响;

②形变速率的影响。

第三节　沥青混合料的技术性质与技术标准

一、技术性质

1. 高温稳定性

沥青路面的强度与刚度随温度升高而显著下降，为了保证沥青路面于高温季节在行车荷载的反复作用下不致产生诸如波浪、推移、车辙、泛油、黏轮等病害，沥青路面应具有良好的高温稳定性，即在高温时具有足够的强度与刚度。

为了提高沥青路面的高温稳定性，可采用在混合料中增加粗集料含量，或控制剩余空隙率，使粗集料形成空间骨架结构，以提高沥青混合料的内摩阻力；适当地提高沥青材料的稠度，控制沥青与矿粉的比例，严格控制沥青用量，采用活性较高的矿粉，以改善沥青与矿料之间的相互作用，从而提高沥青混合料的黏聚力。此外，在沥青中掺入聚合物改善沥青性能，也可取得较为满意的结果。

2. 低温抗裂性

裂缝是沥青路面的一种主要破坏形式，且裂缝的出现往往是路面损坏急剧增加的开始。

沥青路面的裂缝可归为两种类型：一种是在交通荷载反复作用下的疲劳开裂；另一种是由于降温而产生的温度收缩裂缝，或由于半刚性基层开裂而引起的反射裂缝。

由于沥青路面在高温时变形能力较强，而低温时较差，故不论哪种裂缝，以在低温时发生的居多。从低温抗裂性的要求出发，沥青路面在低温时应具有较低的劲度和较大的抗变形能力，且在行车荷载和其他因素的反复作用下不致产生疲劳开裂。

使用稠度较低及温度敏感性低的沥青，可提高沥青路面的低温抗裂性能。沥青材料的老化会使其低温抗裂性能恶化，故为了提高沥青路面的低温抗裂性能，应选用抗老化能力较强的沥青。往沥青中掺加橡胶类高分子聚合物，对提高沥青路面的低温抗裂性能具有较为明显的效果。在沥青路面结构层中铺设沥青橡胶、土工布或塑料格栅等应力吸收薄膜，对防止沥青路面的低温开裂具有显著的作用。

3. 耐久性

沥青路面应具有抵抗温度、阳光、空气、水等各种大气因素作用的能力，即在这些因素的作用下，沥青路面的性质不致很快恶化——失去黏性、性质变脆，以致在行车荷载和其他因素的作用下发生碎裂，导致沥青与矿料脱离，使路面松散破坏。

研究表明，沥青路面的使用寿命与沥青混合料中的沥青含量有很大关系。当沥青用量不足时，沥青膜变薄，沥青路面的延伸能力降低，脆性增加，且沥青路面的空隙率增大，使沥青膜暴露增多，从而促进老化作用。此外，空隙率增大也会使混合料的渗水率增加，从而加剧水对沥青膜的剥落作用。

4. 抗滑能力

现代交通车速不断提高，对路面的抗滑能力也提出更高的要求。沥青路面应具有足够的抗滑能力，以保证在最不利的情况下（当路面潮湿时）车辆能够高速安全行驶，而且在外界因素作用下其抗滑能力不致很快降低。

沥青路面的粗糙度与矿质集料的微表面性质、混合料的级配组成，以及沥青用量等因素有关。为保证沥青路面的粗糙度不致很快降低，应选择硬质有棱角的石料。研究表明，沥青用量对抗滑性的影响相当敏感，当沥青用量超过最佳用量0.5%时就会导致抗滑系数明显降低。

5. 防渗能力

当沥青路面防渗能力较差时，不仅影响路面本身的稳定性，而且还会影响基层的稳定性。因此，沥青路面必须具有较好的抗渗能力。在潮湿多雨地区防渗能力尤为重要。

沥青路面的抗渗能力主要取决于沥青路面的空隙率，空隙率越大，其抗渗能力越差。

二、技术标准

沥青混凝土混合料的力学指标主要以马歇尔试验为主，国家现行标准中针对不同等级公路分别给出了马歇尔试验标准的限值，具体要求见表1-6-1。

密级配沥青混凝土混合料马歇尔试验技术标准　　表1-6-1

试验指标		单位	高速公路、一级公路				其他等级公路	行人道路
			夏炎热区(1-1、1-2、1-3、1-4区)		夏热区及夏凉区(2-1、2-2、2-3、2-4、3-2区)			
			中轻交通	重载交通	中轻交通	重载交通		
击实次数(双面)		次	75				50	50
试件尺寸		mm	φ101.6×63.5					
空隙率VV	深约90mm以内	%	3~5	4~6	2~4	3~5	3~6	2~4
	深约90mm以下	%	3~6		2~4	3~6	3~6	—
稳定度MS，不小于		kN	8				5	3
流值FL		mm	2~4	1.5~4	2~4.5	2~4	2~4.5	2~5
矿料间隙率VMA(%)，不小于	设计空隙率(%)	相应于以下公称最大粒径(mm)的最小VMA及VFA技术要求(%)						
		26.5	19	16	13.2	9.5	4.75	
	2	10	11	11.5	12	13	15	
	3	11	12	12.5	13	14	16	
	4	12	13	13.5	14	15	17	
	5	13	14	14.5	15	16	18	
	6	14	15	15.5	16	17	19	
沥青饱和度VFA(%)			55~70		65~75		70~85	

注：本表适用于公称最大粒径≤26.5mm的密级配沥青混凝土混合料。

第四节　沥青路面混合料组成设计

沥青混合料配合比设计包括试验室配合比设计、生产配合比设计和试拌试铺配合比调整等三个阶段。

1. 试验室配合比设计

试验室配合比设计可分为矿质混合料组成设计和沥青用量确定两部分。它是沥青混合料配合比设计的重点。

矿质混合料配合比组成设计的目的,是选配一个具有足够密实度并且具有较高内摩阻力的矿质混合料,并根据级配理论计算出需要的矿质混合料的级配范围。为了应用已有的研究成果和实践经验,通常是采用规范推荐的矿质混合料级配范围来确定。按《公路沥青路面施工技术规范》(JTG F40—2004)规定,依下列步骤进行:

1)确定沥青混合料类型

沥青混合料类型根据道路等级、路面类型、所处的结构层位来确定。

2)确定矿料的最大粒径

(1)制备试样

①按确定的矿质混合料配合比,计算各种矿质材料的用量。

②根据经验的沥青用量范围,估计适宜的沥青用量(或油石比)。

(2)测定物理、力学指标

以估计沥青用量为中值,以0.5%间隔上下变化沥青用量制备马歇尔试件不少于5组,然后在规定的试验温度及试验时间内用马歇尔仪测定稳定度和流值,同时计算空隙率、饱和度及矿料间隙率。

(3)马歇尔试验结果分析

①绘制沥青用量与物理、力学指标关系图。以沥青用量为横坐标,以视密度、空隙率、饱和度、稳定度、流值为纵坐标,将试验结果绘制成沥青用量与各项指标的关系曲线,如图1-6-1所示。

②从图1-6-1中求取相应于密度最大值、稳定度最大值、目标空隙率(或中值)、沥青饱和度范围的中值的沥青用量 a_1、a_2、a_3、a_4。按下式取平均值作为初始值:

$$OAC_1 = \frac{a_1 + a_2 + a_3 + a_4}{4} \qquad (1\text{-}6\text{-}2)$$

如果所选择的沥青用量范围未能在沥青饱和度的要求范围内,则按下式求取三者的平均值作为 OAC_1。

$$OAC_1 = \frac{a_1 + a_2 + a_3}{3} \qquad (1\text{-}6\text{-}3)$$

对所选择试验的沥青用量范围,密度或稳定度没有出现峰值(最大值经常在曲线的两端)时,可直接以目标空隙率所对应的沥青用量 a_3 作为 OAC_1,但 OAC_1 必须介于 OAC_{min} ~ OAC_{max} 的范围内,否则应重新进行配合比设计。

③求出各项指标均符合沥青混合料技术标准(表1-6-1)的沥青用量范围 OAC_{min} ~ OAC_{max},其中值为 OAC_2,即:

$$OAC_2 = \frac{OAC_{min} + OAC_{max}}{2} \qquad (1\text{-}6\text{-}4)$$

④根据 OAC_1 和 OAC_2 综合确定沥青最佳用量(OAC),按最佳沥青用量的初始值 OAC_1 在图中求取相应的各项指标值,检查其是否符合表1-6-1规定的马歇尔设计配合比技术标准。

同时检验 VMA 是否符合要求。如能符合时,由 OAC_1 及 OAC_2 综合决定最佳沥青用量 OAC;如不能符合,应调整级配,重新进行配合比设计马歇尔试验,直至各项指标均能符合要求为止。

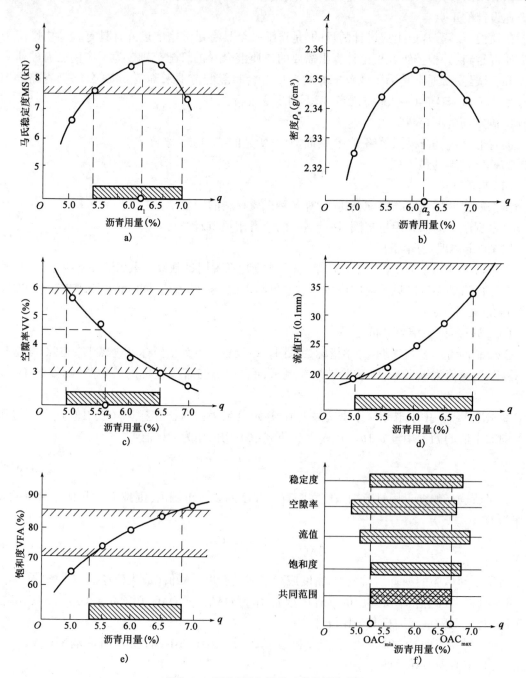

图 1-6-1 沥青用量与物理、力学指标关系图

⑤根据气候条件和交通特性调整最佳沥青用量,由 OAC_1 及 OAC_2 综合决定最佳沥青用量 OAC 时,还应根据实践经验和道路等级、气候条件情况进行调整。

a. 对热区道路以及车辆渠化交通的高速公路、一级公路、城市快速路、主干路,在有可能造成较大车辙的情况时,可以在中限值 OAC_2 与下限值 OAC_{min} 范围内决定,但一般不宜小于中限值 OAC_2 的 0.5%。

b. 对寒区道路以及一般道路,最佳沥青用量可以在中限值 OAC_2 与上限值 OAC_{max} 范围内决定,但一般不宜小于中限值 OAC_2 的 0.3%。

⑥水稳定性试验

按最佳沥青用量 OAC 制作马歇尔试件进行浸水马歇尔试验以及冻融劈裂试验,检验其残留稳定度是否合格。

⑦抗车辙能力检验

按最佳沥青用量 OAC 制作车辙试验试件,按《公路工程沥青及沥青混合料试验规程》(JTG E20—2011)中的方法,在 60℃ 条件下用车辙试验机对设计的沥青用量检验其动稳定度。

当最佳沥青用量 OAC 与两个初始值 OAC_1 和 OAC_2 相差甚大时,宜将 OAC_1 或 OAC_2 分别制作试件进行车辙试验。如不符合相应规范要求,应对矿料级配或沥青用量进行调整,并重新进行配合比设计。经反复调整及综合以上试验结果,并参考以往工程实践经验,综合决定矿料级配和最佳沥青用量。

2. 生产配合比设计

在目标配合比确定之后,应利用实际施工的拌和机进行试拌以确定施工配合比。在试验前,应首先根据级配类型选择振动筛筛号,使几个热料仓的材料不致相差太多,最大筛孔应保证使超粒径料排出,使最大粒径筛孔通过量符合设计范围要求。试验时,按试验室配合比设计的冷料比例上料、烘干、筛分,然后取样筛分,与试验室配合比设计一样进行矿料级配计算。得出不同料仓及矿料用量比例,接着按此比例进行马歇尔试验,规范规定试验油石比可取试验室配合比得出的最佳油石比及其 ±0.3% 三档试验,从而得出最佳油石比,供试拌试铺使用。

3. 生产配合比验证阶段

此阶段即试拌试铺阶段。施工单位进行试拌试铺时,应报告监理部门及业主,工程指挥部会同设计、监理、施工人员一起进行鉴别。拌和机按照生产配合比结果进行试拌,然后用此混合料在试验段上试铺,进一步观察摊铺、碾压过程和成型混合料的表面状况,判断混合料的级配和油石比。如不满意也应适当调整,重新试拌试铺,直到满意为止。另一方面,试验室密切配合现场指挥在拌和厂或摊铺机房采集沥青混合料试样,进行马歇尔试验,检验是否符合标准要求。同时还应进行车辙试验及浸水马歇尔试验,进行高温稳定性及水稳定性验证。在试铺试验时,试验室还应在现场取样进行抽提试验,再次检验实际级配和油石比是否合格。同时按照规范规定的试验段铺设的要求进行各种试验。当全部满足要求时,便可进入正常生产阶段。

第七章 建筑钢材

第一节 钢材的分类及建筑钢材的类属

1. 钢材的分类

钢材的分类方法很多,较常用的有下列分类方法。

1)按冶炼方法分类

(1)按生产的炉型分类

根据冶炼用炉的不同,钢可分为平炉钢、转炉钢、电炉钢等几类。根据所用耐火炉衬的不同,又可分为酸性钢和碱性钢。

建筑用钢多为平炉钢、空气转炉钢和顶吹氧气转炉钢。

(2)按脱氧程度分类

①沸腾钢:是脱氧不充分的钢,在浇铸及钢液冷却时,有大量的一氧化碳气体逸出,钢液呈激烈沸腾状。

②镇静钢:脱氧充分,钢水较纯净,浇铸钢锭时钢水平静。镇静钢材质致密均匀,质量高于沸腾钢。

③半镇静钢:脱氧程度及钢水质量介于上述两者之间。

2)按化学成分分类

钢按化学成分的不同可分为:

(1)碳素钢

碳素钢,亦称"碳钢",是指含碳量低于2.0%的铁碳合金。除铁、碳外,常含有如锰、硅、硫、磷、氧、氮等杂质。碳素钢按含碳量可分为:

①低碳钢:含碳量小于0.25%。

②中碳钢:含碳量为0.30%~0.55%。

③高碳钢:含碳量大于0.6%。

(2)合金钢

为改善钢的性能,在钢中特意加入某些合金元素(如锰、硅、钡、钛等),使钢材具有特殊的力学性能。合金钢按合金元素含量可分为:

①低合金钢:合金元素总含量小于5%。

②中合金钢:合金元素总含量为5%~10%。

③高合金钢:合金元素总含量大于10%。

3)按质量分类

碳素钢按供应的钢材化学成分中有害杂质的含量不同,又可划分为:

(1)普通钢

钢中磷含量不大于 0.045%,硫含量不大于 0.055%。

(2)优质钢

所含杂元素较普通钢低,磷含量不大于 0.035%~0.040%,硫含量不大于 0.040%。

4)按用途分类

钢材按用途的不同可分为:

(1)结构钢

用于建筑结构、机械制造等,一般为低、中碳钢。

(2)工具钢

用于各种工具,一般为高碳钢。

(3)特殊钢

具有各种特殊物理化学性能的钢材,如不锈钢等。

2. 建筑钢材的类属

由于桥梁结构需要承受车辆等荷载的作用,同时需要经受各种大气因素的考验,对于桥梁用钢材要求具有高的强度、良好的塑性、韧性和可焊性。因此,桥梁建筑用钢材,钢筋混凝土用钢筋,就其用途分类来说,均属于结构钢;就其质量分类来说,都属于普通钢;按其含碳量的分类来说,均属于低碳钢。所以桥梁结构用钢和混凝土用钢筋是属于碳素结构钢或低合金结构钢。

第二节 建筑钢材的技术性质

桥梁建筑用钢和钢筋混凝土用钢筋的基本技术性质包括:屈服强度、抗拉强度、伸长率、冲击韧性、冷弯和硬度等。

一、强度

钢材在承受抗拉试验时,可绘出拉伸图(拉力-变形关系),根据拉伸图改换坐标可作出应力-应变曲线。

1. 屈服强度

它是钢材开始丧失对变形的抵抗能力,并开始产生大量塑性变形时所对应的应力。在屈服阶段,锯齿形的最高点所对应的应力称为上屈服点(f_{SU});锯齿形的最低点所对应的应力称为下屈服点(f_{SL})。因为上屈服点与试验过程中的许多因素有关,而下屈服点较为稳定,所以我国现行规范规定以下屈服点的应力作为钢材的屈服极限。屈服强度(f_y)以 MPa 表达,并按式(1-7-1)计算:

$$f_y = \frac{F_s}{A_0} \tag{1-7-1}$$

式中:F_s——相当于所求应力的荷载(N);

A_0——试件的原横截面积(mm^2)。

中碳钢和高碳钢没有明显的屈服点,通常以残余变形0.2%的应力作为屈服强度,表示为$f_{y(0.2)}$,屈服强度以MPa表达,并按式(1-7-2)计算:

$$f_{y(0.2)} = \frac{F_{0.2}}{A_0} \quad (1\text{-}7\text{-}2)$$

式中:$F_{0.2}$——相当于所求应力的荷载(N);

A_0——试样的原横截面积(mm^2)。

屈服强度对钢材使用有重要的意义,当构件的实际应力超过屈服点时,将产生不可恢复的永久变形;另一方面,当应力超过屈服点时,受力较高的部位应力不再提高,而自动将荷载重新分配给某些应力较低的部分。因此,屈服强度是确定钢结构容许应力的主要依据。

2. 抗拉强度

抗拉强度是钢材所能承受的最大拉应力,即当拉应力达到强度极限时,钢材完全丧失了对变形的抵抗能力而断裂。抗拉强度虽然不能直接作为计算依据,但屈服强度和抗拉强度的比值,即"屈强比"(f_y/f_u)对使用有较大的意义。此值越小,则结构的可靠性越高,即延缓结构损坏过程的潜力越大,但此值太小时,钢材强度的有效利用率低。所以屈服强度和抗拉强度是钢材力学性能的主要检验指标。抗拉强度(f_u)以MPa表达,并按式(1-7-3)计算:

$$f_u = \frac{F_b}{A_0} \quad (1\text{-}7\text{-}3)$$

式中:F_b——试件拉断前的最大荷载(N);

A_0——试件的原横截面积(mm^2)。

二、塑性

钢材在受力破坏前可以经受永久变形的性能称为塑性,在工程应用中钢材的塑性指标通常用伸长率和断面收缩率表示。

1. 伸长率

伸长率是钢材发生断裂时所能承受的永久变形的能力。试件拉断后标距长度的增量与原标距长度之比的百分率即为伸长率。伸长率(δ)以%表示,并按式(1-7-4)计算:

$$\delta_n = \frac{L_1 - L_0}{L_0} \times 100 \quad (1\text{-}7\text{-}4)$$

式中:L_1——试件拉断后标距部分的长度(mm)。

L_0——试件的原标距长度(mm)。

n——长或短试件的标志。例如对长试件,$n=10$,表示为δ_{10};对短试件,$n=5$,表示为δ_5。

2. 断面收缩率

收缩率是试件拉断后缩颈处横断面积的最大缩减量占横截面积的百分率。断面收缩率(ψ)以%表示,并按式(1-7-5)计算:

$$\psi = \frac{A_0 - A_1}{A_0} \times 100 \quad (1\text{-}7\text{-}5)$$

式中:A_0——试样的原横截面积(mm^2);

A_1——试样裂断(缩颈)处的横截面积(mm^2)。

三、硬度

钢材表面局部体积内抵抗更硬物体压入的能力称为硬度。钢材硬度值越高,表示它抵抗局部塑性变形的能力越大。硬度值与强度指标(如f_y,f_u)和塑性指标(δ,ψ)有一定的相关性。

我国现行国家标准测定金属硬度的方法有布氏硬度、洛氏硬度和维氏硬度等3种。最常用的为布氏硬度和洛氏硬度。

1. 布氏硬度

布氏硬度试验是用一个直径为D的硬质合金球,以一定的荷载F,将其压入试样表面,并保持一定时间,然后卸除荷载,测定试样表面上压出压痕直径d,根据式(1-7-6)可计算出单位面积上所承受的平均应力值,其值作为硬度指标,称为布氏硬度。《金属材料 布氏硬度试验 第1部分:试验方法》(GB/T 231.1—2018)规定,压头用硬质合金钢时,符号为HBW。

$$布氏硬度 = 常数 \times \frac{试验力}{压痕表面积} = 0.102 \times \frac{2F}{\pi D(D - \sqrt{D^2 - d^2})} \quad (1-7-6)$$

式中:F——施加荷载(N);
D——钢球直径(mm);
d——压痕平均直径(mm)。

2. 洛氏硬度

将压头(金刚石圆锥、钢球或硬质合金球)按图1-7-1分两个步骤压入试样表面,经规定保持时间后,卸除主试验力,测量在初试验力下的残余压痕深度h。根据h值及常数N和S,用式(1-7-7)计算洛氏硬度:

$$洛氏硬度 = N - \frac{h}{S} \quad (1-7-7)$$

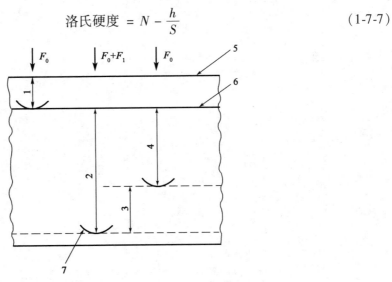

图1-7-1 洛氏硬度试验图

1-在初试验力F_0下的压入深度;2-由主试验力F_1引起的压入深度;3-卸除主试验力F_1后的弹性回复深度;4-残余压入深度h;5-试样表面;6-测量基准面;7-压头位置

四、冲击韧性

冲击韧性是钢材在瞬间动荷载作用下抵抗破坏的能力。按《金属材料夏比摆锤冲击试验方法》(GB/T 229—2020)规定,试验方法采用金属材料在冲击试验中测定冲击试样(V形、U形和无缺口试样)吸收能量的夏比摆锤冲击试验方法。

以上论述了强度、塑性、硬度和韧度四个方面最基本的力学性质。实际上真正独立的是强度与塑性,前者表示钢材的塑性变形抗力和断裂拉力,后者表示材料的塑性变形能力。硬度是强度(即塑性变形抗力)的另一种表达方式,而韧度则受强度和塑性两者综合影响。因此通常检验钢材机械性能时,主要是强度和塑性两项指标。

五、冷弯性能

冷弯性能是钢材在常温条件下承受规定弯曲程度的弯曲变形能力,并且是显示缺陷的一种工艺性能。

钢材的冷弯性能是以规定尺寸的试件,在常温条件下进行弯曲试验。弯曲的指标与试件被弯曲的角度、弯心的直径与试件的厚度(或直径)的比值有关。弯曲角度越大,弯心直径与试件厚度比越小,则表示弯曲性能的要求越高。按《金属材料弯曲试验方法》(GB/T 232—2010)有下列三种类型:①试样弯曲至规定弯曲角度;②试样弯曲至两臂相互平行;③试样弯曲至两臂直接接触。按照相关产品标准的要求评定弯曲试验结果。如未规定具体要求,弯曲试验后不使用放大仪器观察,试件弯曲外表面无可见裂纹应评定为合格。

第八章　其他建筑材料

第一节　纤维材料的技术性质

纤维分为天然纤维和化学纤维，天然纤维包括棉、毛、麻等，化学纤维是由各种不同原料经过化学处理和机械加工而成的纤维。化学纤维包括人造纤维和合成纤维。

现在沥青路面和水泥混凝土路面中较常使用的纤维有以下三种：木质纤维、矿物纤维和聚酯纤维。

木质素纤维是天然木材经过化学处理得到的有机纤维。其常用于SMA（沥青玛琋脂碎石混合料）中用来保持沥青，其技术指标一般包括：纤维长度和组成、纤维杂质含量、pH值、吸油率、含水率等。

矿物纤维最早使用的是石棉纤维，但由于环保问题，现使用的较少，现在常使用的是玄武岩矿物纤维，其技术性能指标包括纤维长度、纤维厚度以及球状颗粒含量等。

在有机化学纤维中，聚酯纤维和丙烯酸纤维是最适用的纤维品种。聚酯纤维常被用于沥青混合料中作为加筋材料，来改善沥青混合料的抗裂性能。聚丙烯纤维常用于水泥混凝土中来改善水泥混凝土的耐久性。

第二节　土工合成材料技术性质

土工织物突出的优点是：质量轻，整体连续性好，施工方便，拉伸强度高，耐磨性和抗微生物侵蚀性好，缺点是抗紫外线能力低，易老化。

土工织物的技术性质一般包括：产品形态，物理性质（单位面积质量、厚度、开孔尺寸），力学性质（拉伸强度、伸长率、撕裂强度、冲击强度、蠕变等），渗透性，耐久性等。

土工织物常用于路堤加筋、过滤与排水、路堤防护、路面裂缝防治等工程中。

土工格栅是先在聚丙烯式高密度聚乙烯板材上冲孔，然后进行拉伸而得到的长方形或方形孔的板材。土工格栅因其强度和低伸长率而成为加筋的良好材料。

土工格栅适用于加筋工程以及过滤与排水工程，其技术性质包括拉伸强度、伸长率、耐久性施工性能。

第三节　木　　材

木材在公路工程中常用作模板，其物理力学性质包括密度、含水率、抗压强度、抗拉强度、抗剪强度等。

建筑结构用木材,按其允许的缺陷可以分为三个材质等级,在本结构设计时,应根据构件的受力种类选用适当等级的木材,受拉或拉弯构件应选用Ⅰ级,受弯或压弯构件应选用Ⅱ级,受压构件及次要受弯构件可选用Ⅲ级。

第二篇 土质学与土力学

第一章 土的物理化学性质及工程分类

土作为一种与土木工程建设密切相关的物质,其三相成分的组成从根本上决定了土的工程性质。本节主要讨论土的物质组成以及定性、定量描述其物质组成的方法,包括土的三相指标、黏性土的界限含水率、砂土的密实度和土的工程分类等。

第一节 土的三相比例指标

土是由固体颗粒、水和气体三部分组成的,通常称之为土的三相组成(固相、液相和气相),随着三相物质的质量和体积的比例不同,土的性质也不同。土的三相物质在体积和质量上的比例关系称为三相比例指标。三相比例指标反映了土的干燥与潮湿、疏松与紧密,是评价土的工程性质的最基本的物理性质指标。三相比例指标可分为两种,一种是试验指标,另一种是换算指标。

1. 试验指标

通过试验测定的指标有土的密度、土粒密度和含水率。

(1) 土的密度 ρ。是单位体积土的质量,如令土的体积为 V,质量为 m,则可由下式表示:

$$\rho = \frac{m}{V} \tag{2-1-1a}$$

土的密度常用环刀法测定,其常用单位是 g/cm^3,一般土的密度为 $1.60 \sim 2.20 g/cm^3$。由土的质量产生的单位体积的重力称为重力密度 γ,简称为重度;重度由密度(t/m^3)乘以重力加速度求得,其单位是 kN/m^3,但在工程上为简化计,重力加速度常取为 $10N/kg$,则有:

$$\gamma(kN/m^3) = \rho(t/m^3)g(N/kg) = 10\rho \tag{2-1-1b}$$

对天然土求得的密度称为天然密度,相应的重度称为天然重度,以区别于其他条件下的指标。

(2) 土粒密度 ρ_s。是干土粒的质量 m_s 与其体积 V_s 之比,由下式表示:

$$\rho_s = \frac{m_s}{V_s} \tag{2-1-2}$$

其值可由试验求得。土粒密度主要取决于土的矿物成分,其变化幅度不大,在有经验的地区可按经验值选用。

(3)含水率 w。是土中水的质量 m_w 与固体(土粒)质量 m_s 之比,由下式表示:

$$w = \frac{m_w}{m_s} \times 100\% \tag{2-1-3}$$

含水率常用烘干法测定,是描述土的干湿程度的重要指标,以百分数表示。土的天然含水率变化范围很大,从干砂的含水率接近于零到蒙脱土的含水率可达百分之几百。

2. 换算指标

由上述三个试验指标计算求得的指标,称为换算指标,包括土的干密度(干重度)、饱和密度(饱和重度)、有效重度、孔隙比、孔隙率和饱和度等。

(1)干密度 ρ_d。是土的固相质量 m_s 与土的总体积 V 之比,可由下式表示:

$$\rho_d = \frac{m_s}{V} \tag{2-1-4}$$

土的干密度越大,土越密实,强度就越高,水稳定性也好。干密度常用作填土密实度的施工控制指标。

(2)饱和密度 ρ_{sat}。是当土的孔隙中全部被水充满时的密度,即土中孔隙全部充满水时水的质量 m_w 与固相质量 m_s 之和与土的总体积 V 之比,由下式表示:

$$\rho_{sat} = \frac{m_w + m_s}{V} \tag{2-1-5}$$

当用干密度或饱和密度计算重力时,也应乘以 10 N/kg 变换为干重度或饱和重度。

(3)有效重度 γ'。当土浸没在水中时,土的固相受到水的浮力作用,土体的重力也应扣除浮力。计算地下水位以下土层的自重应力时应采用有效重度,有效重度是扣除浮力以后的固相重力与土的总体积之比(又称为浮重度),由下式表示:

$$\gamma' = \frac{10 m_s - V_s \gamma_w}{V} = \gamma_{sat} - \gamma_w \tag{2-1-6}$$

式中:γ_w——水的重度(kN/m³),纯水在4℃时的重度等于9.81kN/m³,在工程上为简化计,可取 10kN/m³。

(4)土的孔隙比。是孔隙的体积 V_v 与固相体积 V_s 之比,以小数计,由下式表示:

$$e = \frac{V_v}{V_s} \tag{2-1-7}$$

孔隙比可用来评价土的紧密程度,或从孔隙比的变化可推算土的压密程度。

(5)土的孔隙率。是孔隙的体积 V_v 与土的总体积 V 之比,由下式表示:

$$n = \frac{V_v}{V} \tag{2-1-8}$$

(6)土的饱和度。是指孔隙中水的体积 V_w 与孔隙体积 V_v 之比,由下式表示:

$$S_r = \frac{V_w}{V_v} \tag{2-1-9}$$

3. 三相比例指标的互相换算

为便于说明土的物理性质指标的定义和它们之间的换算关系,常用三相图表示土体内三相的相对含量,如图 2-1-1 所示。土的三相比例指标之间的常用换算关系列于表 2-1-1。

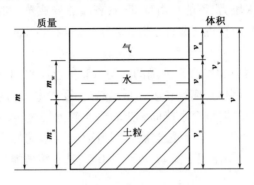

图 2-1-1　土的三相图

三相指标的换算关系　　　　　　　　　　表 2-1-1

换算指标	用试验指标计算的公式	用其他指标计算的公式
孔隙比	$e = \dfrac{\gamma_s(1+w)}{\gamma} - 1$	$e = \dfrac{\gamma_s}{\gamma_d} - 1 ; e = \dfrac{w\gamma_s}{S_r\gamma_w}$
饱和重度	$\gamma_{sat} = \dfrac{\gamma(\gamma_s - \gamma_w)}{\gamma_s(1+w)} + \gamma_w$	$\gamma_{sat} = \dfrac{\gamma_s + e\gamma_w}{1+e} ; \gamma_{sat} = \gamma' + \gamma_w$
饱和度	$S_r = \dfrac{\gamma\gamma_s w}{\gamma_w[\gamma_s(1+w) - \gamma]}$	$S_r = \dfrac{w\gamma_s}{e\gamma_w}$
干重度	$\gamma_d = \dfrac{\gamma}{1+w}$	$\gamma_d = \dfrac{\gamma_s}{1+e}$
孔隙率	$n = 1 - \dfrac{\gamma}{\gamma_s(1+w)}$	$n = \dfrac{e}{1+e}$
有效重度	—	$\gamma' = \gamma_{sat} - \gamma_w$

第二节　黏性土的状态与界限含水率

1. 黏土颗粒与水的相互作用

土中水与固体颗粒之间并不是机械地混合,而是存在着复杂的物理化学作用。黏土颗粒粒径非常微小,一般小于 0.002mm。构成黏土颗粒的矿物其结晶结构决定了微小的黏土颗粒具有表面带电性。同时,水分子是极性分子,因此在电场作用下具有定向排列的特性;另外水分子极易与被溶解的物质结合,如水中的阳离子结合而成水化离子。

由于土的颗粒表面通常带有负电荷,因此水在带电固体颗粒之间,受到表面电荷电场的作用,水分子和水化阳离子就会向土颗粒周围聚集。根据受颗粒表面静电引力作用的强弱,土中水可以划分为三种类型:强结合水、弱结合水和自由水。

(1)强结合水。是指紧靠土颗粒表面的水,最易受土颗粒表面电荷静电引力吸引。静电引力把极性水分子和水化阳离子牢固地吸附在颗粒表面上形成固定层。这部分水的特征是没有溶解能力,不能传递静水压力、不能自由移动,只有吸热变成蒸汽时才能移动。它极其牢固地结合在土粒表面上,其性质接近于固体,密度约为1.2~2.4g/cm³,冰点为-78℃,具有很大的黏滞性。

(2)弱结合水。就是紧靠强结合水外围的一层水膜。这层水膜范围内的水分子和水化阳离子仍受到一定程度的静电引力,离颗粒表面距离越远,受静电引力越小。这部分水仍然不能传递静水压力,但水膜较厚的弱结合水能向邻近较薄水膜处缓慢转移。

(3)自由水。又称重力水,是指不受土粒表面电荷电场影响的水。它的性质和普通水一样,能传递静水压力,在水头差作用下流动,冰点为0℃,具有溶解能力。

2. 界限含水率

黏性土可从流塑到坚硬具有不同的物理状态,其状态变化与含水率有直接关系。含水率很大时土成为泥浆,是一种黏滞流动的液体,称为流动状态;含水率逐渐减少时,黏滞流动的特点渐渐消失而显示出塑性。所谓塑性就是指可以被塑造成任何形状而不出现裂缝,并在解除外力后能保持已有形状不变的性质。当含水率继续减少时,塑性逐渐消失,从可塑状态变为半固体状态。如果同时测定含水率减少过程中的体积变化,则可发现土的体积随着含水率的减少而减小;但当含水率很低的时候,土的体积不再随含水率的降低而减小,这种状态称为固体状态。从一种状态变到另一种状态的分界点对应的含水率称为界限含水率。流动状态与可塑状态间的界限含水率称为液限w_L;可塑状态与半固体状态间的界限含水率称为塑限w_p;半固体状态与固体状态间的界限含水率称为缩限w_s。

塑限w_p和液限w_L是反映黏性土物理力学性质的重要指标。塑限w_p可采用搓条法测定。液限w_L可采用碟式液限仪或锥式液限仪测定。在欧美等国家,大多采用碟式液限仪测定液限,我国采用平衡锥式液限仪测定,公路系统常采用的液限塑限联合测定法与前两种方法有所不同。

液限测定标准的差别给不同系统之间数据的交流与利用带来了困难,基于这些指标的一系列技术标准也存在一定的差异,不能互相通用。

3. 塑性指数

可塑性是黏性土区别于砂土的重要特征。可塑性的大小可用土处在塑性状态的含水率变化范围来衡量,从液限到塑限含水率的变化范围越大,土的可塑性越好。这个范围称为塑性指数I_p,习惯上用不带%的数值表示。

$$I_p = w_L - w_p \tag{2-1-10}$$

塑性指数是黏性土的最基本、最重要的物理指标之一,它综合地反映了土的物质组成,广泛应用于土的工程分类和评价。但由于液限测定标准的差别,同一土类按不同标准可能测得不同的塑性指数;塑性指数相同的土,其土类也可能不完全相同。

4. 液性指数

由于土的天然含水率的绝对数值不能确切地说明土处在什么状态,因此需要提出一个能

表示天然含水率与界限含水率相对关系的指标来描述土的状态,这个称为液性指数的指标由下式定义:

$$I_L = \frac{w - w_p}{w_L - w_p} \quad (2-1-11)$$

可塑状态的土的液性指数在 0~1 之间,液性指数越大,表示土越软;液性指数大于 1 的土处于流动状态;小于 0 的土则处于固体状态或半固体状态。黏性土根据液性指数划分软硬状态,其划分标准见表 2-1-2。

按液性指数划分黏性土的状态　　表 2-1-2

状态	坚硬	硬塑	可塑	软塑	流塑
液限指数	$I_L \leq 0$	$0 < I_L \leq 0.25$	$0.25 < I_L \leq 0.5$	$0.5 < I_L \leq 1.0$	$I_L > 1.0$

第三节　砂土的密实度

砂土的密实度对其工程性质具有重要的影响。密实的砂土具有较高的强度和较低的压缩性,是良好的建筑物地基;但松散的砂土,尤其是饱和的松散砂土,不仅强度低,且水稳定性很差,容易产生流沙、液化等工程事故。对砂土评价的主要问题是正确地划分其密实度,孔隙比、相对密度和标准贯入击数都可以描述砂土的密实程度。

1. 相对密实度

土的孔隙比一般可以用来描述土的密实程度,但砂土的密实程度并不单独取决于孔隙比,其在很大程度上还取决于土的级配情况。粒径级配不同的砂土即使具有相同的孔隙比,但由于颗粒大小不同,颗粒排列不同,所处的密实状态也会不同。为了同时考虑孔隙比和级配的影响,引入砂土相对密实度的概念。

当砂土处于最密实状态时,其孔隙比称为最小孔隙比 e_{min};而砂土处于最疏松状态时的孔隙比则称为最大孔隙比 e_{max}。试验标准规定了一定的方法测定砂土的最小孔隙比和最大孔隙比,然后可按下式计算砂土的相对密实度 D_r:

$$D_r = \frac{e_{max} - e}{e_{max} - e_{min}} \quad (2-1-12)$$

从上式可以看出,当砂土的天然孔隙比接近于最小孔隙比时,相对密实度 D_r 接近于 1,表明砂土接近于最密实的状态;而当天然孔隙比接近于最大孔隙比时,则表明砂土处于最松散的状态,其相对密实度接近于 0。根据砂土的相对密实度可以将砂土划分为密实、中密和松散三种密实度。

2. 标准贯入试验

从理论上讲,用相对密实度划分砂土的密实度是比较合理的。但由于测定砂土的最大孔隙比和最小孔隙比试验方法的局限性,试验结果常有较大的出入;同时由于很难在地下水位以下的砂层中取得原状砂样,砂土的天然孔隙比很难准确地测定,这就使相对密实度的应用受到限制。因此,在工程实践中通常用标准贯入击数来划分砂土的密实度。

标准贯入试验是用规定的锤重(63.5kg)和落距(76cm)把标准贯入器(带有刃口的对开

管,外径50mm,内径35mm)打入土中,记录贯入一定深度(30cm)所需的锤击数 N 值的原位测试方法。标准贯入试验的贯入锤击数反映了土层的松密和软硬程度,是一种简便的测试手段。《岩土工程勘察规范(2009版)》(GB 50021—2001)规定砂土的密实度应根据标准贯入锤击数划分为密实、中密、稍密和松散四种状态。

第四节 土体工程性质的变化机理

1. 砂土的振动密实和液化

由于砂土颗粒之间没有或几乎没有联结作用,土粒的自重也不大,当受到高频振动时,土粒就不停地跳动、碰撞和分离,其情况类似重液的分子活动。故置于砂土表面上重物会像在重液中那样下沉,而在砂土中的轻物也会像在重液中那样上浮。振动打桩就是利用了这种特点。松砂受振动时土粒在跳动中调整相互位置,土的结构趋于更加稳定、密实。

如果是饱和砂土且颗粒较小时,在突然振密而排水不畅的情况下,土粒受到孔隙水的反作用力而处于悬浮状态。这时砂土突然转化成液体状的现象,称为液化。液化是建(构)筑物地基破坏的重要原因。

2. 黏性土的结构性和灵敏度

黏性土在保持天然结构时(原状土)的工程性质与它的结构被破坏后(扰动土)的工程性质常有很大差别,这就是它具有的结构性。灵敏度 S_t 是常用的评价结构性对黏性土强度影响的指标。

灵敏度是同一黏性土的原状土与重塑土(结构彻底破坏的扰动土)在土中孔隙和水的含量不变情况下的无侧限抗压强度之比(或不排水抗剪强度之比)。故黏性土的灵敏度越高,其天然结构破坏后的强度降低得越明显。

3. 黏粒的触变性

触变性是胶体的凝聚和胶溶过程的可逆转变特性,也是含有微小黏粒的黏性土常具有结构性的重要原因。黏粒在受到扰动前互相吸引和凝聚,并与被它吸附的阳离子和极性水分子处于静平衡状态。离子和水分子是定向排列的。当受到外来扰动因素(如振动、搅拌、超声波、电流等)影响时,黏粒之间的相对位置和离子及水分子的定向排列被打乱,这使粒间的吸引作用大大减弱,部分粒间结合水转为自由水,黏粒由凝聚状态转为分散状态(或称胶溶状态)。因而结构的联结被破坏,土的强度大大降低。当外界因素消失并静置一段时间后,已转变为自由水的水分子重新被黏粒及阳离子吸附而定向排列,成为结合水,分散状态的黏粒重新凝聚,结构的联结也得到不同程度的恢复(被破坏的胶结联结不能恢复)。触变过程是在温度和孔隙水含量不变的情况下进行的。这种现象在原状土中自由水含量较多、胶结联结占的比重较大时常会更加突出。

4. 黏性土颗粒的定向作用

黏性土颗粒的定向作用是指在外力作用下黏性土的结构会发生土粒沿某一方向重新排列的现象。

例如在淡水中分散下沉的黏粒会大致同上覆压力正交地定向排列,并逐渐形成较紧密的平行结构,使土的力学性质得到提高。但这种结构的土表现出各向异性的特点。又如黏性土长期受到剪切作用,会使黏粒沿剪切方向逐渐定向排列。其结果是对剪切破坏的抗力减小,即土的强度降低。

黏性土因渗透性(透水性)小,自由水的转移比较慢,而结合水的移动则因受到粒面的引力更为缓慢。所以,上述黏性土的压实和定向过程是在相当长的时间内完成的。这就决定了黏性土压密过程的长期性和在一定的剪应力作用下剪切变形会缓慢持续增长的特性。后面这一特性使黏性土的抗剪强度随剪切作用时间的增加而降低。因此,黏性土结构的受力定向作用对土的工程性质也具有重要意义。

第五节 土的工程分类

从为工程服务的目的来说,土的分类系统是把不同的土分别安排到各个具有相近性质的组合中去,其目的是为了人们有可能根据同类土已知的性质去评价其性质,或为工程师提供一个可供采用的描述与评价土的方法。由于各类工程的特点不同,分类依据的侧重面也就不同,因而形成了服务于不同工程类型的分类体系。对同样的土如果采用不同的规范分类,定出的土名可能会有差别。在使用规范时必须充分注意这个问题。

目前我国各行业的标准中关于土的分类存在着不同的体系,即使在公路行业中,不同的规范之间也存在差异。为了适应各种不同行业技术工作的需要,下面同时介绍公路工程和建筑工程两个行业的土分类标准。

1. 碎石土分类

碎石土是指粒径大于 2mm 的颗粒含量超过总质量的 50% 的土,按粒径和颗粒形状可进一步划分为漂石、块石、卵石、碎石、圆砾和角砾,《岩土工程勘察规范(2009 版)》(GB 50021—2001)和《公路桥涵地基与基础设计规范》(JTG 3363—2019)采用相同的划分标准,见表 2-1-3。

碎石土的分类　　　　　　　　　　　　　　　　　　表 2-1-3

土的名称	颗粒形状	粒组含量
漂石	圆形及亚圆形为主	粒径大于 200mm 的颗粒含量超过总质量的 50%
块石	棱角形为主	
卵石	圆形及亚圆形为主	粒径大于 20mm 的颗粒含量超过总质量的 50%
碎石	棱角形为主	
圆砾	圆形及亚圆形为主	粒径大于 2mm 的颗粒含量超过总质量的 50%
角砾	棱角形为主	

注:分类时应根据粒组含量由大到小以最先符合者确定。

碎石土的密实度可根据重型动力触探锤击数 $N_{63.5}$ 进行分级。《公路桥涵地基与基础设计规范》(JTG 3363—2019)采用的分级标准见表 2-1-4。当缺乏试验数据时,碎石土平均粒径大于 50mm 或最大粒径大于 100mm 时,可按骨架颗粒含量和排列、可挖性、可钻性等特征进行碎石土密实度的野外综合判别。

按重型动力触探锤击数 $N_{63.5}$ 划分卵石密实度　　　表 2-1-4

锤击数 $N_{63.5}$	$N_{63.5} \leqslant 5$	$5 < N_{63.5} \leqslant 10$	$10 < N_{63.5} \leqslant 20$	$N_{63.5} > 20$
密实度	松散	稍密	中密	密实

注：1. 本表适用于平均粒径小于或等于 50mm 且最大粒径不超过 100mm 的卵石、碎石、圆砾、角砾。
　　2. 表内 $N_{63.5}$ 为经修正后锤击数的平均值。

2. 砂土分类

砂土是指粒径大于 2mm 的颗粒含量不超过总质量的 50% 且粒径大于 0.075mm 的颗粒含量超过总质量的 50% 的土。砂土可划分为 5 类，即砾砂、粗砂、中砂、细砂和粉砂，《岩土工程勘察规范（2009 版）》（GB 50021—2001）和《公路桥涵地基与基础设计规范》（JTG 3363—2019）采用相似的划分标准，见表 2-1-5。

砂土的分类　　　表 2-1-5

土的名称	粒组含量
砾砂	粒径大于 2mm 的颗粒含量占总质量的 25%~50%
粗砂	粒径大于 0.5mm 的颗粒含量超过总质量的 50%
中砂	粒径大于 0.25mm 的颗粒含量超过总质量的 50%
细砂	粒径大于 0.075mm 的颗粒含量超过总质量的 85%
粉砂	粒径大于 0.075mm 的颗粒含量超过总质量的 50%

注：分类时应根据粒组含量由大到小以最先符合者确定。

3. 细粒土分类

粒径大于 0.075mm 的颗粒含量不超过总质量的 50% 的土属于细粒土，细粒土可划分为粉土和黏性土两大类，黏性土可再划分为粉质黏土和黏土两个亚类，划分标准见表 2-1-6。

细粒土分类　　　表 2-1-6

塑性指数	土的名称	塑性指数	土的名称
$I_P > 17$	黏土	$I_P \leqslant 10$	粉土
$10 < I_P \leqslant 17$	粉质黏土		

粉土是介于砂土和黏性土之间的过渡性土类，它具有砂土和黏性土的某些特征，根据黏粒含量可以将粉土再划分为砂质粉土和黏质粉土，具体划分标准见表 2-1-7。

粉土亚类的划分　　　表 2-1-7

土的名称	黏粒含量
砂质粉土	粒径小于 0.005mm 的颗粒含量小于等于总质量的 10%
黏质粉土	粒径小于 0.005mm 的颗粒含量超过总质量的 10%

4. 塑性图分类

塑性图分类最早由美国卡萨格兰特（Casagrande）于 1942 年提出，是美国试验与材料协会（ASTM）统一分类法体系中细粒土的分类方法，后来为欧美许多国家所采用。塑性图以塑性指数为纵坐标，液限为横坐标，如图 2-1-2 所示。图中有两条经验界限，斜线称为 A 线，它的方程为 $I_P = 0.73(w_L - 20)$，作用是区分有机土和无机土、黏土和粉土。根据卡萨格兰特的建议，

A 线上侧是无机黏土,下侧是无机粉土或有机土;竖线称为 B 线,其方程为 $w_L = 50\%$,作用是区分高塑性土和低塑性土。

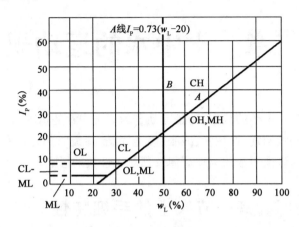

图 2-1-2 塑性图

在 ASTM 的分类体系中,在 A 线以上的土分类为黏土,如果液限大于 50%,称为高塑性黏土 CH,液限小于 50% 的土称为低塑性黏土 CL;在 A 线以下的土分类为粉土,液限大于 50% 的土称为高塑性粉土 MH,液限小于 50% 的土称为低塑性粉土 ML。在低塑性区,如果土样处于 A 线以上,而塑性指数范围在 4~7 之间,则土的分类应给以相应的搭界分类 CL-ML。

在应用 ASTM 塑性图分类时应注意其试验标准与我国的标准不同,其液限是用卡萨格兰特碟式仪测定的,碟式仪是在欧美国家通用的液限仪。我国"土的工程分类标准"则采用锥式仪沉入深度 17mm 的标准,由于试验标准不同,测定的结果不一样,因此用塑性图分类的结果也可能不同。

《公路土工试验规程》(JTG 3430—2020)采用与上述几本规范不同的土分类体系,将土分为巨粒土、粗粒土、细粒土三大类,见表 2-1-8。巨粒粒组质量多于总质量 50% 的土称为巨粒土;粗粒组质量多于总质量 50% 的土称为粗粒土,粗粒土中再分为砾类土和砂类土,各以砾粒组或砂粒组的质量多于总质量的 50% 作为定名的标准;当土中细粒组的质量多于总质量 50% 时称为细粒土,细粒土再按在塑性图上的位置进一步定名为粉质土和黏质土。

《公路土工试验规程》(JTG 3430—2020)的土分类标准   表 2-1-8

土 类	划分标准	亚 类	划分标准
巨粒土	巨粒含量超过 50%	漂(卵)石土	巨粒含量 75%~100%
		漂(卵)石夹土	巨粒含量 50%~75%
粗粒土	粗粒含量超过 50%	砾类土	砾粒含量超过 50%
		砂类土	砂粒含量超过 50%
细粒土	细粒含量超过 50%	粉质土	位于塑性图 A 线上方
		黏质土	位于塑性图 A 线下方

第二章　土中水的运动规律

土中水并非处于静止不变的状态,而是运动着的。土中水的运动将对土的性质产生影响,在许多工程实践中碰到的问题,如流沙、冻胀、渗透固结、渗流时的边坡稳定等,都与土中水的运动有关。本节着重讨论土中水的运动规律及其对土性质的影响。

第一节　土的毛细特性

土的毛细特性是指能够产生毛细现象的性质。土的毛细现象是指土中水在表面张力作用下,沿着细的孔隙向上及向其他方向移动的现象。这种细微孔隙中的水被称为毛细水。土的毛细现象在以下几个方面对工程有影响:

(1)毛细水的上升是引起路基冻害的因素之一。
(2)对于房屋建筑,毛细水的上升会引起地下室过分潮湿。
(3)毛细水的上升可能引起土的沼泽化和盐渍化,对建筑工程及农业经济都有很大影响。

为了认识土的毛细现象,下面分别讨论土层中的毛细水带、毛细水上升高度和上升速度。

1. 土层中的毛细水带

土层中由于毛细现象所湿润的范围称为毛细水带。根据毛细水带的形成条件和分布状况,可分为三种,即正常毛细水带、毛细网状水带和毛细悬挂水带。

(1)正常毛细水带(又称毛细饱和带)。位于毛细水带的下部,与地下潜水连通。这一部分的毛细水主要是由潜水面直接上升而形成的,毛细水几乎充满了全部孔隙。正常毛细水带随着地下水位的升降而移动。

(2)毛细网状水带。位于毛细水带的中部。当地下水位急剧下降时,它也随之急速下降,这时在较细的毛细孔隙中有一部分毛细水来不及移动,仍残留在孔隙中,而在较粗的孔隙中因毛细水下降,孔隙中留下空气泡,这样使毛细水呈网状分布。毛细网状水带中的水,可以在表面张力和重力作用下移动。

(3)毛细悬挂水带。位于毛细带的上部,这一带的毛细水是由地表水渗入而成的,水悬挂在土颗粒之间,不与中部或下部的毛细水相连。当地表有大气降水补给时,毛细悬挂水在重力作用下向下移动。

上述三个毛细水带不一定同时存在,这取决于当地的水文地质条件。如地下水位很高时,可能就只有正常毛细水带,而没有毛细悬挂水带和毛细网状水带;反之,当地下水位较低时,则三个毛细水带可能同时出现。

在毛细水带内,土的含水率是随着深度而变化的,自地下水位向上含水率逐渐减少,但到毛细悬挂水带后,含水率可能有所增加。

2. 毛细水上升高度及上升速度

水在毛细管内上升最大高度的计算公式如下:

$$h_{\max} = \frac{2\sigma}{r\gamma_w} = \frac{4\sigma}{d\gamma_w} \tag{2-2-1}$$

式中:d——毛细管的直径。

从式(2-2-1)可以看出,毛细水上升高度与毛细管的直径成反比,毛细管直径越细,毛细水上升高度越大。

在天然土层中的毛细水上升高度是不能简单地直接引用式(2-2-1)计算的,这是因为土中的孔隙是不规则的,与圆柱状的毛细管有根本的不同,特别是土颗粒与水之间积极的物理化学作用,使得天然土层中的毛细现象比毛细管的情况要复杂得多。例如,假定黏土颗粒的直径等于0.0005mm的圆球,那么这种假想土粒堆置起来的孔隙直径$d \approx 0.00001$cm,代入式(2-2-1)中将得到毛细水上升高度$h_{\max} = 300$m,这在实际土中是根本不可能发生的。在天然土层中毛细水上升的实际高度很少超过数米。

在实践中有一些估算毛细水上升高度的经验公式,如海森(A. Hazen)的经验公式:

$$h_0 = \frac{C}{e\, d_{10}} \tag{2-2-2}$$

式中:h_0——毛细水的上升高度(m);

e——土的孔隙比;

d_{10}——土的有效粒径(m);

C——系数(m^2),与土粒形状及表面洁净情况有关,$C = 1 \times 10^{-5} \sim 5 \times 10^{-5} m^2$。

在黏性土颗粒周围吸附着一层结合水膜,这一水膜将影响毛细水弯面的形成。此外,结合水膜将减小土中孔隙的有效直径,使得毛细水在上升时受到很大阻力,上升速度很慢,上升的高度也受到影响。当土颗粒间的孔隙被结合水完全充满时,毛细水的上升也就停止了。

第二节　土的渗透性

土孔隙中的自由水在重力作用下发生运动的现象,称为土的渗透性。在道路及桥梁工程中常需要了解土的渗透性。下面讨论土中孔隙水(主要是指重力水)的运动规律。

1. 土的层流渗透定律

若土中孔隙水在压力梯度下发生渗流,水自高水头点流向低水头点。由于土的孔隙较小,在大多数情况下水在孔隙中的流速较小,可以认为是属于层流(即水流流线是互相平行地流动)。法国学者达西(H. Darcy)根据砂土的试验结果得到水在土中的渗透速度与水头梯度成正比的规律,即:

$$v = kI \tag{2-2-3}$$

或

$$q = kIF \tag{2-2-4}$$

式中:v——渗透速度(m/s);

I——水头梯度,即沿着水流方向单位长度上的水头差;

k——渗透系数(m/s);

q——渗透流量(m^3/s),即单位时间内流过土截面积 $F(m^2)$ 的流量。

以上关系式反映了土中水的渗流规律,称为达西定律。由于达西定律只适用于层流的情况,故一般只适用于中砂、细砂、粉砂等。对粗砂、砾石、卵石等粗颗粒土就不适合,因为这时水的渗流速度较大,已不再是层流而是紊流了。黏土中的渗流规律不完全符合达西定律,因此需进行修正。

在黏土中,土颗粒周围存在着结合水,结合水因受到分子引力作用而呈现黏滞性。因此,黏土中自由水的渗流由于结合水的黏滞作用受到很大阻力,只有克服结合水的抗剪强度后才能开始渗流。克服此抗剪强度所需要的水头梯度,称为黏土的起始水头梯度 I_0。这样在黏土中,应按下述修正后的达西定律计算渗流速度:

$$v = k(I - I_0) \quad (2\text{-}2\text{-}5)$$

在图 2-2-1 中绘出了砂土与黏土的渗透规律。直线 a 表示砂土的 v—I 关系,它是通过原点的一条直线。黏土的 v-I 关系是曲线 b(图中虚线所示),d 点是黏土的起始水头梯度,当土中水头梯度超过此值后水才开始渗流。一般常用折线 c(图中 Oef 线)代替曲线 b,即认为 e 点是黏土的起始水头梯度 I_0,其渗流规律用式(2-2-5)表示。

2. 土的渗透系数

渗透系数 k 是综合反映土体渗透能力的一个指标。渗透系数可以在试验室通过常水头或变水头渗透试验测定,也可进行现场抽水试验测定。

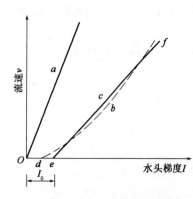

图 2-2-1 砂土和黏土的渗透规律

成层土的渗透性可通过平均渗透系数反映,计算方法如下:

土层水平向的平均渗透系数 k_h 为:

$$k_h = \frac{\sum k_i h_i}{\sum h_i} \quad (2\text{-}2\text{-}6)$$

土层竖向的平均渗透系数 k_v 为:

$$k_v = \frac{\sum h_i}{\sum \dfrac{h_i}{k_i}} \quad (2\text{-}2\text{-}7)$$

式中:k_i——第 i 层土的渗透系数;

h_i——第 i 层土的厚度。

3. 影响土的渗透性的因素

影响土的渗透性的因素主要有以下几种:

(1)土的粒度成分及矿物成分。土的颗粒大小、形状及级配,影响土中孔隙大小及形状,因而影响土的渗透性。土颗粒越粗、越浑圆、越均匀时渗透性就越大。砂土中含有较多粉土及黏土颗粒时,其渗透性就大大降低。

土的矿物成分对于卵石、砂土和粉土的渗透性影响不大,但对于黏土的渗透性影响较大。黏性土中含有亲水性较强的黏土矿物(如蒙脱石)或有机质时,由于它们具有很大的膨胀性,从而大大降低土的渗透性。含有大量有机质的淤泥几乎是不透水的。

(2)结合水膜的厚度。黏性土中若土粒的结合水膜厚度较厚时,会阻塞土的孔隙,降低土的渗透性。如钠黏土,由于钠离子的存在,使黏土颗粒的扩散层厚度增加,所以透水性很低。

(3)土的结构构造。天然土层通常不是各向同性的,在渗透性方面往往也是如此。如黄土具有竖直方向的大孔隙,所以竖直方向的渗透系数要比水平方向大得多。层状黏土常夹有薄的粉砂层,它的水平方向的渗透系数要比竖直方向大得多。

(4)土中气体。当土孔隙中存在密闭气泡时,会阻塞水的渗流,从而降低土的渗透性。

几种土的渗透系数参考值见表2-2-1。

常见土的渗透系数　　　　　　表2-2-1

土　类	渗透系数k(cm/s)	渗　透　性
纯砾	$>10^{-1}$	高
纯砂与砾混合物	$10^{-3} \sim 10^{-1}$	中
极细砂	$10^{-5} \sim 10^{-3}$	低
粉土、砂与黏土混合物	$10^{-7} \sim 10^{-5}$	极低
黏土	$<10^{-7}$	几乎不透水

第三节　动水力的概念及流沙现象

1.动水力的概念

水在土中渗流时,受到土颗粒的阻力作用,这个力的作用方向是与水流方向相反的。根据作用力与反作用力相等的原理,水流也必然有一个相等的力作用在土颗粒上,我们把水流作用在单位体积土体中土颗粒上的力称为动水力G_D(kN/m^3),也称为渗流力。动水力的作用方向与水流方向一致。

动水力的计算在工程实践中具有重要意义,例如研究土体在水渗流时的稳定性问题,就要考虑动水力的影响。动水力的计算公式为:

$$G_D = \gamma_w I \qquad (2-2-8)$$

式中:I——水头梯度;
γ_w——水的重度。

2.流沙现象和临界水头梯度

由于动水力的方向与水流方向一致,因此当水的渗流自上向下时,动水力方向与土体重力方向一致,这样将增加土颗粒间的压力;若水的渗流方向自下而上,当向上的动水力与土的有效重度相等时,土颗粒间的压力将等于零,土颗粒将处于悬浮状态而失去稳定,这种现象就称为流沙现象。这时的水头梯度称为临界水头梯度I_{cr},计算式如下:

$$I_{cr} = \frac{\gamma'}{\gamma_w} = \frac{\gamma_{sat}}{\gamma_w} - 1 \tag{2-2-9}$$

工程中将临界水头梯度I_{cr}除以安全系数K作为容许水头梯度$[I]$。设计时渗流逸出处的水头梯度应满足如下要求:

$$I \leq [I] = \frac{I_{cr}}{K} \tag{2-2-10}$$

对流沙的安全性进行评价时,K一般可取2.0~2.5。

流沙现象是发生在土体表面渗流逸出处,不发生于土体内部。流沙现象主要发生在细砂、粉砂及粉土等土层中。对饱和的低塑性黏性土,如受到扰动,也会发生流沙;而在粗颗粒及黏土中则不易产生。

第四节 冻胀的机理与影响因素

在冻土地区,随着土中水的冻结和融化,会发生一些独特的现象,称为冻土现象。冻土现象严重地威胁着建筑物的稳定及安全,因此有必要清楚其发生的机理及影响因素,以采取必要的防治措施。

1. 冻胀的原因

土发生冻胀的原因是因为冻结时土中的水向冻结区迁移和积聚。解释水分迁移的学说很多,其中以"结合水迁移学说"较为流行。

土中水分为结合水和自由水两大类。结合水根据其所受分子引力的大小分为强结合水和弱结合水,自由水又分为重力水与毛细水。重力水在0℃时冻结,毛细水因受表面张力的作用其冰点稍低于0℃;结合水的冰点则随其受到的引力增加而降低,弱结合水的外层在-0.5℃时冻结,越靠近土粒表面其冰点越低,弱结合水要在-20~-30℃时才全部冻结,而强结合水在-78℃仍不冻结。

当大气温度降至负温时,土层中的温度也随之降低,土体孔隙中的自由水首先在0℃时冻结成冰晶体。随着气温的继续下降,弱结合水的最外层也开始冻结,使冰晶体逐渐扩大。这样使冰晶体周围土粒的结合水膜减薄,土粒就产生剩余的分子引力。另外,由于结合水膜的减薄,使得水膜中的离子浓度增加(因为结合水中的水分子结成冰晶体,使离子浓度相应增加),这样就产生渗附压力(即当两种水溶液的浓度不同时,会在它们之间产生一种压力差,使浓度较小溶液中的水向浓度较大的溶液渗流)。在这两种引力作用下,附近未冻结区水膜较厚处的结合水,被吸引到冻结区的水膜较薄处。一旦水分被吸引到冻结区后,由于负温作用,水发生冻结,使冰晶体增大,而不平衡引力继续存在。若未冻结区存在着水源(如地下水距冻结区很近)及适当的水源补给通道(即毛细通道),就能够源源不断地补充被吸收的结合水,则未冻结的水分就会不断地向冻结区迁移积聚,使冰晶体扩大,在土层中形成冰夹层,土体积发生隆胀,即冻胀现象。这种冰晶体的不断增大,一直要到水源的补给断绝后才停止。

2. 影响冻胀的因素

从上述土冻胀的机理分析中可以看到,土的冻胀现象是在一定条件下形成的。影响冻胀的因素有下列三方面:

(1)土的因素。冻胀现象通常发生在细粒土中,特别是粉土、粉质黏土中,冻结时水分迁移积聚的最为强烈,冻胀现象严重。这是因为这类土具有较显著的毛细现象,上升高度大,上升速度快,具有较通畅的水源补给通道,同时,这类土的颗粒较细,表面能大,土粒矿物成分亲水性强,能持有较多的结合水,从而能使大量结合水迁移和积聚。相反,黏土虽有较厚的结合水膜,但毛细孔隙较小,对水分迁移的阻力很大,没有通畅的水源补给通道,所以其冻胀性较上述粉质土为小。

砂砾等粗颗粒土,没有或具有很少量的结合水,孔隙中自由水冻结后,不会发生水分的迁移积聚,同时由于砂砾的毛细现象不显著,因而不会发生冻胀。所以,在工程实践中常在路基中换填砂土,以防治冻胀。

(2)水的因素。前面已经指出,土层发生冻胀的原因是水分的迁移和积聚。因此,当冻结区附近地下水水位较高,毛细水上升高度能够达到或接近冻结线,使冻结区能得到水源的补给时,将发生比较强烈的冻胀现象。这样,可以区分两种类型的冻胀:一种是冻结过程中有外来水源补给的,叫作开敞型冻胀;另一种是冻结过程中没有外来水分补给的,叫作封闭型冻胀。开敞型冻胀往往在土层中形成很厚的冰夹层,产生强烈冻胀;而封闭型冻胀土中冰夹层薄,冻胀量也小。

(3)温度的因素。如气温骤降且冷却强度很大时,土的冻结迅速向下推移,即冻结速度很快。这时,土中弱结合水及毛细水来不及向冻结区迁移就在原地冻结成冰,毛细通道也被冰晶体所堵塞。这样,水分的迁移和积聚不会发生,在土层中看不到冰夹层,只有散布于土孔隙中的冰晶体,这时形成的冻土一般无明显的冻胀。

如气温缓慢下降,冷却强度小,但负温持续的时间较长,则能促使未冻结区水分不断地向冻结区迁移积聚,在土中形成冰夹层,出现明显的冻胀现象。

上述三方面的因素是土层发生冻胀的三个必要因素。因此,在持续负温作用下,地下水位较高处的粉砂、粉土、粉质黏土等土层常具有较大的冻胀危害。但是,也可以根据影响冻胀的三个因素,采取相应的防治冻胀的工程措施。

第三章 土中应力计算

　　土中应力是指土体在自身重力、构筑物荷载以及其他因素(如土中水渗流、地震等)作用下,土中所产生的应力。土中应力包括自重应力与附加应力,前者是因土受到重力作用而产生,因其一般在土的形成时就存在,因此也将它称为长驻应力;后者是因受到建筑物等外荷载作用而产生的。由于产生的条件不同,因此,分布规律和计算方法也不同。

　　土中应力增量将引起土的变形,从而使建筑物发生下沉、倾斜及水平位移等,如果这种变形过大,往往会影响建筑物的正常使用。此外,土中应力过大时,也会导致土的强度破坏,甚至使土体发生滑动而失去稳定。因此,研究土体的变形、强度及稳定性等力学问题时,都必须先掌握土中应力状态。所以计算土中应力分布是土力学的重要内容之一。

　　目前计算土中应力的计算方法,主要是采用弹性力学公式,也就是把地基土视为均匀的、各向同性的半无限弹性体。这虽然同土体的实际情况有差别,但其计算结果还是能满足实际工程的要求。

第一节 土中有效应力

1. 有效应力原理

　　在土中某点截取一水平截面,截面上作用的应力 σ 是由上面土体的重力、静水压力及外荷载所产生的应力,称为总应力。总应力一部分是由土颗粒间的接触面承担,称为有效应力;另一部分是由土体孔隙内的水及气体承担,称为孔隙应力(也称孔隙压力)。

　　根据该截面两侧土体的平衡条件,可得如下关系式:

$$\sigma = \sigma' + u \tag{2-3-1}$$

式中:σ'——土颗粒间的接触应力在截面积 F 上的平均应力,称为土的有效应力;

　　　u——孔隙水压力。

　　这个关系式在土力学中很重要,称为有效应力公式。

　　土中任意点的孔隙压力 u 对各个方向作用是相等的,因此它只能使土颗粒产生压缩(由于土颗粒本身的压缩量是很微小的,在土力学中均不考虑),而不能使土颗粒产生位移。土颗粒间的有效应力作用,则会引起土颗粒的位移,使孔隙体积改变,土体发生压缩变形,同时有效应力的大小也影响土的抗剪强度。由此得到土力学中很重要的有效应力原理,它包含下述两点:

　　(1)土的有效应力 σ' 等于总应力 σ 减去孔隙水压力 u。

　　(2)土的有效应力控制土的变形及强度性能。

2. 不同条件下有效应力的计算

当孔隙水处于静止状态时，饱和土中的有效应力为：

$$\sigma' = \gamma' h \tag{2-3-2}$$

当孔隙水处于流动状态时，则有效应力将会发生变化。根据渗流的方向，可分为两种情况计算。

(1) 向下渗流时有效应力可按下式计算：

$$\sigma' = h(\gamma' + i\gamma_w) \tag{2-3-3}$$

(2) 向上渗流时有效应力可按下式计算：

$$\sigma' = h(\gamma' - i\gamma_w) \tag{2-3-4}$$

式中：σ'——土的有效应力；

γ'——土的浮重度；

γ_w——水的重度；

h——计算点的深度；

i——水力坡度。

第二节 土的自重应力

假定土体是均质的半无限体，重度为 γ，土体在自身重力作用下自重应力计算公式如下：

$$\sigma_{cz} = \gamma z \tag{2-3-5}$$

由式(2-3-5)可以看出，自重应力随深度呈线性增加，并呈三角形分布。

当土体成层时，设各土层厚度及重度分别为 h_i 和 $\gamma_i (i = 1, 2, \cdots, n)$，则在第 n 层土的底面，自重应力计算公式为：

$$\sigma_{cz} = \gamma_1 h_1 + \gamma_2 h_2 + \cdots + \gamma_n h_n = \sum_{i=1}^{n} \gamma_i h_i \tag{2-3-6}$$

土层中有地下水时，计算地下水位以下土的自重应力时，应根据土的性质确定是否需考虑水的浮力作用。通常认为砂性土是应该考虑浮力作用的，黏性土则视其物理状态而定。一般认为，若水下的黏性土其液性指数 $I_L \geqslant 1$，则土处于流动状态，土颗粒间存在着大量自由水，此时可以认为土体受到水的浮力作用；若 $I_L \leqslant 0$，则土处于固体状态，土中自由水受到土颗粒间结合水膜的阻碍不能传递静水压力，故认为土体不受水的浮力作用；若 $0 < I_L < 1$，土处于塑性状态时，土颗粒是否受到水的浮力作用就较难确定，一般在实践中均按不利状态来考虑。

若地下水位以下的土受到水的浮力作用，则水下部分土的重度应按浮重度 γ' 计算，其计算方法如同成层土的情况。

在地下水位以下，如埋藏有不透水层（例如岩层或只含结合水的坚硬黏土层），由于不透水层中不存在水的浮力，所以层面及层面以下的自重应力应按上覆土层的水土总重计算。

土的水平向自重应力 σ_{cx} 和 σ_{cy}，可按下式计算：

$$\sigma_{cx} = \sigma_{cy} = K_0 \sigma_{cz} \tag{2-3-7}$$

式中：K_0——侧压力系数，也称静止土压力系数。

K_0 值可以在试验室测定，它与土的强度指标或变形指标间存在着理论或经验关系。

第三节 基底压力的简化算法

土中的附加应力是由建筑物荷载作用所引起的应力增量,而建筑物的荷载是通过基础传到土中的,因此基础底面的压力分布形式将对土中附加应力的分布产生影响。基底压力的分布是比较复杂的,但根据弹性理论中的圣维南原理以及从土中实际应力的测量结果得知,当作用在基础上的荷载总值一定时,基底压力分布形状只在一定深度范围内对土中应力分布产生影响,一般距基底的深度超过基础宽度的1.5~2.0倍时,它的影响已很不显著。因此,在实用上对基底压力的分布可近似地认为是按直线规律变化,采用简化方法计算。

(1)中心荷载作用时[图2-3-1a)],基底压力 p 按中心受压公式计算:

$$p = \frac{N}{F} \quad (2\text{-}3\text{-}8)$$

式中:N——作用在基础底面中心的竖直荷载;
$\quad F$——基础底面积。

(2)偏心荷载作用时[图2-3-1b)],基底压力按偏心受压公式计算:

$$p_{\min}^{\max} = \frac{N}{F} \pm \frac{M}{W} = \frac{N}{F}\left(1 \pm \frac{6e}{b}\right) \quad (2\text{-}3\text{-}9)$$

式中:N、M——作用在基础底面中心的竖直荷载及弯矩,$M = Ne$;
$\quad e$——荷载偏心距;
$\quad W$——基础底面的抵抗矩,对矩形基础 $W = \dfrac{l b^2}{6}$;
$\quad b$、l——基础底面的宽度与长度。

从式(2-3-9)可知,由于荷载偏心距 e 的大小不同,基底压力的分布可能出现下述三种情况,如图2-3-2所示。

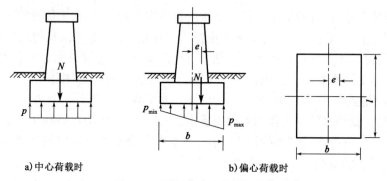

a)中心荷载时　　b)偏心荷载时

图2-3-1　基底压力分布的简化计算

① 当 $e < \dfrac{b}{6}$ 时,由式(2-3-9)知 $p_{\min} > 0$,基底压力呈梯形分布[图2-3-2a)];

② 当 $e = \dfrac{b}{6}$ 时,$p_{\min} = 0$,基底压力呈三角形分布[图2-3-2b)];

③当 $e > \dfrac{b}{6}$ 时,$p_{min} < 0$,也即产生拉应力[图 2-3-2c)],但基底与土之间是不能承受拉应力的,这时产生拉应力部分的基底将与土脱开,而不能传递荷载,基底压力将重新分布,如图 2-3-2d)所示。重新分布后的基底最大压应力 p'_{max} 可以根据平衡条件求得：

$$p'_{max} = \dfrac{2N}{3\left(\dfrac{b}{2} - e\right)l} \tag{2-3-10}$$

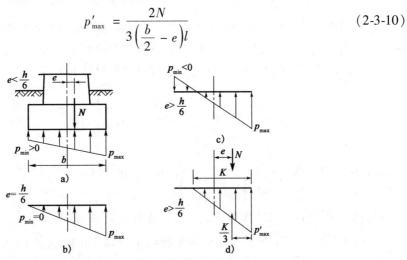

图 2-3-2　偏心荷载时基底压力分布的几种情况

第四节　附加应力的计算方法

土中附加应力是由建筑物荷载引起的应力增量。根据集中力作用下土的应力计算公式,通过叠加原理或者数值积分的方法可以得到各种分布荷载作用时的土中应力计算公式。

1. 竖向集中力作用下的土中应力计算

在均匀的各向同性的半无限弹性体表面,作用一竖向集中力 Q(图 2-3-3),计算半无限体内任一点 M 的应力(不考虑弹性体的体积力)。

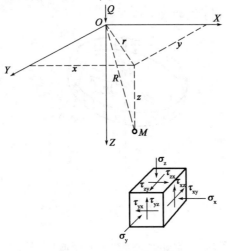

图 2-3-3　布西奈斯克课题

这个课题已在弹性理论中由布西奈斯克(J. V. Boussinesq,1885)解得,其竖向应力的表达式为:

$$\sigma_z = \frac{3Qz^3}{2\pi R^5} \tag{2-3-11a}$$

上述的应力计算公式,在集中力作用点处是不适用的,因为当 $R \to 0$ 时,从上述公式可见应力趋于无穷大,这时土已发生塑性变形,按弹性理论解得的公式已不适用了。

为了应用方便,式(2-3-11a)的 σ_z 表达式可以写成如下形式:

$$\sigma_z = \frac{3Qz^3}{2\pi R^5} = \frac{3Q}{2\pi z^2} \frac{1}{\left[1+\left(\frac{r}{z}\right)^2\right]^{5/2}} = \alpha \frac{Q}{z^2} \tag{2-3-11b}$$

式中,应力系数 $\alpha = \dfrac{3}{2\pi \left[1+\left(\dfrac{r}{z}\right)^2\right]^{5/2}}$ 是 $\left(\dfrac{r}{z}\right)$ 的函数,可查土力学计算相关表得到。

2. 圆形面积上作用均布荷载时,土中竖向应力 σ_z 的计算

在图 2-3-4 中,圆形面积上作用均布荷载 p,计算土中任一点 $M(r,z)$ 的竖应力。若采用极坐标表示,原点在圆心 O。取元素面积 $\mathrm{d}F = \rho\mathrm{d}\varphi\mathrm{d}\rho$,其上作用元素荷载 $\mathrm{d}Q = p\mathrm{d}F = p\rho\mathrm{d}\varphi\mathrm{d}\rho$,那么在圆面积范围内积分求得 σ_z 值如下:

$$\sigma_z = \frac{3pz^3}{2\pi}\int_0^{2\pi}\!\!\int_0^R \frac{\rho\mathrm{d}\rho\mathrm{d}\varphi}{(\rho^2 + r^2 - 2\rho r\cos\varphi + z^2)^{\frac{5}{2}}} \tag{2-3-12a}$$

可简写成如下形式:

$$\sigma_z = \alpha_c p \tag{2-3-12b}$$

式中:α_c——应力系数,它是 $\dfrac{r}{R}$ 及 $\dfrac{z}{R}$ 的函数,可查土力学计算相关表得到;

R——圆面积的半径;

r——应力计算点 M 到 z 轴的水平距离。

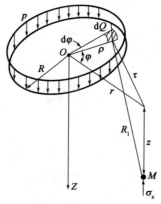

图 2-3-4 圆形面积均布荷载作用下的土中应力计算

3. 矩形面积均布荷载作用时土中竖向应力 σ_z 的计算

(1) 矩形面积中点 O 下土中竖向应力 σ_z 的计算。图 2-3-5 表示在地基表面 σ_z 值，在矩形面积范围内积分求得 σ_z 值如下：

$$\sigma_z = \frac{3z^3}{2\pi}p \int_{-\frac{l}{2}}^{\frac{l}{2}} \int_{-\frac{b}{2}}^{\frac{b}{2}} \frac{d\eta d\xi}{(\sqrt{\xi^2+\eta^2+z^2})^5} = \alpha_0 p \qquad (2\text{-}3\text{-}13)$$

式中，$\alpha_0 = \frac{2}{\pi}\left[\frac{2mn(1+n^2+8m^2)}{\sqrt{1+n^2+4m^2}(1+4m^2)(n^2+4m^2)} + \arctan\frac{n}{2m\sqrt{1+n^2+4m^2}}\right]$，$\alpha_0$ 是 $n = \frac{l}{b}$ 和 $m = \frac{z}{b}$ 的函数，可查土力学计算相关表得到。

(2) 矩形面积角点 c 下土中竖向应力 σ_z 的计算。在图 2-3-5 所示均布荷载 p 作用下，计算矩形面积角点 c 下某深度处 N 点的竖向应力 σ_z 时，在矩形面积范围内积分求得 σ_z 值如下：

$$\sigma_z = \iint_F d\sigma_z = \frac{3z^3}{2\pi}p \int_{-\frac{l}{2}}^{\frac{l}{2}} \int_{-\frac{b}{2}}^{\frac{b}{2}} \frac{d\eta d\xi}{\left[\left(\frac{b}{2}-\xi\right)^2+\left(\frac{l}{2}-\eta\right)^2+z^2\right]^{\frac{5}{2}}} = \alpha_a p \qquad (2\text{-}3\text{-}14)$$

式中，应力系数 $\alpha_a = \frac{1}{2\pi}\left[\frac{mn(1+n^2+2m^2)}{\sqrt{1+m^2+n^2}(m^2+n^2)(1+m^2)} + \arctan\frac{n}{m\sqrt{1+m^2+n^2}}\right]$，$\alpha_a$ 是 $n = \frac{l}{b}$ 和 $m = \frac{z}{b}$ 的函数，可查土力学计算相关表得到。

(3) 矩形面积均布荷载作用时，土中任意点的竖向应力 σ_z 计算。如图 2-3-6 所示，在矩形面积 $abcd$ 上作用均布荷载 p，要求计算任意点 M 的竖向应力 σ_z，M 点既不在矩形面积中点的下面，也不在角点的下面，而是任意点。M 点的竖直投影点 A 可以在矩形面积 $abcd$ 范围之内，也可能在范围之外。这时可以按下述叠加方法进行计算，这种计算方法一般称为角点法。

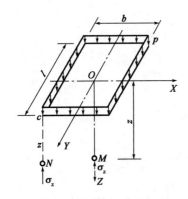

图 2-3-5 矩形面积均布荷载作用下中点及角点竖向应力 σ_z 的计算

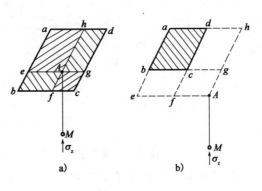

图 2-3-6 角点法

若 A 点在矩形面积范围之内[图 2-3-6a)]，计算时可以通过 A 点将受荷面积 abcd 划分为 4 个小矩形面积 aeAh、ebfA、hAgd 及 Afcg。这时 A 点分别在 4 个小矩形面积的角点，这样就可以用公式(2-3-14)分别计算 4 个小矩形面积均布荷载在角点 A 下引起的竖向应力 σ_{zi}，再叠加起来即得：

$$\sigma_z = \sum \sigma_{zi} = \sigma_{z(aeAh)} + \sigma_{z(ebfA)} + \sigma_{z(hAgd)} + \sigma_{z(Afcg)}$$

若 A 点在矩形面积范围之外[图 2-3-6b)]，计算时可按图 2-3-6b)划分的方法，分别计算矩形面积 aeAh、beAg、dfAh 及 cfAg 在角点 A 下引起的竖向应力 σ_{zi}，然后按下述叠加方法计算：

$$\sigma_z = \sum \sigma_{zi} = \sigma_{z(aeAh)} - \sigma_{z(beAg)} - \sigma_{z(dfAh)} + \sigma_{z(cfAg)}$$

4. 矩形面积上作用三角形分布荷载时土中竖向应力 σ_z 计算

如图 2-3-7 所示，在地基表面矩形面积上作用三角形分布荷载，计算荷载为零的角点下深度 z 处 M 点的竖向应力 σ_z 时，将坐标原点取在荷载为零的角点上，z 轴通过 M 点。在矩形面积范围内积分求得 σ_z 值如下：

$$\sigma_z = \frac{3}{2\pi} z^3 p \int_0^l \int_0^b \frac{\frac{x}{b} \mathrm{d}x \mathrm{d}y}{(x^2 + y^2 + z^2)^{\frac{5}{2}}} = \alpha_t p \qquad (2\text{-}3\text{-}15)$$

式中，应力系数 $\alpha_t = \frac{mn}{2\pi}\left[\frac{1}{\sqrt{n^2+m^2}} - \frac{m^2}{(1+m^2)\sqrt{1+m^2+n^2}}\right]$，$\alpha_t$ 是 $m = \frac{z}{b}$，$n = \frac{l}{b}$ 的函数，可以查土力学计算相关表得到。应注意上述 b 值不是指基础的宽度，而是指三角形荷载分布方向的基础边长，如图 2-3-7 所示。

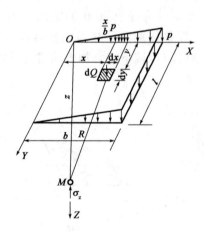

图 2-3-7　矩形面积上三角形分布荷载作用下 σ_z 计算

5. 均布线性荷载作用时土中应力计算

在地基土表面作用无限分布的均布线荷载 p，如图 2-3-8 所示，计算土中任一点 M 的应力时，同样可以积分求得：

$$\sigma_z = \frac{3}{2\pi} z^3 p \int_{-\infty}^{\infty} \frac{dy}{[x^2 + y^2 + z^2]^{\frac{5}{2}}} = \frac{2 z^3 p}{\pi (x^2 + z^2)^2} \tag{2-3-16}$$

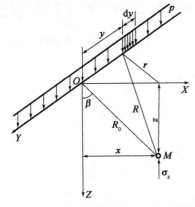

图 2-3-8 均布线荷载作用时土中应力计算

6. 均布条形荷载作用下土中应力 σ_z 计算

在土体表面作用均布条形荷载 p，其分布宽度为 b，如图 2-3-9 所示，计算土中任一点 $M(x, z)$ 的竖向应力 σ_z 时，可以在荷载分布宽度 b 范围内积分求得。

$$\sigma_z = \int_{-\frac{b}{2}}^{\frac{b}{2}} \frac{2 z^3 p d\xi}{\pi [(x - \xi)^2 + z^2]^2} = \alpha_u p \tag{2-3-17}$$

式中，应力系数 $\alpha_u = \frac{1}{\pi} \left[\arctan \frac{1 - 2n'}{2m} + \arctan \frac{1 + 2n'}{2m} - \frac{4m(4n'^2 - 4m^2 - 1)}{(4n'^2 - 4m^2 - 1)^2 + 16 m^2} \right]$，它是 $n' = \frac{x}{b}$ 及 $m = \frac{z}{b}$ 的函数，可查土力学计算相关表得到。注意坐标轴的原点是在均布荷载的中点处。

7. 三角形分布条形荷载作用时土中应力计算

三角形分布条形荷载作用（图 2-3-10）其最大值为 p，计算土中 M 点 (x, y) 的竖向应力 σ_z 时，可在宽度范围 b 内积分即得：

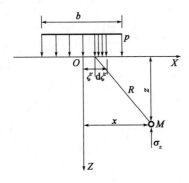

图 2-3-9 均布条形荷载作用下土中 σ_z 计算

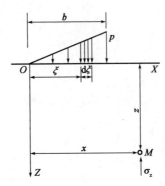

图 2-3-10 三角形分布条形荷载作用下土中竖向应力 σ_z 计算

$$\sigma_z = \frac{2z^3 p}{\pi b}\int_0^b \frac{\xi \mathrm{d}\xi}{[(x-\xi)^2+z^2]^2} = \alpha_s p \qquad (2\text{-}3\text{-}18)$$

式中,应力系数 $\alpha_s = \frac{1}{\pi}\left[n'\left(\arctan\frac{n'}{m} - \arctan\frac{n'-1}{m}\right) - \frac{m(n'-1)}{(n'-1)^2+m^2}\right]$,它是 $n' = \frac{x}{b}$ 及 $m = \frac{z}{b}$ 的函数,可查土力学计算相关表得到。注意坐标轴的原点在三角形荷载的零点处。

第四章 土的力学性质

土的力学性质主要包括变形和强度两个方面。变形侧重于研究在外力作用下土体积缩小的特性,即土的压缩性。此外,工程实践和室内试验都证实了土是由于受剪而产生破坏,剪切破坏是土体强度破坏的重要特点,因此,土的强度问题实质上就是土的抗剪强度问题。本节将分别讨论这两个方面的性质。

第一节 土的压缩特性与变形指标

1. 室内侧限压缩试验及压缩模量

室内侧限压缩试验(亦称固结试验)是研究土压缩性的最基本的方法。根据压缩试验得到的压缩量与荷载关系,可以得到土样相应的孔隙比与加荷等级之间的 e-p 关系,从而可以绘制出土的 e-p 曲线及 e-$\lg p$ 曲线等。

(1) e-p 曲线及有关指标。通常将常规压缩试验的 e-p 关系采用普通直角坐标绘制成如图 2-4-1a)的 e-p 曲线,图中给出了两条典型的软黏土和密实砂土的压缩曲线。

①压缩系数 a。从图 2-4-1a)可以看出,由于软黏土的压缩性大,当发生压力变化 Δp 时,则相应的孔隙比的变化 Δe 也大,因而曲线就比较陡;反之,像密实砂土的压缩性小,当发生相同压力变化 Δp 时,相应的孔隙比的变化 Δe 就小,因而曲线比较平缓。因此,可用曲线的斜率来反映土压缩性的大小。

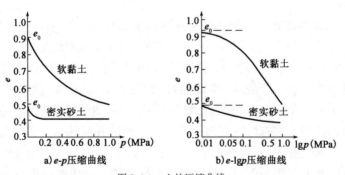

图 2-4-1 土的压缩曲线
a) e-p 压缩曲线 b) e-$\lg p$ 压缩曲线

如图 2-4-2a)所示,设压力由 p_1 增至 p_2,相应的孔隙比由 e_1 减小到 e_2,当压力变化范围不大时,可将 M_1M_2 一小段曲线用割线来代替,用割线 M_1M_2 的斜率来表示土在这一段压力范围的压缩性,即:

$$a = \tan\alpha = \frac{\Delta e}{\Delta p} = \frac{e_1 - e_2}{p_2 - p_1} \tag{2-4-1}$$

式中：a——压缩系数(MPa^{-1})，压缩系数越大，土的压缩性越高。

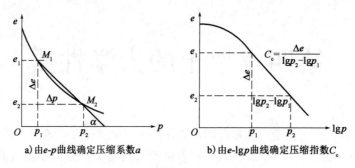

图 2-4-2　由压缩曲线确定压缩指标

从图 2-4-2a)还可以看出，压缩系数 a 值与土所受的荷载大小有关。为了便于比较，一般采用压力范围 $p_1 = 100kPa$ 至 $p_2 = 200kPa$ 时对应的压缩系数 a_{1-2} 来评价土的压缩性，即：$a_{1-2} < 0.1MPa^{-1}$时，属低压缩性土；$0.1MPa^{-1} \leq a_{1-2} < 0.5MPa^{-1}$时，属中压缩性土；$a_{1-2} \geq 0.5MPa^{-1}$时，属高压缩性土。

②压缩模量 E_s。根据 e-p 曲线，可以得到一个重要的侧限压缩指标——侧限压缩模量，简称压缩模量，用 E_s 来表示，其定义为土在完全侧限的条件下竖向应力增量 Δp(如从 p_1 增至 p_2)与相应的应变增量 $\Delta\varepsilon$ 的比值。根据这个定义和在无侧向变形时土粒所占高度不变的条件得到：

$$E_s = \frac{\Delta p}{\Delta e/(1+e_1)} = \frac{1+e_1}{a} \quad (2\text{-}4\text{-}2)$$

同压缩系数 a 一样，压缩模量 E_s 也不是常数，而是随着压力大小而变化。显然，在压力小的时候，压缩系数 a 大，压缩模量 E_s 小；在压力大的时候，压缩系数 a 小，压缩模量 E_s 大。因此，在运用到沉降计算中时，比较合理的做法是根据实际竖向应力的大小在压缩曲线上取相应的值计算这些指标。

(2)土的侧限回弹曲线和再压缩曲线。在室内侧限压缩试验中连续递增加压，得到了常规的压缩曲线，现在如果加压到某一值 p_i[相应于图 2-4-3a)中曲线上的 b 点]后不再加压，而是逐级进行卸载直至零，并且测得各卸载等级下土样回弹稳定后土样高度，进而换算得到相应的孔隙比，即可绘制出卸载阶段的 e-p 关系曲线，如图 2-4-3a)中 bc 曲线所示，称为回弹曲线(或膨胀曲线)。可以看到不同于一般弹性材料的是，回弹曲线不和初始加载的曲线 ab 重合，卸载至零时，土样的孔隙比没有恢复到初始压力为零时的孔隙比 e_0。这就显示土残留了一部分压缩变形，称之为残余变形，但也恢复了一部分压缩变形，称之为弹性变形。

若接着重新逐级加压，则可测得土样在各级荷载作用下再压缩稳定后的孔隙比，相应地可绘制出再压缩曲线，如图 2-4-3a)中 cdf 曲线所示。可以发现其中 df 段像是 ab 段的延续，犹如期间没有经过卸载和再加压的过程一样。

(3)室内压缩试验 e-$\lg p$ 曲线及有关指标。当采用半对数的直角坐标来绘制室内侧限压缩试验 e-p 关系时，就得到了 e-$\lg p$ 曲线[图 2-4-1b)]，可以看到，在压力较大部分，e-$\lg p$ 关系接近直线，这是这种表示方法区别于 e-p 曲线的独特的优点。同样图 2-4-3a)中的回弹再压缩曲

线也可绘制成 $e\text{-}\lg p$ 曲线[图 2-4-3b)]。

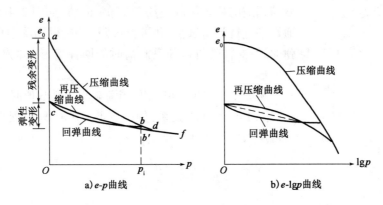

图 2-4-3 土的回弹—再压缩曲线

①压缩指数和回弹指数。将图 2-4-2b) 中 $e\text{-}\lg p$ 曲线直线段的斜率用 C_c 来表示,称为压缩指数,它是无量纲量。

$$C_c = \frac{e_1 - e_2}{\lg p_2 - \lg p_1} = \frac{e_1 - e_2}{\lg \frac{p_2}{p_1}} \tag{2-4-3}$$

压缩指数 C_c 与压缩系数 a 不同,a 值随压力变化而变化,而 C_c 值在压力较大时为常数,不随压力变化而变化。C_c 值越大,土的压缩性越高,低压缩性土的 C_c 一般小于 0.2,高压缩性土的 C_c 值一般大于 0.4。

卸载段和再压缩段的平均斜率[图 2-4-3b)]称为回弹指数或再压缩指数 C_e,$C_e \ll C_c$,一般黏性土的 $C_e \approx (0.1 \sim 0.2) C_c$。

②前期固结压力。试验表明,在 $e\text{-}\lg p$ 曲线上,对应于曲线段过渡到直线段的某拐弯点的压力值是土层历史上所曾经承受过的最大固结压力,也就是土体在固结过程中所受的最大有效应力,称为前期固结压力,用 p_c 来表示,是了解土层应力历史的重要指标。

目前通常根据室内压缩试验作出 $e\text{-}\lg p$ 曲线,并采用卡萨格兰德(Cassagrande)1936 年提出的经验作图法确定 p_c。

通过测定的前期固结压力 p_c 和土层自重应力 p_0(即自重作用下固结稳定的有效竖向应力)状态的比较,将天然土层划分为正常固结土、超固结土和欠固结土三类固结状态,并用超固结比 OCR = $\frac{p_c}{p_0}$ 来判别,即:OCR = 1 时为正常固结土;OCR > 1 时为超固结土;OCR < 1 时为欠固结土。

某些结构性强的土,其室内 $e\text{-}\lg p$ 曲线也会有曲率突变的点,但不是由于前期固结压力所致,而是结构强度的一种反映。该点并不代表前期固结压力,而是土的结构强度,当然土的结构强度主要与前期固结压力有关。

2. 现场荷载试验及变形模量

研究测定土的压缩性,除了室内侧限压缩试验之外,还可以通过现场荷载试验。试验时,通过千斤顶逐级给荷载板施加荷载到 p,观测记录沉降随时间的发展以及稳定时的沉降量 s,

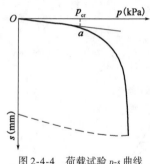

图 2-4-4 荷载试验 p-s 曲线

直至加到终止加载条件满足时为止。将上述试验得到的各级荷载与相应的稳定沉降量绘制成 p-s 曲线,如图 2-4-4 所示。此外通常还进行卸荷试验,并进行沉降观测,得到图中虚线所示的回弹曲线,这样就可以知道卸荷时的回弹变形(即弹性变形)和残余变形。

从图中 p-s 曲线可看出,当荷载小于某数值时,荷载 p 与荷载板沉降之间呈直线关系,如图 2-4-4 中 oa 段。根据弹性力学公式可反求地基的变形模量:

$$E_0 = \omega \frac{pb(1-\mu^2)}{s} \tag{2-4-4}$$

式中:E_0——土的变形模量(MPa);

p——直线段的荷载强度(kPa);

s——相应于 p 的荷载板下沉量;

b——荷载板的宽度或直径;

μ——土的泊松比,砂土可取 0.2~0.25,黏性土可取 0.25~0.45;

ω——沉降影响系数,可查表得到,对刚性荷载板取 $\omega_r = 0.88$(方板)或 0.79(圆板)。

变形模量也是反映土的压缩性的重要指标之一。

3. 弹性模量及试验测定

弹性模量是指正应力 σ 与弹性(即可恢复)正应变 ε_d 的比值,通常用 E 来表示。弹性模量的概念在实际工程中有一定的意义。在计算高耸结构物在风荷载作用下的倾斜时发现,如果用土的压缩模量或变形模量指标进行计算,将得到实际上不可能那么大的倾斜值。这是因为风荷载是瞬时重复荷载,在很短的时间内土体中的孔隙水来不及排出或不完全排出,土的体积压缩变形来不及发生,这样荷载作用结束之后,发生的大部分变形可以恢复,因此用弹性模量计算就比较合理一些。再比如,在计算饱和黏性土地基上瞬时加荷所产生的瞬时沉降时,同样也应采用弹性模量。

一般采用三轴仪进行三轴重复压缩试验,如图 2-4-5 所示,得到的应力-应变曲线上的初始切线模量 E_i 或再加荷模量 E_r 可作为弹性模量。

4. 关于三种模量的讨论

根据上述三种模量的定义可看出:压缩模量和变形模量的应变为总的应变,既包括可恢复的弹性应变,又包括不可恢复的塑性应变;而弹性模量的应变只包含弹性应变。因此在进行沉降计算时应根据不同情况选用合适的模量。压缩模量用于采用分层总和法的地基最终沉降计算中,变形模量用于弹性理论法最终沉降估算中,弹性模量常用于用弹性理论公式估算建筑物的初始瞬时沉降。

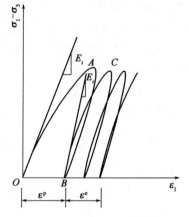

图 2-4-5 土的加载与卸载的应力应变曲线

第二节　土的强度理论

1. 库仑定律

土体发生剪切破坏时,将沿着其内部某一曲面(滑动面)产生相对滑动,而该滑动面上的剪应力就等于土的抗剪强度。1776 年,法国的库仑(Coulomb)根据砂土试验结果[图 2-4-6a)],将土的抗剪强度表达为滑动面上法向应力的函数,即:

$$\tau_f = \sigma \tan\varphi \tag{2-4-5}$$

随后,库仑根据黏性土的试验结果[图 2-4-6b)],又提出更为普遍的抗剪强度表达形式:

$$\tau_f = c + \sigma \tan\varphi \tag{2-4-6}$$

式(2-4-5)和式(2-4-6)就是土的强度规律的数学表达式,它是库仑在 18 世纪 70 年代提出的,所以也称为库仑定律,它表明在一般应力水平时土的抗剪强度与滑动面上的法向应力之间呈直线关系,其中 c、φ 称为土的抗剪强度指标。

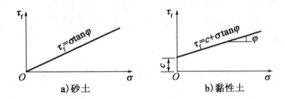

图 2-4-6　土的抗剪强度与法向应力之间的关系

2. 极限平衡理论

1910 年摩尔(Mohr)提出材料的破坏是剪切破坏,并指出在破坏面上的剪应力 t 是该面上法向应力 σ 的函数,即:

$$\tau_f = f(\sigma) \tag{2-4-7}$$

这个函数在 τ_f-σ 坐标系中是一条曲线,称为摩尔包线,如图 2-4-7 实线所示。摩尔包线表示材料受到不同应力作用达到极限状态时,滑动面上法向应力 σ 与剪应力 τ_f 的关系。土的摩尔包线通常可以近似地用直线表示,如图 2-4-7 虚线所示,该直线方程就是库仑定律所表示的方程。由库仑公式表示摩尔包线的土体强度理论称为摩尔-库仑强度理论。

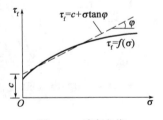

图 2-4-7　摩尔包线

当土体中任意一点在某一平面上的剪应力达到土的抗剪强度时,就发生剪切破坏,该点也即处于极限平衡状态。为了简化分析,下面仅就平面问题来建立土的极限平衡条件,并且引用材料力学中有关表达一点应力状态的摩尔圆方法。

根据材料力学,设某一土体单元上作用着的大、小主应力分别为 σ_1 和 σ_3,则在土体内与大主应力 σ_1 作用平面成任意角 α 的平面 a-a 上的正应力 σ 和剪应力,可用 τ-σ 坐标系中直径为 $(\sigma_1-\sigma_3)$ 的摩尔应力圆上的一点(逆时针旋转 2α,如图 2-4-8 中 A 点)的坐标大小来表示，即：

$$\sigma = \frac{1}{2}(\sigma_1 + \sigma_3) + \frac{1}{2}(\sigma_1 - \sigma_3)\cos2\alpha \qquad (2\text{-}4\text{-}8\text{a})$$

$$\tau = \frac{1}{2}(\sigma_1 - \sigma_3)\sin2\alpha \qquad (2\text{-}4\text{-}8\text{b})$$

为了建立土体中一点的极限平衡条件，可将抗剪强度包线与摩尔应力圆画在同一张坐标图上，如图 2-4-9 所示。它们之间的关系可以有三种情况：

（1）整个摩尔应力圆位于抗剪强度包线的下方（圆Ⅰ），说明通过该点的任意平面上的剪应力都小于土的抗剪强度，因此不会发生剪切破坏；

（2）摩尔应力圆与抗剪强度包线相割（圆Ⅲ），表明该点某些平面上的剪应力已超过了土的抗剪强度，事实上该应力圆所代表的应力状态在土中是不可能发生的；

（3）摩尔应力圆与抗剪强度包线相切（圆Ⅱ），切点为 A 点，说明在 A 点所代表的平面上，剪应力正好等于土的抗剪强度，即该点处于极限平衡状态，圆Ⅱ称为极限应力圆。根据极限应力圆与抗剪强度包线之间的几何关系，可建立土的极限平衡条件。

设土体中某点剪切破坏时的破裂面与大主应力的作用面成 α 角，如图 2-4-10a）所示，则该点处于极限平衡状态时的摩尔圆如图 2-4-10b）所示。将抗剪强度线延长与 σ 轴相交于 B 点，由直角三角形 ABO_1 可知：

$$\frac{1}{2}(\sigma_1 - \sigma_3) = \left[c \cdot \cot\varphi + \frac{1}{2}(\sigma_1 + \sigma_3)\right]\sin\varphi \qquad (2\text{-}4\text{-}9)$$

化简并通过三角函数间的变换关系，从而可得到土的极限平衡条件为：

$$\sigma_1 = \sigma_3\tan^2\left(45° + \frac{\varphi}{2}\right) + 2c \cdot \tan\left(45° + \frac{\varphi}{2}\right) \qquad (2\text{-}4\text{-}10\text{a})$$

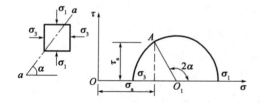

图 2-4-8 用摩尔圆表示的土体中任意点的应力

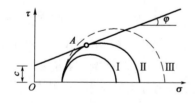

图 2-4-9 摩尔圆与抗剪强度包线之间的关系

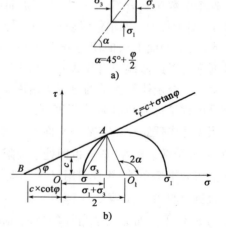

图 2-4-10 土体中一点达到极限平衡状态时的摩尔圆

$$\sigma_3 = \sigma_1 \tan^2\left(45° - \frac{\varphi}{2}\right) - 2c \cdot \tan\left(45° - \frac{\varphi}{2}\right) \qquad (2\text{-}4\text{-}10\text{b})$$

由直角三角形 ABO_1 外角与内角的关系可得：

$$2\alpha = 90° + \varphi$$

即：

$$\alpha = 45° + \frac{\varphi}{2} \qquad (2\text{-}4\text{-}11)$$

因此，破裂面与大主应力的作用面成 $\left(45° + \frac{\varphi}{2}\right)$ 的夹角。

式(2-4-9)~式(2-4-11)是验算土体中某点是否达到极限平衡状态的基本表达式。从上述关系式以及图 2-4-10 可以看出：

(1) 判断土体中一点是否处于极限平衡状态，必须同时掌握大、小主应力以及土的抗剪强度指标的大小及其关系，即为式(2-4-10)所表达的极限平衡条件。

(2) 土体剪切破坏时的破裂面不是发生在最大剪应力 τ_{max} 的作用面($\alpha = 45°$)上，而是发生在与大主应力的作用面成 $\left(\alpha = 45° + \frac{\varphi}{2}\right)$ 角的平面上。

(3) 如果同一种土有几个试样在不同的大、小主应力组合下受剪破坏，则在 τ-σ 图上可得到几个摩尔极限应力圆，这些应力圆的公切线就是其强度包线，这条包线实际上是一条曲线，但在实用上常作直线处理，以简化分析。

第三节　土体抗剪强度试验及强度指标

测定土的抗剪强度的试验方法有多种，目前最常用的是直接剪切试验和三轴压缩试验。

1. 直接剪切试验

直接剪切试验是测定土的抗剪强度最简单的方法。这种试验所使用的仪器称为直剪仪，按加荷方式的不同，直剪仪可分为应变控制式和应力控制式两种。

图 2-4-11a)表示的是试样在剪切过程中剪应力 τ 与剪切位移 δ 之间的关系曲线。当曲线出现峰值时，取峰值剪应力作为该级法向应力 σ 下的抗剪强度 τ_f；当曲线无峰值时，可取剪切位移 $\delta = 2\text{mm}$ 时所对应的剪应力作为该级法向应力 σ 下的抗剪强度 τ_f。

对同一种土取 3~4 个试样，分别在不同的法向应力 σ 下剪切破坏，可将试验结果绘制成如图 2-4-11b)所示的抗剪强度 τ_f 与法向应力 σ 之间的关系。试验结果表明，对于黏性土，抗剪强度与法向应力之间基本成直线关系，该直线与横轴的夹角为内摩擦角 φ，在纵轴上的截距为黏聚力 c，直线方程可用库仑公式(2-4-6)表示；对于砂性土，抗剪强度与法向应力之间的关系则是一条通过原点的直线，可用式(2-4-5)表示。

直接剪切试验目前依然是土的抗剪强度最基本的室内测定方法。但是直剪仪的构造无法做到任意控制土样是否排水的要求，为了近似模拟土体在现场受剪的排水条件，直剪试验有快剪、固结快剪和慢剪三种试验方法。

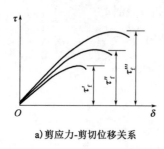
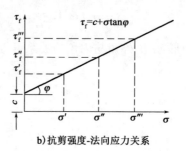

a) 剪应力-剪切位移关系   b) 抗剪强度-法向应力关系

图 2-4-11　直剪试验结果

(1) 快剪。对试样施加竖向压力后，立即快速施加水平剪应力使试样剪切破坏。一般从加荷到剪坏只用 3~5min。由于剪切速率较快，对于渗透系数比较低的土，可认为土样在这短暂时间内没有排水固结，得到的抗剪强度指标用 c_q、φ_q 表示。

(2) 固结快剪。对试样施加竖向压力后，让试样充分排水，待固结稳定后，再快速施加水平剪应力使试样剪切破坏，得到的抗剪强度指标用 c_{cq}、φ_{cq} 表示。

(3) 慢剪。对试样施加竖向压力后，让试样充分排水，待固结稳定后，以缓慢的速率施加水平剪应力直至试样剪切破坏，从而使试样在受剪过程中一直充分排水和产生体积变形，得到的抗剪强度指标用 c_s、φ_s 表示。

直剪试验具有设备简单，土样制备及试验操作方便等优点，因而至今仍为国内一般工程所广泛使用。

2. 三轴压缩试验

三轴压缩试验也称三轴剪切试验，是测定抗剪强度的一种较为完善的方法。

(1) 三轴试验的基本原理。常规三轴试验的一般步骤是：将土样切制成圆柱体套在橡胶膜内，放在密闭的压力室中，然后向压力室内注入气压或液压，使试件在各向均受到周围压力 σ_3，并使该周围压力在整个试验过程中保持不变，这时试件内各向的主应力都相等，因此在试件内不产生任何剪应力，见图 2-4-12a)。然后通过轴向加荷系统对试件施加竖向压力，当作用在试件上的水平向压力保持不变，而竖向压力逐渐增大时，试件终因受剪而破坏，见图 2-4-12b)。设剪切破坏时轴向加荷系统加在试件上的竖向压应力(称为偏应力)为 $\Delta\sigma_1$，则试件上的大主应力为 $\sigma_1 = \sigma_3 + \Delta\sigma_1$，而小主应力为 σ_3，据此可作出一个摩尔极限应力圆，与图 2-4-12c)中的圆 I。同理，用同一种土样的若干个试件(三个以上)分别在不同的周围压力 σ_3 下进行试验，可得一组摩尔极限应力圆，并作一条公切线，由此可求得土的抗剪强度指标 c、φ 值。

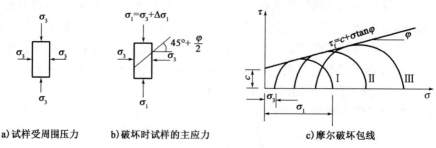

a) 试样受周围压力   b) 破坏时试样的主应力   c) 摩尔破坏包线

图 2-4-12　三轴压缩试验原理

(2)三轴试验方法。根据土样剪切前是否固结和剪切时的排水条件,三轴试验可分为以下三种试验方法。

①不固结不排水剪(UU试验)。试样在施加周围压力和随后施加偏应力直至剪坏的整个试验过程中都不允许排水,这样从开始加压直至试样剪坏,土中的含水率始终保持不变,孔隙水压力也不可能消散。这种试验方法所对应的实际工程条件相当于饱和软黏土中快速加荷时的应力状况,得到的抗剪强度指标用 c_u、φ_u 表示。

②固结不排水剪(CU试验)。在施加周围压力 σ_3 时,将排水阀门打开,允许试样充分排水,待固结稳定后关闭排水阀门,然后再施加偏应力,使试样在不排水的条件下剪切破坏。由于不排水,试样在剪切过程中没有任何体积变形。若要在受剪过程中量测孔隙水压力,则要打开试样与孔隙水压力量测系统间的管路阀门,得到的抗剪强度指标用 c_{cu}、φ_{cu} 表示。

固结不排水剪试验是经常要做的工程试验,它适用的实际工程条件常常是一般正常固结土层在工程竣工或在使用阶段受到大量、快速的活荷载或新增加的荷载作用时所对应的受力情况。

③固结排水剪(CD试验)。在施加周围压力和随后施加偏应力直至剪坏的整个试验过程中都将排水阀门打开,并给予充分的时间让试样中的孔隙水压力能够完全消散,得到的抗剪强度指标用 c_d、φ_d 表示。

三轴试验的突出优点是能够控制排水条件以及可以量测土样中孔隙水压力的变化。此外,三轴试验中试件的应力状态也比较明确,剪切破坏时的破裂面在试件的最弱处,而不像直剪试验那样限定在上下盒之间。

(3)土体强度理论的有效应力法。从以上不同试验方法的讨论可以看到,同一种土施加的总应力 σ 虽然相同,但若试验方法不同,或者说控制的排水条件不同,则所得的强度指标就不相同,故土的抗剪强度与总应力之间没有唯一的对应关系。有效应力原理指出,土中某点的总应力 σ 等于有效应力 σ' 和孔隙水压力 u 之和,即 $\sigma = \sigma' + u$。因此,若在试验时量测土样的孔隙水压力,据此算出土中的有效应力,从而就可以用有效应力与抗剪强度的关系表达试验成果。

土的抗剪强度的试验成果一般有两种表示方法。一种是在 τ_f-σ 关系图中的横坐标用总应力 σ 表示,称为总应力法,其表达式为:

$$\tau_f = c + \sigma \tan\varphi$$

式中:c、φ——以总应力法表示的黏聚力和内摩擦角,统称为总应力抗剪强度指标。

另一种是在 τ_f'-σ 关系图中的横坐标用有效应力 σ' 表示,称为有效应力法,其表达式为:

$$\tau_f = c' + \sigma' \tan\varphi' \tag{2-4-12a}$$

$$\tau_f = c' + (\sigma - u)\tan\varphi' \tag{2-4-12b}$$

式中:c'、φ'——分别为有效黏聚力和有效内摩擦角,统称为有效应力抗剪强度指标。

抗剪强度的有效应力法由于考虑了孔隙水压力的影响,因此,对于同一种土,不论采取哪一种试验方法,只要能够准确量测出土样破坏时的孔隙水压力,则均可用式(2-4-12)来表示土的强度关系,而且所得的有效抗剪强度指标应该是相同的。换言之,在理论上土的抗剪强度与有效应力应有对应关系,这一点已为许多试验所证实。

第四节 软土在荷载作用下的强度增长规律

饱和软黏土地基在外荷载作用下,随着孔隙水压力的消散以及土层的固结,土的抗剪强度也将会随之而增长。

图 2-4-13 表示饱和软土强度增长的概念。当地面瞬时加荷时,地基中某一点总应力状态可用 A 圆表示,若孔隙水压力为 u,则有效应力状态可用 A' 圆表示;如果有效应力圆与强度包线相切,该点就处于极限平衡状态。随着孔隙水压力 u 逐渐消散,有效应力圆慢慢向右移动,即离开土强度包线的距离越来越大,也就是说该点由极限状态转入弹性状态。当孔隙水压力 u 消散到零时,A' 圆向右移到 A 圆位置,两者重合为一,抗剪强度则由 τ 增加至 $\tau + \Delta\tau$。

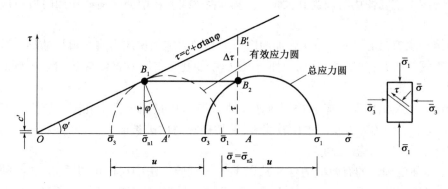

图 2-4-13 饱和软土强度的增长

对于正常固结土,通常有效黏聚力 $c'=0$,则由图 2-4-12 中关系可得:

$$\begin{cases} \dfrac{\tau_f}{\cos\varphi'} = \dfrac{\sigma_1 - \sigma_3}{2} \\ \sigma'_3 = \sigma'_1 \dfrac{1 - \sin\varphi'}{1 + \sin\varphi'} \end{cases}$$

所以

$$\tau_f = \frac{\sigma'_1}{2}\cos\varphi'\left(1 - \frac{1 - \sin\varphi'}{1 + \sin\varphi'}\right) = \sigma'_1 \frac{\sin\varphi'\cos\varphi'}{1 + \sin\varphi'} \quad (2\text{-}4\text{-}13)$$

若总应力增量为 $\Delta\sigma_1$,某一时刻达到的固结度为 U,则 $\Delta\sigma_1$ 产生的强度增量为:

$$\Delta\tau_f = \Delta\sigma_1 U \frac{\sin\varphi'\cos\varphi'}{1 + \sin\varphi'} \quad (2\text{-}4\text{-}14)$$

式中:φ'——有效内摩擦角。

土体的实际受力情况和排水条件是十分复杂的,不可能在试验室内完全得到模拟。为了简化,工程中有时采用只模拟在压力作用下的排水固结过程,而不模拟剪力作用下的附加压缩的方法。对于荷载面积相对于土层厚度比较大的预压工程,正常固结的饱和黏性土,由于土层固结而增长的强度可按下式计算:

$$\Delta\tau_f = \Delta\sigma'_1 \tan\varphi_{cu} = \Delta\sigma_1 U \tan\varphi_{cu} \quad (2\text{-}4\text{-}15)$$

式中:φ_{cu}——固结不排水剪强度指标。

式(2-4-15)所表示的强度增长方法,由于用的是总应力指标,所以是近似的估算方法,但试验和计算都比较简单,在工程上已得到广泛的应用。

饱和软土地基在外荷作用下的强度增长对工程问题十分重要。在工程实践中,例如老建筑物加层时的地基承载力问题、材料堆场和油罐地基分级加荷的稳定分析等,都涉及地基的强度增长问题。

第五节 土的压实特性与压实土的力学特性

在工程建设中,经常遇到填土或松软地基,为了改善这些土的工程性质,常采用压实的方法使土变得密实,这往往是一种经济合理的改善土的工程性质的方法。由于土的基本性质复杂多变,同一压实功能对于不同种类、不同状态的土的压实效果可以完全不同。因此为了实现技术上可靠和经济上合理,需要了解土的压实特性与变化规律,以利于工程实践。

1. 土的压实特性

(1)压实曲线性状。击实试验是研究土的压实性能的室内试验方法,可得到一定击实功作用下土的含水率与干重度的关系。击实试验所得到的击实曲线(图2-4-14)是研究土的压实特性的基本关系图。从图中可见,击实曲线(γ_d-w)上有一峰值,此处的干重度为最大,称为最大干重度γ_{dmax};与之对应的制备土样含水率则称为最佳含水率w_{op}(或称最优含水率)。峰点表明,在一定的击实功作用下,只有当压实土为最佳含水率时,土才能被击实至最大干重度,才能达到最大压实效果。

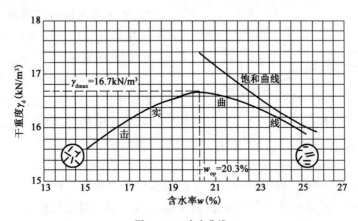

图 2-4-14 击实曲线

从图2-4-14的曲线形态还可看到,曲线左段比右段的坡度陡。这表明含水率变化对于干重度影响在偏干(指含水率低于最佳含水率)时比偏湿(指含水率高于最佳含水率)时更为明显。

在γ_d-w曲线中还给出了饱和曲线,它表示当土处于饱和状态时的γ_d-w关系。饱和曲线与击实曲线的位置说明,土是不可能被击实到完全饱和状态的。试验表明,黏性土在最佳击实情况下(即击实曲线峰点),其饱和度通常为80%左右,整个击实曲线始终在饱和曲线左下侧。

这一点可以这样理解:当土的含水率接近和大于最佳值时,土孔隙中的气体将处于与大气不连通的状态,击实作用已不能将其排出土外。

(2)不同土类与不同击实功能对压实特性的影响。在同一击实功能条件下,不同土类的击实特性是不一样的。图2-4-15是五种不同土料的击实试验结果,图2-4-15a)是其不同的粒径曲线,图2-4-15b)是五种土料在同一标准击实试验中所得到的五条击实曲线。从图可见,含粗粒越多的土样最大干重度越大,而最佳含水率越小,即随着粗颗粒增多,曲线形态不变而峰点向左上方移动。另外,土的颗粒级配对压实效果也影响颇大,颗粒级配良好的土容易被压实,颗粒级配均匀则最大干重度偏小。

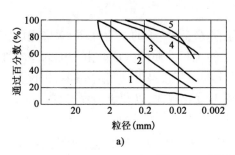 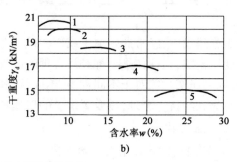

图2-4-15 不同土料击实曲线的比较

图2-4-16表示同一种土样在不同击实功能作用下所得到的压实曲线。随着压实功能的增大,击实曲线形态不变,但位置发生了向左上方的移动,即γ_{dmax}增大而w_{op}减小。图中的曲线形态还表明,当土偏干时,增加击实功对提高干重度的影响较大,偏湿时则收效不大,故对偏湿的土用增大击实功的办法提高击实效果是不经济的。

2. 压实土的压缩性和强度

(1)压缩性。压实土的压缩性取决于它的密度和加荷时的含水率,以击实土做压缩试验时可以发现,在某一荷载作用下,有些土样压缩稳定后,如加水使之饱和,土样就会在同一荷载作用下出现明显的附加压缩。而这一现象出现与否和击实试样时的含水率很有关系。即使土的干重度相同,但偏湿土样附加压缩的增加比偏干时附加压缩的增长来得大。这一现象在路堤填

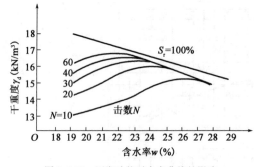

图2-4-16 压实功能对击实曲线的影响

筑工程的设计与施工控制中必须引起注意,特别是被水浸润的路堤构筑物可能因此被损坏造成行车不安全。为了消除这一不利影响,就有必要确定填土受水饱和时不会产生附加压缩所需的最小含水率。

一般说来,填土在压实到一定密度以后,其压缩性就大为减小。当填土的干重度$\gamma_d >$ 16.5kN/m³时,变形模量E_0显著提高。这对于作为建筑物地基的填土显得尤为重要。

(2)强度。压实土的抗剪强度性状也主要取决于受剪时的密度和含水率。图2-4-17表示两个含水率不同(偏干和偏湿)的压实土试样无侧限抗压强度试验曲线。由图可见,偏干试样的强度大,但试样具有明显的脆性破坏特点。图2-4-18则是对同样条件的击实土试样,进行

三轴不固结不排水(UU)试验和固结不排水(CU)试验的对比曲线,试验时所施加的侧压力同为 $\sigma_3 = 175\text{kPa}$。图中可见,当试样受到一定大小的侧压力时,偏干试样强度也大,但不呈现明显的脆性破坏特性。所以就强度而言,用偏干的土样去填筑是大有好处的。这一室内试验得出的论点已为相当多的现场资料所证实。

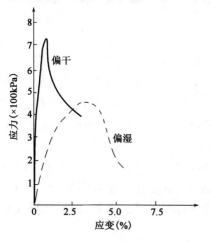

图 2-4-17 不同含水率压实土的无侧限抗压强度试验

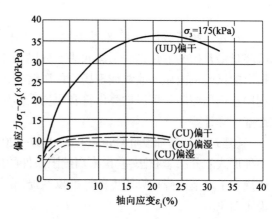

图 2-4-18 不同含水率压实土的三轴试验

从图 2-4-19 所示曲线可见,当压实土的含水率低于最佳含水率时(偏干状态),虽然干重度比较小,强度却比最大干重度时大得多。这是因为此时的击实虽未使土达到最密实状态,但它克服了土粒引力等的联结,形成了新的结构,能量转化为土强度的提高。这说明,压实土的强度在一定条件下可以通过增加压实功能予以提高。

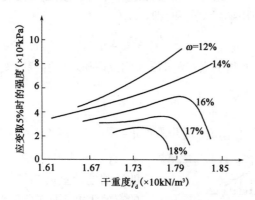

图 2-4-19 压实土强度与干重度、含水率的关系

上述关于土的强度试验结果说明,一般情况下,只要满足某些给定的条件,压实土的强度还是比较高的。但正如关于它的压缩性特征的研究所发现的压实土遇水饱和会发生附加压缩问题一样,在强度方面它也有存在潜在危险的一面,即浸水软化会使强度降低(实际上附加压缩可以看作是强度软化的外观表现形态),这就是所谓水稳定性问题。公路、铁路的路堤和堤坝等土工构筑物都无法避免浸水润湿,尤其是那些修筑于河滩地带的过水路堤,水稳定性的研究与控制更是重要。

第五章　地基沉降计算与地基承载力

在建筑物荷载作用下,地基土主要由于压缩而引起的竖直方向的位移称为沉降,计算地基沉降量最常用的方法是分层总和法。分层总和法的基本思路为:将压缩层范围内地基分层,根据土的试验室内压缩曲线或现场原位压缩曲线计算每一分层的压缩量,然后累加得总沉降量。利用室内压缩曲线可以推算出符合原位土体压缩性的现场压缩曲线,从而可进行更为准确的地基沉降计算。

《建筑地基基础设计规范》(GB 50007—2011)中推荐的应力面积法为计算地基沉降的另一种形式的分层总和法,它也采用侧限条件的压缩性指标,并运用了平均附加应力系数计算,还规定了地基沉降计算深度的标准以及提出了地基沉降计算的经验系数,使得计算成果接近于实测值。

第一节　分层总和法计算最终沉降

1. 基本假设

(1)一般取基底中心点下地基附加应力来计算各分层土的竖向压缩量,认为基础的平均沉降量 s 为各分层土竖向压缩量 s_i 之和,即:

$$s = \sum_{i=1}^{n} \Delta s_i \tag{2-5-1}$$

(2)计算 Δs_i 时,假设地基土只在竖向发生压缩变形,没有侧向变形,故可利用室内侧限压缩试验结果进行计算。

2. 计算步骤

采用分层总和法计算地基沉降的步骤如下(图2-5-1):

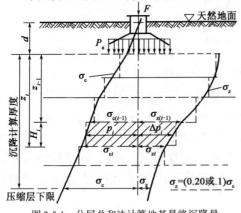

图2-5-1　分层总和法计算地基最终沉降量

(1)地基土分层。成层土的层面(不同土层的压缩性及重度不同)及地下水面(水面上下土的有效重度不同)是显然的分层界面,此外,分层厚度一般不宜大于 $0.4b$ (b 为基底宽度。附加应力沿深度的变化是非线性的,土的 e-p 曲线也是非线性的,因此分层厚度太大将产生较大的误差)。

(2)计算各分层界面处土自重应力。土自重应力应从天然地面起算,地下水位以下一般应取有效重度。

(3)计算各分层界面处基底中心下竖向附加

应力。

(4)确定地基沉降计算深度(或压缩层厚度)。附加应力随深度递减,自重应力随深度递增,因此到了一定深度之后,附加应力与自重应力相比很小,引起的压缩变形就可忽略不计。一般取地基附加应力等于自重应力的20%($\sigma_z = 0.2\sigma_c$)深度处作为沉降计算深度的限值;若在该深度以下为高压缩性土,则应取地基附加应力等于自重应力的10%($\sigma_z = 0.1\sigma_c$)深度处作为沉降计算深度的限值。

(5)计算各分层土的压缩量Δs_i。根据基本假设(2),可利用室内压缩试验结果进行计算。

$$\Delta s_i = \varepsilon_i H_i = \frac{\Delta e}{1+e_{1i}}H_i = \frac{e_{1i}-e_{2i}}{1+e_{1i}}H_i \qquad (2\text{-}5\text{-}2a)$$

$$= \frac{a_i(p_{2i}-p_{1i})}{1+e_{1i}}H_i \qquad (2\text{-}5\text{-}2b)$$

$$= \frac{\Delta p_i}{E_{si}}H_i \qquad (2\text{-}5\text{-}2c)$$

式中:ε_i——第i分层土的平均压缩应变;

H_i——第i分层土的厚度;

e_{1i}——对应于第i分层土上下层面自重应力值的平均值$p_{1i} = \frac{\sigma_{c(i-1)}+\sigma_{ci}}{2}$从土的压缩曲线上得到的孔隙比;

e_{2i}——对应于第i分层土自重应力值平均值p_{1i}与上下层面附加应力值的平均值$\Delta p_i = \frac{\sigma_{z(i-1)}+\sigma_{zi}}{2}$之和($p_{2i}=p_{1i}+\Delta p_i$)从土的压缩曲线上得到的孔隙比;

a_i——第i分层对应于p_{1i}-p_{2i}段的压缩系数;

E_{si}——第i分层对应于p_{1i}-p_{2i}段的压缩模量。

根据已知条件,具体可选用式(2-5-2a)~式(2-5-2c)中一个进行计算。

(6)按式(2-5-1)计算基础的平均沉降量。

3. 简单讨论

(1)分层总和法假设地基土在侧向不能变形,而只在竖向发生压缩,这种假设在压缩土层厚度同基底荷载分布面积相比很薄时结果误差才比较小。

(2)假定地基土侧向不能变形使得计算结果偏小,取基底中心点下的地基中的附加应力来计算基础的平均沉降导致计算结果偏大,因此在一定程度上得到了相互弥补。

(3)当需考虑相邻荷载对基础沉降影响时,通过将相邻荷载在基底中心下各分层深度处引起的附加应力叠加到基础本身引起的附加应力中来进行计算。

第二节 一维固结理论

饱和黏性土地基在建筑物荷载作用下要经过相当长时间才能达到最终沉降。为了建筑物的安全与正常使用,对于一些重要的、特殊的建筑物应在工程实践和分析研究中掌握沉降与时间关系的规律性,这是因为较快的沉降速率对于建筑物有较大的危害。解决这一问题最常用的是太沙基一维渗流固结理论。

1. 基本假设

太沙基一维渗流固结理论需作如下假设:土是均质的、完全饱和的;土粒和水是不可压缩的;土层的压缩和土中水的渗流只沿竖向发生,是一维的;土中水的渗流服从达西定律,且渗透系数 k 保持不变;孔隙比的变化与有效应力的变化成正比,即 $-de/d\sigma' = a$,且压缩系数 a 保持不变;外荷载是一次瞬时施加的。

2. 固结微分方程的建立

在厚度为 H 的饱和土层上施加无限宽广的均布荷载 p,土中附加应力沿深度均匀分布,土层上面为排水边界,有关条件符合基本假定,考察土层顶面以下 z 深度的微元体 $dxdydz$ 在 dt 时间内的变化。

根据连续性条件、达西定律、有效应力原理以及侧限条件下孔隙比的变化与竖向有效应力变化的关系(见基本假设)得到:

$$\frac{a}{1+e_1}\frac{\partial u}{\partial t} = \frac{k}{\gamma_w}\frac{\partial^2 u}{\partial^2 z} \qquad (2\text{-}5\text{-}3)$$

令 $C_v = \dfrac{k(1+e_1)}{a\gamma_w} = \dfrac{kE_s}{\gamma_w}$,则式(2-5-3)成为:

$$\frac{\partial u}{\partial t} = C_v \frac{\partial^2 u}{\partial^2 z} \qquad (2\text{-}5\text{-}4)$$

上式即为太沙基一维固结微分方程,其中 C_v 称为土的竖向固结系数(cm^2/s)。

3. 固结微分方程的求解

以下针对几种较简单的初始条件及边界条件对式(2-5-4)进行求解。

(1) 土层单面排水,起始超孔隙水压力沿深度为线性分布,如图2-5-2所示。

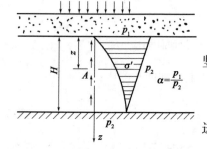

图 2-5-2 单面排水条件下超孔隙水压力的消散

定义 $\alpha = p_1/p_2$,初始条件及边界条件见表2-5-1。

单面排水的初始条件及边界条件　　　　表2-5-1

次序	时 间	坐 标	已知条件
1	$t=0$	$0 \leq z \leq H$	$u = p_2\left[1 + (\alpha-1)\dfrac{H-z}{H}\right]$
2	$0 < t \leq \infty$	$z = 0$	$u = 0$
3	$0 \leq t \leq \infty$	$z = H$	$\dfrac{\partial u}{\partial z} = 0$
4	$t = \infty$	$0 \leq z \leq H$	$u = 0$

采用分离变量法求得式(2-5-4)的特解为:

$$u(z,t) = \frac{4p_2}{\pi^2}\sum_{m=1}^{\infty}\frac{1}{m^2}\left[m\pi\alpha + 2(-1)^{\frac{m-1}{2}}(1-\alpha)\right]e^{-\frac{m^2\pi^2}{4}T_v}\cdot\sin\frac{m\pi z}{2H} \qquad (2\text{-}5\text{-}5)$$

在实用中常取第一项,即取 $m=1$ 得:

$$u(z,t) = \frac{4p_2}{\pi^2}\left[\alpha(\pi-2) + 2\right]e^{-\frac{\pi^2}{4}T_v}\cdot\sin\frac{\pi z}{2H} \qquad (2\text{-}5\text{-}6)$$

式中：m——奇正整数($m=1,3,5,\cdots$)；
e——自然对数的底，$e=2.7182$；
H——孔隙水的最大渗径，在单面排水条件下为土层厚度；
T_v——时间因数，$T_v=\dfrac{C_v t}{H^2}$。

(2) 土层双面排水，起始超孔隙水压力沿深度为线性分布，如图 2-5-3 所示。

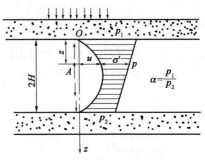

图 2-5-3 双面排水条件下超孔隙水压力的消散

定义 $\alpha=p_1/p_2$，令土层厚度为 $2H$，初始条件及边界条件见表 2-5-2。

双面排水的初始条件及边界条件　　　　　　表 2-5-2

次序	时　间	坐　标	已知条件
1	$t=0$	$0 \leq z \leq H$	$u=p_2\left[1+(\alpha-1)\dfrac{H-z}{H}\right]$
2	$0<t\leq\infty$	$z=0$	$u=0$
3	$0<t\leq\infty$	$z=H$	$u=0$

采用分离变量法求得式(2-5-4)的特解为：

$$u(z,t)=\dfrac{p_2}{\pi}\sum_{m=1}^{\infty}\dfrac{2}{m}[1-(-1)m\alpha]e^{-\frac{m^2\pi^2}{4}T_v}\cdot\sin\dfrac{m\pi(2H-z)}{2H} \tag{2-5-7}$$

在实用中常取第一项，即取 $m=1$ 得：

$$u(z,t)=\dfrac{2p_2}{\pi}(1+\alpha)\,e^{-\frac{\pi^2}{4}T_v}\cdot\sin\dfrac{\pi(2H-z)}{2H} \tag{2-5-8}$$

超孔隙水压力随深度分布曲线上各点斜率反映出该点在某时刻水力梯度及水流方向。

4. 固结度

(1) 基本概念。如图 2-5-2 及图 2-5-3 所示，深度 z 处的 A 点在 t 时刻竖向有效应力 σ'_t 与起始超孔隙水压力 p 的比值，称为 A 点 t 时刻的固结度。

土层的平均固结度：t 时刻土层各点土骨架承担的有效应力图面积与起始超孔隙水压力(或附加应力)图面积之比，称为 t 时刻土层的平均固结度，用 U_t 表示，即：

$$U_t=\dfrac{\text{有效应力图面积}}{\text{起始超孔隙水压力图面积}}=1-\dfrac{t\text{时刻超孔隙水压力面积}}{\text{起始超孔隙水压力图面积}} \tag{2-5-9}$$

根据有效应力原理，土的变形只取决于有效应力，因此，对于一维竖向渗流固结，根据式(2-5-9)土层的平均固结度又可定义为：

$$U_t=1-\dfrac{\int_0^H u(z,t)\mathrm{d}z}{\int_0^H p(z)\mathrm{d}z}=\dfrac{\int_0^H\sigma'(z,t)\mathrm{d}z}{\int_0^H p(z)\mathrm{d}z}=\dfrac{\int_0^H\dfrac{a}{1+e_1}\sigma'(z,t)\mathrm{d}z}{\int_0^H\dfrac{a}{1+e_1}p(z)\mathrm{d}z}=\dfrac{S_{ct}}{S_c} \tag{2-5-10}$$

式中：$\dfrac{a}{1+e_1}$——根据基本假设，在整个渗流固结过程中为常数；

S_{ct}——地基某时刻 t 的固结沉降；

S_c——地基最终的固结沉降。

（2）起始超孔隙水压力沿深度线性分布情况下的固结度计算。起始超孔隙水压力沿深度线性分布的几种情况见图 2-5-4。

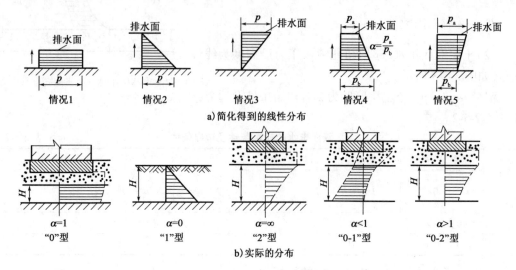

图 2-5-4 起始超孔隙水压力的几种情况

①将式（2-5-6）代入式（2-5-10）得到单面排水情况下，土层任一时刻 t 的固结度 U_t 的近似值：

$$U_t = 1 - \frac{\left(\frac{\pi}{2}\alpha - \alpha + 1\right)}{1 + \alpha} \cdot \frac{32}{\pi^3} \cdot e^{-\frac{\pi^2}{4}T_v} \tag{2-5-11}$$

α 取 1，即"0"型，起始超孔隙水压力分布图为矩形，代入上式得：

$$U_0 = 1 - \frac{8}{\pi^2} \cdot e^{-\frac{\pi^2}{4}T_v} \tag{2-5-12}$$

α 取 0，即"1"型，起始超孔隙水压力分布图为三角形，代入上式得：

$$U_1 = 1 - \frac{32}{\pi^3} \cdot e^{-\frac{\pi^2}{4}T_v} \tag{2-5-13}$$

不同 α 值时的固结度可按式（2-5-11）来求得，也可利用式（2-5-12）及式（2-5-13）求得的 U_0 及 U_1，按下式来计算：

$$U_\alpha = \frac{2\alpha U_0 + (1 - \alpha) U_1}{1 + \alpha} \tag{2-5-14}$$

②将式（2-5-8）代入式（2-5-10）即得到双面排水、起始超孔隙水压力沿深度线性分布情况下，土层任一时刻 t 的固结度 U_t 的近似值：

$$U_t = 1 - \frac{8}{\pi^2} \cdot e^{-\frac{\pi^2}{4}T_v} \tag{2-5-15}$$

从上式可看出，固结度 U_t 与 α 值无关，且形式上与土层单面排水时的 U_0 相同，注意式(2-5-15)中 $T_v = \dfrac{C_v t}{H^2}$ 中的 H 为固结土层厚度的一半,而式(2-5-12)中 $T_v = \dfrac{C_v t}{H^2}$ 中的 H 为固结土层厚度。因此,双面排水、起始超孔隙水压力沿深度线性分布情况下 t 时刻的固结度,可以用式(2-5-12)来求得,只是要注意取前者土层厚度的一半作为 H 代入。

图 2-5-4a)为起始超孔隙水压力为沿深度为线性分布的几种情况,联系到工程实际问题时,应考虑如何将实际的超孔隙水压力分布简化成图 2-5-4a)中的计算图式,以便进行简化计算分析。图 2-5-4b)列出了 5 种实际情况下的起始超孔隙水压力分布图。

情况 1:薄压缩层地基;
情况 2:土层在自重应力作用下的固结;
情况 3:基础底面积较小,传至压缩层底面的附加应力接近零;
情况 4:在自重应力作用下尚未固结的土层上作用有基础传来的荷载;
情况 5:基础底面积较小,传至压缩层底面的附加应力不接近零。

第三节　地基沉降的历时特征

饱和黏性土地基最终的沉降量从机理上来分析,是由三个部分组成的(图 2-5-5),即:

$$s = s_d + s_c + s_a \tag{2-5-16}$$

式中:s_d——瞬时沉降(初始沉降、不排水沉降);

s_c——固结沉降(主固结沉降);

s_a——次固结沉降(次压缩沉降、徐变沉降)。

下面分别介绍这三种沉降产生的主要机理及常用的计算方法。

1. 瞬时沉降

瞬时沉降是在施加荷载后瞬时发生的,在很短的时间内,孔隙中的水来不及排出,因此对于饱和的黏性土来说,沉降是在没有体积变形的条件下产生的,这种变形实质上是通过剪应变引起的侧向挤出,是形状变形。因此这一沉

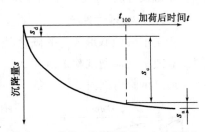

图 2-5-5　黏性土地基沉降的三个组成部分

降计算是考虑了侧向变形的地基沉降计算,而像分层总和法等实用的沉降计算方法则没有考虑这一过程。在单向压缩(如薄压缩层地基上大面积均匀堆载)时由于没有剪应力,也就没有侧向变形,可以不考虑瞬时沉降这一分量。

大比例尺的室内试验及现场实测表明,可以用弹性理论公式来分析计算瞬时沉降。

2. 固结沉降

固结沉降是在荷载作用下,孔隙水被逐渐挤出,孔隙体积逐渐减小,使得土体压密产生体积变形而引起的沉降,是黏性土地基沉降最主要的组成部分。

在实用中可采用分层总和法等计算固结沉降,只是这些方法基于侧限假定,即按一维问题来考虑,与实际的二、三维应力状态不符,但由于确定压缩性指标等复杂困难,所以难以严格按二、三维应力状态考虑。

3. 次固结沉降

次固结沉降是指超静孔隙水压力消散为零,在有效应力基本上不变的情况下,随时间继续发生的沉降量,一般认为这是在恒定应力状态下,土中的结合水以黏滞流动的形态缓慢移动,造成水膜厚度相应地发生变化,使土骨架产生徐变的结果。

事实上这三种沉降并不能截然分开,而是交错发生的,只是某个阶段以一种沉降变形为主而已。不同的土,三个组成部分的相对大小及时间是不同的。例如,干净的粗砂地基沉降可认为是在荷载施加后瞬间发生的(包括瞬时沉降和固结沉降,此时已很难分开),次固结沉降不明显。对于饱和软黏土,实测的瞬时沉降可占最终沉降量的30%~40%,次固结沉降量同固结沉降量相比往往是不重要的。但对于含有有机质的软黏土,就不能不考虑次固结沉降。

第四节 地基破坏的性状及地基承载力的概念

建筑物因地基问题引起破坏,一般有两种情形:一是建筑物荷载过大,超过了地基所能承受的荷载能力而使地基破坏失稳,即强度和稳定性问题;二是由于建筑物荷载作用下,地基和基础产生了过大的沉降和沉降差,使建筑物产生结构性损坏或丧失使用功能,即变形问题。

地基承载力是指地基土单位面积上所能承受荷载的能力,以 kPa 计。通常把地基不致失稳时地基土单位面积上所能承受的最大荷载称为极限承载力(p_u)。由于工程设计中必须确保地基有足够的稳定性,必须限制建筑物基础基底的压力(p),使其不得超过地基的容许承载力(p_a),因此地基容许承载力是指考虑一定安全储备后的地基承载力。同时根据地基承载力进行基础设计时,应考虑不同建筑物对地基变形的控制要求,进行地基变形验算。

1. 地基破坏的性状

为了了解地基承载力的概念以及地基土受荷后剪切破坏的过程及性状,可以通过现场荷载试验或室内模型试验来研究。

通过试验得到荷载板下各级压力 p 与相应的稳定沉降量 s 之间的关系,绘得 p-s 曲线,如图 2-5-6 所示。对 p-s 曲线的特性进行分析,可以了解地基破坏的机理。

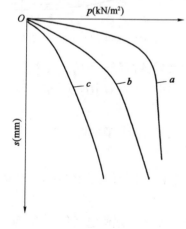

图 2-5-6 p-s 曲线
a-整体剪切破坏;b-局部剪切破坏;c-刺入剪切破坏

太沙基根据试验研究提出两种典型的地基破坏形式,即整体剪切破坏和局部剪切破坏。

整体剪切破坏的特征是,当基础上荷载较小时,基础下形成一个三角形压密区 I [图 2-5-7a)],随同基础压入土中,这时 p-s 曲线呈直线关系(见图 2-5-6 中曲线 a)。随着荷载增加,压密区 I 向两侧挤压,土中产生塑性区,塑性区先在基础边缘产生,然后逐步扩大形成图 2-5-7a)中的 II、III 塑性区。这时基础的沉降增长率较前一阶段增大,故 p-s 曲线呈曲线状。当荷载达到最大值后,土中形成连续滑动面,并延伸到地面,土从基础两侧挤出并隆起,基础沉降急剧增加,整个地基失稳破坏,如图 2-5-7a)所示。这时 p-s 曲线上出现明显的转折点,其相应的荷载称为极限荷载p_u,见图2-5-6曲线a。整体剪切破坏常发生在浅埋基础下的密砂或硬黏土等坚实地基中。

局部剪切破坏的特征是,随着荷载的增加,基础下也产生压密区Ⅰ及塑性区Ⅱ,但塑性区仅仅发展到地基某一范围内,土中滑动面并不延伸到地面,见图2-5-7b),基础两侧地面微微隆起,没有出现明显的裂缝。其p-s曲线如图2-5-6中的曲线b所示,曲线也有一个转折点,但不像整体剪切破坏那么明显。p-s曲线在转折点后,其沉降量增长率虽较前一阶段为大,但不像整体剪切破坏那样急剧增加,在转折点之后,p-s曲线还是呈线性关系。局部剪切破坏常发生于中等密实砂土中。

魏锡克(A. S. Vesic)提出除上述两种破坏情况外,还有一种刺入剪切破坏。这种破坏形式发生在松砂及软土中,其破坏的特征是,随着荷载的增加,基础下土层发生压缩变形,基础随之下沉,当荷载继续增加,基础周围附近土体发生竖向剪切破坏,使基础刺入土中。基础两边的土体没有移动,如图2-5-7c)所示。刺入剪切破坏的p-s曲线如图2-5-6中曲线c,沉降随着荷载的增大而不断增加,但p-s曲线上没有明显的转折点,没有明显的比例界限及极限荷载。

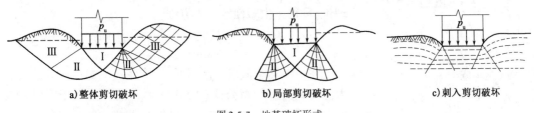

图2-5-7 地基破坏形式

地基的剪切破坏形式,除了与地基土的性质有关外,还同基础埋置深度、加荷速度等因素有关。如在密砂地基中,一般会出现整体剪切破坏,但当基础埋置很深时,密砂在很大荷载作用下也会产生压缩变形,而出现刺入剪切破坏;在软黏土中,当加荷速度较慢时会产生压缩变形而出现刺入剪切破坏,但当加荷很快时,由于土体不能产生压缩变形,就可能发生整体剪切破坏。

2. 确定地基容许承载力的方法

确定地基容许承载力的方法,一般有以下三种:

(1)根据荷载试验的p-s曲线来确定地基容许承载力。从荷载试验曲线确定地基容许承载力时,可以有三种确定方法:

①用极限承载力p_u除以安全系数K可得到容许承载力,一般安全系数取2~3。

②取p-s曲线上比例界限荷载p_{pr}作为地基容许承载力。

③对于拐点不明显的试验曲线,可以用相对变形来确定地基容许承载力。对软塑或可塑黏性土取相对沉降$s=0.02b$(b为荷载板高度)对应的压力为地基容许承载力;对砂土或坚硬黏性土取$s=(0.01\sim0.015)b$对应的压力为地基容许承载力。

(2)根据设计规范确定。在《公路桥涵地基与基础设计规范》(JTG 3363—2019)中给出了各种土类的地基容许承载力表,这些表是根据在各类土上所做的大量的荷载试验资料,以及工程经验总结经过统计分析而得到的。使用时可根据现场土的物理力学性质指标,以及基础的宽度和埋置深度,按规范中的表格和公式得到地基容许承载力。

(3)根据地基承载力理论公式确定地基容许承载力。地基承载力的理论公式中,一种是根据土体极限平衡条件导得的临塑荷载和临界荷载计算公式,另一种是根据地基土刚塑性假定而导得的极限承载力计算公式。工程实践中,根据建筑物不同要求,可以用临塑荷载或临界荷载作为地基容许承载力,也可以用极限承载力公式计算极限承载力除以一定安全系数作为地基容许承载力。

第五节 按临界荷载确定地基承载力

在荷载作用下地基变形的发展经历3个阶段,即压密阶段、剪切阶段及破坏阶段。地基变形的剪切阶段也是土中塑性区范围随着作用荷载的增加而不断发展的阶段,我们把土中塑性区开展到不同深度时,其相应的荷载称为临界荷载。

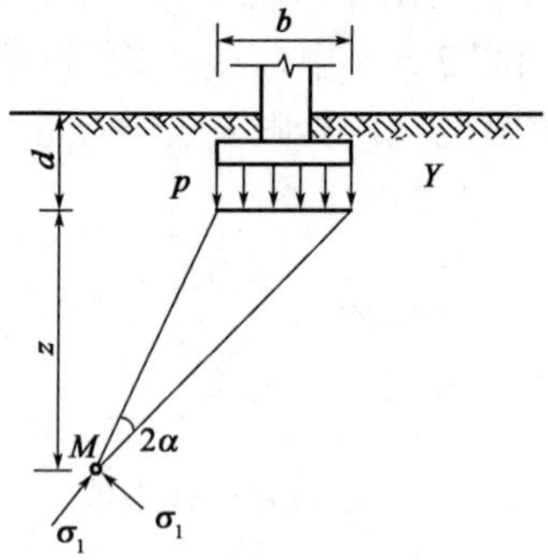

如图2-5-8所示,在地基表面作用条形均布荷载 p_0,根据均布条形荷载作用下的附加应力公式和土体极限平衡强度理论,可得土中塑性区边界方程:

$$z = \frac{p - \gamma d}{\gamma \pi}\left(\frac{\sin 2\alpha}{\sin \varphi} - 2\alpha\right) - \frac{c \cdot \cot\varphi}{\gamma} - d \quad (2\text{-}5\text{-}17)$$

图2-5-8 均布条形荷载下地基中主应力计算

在条形均布荷载 p 作用下,计算地基中塑性区开展的最大深度 z_{max} 值时,将公式(2-5-17)对 α 的导数等于零时对应的 α 角代入公式(2-5-17),即得地基中塑性区开展最大深度的表达式为:

$$z_{max} = \frac{p - \gamma d}{\gamma \pi}\left[\cot\varphi - \left(\frac{\pi}{2} - \varphi\right)\right] - \frac{c \cdot \cot\varphi}{\gamma} - d \quad (2\text{-}5\text{-}18)$$

由公式(2-5-18)也可得到如下相应的基底均布荷载 p 的表达式:

$$p = \frac{\pi}{\cot\varphi + \varphi - \frac{\pi}{2}}\gamma z_{max} + \frac{\cot\varphi + \varphi + \frac{\pi}{2}}{\cot\varphi + \varphi - \frac{\pi}{2}}\gamma d + \frac{\pi \cot\varphi}{\cot\varphi + \varphi - \frac{\pi}{2}}c \quad (2\text{-}5\text{-}19)$$

式(2-5-19)是计算临塑荷载及临界荷载的基本公式。

如令 $z_{max} = 0$,代入式(2-5-19),此时的基底压力 p 即为临塑荷载 p_{cr},其计算公式为:

$$p_{cr} = N_q \gamma d + N_c C \quad (2\text{-}5\text{-}20)$$

式中:$N_q = \dfrac{\cot\varphi + \varphi + \dfrac{\pi}{2}}{\cot\varphi + \varphi - \dfrac{\pi}{2}}$,$N_c = \dfrac{\pi \cot\varphi}{\cot\varphi + \varphi - \dfrac{\pi}{2}}$。

若地基中允许塑性区开展的深度 $z_{max} = B/4$(B 为基础宽度),则代入式(2-5-18),即得相应的临界荷载 p 的计算公式:

$$p_{\frac{1}{4}} = \gamma B N_r + \gamma d N_q + c N_c \quad (2\text{-}5\text{-}21)$$

式中:$N_r = \dfrac{\pi}{4\left(\cot\varphi + \varphi - \dfrac{\pi}{2}\right)}$;

其余符号意义同前。

N_q、N_r、N_c 称为承载力系数,只与土的内摩擦角 φ 有关。

第六节　按极限荷载确定地基承载力的方法

地基极限承载力除了可以从荷载试验求得外,还可以用半理论半经验公式计算,这些公式都是在刚塑体极限平衡理论基础上解得的。下面介绍常用的几个极限承载力公式。

1. 普朗特尔地基极限承载力公式

(1) 普朗特尔基本解。普朗特尔(L. Prandtl)根据极限平衡理论,推导出当不考虑土的重力($\gamma=0$),且假定基底面光滑无摩擦力时,置于地基表面的条形基础的极限荷载公式如下:

$$p_u = c\left[e^{\pi\tan\varphi}\tan^2\left(\frac{\pi}{4}+\frac{\varphi}{2}\right)-1\right]\cot\varphi = cN_c \tag{2-5-22}$$

式中,承载力系数 $N_c = \left[e^{\pi\tan\varphi}\tan^2\left(\frac{\pi}{4}+\frac{\varphi}{2}\right)-1\right]\cot\varphi$,是土内摩擦角 φ 的函数。

(2) 雷斯诺对普朗特尔公式的补充。普朗特尔公式是假定基础设置于地基的表面,但一般基础均有一定的埋置深度,若埋置深度较浅时,为简化起见,可忽略基础底面以上土的抗剪强度,而将这部分土作为分布在基础两侧的均布荷载 $q=\gamma d$ 作用在 GF 面上,见图2-5-9。雷斯诺(H. Reissner)在普朗特尔公式假定的基础上,推导得到了由超载 q 产生的极限荷载公式:

$$p_u = qe^{\pi\tan\varphi}\tan^2\left(\frac{\pi}{4}+\frac{\varphi}{2}\right) = qN_q \tag{2-5-23}$$

式中,承载力系数 $N_q = e^{\pi\tan\varphi}\tan^2\left(\frac{\pi}{4}+\frac{\varphi}{2}\right)$,是土内摩擦角 φ 的函数。

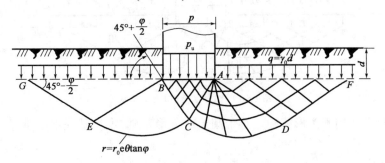

图 2-5-9　有埋置深度时的雷斯诺解

将式(2-5-22)及式(2-5-23)合并,得到当不考虑土重力时,埋置深度为 d 的条形基础的极限荷载公式:

$$p_u = qN_q + cN_c \tag{2-5-24}$$

式中,承载力系数 N_q、N_c 可按土的内摩擦角 φ 值查表得到。

上述普朗特尔及雷斯诺导得的公式,均是假定土的重度 $\gamma=0$,但是由于土的强度很小,同时内摩擦角 φ 又不等于零,因此不考虑土的重力作用是不妥当的。若考虑土的重力时,其滑动面形状很复杂,目前尚无法按极限平衡理论求得其解析解,只能采用数值计算方法求得。

(3) 泰勒(D. W. Taylor)对普朗特尔公式的补充。泰勒在1948年提出,若考虑土体重力时,假定其滑动面与普朗特尔公式相同,那么滑动土体的重力将使滑动面上土的抗剪强度增加。泰勒假定其增加值可用一个换算黏聚力来表示,即得考虑滑动土体重力时的普朗特尔极限荷载计算公式:

$$p_u = qN_q + (c+c')N_c = qN_q + cN_c + c'N_c$$
$$= qN_q + cN_c + \gamma \frac{B}{2}\tan\left(\frac{\pi}{4}+\frac{\varphi}{2}\right)\left[e^{\pi\tan\varphi}\tan^2\left(\frac{\pi}{4}+\frac{\varphi}{2}\right)-1\right] \quad (2-5-25)$$
$$= \frac{1}{2}\gamma B N_r + qN_q + c'N_c$$

式中,承载力系数 $N_q = \tan\left(\frac{\pi}{4}+\frac{\varphi}{2}\right)\left[e^{\pi\tan\varphi}\tan^2\left(\frac{\pi}{4}+\frac{\varphi}{2}\right)-1\right]$,可按 φ 值查表得到。

2. 太沙基极限承载力公式

太沙基(K. Terzaghi)提出了确定条形浅基础的极限荷载公式。太沙基认为从实用考虑,当基础的长宽比 $L/B \geq 5$ 及基础的埋置深度 $d \leq B$ 时,就可视为是条形浅基础。基底以上的土体看作是作用在基础两侧的均布荷载 $q = \gamma d$。

太沙基假定基础底面是粗糙的,地基滑动面的形状,也可以分成3个区,如图2-5-10所示。据此可得太沙基的极限承载力公式:

$$p_u = \frac{1}{2}\gamma B N_r + qN_q + cN_c \quad (2-5-26)$$

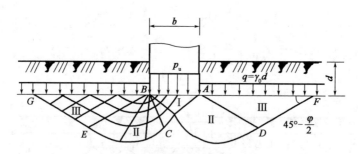

图 2-5-10 太沙基公式滑动面形状

式(2-5-26)只适用于条形基础。对于圆形或方形基础,太沙基提出了半经验的极限荷载公式。

圆形基础:

$$p_u = 0.6\gamma R N_r + qN_q + 1.2cN_c \quad (2-5-27)$$

式中:R——圆形基础的半径;
其余符号意义同前。

方形基础:

$$p_u = 0.4\gamma R N_r + qN_q + 1.2cN_c \quad (2-5-28)$$

式(2-5-26)~式(2-5-28)只适用于地基土是整体剪切破坏的情况,即地基土较密实,其 p-s 曲线有明显的转折点,破坏前沉降不大等情况。对于松软土质,地基破坏是局部剪切破坏,沉降较大,其极限荷载较小,太沙基建议在这种情况下采用较小的 φ'、c' 值代入上列各式计算极限荷载。即令：

$$\tan\varphi' = \frac{2}{3}\tan\varphi \tag{2-5-29}$$

$$c' = \frac{2}{3}c$$

根据 φ' 值查表得到承载力系数，并用 c' 代入公式计算。

用太沙基极限荷载公式计算地基承载力时，其安全系数应取为 3。

3. 考虑其他因素影响时的极限荷载计算公式

前面所介绍的普朗特尔、雷斯诺及太沙基等的极限荷载公式，都只适用于中心竖向荷载作用时的条形基础，同时不考虑基底以上土的抗剪强度的作用。因此，若基础上作用的荷载是倾斜的或有偏心，基底的形状是矩形或圆形，基础的埋置深度较深，计算时需要考虑基底以上土的抗剪强度影响。但要考虑这么多影响因素的极限荷载公式是很困难的，许多学者做了一些对比的试验研究，提出了对上述极限荷载公式（如普朗特尔-雷斯诺公式）进行修正的公式，可供一般使用。下面介绍汉森（B. Hanson）提出的在中心倾斜荷载作用下，不同基础形状及不同埋置深度时的极限荷载计算公式：

$$p_u = \frac{1}{2}\gamma B N_r i_r s_r d_r + q N_q i_q s_q d_q + c N_c i_c s_c d_c \tag{2-5-30}$$

式中：N_r、N_q、N_c——承载力系数，N_q、N_c 值与普朗特尔-雷斯诺公式相同，见式（2-5-23）及式（2-5-22）或由表查得；N_r 值汉森建议按 $N_r = 1.5(N_q - 1)\tan\varphi$ 计算；

i_r、i_q、i_c——荷载倾斜系数，其表达式见表 2-5-3 中公式（1）；

s_r、s_q、s_c——基础形状系数，其表达式见表 2-5-3 中公式（2）；

d_r、d_q、d_c——深度系数，其表达式见表 2-5-3 中公式（3）；

其余符号意义同前。

荷载倾斜系数、基础形状系数及深度系数表　　　　表 2-5-3

荷载倾斜系数	
$i_r = \left(1 - \dfrac{0.7H}{N + Ac \cdot \cot\varphi}\right)^5 > 0$ $i_q = \left(1 - \dfrac{0.5H}{N + Ac \cdot \cot\varphi}\right)^5 > 0$ $i_c = i_q - \dfrac{1 - i_q}{N_q - 1}$（当 $\varphi > 0$） $i_c = 0.5 - 0.5\sqrt{1 - \dfrac{H}{Ac}}$（当 $\varphi = 0$）	(1)
式中：N、H——作用在基础底面的竖向荷载及水平荷载； 　　　A——基础底面积，$A = B \times L$（偏心荷载时为有效面积 $A = B' \times L'$）	

基础形状系数		
矩形基础	方形或圆形基础	
$s_r = 1 - 0.4 i_r \dfrac{B}{L}$ $s_q = 1 + i_q \dfrac{B}{L}\sin\varphi$ $s_c = 1 + 0.2 i_c \dfrac{B}{L}$	$s_r = 1 - 0.4 i_r$ $s_q = 1 + i_q \sin\varphi$ $s_c = 1 + 0.2 i_c$	(2)

续上表

深度系数	
$\dfrac{d}{B} \leqslant 1$ $d_r = 1$ $d_q = 1 + 2\tan\varphi(1-\sin\varphi)^2\left(\dfrac{d}{B}\right)$ $d_c = d_q - \dfrac{1-d_q}{N_q - 1} \quad (\varphi > 0)$ $d_c = 1 + 0.4\left(\dfrac{d}{B}\right) \quad (\varphi = 0)$	$\dfrac{d}{B} > 1$ $d_r = 1$ $d_q = 1 + 2\tan\varphi(1-\sin\varphi)^2\arctan\left(\dfrac{d}{B}\right)$ (3) $d_c = d_q - \dfrac{1-d_q}{N_q - 1}$ $d_c = 1 + 0.4\arctan\left(\dfrac{d}{B}\right)$

注：偏心荷载时，表中的 B、L 均采用有效宽（长）度 B'、L'。

(1) 荷载偏心及倾斜的影响。如果作用在基础底面的荷载是竖直偏心荷载，那么计算极限荷载时，可引入假想的基础有效宽度 $B' = B - 2e_B$ 来代替基础的实际宽度 B，其中 e_B 为荷载偏心距。这个修正方法对基础长度方向的偏心荷载也同样适用，即用有效长度 $L' = L - 2e_L$ 代替基础实际长度 L。

如果作用的荷载是倾斜的，汉森建议可以把中心竖向荷载作用时的极限荷载公式中的各项分别乘以荷载倾斜系数 i_r、i_q、i_c [见表 2-5-3 中(1)]，作为考虑荷载倾斜的影响。

(2) 基础底面形状及埋置深度的影响。矩形或圆形基础的极限荷载计算在数学上求解比较困难，目前都是根据各种形状基础所做的对比荷载试验，提出了将条形基础极限荷载公式进行逐项修正的公式。在表 2-5-3 中的式(2)给出了汉森提出的基础形状系数 s_r、s_q、s_c 的表达式。

前述的极限荷载计算公式，都忽略了基础底面以上土的抗剪强度影响，也即假定滑动面发展到基底水平面为止。这对基础埋深较浅，或基底以上土层较弱时是适用的，但当基础埋深较大，或基底以上土层的抗剪强度较大时，就应该考虑这一范围内土的抗剪强度影响。汉森建议用深度系数 d_r、d_q、d_c 对前述极限荷载公式进行逐项修正，他所提出的深度系数列于表 2-5-3 中的式(3)。

(3) 地下水的影响。式(2-5-30)的第一项中的 γ 是基底下最大滑动深度范围内地基土的重度，第二项（$q = \gamma d$）中的 γ 是基底以上地基土的重度，在进行承载力计算时，水下的土均应采用有效重度，如果在各自范围内的地基由重度不同的多层土组成，应按层厚加权平均取值。

第七节　地基容许承载力的修正方法

在《公路桥涵地基与基础设计规范》（JTG 3363—2019）里给出了各类土的承载力基本容许值 $[f_{a0}]$，以供公路桥涵设计时使用。地基承载力的验算，应以修正后的地基承载力容许值 $[f_a]$ 控制。该值系在 $[f_{a0}]$ 的基础上，经修正而得。修正后的 $[f_a]$ 按式(2-5-31)确定。当基础位于地层上时，$[f_a]$ 按平均常水位至一般冲刷线的水深每米再增大 10kPa。

$$[f_a] = [f_{a0}] + k_1\gamma_1(b - 2) + k_2\gamma_2(h - 3) \quad (2\text{-}5\text{-}31)$$

式中：$[f_a]$——修正后的地基承载力容许值(kPa)；
　　　　b——基础底面的最小边宽(m)；当 $b<2m$ 时，取 $b=2m$；当 $b>10m$ 时，取 $b=10m$；
　　　　h——基底埋置深度(m)，自天然地面起算，有水流冲刷时自一般冲刷线起算；当 $h<3m$ 时，取 $h=3m$；当 $h/b>4$ 时，取 $h=4b$；
　　　k_1、k_2——基底宽度、深度修正系数，根据基底持力层土的类别按表2-5-4确定；
　　　　γ_1——基底持力层土的天然重度(kN/m³)；若持力层在水面以下且为透水者，应取浮重度；
　　　　γ_2——基底以上土层的加权平均重度(kN/m³)；换算时若持力层在水面以下，且不透水时，不论基底以上土的透水性质如何，一律取饱和重度；当透水时，水中部分土层则应取浮重度。

地基土承载力宽度、深度修正系数 k_1、k_2　　　表2-5-4

土类系数	黏性土			粉土	砂土								碎石土			
	老黏性土	一般黏性土		新近沉积黏性土	—	粉砂		细砂		中砂		砾砂、粗砂		碎石、圆砾、角砾		卵石	
		$I_L \geq 0.5$	$I_L < 0.5$			中密	密实	中密	密实	中密	密实	中密	密实	中密	密实	中密	密实
k_1	0	0	0	0	0	1.0	1.2	1.5	2.0	2.0	3.0	3.0	4.0	3.0	4.0	3.0	4.0
k_2	2.5	1.5	2.5	1.0	1.5	2.0	2.5	3.0	4.0	4.0	5.5	5.0	6.0	5.0	6.0	6.0	10.0

注：1. 对于稍密和松散状态的砂、碎石土，k_1、k_2 值可采用表列中密值的50%。
　　2. 强风化和全风化的岩石，可参照所风化成的相应土类取值；其他状态下的岩石不修正。

第六章 土坡稳定分析

在道路及桥梁工程中常常会遇到路堑、路堤或基坑开挖时的边坡稳定性问题。在工程实践中,分析土坡稳定的目的是检验所设计的土坡断面是否安全与合理,边坡过陡可能发生崩塌,过缓则使土方量增加。土坡的稳定安全度是用稳定安全系数 K 表示的,它是指土的抗剪强度与土坡中可能滑动面上产生的剪应力间的比值,即 $K = \tau_f/\tau$。《建筑边坡工程技术规范》(GB 50330—2013)中边坡稳定性安全系数的规范标准见表 2-6-1。

边坡稳定安全系数 表 2-6-1

安全等级	一级边坡	二级边坡	三级边坡
一般工况安全系数	1.35	1.30	1.25
地震工况安全系数	1.15	1.10	1.05
临时工况安全系数	1.25	1.20	1.15

土坡稳定分析是一个比较复杂的问题,因为尚有一些不定因素有待研究。如滑动面形式的确定,按实际情况合理地取用土的抗剪强度参数,土的非均匀性及土坡内有水渗流时的影响等。本节主要介绍土坡稳定分析的基本原理。

第一节 砂性土土坡稳定分析

在分析砂性土的土坡稳定时,根据实际观测,同时为了计算简便起见,一般均假定滑动面是平面。

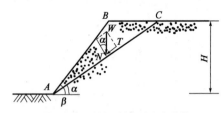

图 2-6-1 砂性土的土坡稳定计算

如图 2-6-1 所示的简单土坡,已知土坡高度为 H,坡角为 φ,土的重度为 γ,土的抗剪强度 $\tau_f = \sigma\tan\varphi$。若假定滑动面是通过坡脚 A 的平面 AC,AC 的倾角为 α,则可计算滑动土体 ABC 沿 AC 面上滑动的稳定安全系数 K 值。

沿土坡长度方向截取单位长度土坡,作为平面应变问题分析。已知滑动土体 ABC 的重力为:

$$W = \gamma S_{\triangle ABC}$$

W 在滑动面 AC 上的法向分力 N 及正应力 σ 为:

$$N = W\cos\alpha$$

$$\sigma = \frac{N}{AC} = \frac{W\cos\alpha}{AC}$$

W 在滑动面 AC 上的切向分力 T 及剪力 t 为:

$$T = W\sin\alpha$$

$$\tau = \frac{T}{AC} = \frac{W\sin\alpha}{AC}$$

土坡的滑动安全系数为：

$$K = \frac{\tau_f}{\tau} = \frac{\sigma\tan\varphi}{\tau} = \frac{\dfrac{W\cos\alpha}{AC}\tan\varphi}{\dfrac{W\sin\alpha}{AC}} = \frac{\tan\varphi}{\tan\alpha} \tag{2-6-1}$$

从式(2-6-1)可见，当 $\alpha = \beta$ 时滑动稳定安全系数最小，也即土坡面上的一层土是最容易滑动的。因此，砂性土的土坡稳定安全系数为：

$$K = \frac{\tan\varphi}{\tan\beta} \tag{2-6-2}$$

第二节 黏性土土坡圆弧滑动体整体稳定分析

均质黏性土的土坡失稳破坏时，其滑动面常常是曲面，通常可近似地假定为圆弧滑动面。圆弧滑动面的形式一般有以下三种：

(1) 圆弧滑动面通过坡脚 B 点[图 2-6-2a)]，称为坡脚圆。
(2) 圆弧滑动面通过坡面上 E 点[图 2-6-2b)]，称为坡面圆。
(3) 圆弧滑动面通过坡脚以外的 A 点[图 2-6-2c)]，称为中点圆。

上述三种圆弧滑动面的产生，与土坡的坡角大小、土的强度指标，以及土中硬层的位置等因素有关。

土坡稳定分析时采用圆弧滑动面首先由彼德森(K. E. Petterson)提出，此后费伦纽斯(W. Fellenius)和泰勒(D. W. Taylor)做了研究和改进。他们提出的分析方法可以分为两种：

① 土坡圆弧滑动按整体稳定分析法，主要适用均质简单土坡，所谓简单土坡是指土坡上、下两个土面是水平的，坡面 BC 是一平面，如图 2-6-3 所示。

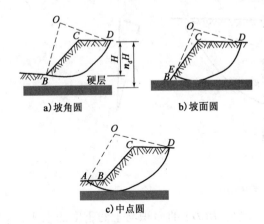

图 2-6-2 匀质黏性土土坡的三种圆弧滑动面

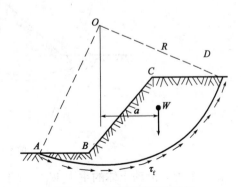

图 2-6-3 土坡的整体稳定分析

②用条分法分析土坡稳定,条分法对非均质土坡、土坡外形复杂、土坡部分在水下时均适用。

1. 基本概念

分析图 2-6-3 所示均质简单土坡,若可能的圆弧滑动面为 AD,其圆心为 O,半径为 R。分析时在土坡长度方向截取单位长土坡,按平面问题分析。滑动土体 $ABCD$ 的重力为 W,它是促使土坡滑动的力;沿着滑动面 AD 上分布的土的抗剪强度 τ_f 是抵抗土坡滑动的力。将滑动力 W 及抗滑力 τ_f 分别对圆心 O 取矩,得滑动力矩 M_s 及稳定力矩 M_r 为:

$$M_s = Wa \tag{2-6-3}$$

$$M_r = \tau_f LR \tag{2-6-4}$$

式中: W——滑动体 $ABCDA$ 的重力 (kN);

a—— W 对 O 点的力臂 (m);

τ_f——土的抗剪强度,按库仑定律 $\tau_f = c + \sigma\tan\varphi$ (kPa);

L——滑动圆弧 AD 的长度 (m);

R——滑动圆弧面的半径。

土坡滑动的稳定安全系数 K 也可以用稳定力矩 M_r 与滑动力矩 M_s 的比值表示,即:

$$K = \frac{M_r}{M_s} = \frac{\tau_f LR}{Wa} \tag{2-6-5}$$

由于土的抗剪强度沿滑动面 AD 上的分布是不均匀的,因此直接按式(2-6-5)计算土坡的稳定安全系数有一定的误差。

2. 摩擦圆法

摩擦圆法由泰勒提出,他认为如图 2-6-4 所示滑动面 AD 上的抵抗力包括土的摩阻力及黏聚力两部分,它们的合力分别为 F 及 C。假定滑动面上的摩阻力首先得到发挥,然后才由土的黏聚力补充。下面分别讨论作用在滑动土体 $ABCDA$ 上的 3 个力:

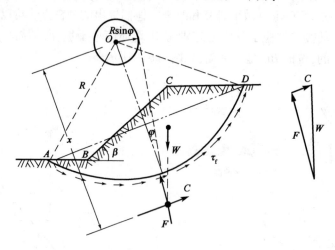

图 2-6-4　摩擦圆法

第一个力是滑动土体的重力 W,它等于滑动土体 $ABCDA$ 的面积与土的重度的乘积,其作用点的位置在滑动土体面积的形心。因此, W 的大小和作用线都是已知的。

第二个力是作用在滑动面 AD 上黏聚力的合力 C。为了维持土坡的稳定,沿滑动面 AD 上分布的需要发挥的黏聚力为 c_1,可以求得黏聚力的合力 C 及其对圆心的力臂 x 分别为:

$$C = c_1 \cdot \overline{AD} \tag{2-6-6}$$

$$x = \frac{AD}{\overline{AD}} \cdot R$$

式中,AD 及 $\overline{AD}$ 分别为 AD 的弧长和弦长。所以 C 的作用线是已知的,但其大小未知(因为 c_1 是未知值)。

第三个力是作用在滑动面 AD 上的法向力及摩擦力的合力,用 F 表示。泰勒假定 F 的作用线与圆弧 AD 的法线成 φ 角,也即 F 与圆心 O 点处半径为 $R\sin\varphi$ 的圆(称摩擦圆)相切,同时 F 还一定通过 W 与 C 的交点。因此,F 的作用线是已知的,其大小未知。

根据滑动土体 $ABCDA$ 上的 3 个作用力 W、F、C 的静力平衡条件,可以从图 2-6-4 所示的力三角形中求得 C 值,由式(2-6-6)可求得维持土体平衡时滑动面上所需要发挥的黏聚力 c_1 值。这时土体的稳定安全系数 K 为:

$$K = \frac{c}{c_1} \tag{2-6-7}$$

式中:c——土的实际黏聚力。

上述计算中,滑动面 AD 是任意假定的,因此,需要试算许多个可能的滑动面。相应于最小稳定安全系数 K_{min} 的滑动面才是最危险的滑动面。K_{min} 值必须满足规定数值。由此可以看出,土坡稳定分析的计算工作量是很大的。因此,费伦纽斯对均质的简单土坡做了大量的分析计算工作,提出了确定最危险滑动面圆心的经验方法。

3. 费伦纽斯确定最危险滑动面圆心的方法

(1)土的内摩擦角 $\varphi = 0$。费伦纽斯提出当土的内摩擦角 $\varphi = 0$ 时,土坡的最危险圆弧滑动面通过坡脚,其圆心为 D 点,如图 2-6-5 所示。D 点是由坡脚 B 及坡顶 C 分别作 BD 及 CD 线的交点,BD 与 CD 线分别与坡面及水平面成 β_1 及 β_2 角。β_1 及 β_2 角与土坡坡角 β 有关,可由表 2-6-2 查得。

β_1 及 β_2 数值表　　　　　　　　　　　表 2-6-2

土坡坡度(竖直∶水平)	坡角 β	β_1	β_2
1∶0.58	60°	29°	40°
1∶1	45°	28°	37°
1∶1.5	33°41′	26°	35°
1∶2	26°34′	25°	35°
1∶3	18°26′	25°	35°
1∶4	14°02′	25°	37°
1∶5	11°19′	25°	37°

(2)土的内摩擦角 $\varphi > 0$。费伦纽斯提出这时最危险滑动面也通过坡脚,其圆心在 ED 的延长线上,见图 2-6-5。E 点的位置距坡脚 B 点的水平距离为 $4.5H$。φ 值越大,圆心越向外移。计算时从 D 点向外延伸取几个试算圆心 O_1、O_2、…,分别求得其相应的滑动安全系数 K_1、

K_2、…,绘 K 值曲线可得到最小安全系数值 K_{min},其相应的圆心 O_m 即为最危险滑动面的圆心。

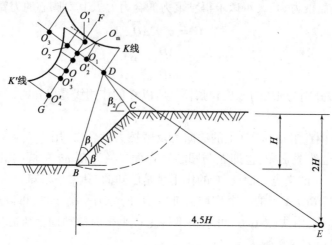

图 2-6-5　确定最危险滑动面圆心的位置

实际上土坡的最危险滑动面圆心位置有时并不一定在 ED 的延长线上,而可能在其左右附近,因此圆心 O_m 可能并不是最危险滑动面的圆心,这时可以通过 O_m 点作 DE 线的垂线 FG,在 FG 上取几个试算滑动面的圆心 O'_1、O'_2、…,求得其相应的滑动稳定安全系数 K'_1、K'_2、…,绘得 K' 值曲线,相应于 K'_{min} 值的圆心 O 才是最危险滑动面的圆心。

第三节　条分法的基本原理

从前面分析可知,由于圆弧滑动面上各点的法向应力不同,因此土的抗剪强度各点也不相同,这样就不能直接应用式(2-6-5)计算土坡稳定安全系数。费伦纽斯提出的条分法是解决这一问题的基本方法,至今仍得到广泛应用。

1. 基本原理

如图 2-6-6 所示,取单位长度土坡按平面问题计算。设可能滑动面是一圆弧 AD,圆心为 O,半径为 R。将滑动土体 $ABCDA$ 分成许多竖向土条,土条的宽度一般可取 $b=0.1R$,任一土条 i 上的作用力包括:

土条的重力为 W_i,其大小、作用点位置及方向均为已知。

滑动面 ef 上的法向力 N_i 及切向反力 T_i,假定 N_i、T_i 作用在滑动面 ef 的中点,它们的大小均未知。

土条两侧的法向力 E_i、E_{i+1} 及竖向剪切力 X_i、X_{i+1},其中 E_i 和 X_i 可由前一个土条的平衡条件求得,而 E_{i+1} 和 X_{i+1} 的大小未知,E_{i+1} 的作用点位置也未知。

由此可以看到,作用在土条 i 的作用力中有 5 个未知数,但只能建立 3 个平衡方程,故为静不定问题。为了求得 N_i、T_i 值,必须对土条两侧作用力的大小和位置作适当的假定。费伦纽斯的条分法是不考虑土条两侧的作用力,也即假设 E_i 和 X_i 的合力等于 E_{i+1} 和 X_{i+1} 的合力,同时它们的作用线也重合,因此土条两侧的作用力相互抵消。这时土条 i 仅有作用力 W_i、N_i 及

T_i,根据平衡条件可得：

$$N_i = W_i\cos\alpha_i$$

$$T_i = W_i\sin\alpha_i$$

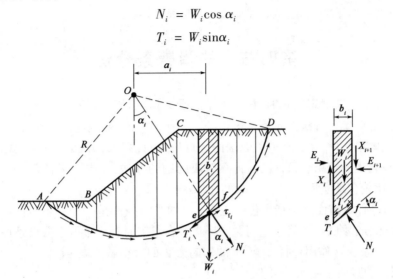

图 2-6-6 用条分法计算土坡稳定

滑动面 ef 上土的抗剪强度为：

$$\tau_{f_i} = \sigma_i\tan\varphi_i + c_i = \frac{1}{l_i}(N_i\tan\varphi_i + c_i l) = \frac{1}{l_i}(W_i\cos\alpha_i\tan\varphi_i + c_i l)$$

式中：α_i——土条 i 滑动面的法线（亦即半径）与竖直线的夹角；

l_i——土条 i 滑动面 ef 的弧长；

c_i、φ_i——滑动面上的黏聚力及内摩擦角。

土条 i 上的作用力对圆心 O 产生的滑动力矩 M_s 及稳定力矩 M_r 分别为：

$$M_s = T_i R = W_i R\sin\alpha_i$$

$$M_r = \tau l_i R = (W_i\cos\alpha_i\tan\varphi_i + c_i l_i)R$$

整个土坡相应于滑动面为 AD 时的稳定系数为：

$$K = \frac{M_r}{M_s} = \frac{R\sum_{i=1}^{i=n}(W_i\cos\alpha_i\tan\varphi_i + c_i l_i)}{R\sum_{i=1}^{i=n}W_i\sin\alpha_i} \tag{2-6-8}$$

对于均质土坡，$c_i = c$、$\varphi_i = \varphi$，则得：

$$K = \frac{M_r}{M_s} = \frac{\tan\varphi\sum_{i=1}^{i=n}W_i\cos\alpha_i + cL}{\sum_{i=1}^{i=n}W_i\sin\alpha_i} \tag{2-6-9}$$

式中：L——滑动面 AD 的弧长；

n——土条分条数。

2. 最危险滑动面圆心位置的确定

上面是对于某一个假定滑动面求得的稳定安全系数，因此需要试算许多个可能的滑动面，相应于最小安全系数的滑动面即为最危险滑动面。确定最危险滑动面圆心位置的方法，同样可以利用前述费伦纽斯的经验方法，见图 2-6-5 及表 2-6-1。

第四节　毕肖普条分法

用条分法分析土坡稳定问题时，任一土条的受力情况是一个静不定问题。为了解决这一问题，费伦纽斯的简单条分法假定不考虑土条间的作用力，一般说这样得到的稳定安全系数是偏小的。在工程实践中，为了改进条分法的计算精度，许多人都认为应该考虑土条间的作用力，以求得比较合理的结果。目前已有许多解决问题的办法，其中以毕肖普(A. W. Bishop)提出的简化方法比较合理实用。

如图 2-6-6 所示，前面已经指出任一土条 i 上的受力条件是一个静不定问题，土条 i 上的作用力有 5 个未知，故属二次静不定问题。毕肖普在求解时补充了两个假设条件：忽略土条间的竖向剪切力 X_i 及 X_{i+1} 作用；对滑动面上的切向力 T_i 的大小做了规定。

根据土条 i 的竖向平衡条件可得：

$$W_i - X_i + X_{i+1} - T_i \sin\alpha_i - N_i \cos\alpha_i = 0$$

即：

$$N_i \cos\alpha_i = W_i + (X_{i+1} - X_i) - T_i \sin\alpha_i \tag{2-6-10}$$

若土坡的稳定安全系数为 K，则土条 i 滑动面上的抗剪强度 τ_{f_i} 也只发挥了一部分，毕肖普假设 τ_{f_i} 与滑动面上的切向力 T_i 相平衡，即

$$T_i = \tau_{f_i} l_i = \frac{1}{K}(N_i \tan\varphi_i + c_i l_i) \tag{2-6-11}$$

将式(2-6-11)代入式(2-6-10)得：

$$N_i = \frac{W_i + (X_{i+1} - X_i) - \dfrac{c_i l_i}{K}\sin\alpha_i}{\cos\alpha_i + \dfrac{1}{K}\tan\varphi_i \sin\alpha_i} \tag{2-6-12}$$

由式(2-6-8)知土坡的安全系数 K 为：

$$K = \frac{M_r}{M_s} = \frac{\sum(N_i \tan\varphi_i + c_i l_i)}{\sum W_i \sin\alpha_i} \tag{2-6-13}$$

将式(2-6-12)代入式(2-6-13)得：

$$K = \frac{\sum\limits_{i=1}^{i=n}\dfrac{[W_i + (X_{i+1} - X_i)]\tan\varphi_i + c_i l_i \cos\alpha_i}{\cos\alpha_i + \dfrac{1}{K}\tan\varphi_i \sin\alpha_i}}{\sum\limits_{i=1}^{i=n} W_i \sin\alpha_i} \tag{2-6-14}$$

由于上式中 X_i 及 X_{i+1} 是未知的，故求解尚有困难。毕肖普假定土条间竖向剪切力均略去不计，即 $(X_{i+1} - X_i) = 0$，则式(2-6-14)可简化为：

$$K = \frac{\sum_{i=1}^{i=n} \frac{1}{m_{\alpha_i}}[W_i \tan\varphi_i + c_i l_i \cos\alpha_i]}{\sum_{i=1}^{i=n} W_i \sin\alpha_i} \qquad (2\text{-}6\text{-}15)$$

式中：

$$m_{\alpha_i} = \cos\alpha_i + \frac{1}{K}\tan\varphi_i \sin\alpha_i \qquad (2\text{-}6\text{-}16)$$

式(2-6-15)就是简化毕肖普法计算土坡稳定安全系数的公式。由于式中 m_{α_i} 也包含 K 值，因此式(2-6-15)需用迭代法求解，即先假定一个 K 值，按式(2-6-16)求得 m_{α_i} 值，代入式(2-6-15)中求出 K 值。若此值与假定值不符，则用此 K 值重新计算 m_{α_i} 求得新的 K 值，如此反复迭代，直至假定的 K 值与求得的 K 值相近为止。为了方便计算，可将式(2-6-16)的 m_{α_i} 值制成曲线(图2-6-7)，按 α_i 及 $\frac{\tan\varphi_i}{K}$ 值直接查得 m_{α_i} 值。

最危险滑动面圆心位置的确定方法，仍可按前述经验方法确定。

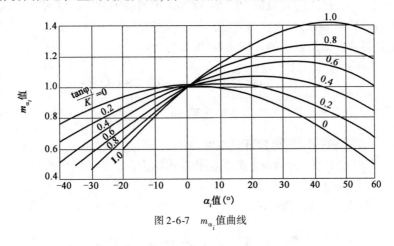

图 2-6-7 m_{α_i} 值曲线

第五节 土坡稳定分析中一些特殊问题

1. 土的抗剪强度指标及安全系数的选用

黏性土边坡的稳定计算，不仅要求提出计算方法，更重要的是如何测定土的抗剪强度指标，以及如何确定安全系数。这对于软黏土尤为重要，因为采用不同的试验仪器及试验方法得到的抗剪强度指标有很大的差异。

在实践中，应该结合土坡的实际加载情况、填土性质和排水条件等，选用合适的抗剪强度指标。如验算土坡施工结束时的稳定情况，若土坡施工速度较快，填土的渗透性较差，则土中孔隙水压力不易消散，这时宜采用快剪或三轴不排水剪试验指标，用总应力法分析。如验算土坡长期稳定性时，应采用排水剪试验或固结不排水剪试验强度指标，用有效应力法分析。

2. 坡顶开裂时的稳定计算

在黏性土路堤的坡顶附近，可能因土的收缩及张力作用而发生裂缝。地表水渗入裂缝后，将产生静水压力，它是促使土坡滑动的作用力，故在土坡稳定分析中应该考虑进去。

坡顶出现裂缝对土坡的稳定是不利的，在工程中应当避免这种情况出现。例如对于暴露时间较长、雨水较多的基坑边坡，应在土坡滑动范围外设置水沟拦截水流，在土坡滑动范围内的坡面上采用水泥砂浆或塑料布铺面防水。如果坡顶出现裂缝，则应立即采用水泥砂浆嵌缝，以防止水流入土坡内而造成对土坡的损害。

3. 有水渗流时土坡稳定的计算

河滩路堤两侧水位不同时，水将由水位高的一侧向低的一侧渗流。有时河滩与沿河路堤，当水位缓慢上涨而急剧下降时，路堤内的水将向外渗流。上述情况应考虑路堤内水的渗流所产生的动水压力，其方向指向路堤边坡，对路堤的稳定是不利的。此外，在浸润线以下部分应考虑水的浮力作用，采用浮重度。

4. 按有效应力法分析土坡稳定

前面所介绍的土坡稳定安全系数计算公式都是属于总应力法，采用的抗剪强度指标也是总应力指标。若土坡是用饱和黏土填筑，因填土或施加的荷载速度较快，土中孔隙水来不及排除，将产生孔隙水压力，使土的有效应力减小，增加土坡滑动的危险。这时，土坡稳定分析应该考虑孔隙水压力的影响，采用有效应力方法计算。其稳定安全系数计算公式，可将前述总应力方法公式修正后得到。如条分法的式(2-6-9)可改写为：

$$K = \frac{\tan\varphi' \sum_{i=1}^{i=n}(W_i\cos\alpha_i - u_i l_i) + c'L}{\sum_{i=1}^{i=n} W_i\sin\alpha_i} \tag{2-6-17}$$

式中：φ'、c'——土的有效内摩擦角和有效内聚力；

u_i——作用在土条 i 滑动面上的平均孔隙水压力；

其余符号意义同前。

毕肖普法的式(2-6-15)可改写成：

$$K = \frac{\sum_{i=1}^{i=n}\frac{1}{m_{\alpha_i}}[(W_i - u_i l_i \cos\alpha_i)\tan\varphi_i + c_i l_i \cos\alpha_i]}{\sum_{i=1}^{i=n} W_i\sin\alpha_i} \tag{2-6-18}$$

5. 挖方、填方边坡的特点

从边坡有效应力分析的稳定安全系数式(2-6-17)和式(2-6-18)中可以看出，孔隙水压力是影响边坡滑动面上土的抗剪强度的重要因素。在总应力保持不变的情况下，孔隙水压力增大，土的抗剪强度就会减小，边坡的稳定安全系数也会相应地下降；反之，孔隙水压力变小，边坡的稳定安全系数就会相应地增大。

在饱和黏性土地基上修筑路堤或堆载形成的边坡，如图 2-6-8 所示。以 a 点为例，从图 2-6-9 可见，超孔隙水压力随着填土荷载的不断增大而加大，如果近似地认为在施工过程中不发生排水，则填土荷载将全部由孔隙水来承担，施工过程中土的有效应力和土的抗剪强度也保持不变。竣工以后，土中的总应力保持不变，而超孔隙水压力则由于黏性土的固结而消散，直至趋于零[图 2-6-9b)]，相应土的有效应力和抗剪强度就会不断地增加[图 2-6-9c)]。

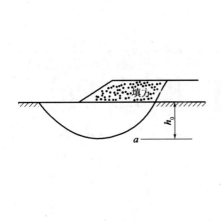
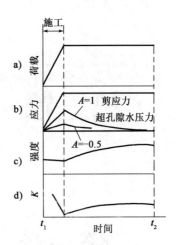

图 2-6-8　路堤边坡　　　　图 2-6-9　填方边坡稳定性分析

因此,当填土结束时边坡的稳定性应用总应力法和不排水强度来分析,而长期稳定性则应用有效应力和有效参数来分析。边坡的安全系数在施工刚结束时最小,并随着时间的增长而增大。

黏性土中挖方形成的边坡如图 2-6-10 所示,也近似地以点 a 为例,从图 2-6-11 中可知,随着总应力的减小,孔隙水压力不断地下降,直至出现负值。如果同样在施工期间不实施排水,则土的有效应力和土的抗剪强度保持不变;竣工以后,负超孔隙水压力随着时间逐渐消散[图 2-6-11b)],伴随而来的是黏性土的膨胀和抗剪强度的下降[图 2-6-11c)]。因此,竣工时的稳定性和长期稳定性应分别采用卸载条件的不排水和排水抗剪强度来表示。与填方边坡不同,挖方边坡的最不利条件是其长期稳定性[图 2-6-11d)]。

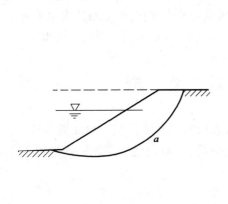
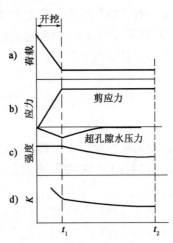

图 2-6-10　挖方边坡　　　　图 2-6-11　挖方边坡稳定性分析

第三篇 工程地质

第一章 岩石与矿物

在地质作用下产生的,由一种或多种矿物以一定的规律组成的自然集合体,称为岩石。矿物的成分、性质及其在各种因素影响下的变化,都会对岩石的强度和稳定性产生影响。岩石是道路建设环境的物质基础。

地壳内具有一定化学成分和物理性质的自然元素或化合物,称为矿物,其中构成岩石的主要矿物,称为造岩矿物。常见的造岩矿物有石英、正长石、斜长石、角闪石、辉石、橄榄石、方解石、白云石、高岭石、伊利石、蒙脱石、绿泥石、蛇纹石等。

自然界的矿物,都是在一定的地质环境中形成的,并因随后经受的各种地质作用而不断地发生变化。每一种矿物只是在一定的物理和化学条件下才是相对稳定的,当外界条件改变到一定程度后,矿物原来的成分、内部构造和性质就会发生变化,形成新的次生矿物。

自然界有各种各样的岩石,按成因可分为岩浆岩、沉积岩和变质岩三大类。

第一节 岩 浆 岩

岩浆岩是由岩浆冷凝形成的岩石,也称为火成岩。岩浆存在于地壳的深处,是处于高温、高压下的硅酸盐熔融体,它的主要成分是硅酸盐,还有其他元素、化合物以及溶解的气体(H_2O、CO_2等)。

岩浆经常处于活动状态中,当地壳发生变动或受到其他内力作用时,承受巨大压力的岩浆,就会沿着构造薄弱带上升,侵入地壳或喷出地面。岩浆在上升过程中,压力减小,热量散失,经复杂的物理化学过程,最后冷却凝结,就形成了岩浆岩。

岩浆上升侵入围岩,在地壳深处结晶形成的岩石称为深成岩;在地面以下较浅处形成的岩石,称为浅成岩,两者统称为侵入岩。由喷出地面的熔岩凝固形成的岩石,称为喷出岩。侵入岩和喷出岩,由于形成时的物理环境不同,因而具有不同的结构和构造。

岩浆岩中常见矿物有石英、正长石、斜长石、角闪石、黑云母、辉石和橄榄石。

组成岩浆岩的矿物,根据颜色,可分为浅色矿物和深色矿物两类:
(1)浅色矿物:石英、正长石、斜长石及白云母等。
(2)深色矿物:黑云母、角闪石、辉石及橄榄石等。

岩浆岩的矿物成分,是岩浆化学成分的反映。岩浆的化学成分相当复杂,但含量高、对岩石的矿物成分影响最大的是 SiO_2。根据 SiO_2 的含量,岩浆岩可分为酸性岩类(SiO_2 含量 > 66%)、中性岩类(SiO_2 含量 66%~52%)、基性岩类(SiO_2 含量 52%~45%)和超基性岩类(SiO_2 < 45%)几类。

SiO_2 含量与岩浆岩颜色关系密切。一般 SiO_2 含量高,岩浆岩颜色较浅;反之,岩石颜色较深。

岩浆岩与沥青材料的结合能力受岩浆化学成分影响明显。一般来讲,SiO_2 含量越高,结合能力越差,即酸性岩最差、中性岩次之、基性岩最好,超基性岩在地表极少分布。

岩浆岩的结构和构造是识别和确定岩浆岩类型的重要依据,对岩浆岩的工程性质影响较大。

岩浆岩的结构,是指组成岩石的矿物结晶程度、晶粒大小、晶体形状及其相互结合的情况。岩浆岩的结构特征,是岩浆冷凝时物理环境的综合反映。岩浆岩中矿物结晶程度越好(晶体颗粒大)、越均匀,岩浆冷凝时埋藏越深;反之,则埋藏越浅,甚至为岩浆喷出地表冷凝成岩。

岩浆岩的构造,是指矿物在岩石中排列和充填方式所反映出来的外貌特征。岩浆岩的构造特征,也主要决定于岩浆冷凝时的环境。常见的岩浆岩构造有块状构造、流纹状构造、气孔状构造、杏仁状构造。

块状构造为矿物在岩石中分布比较均匀,无一定的排列方向,主要为深成岩如花岗岩、闪长岩、辉长岩等所具有。

流纹状构造是岩石中不同颜色的条纹、拉长了的气孔以及长条形矿物沿一定方向排列所形成的流动状构造。流纹状构造主要为酸性喷出岩所特有。

岩浆凝固时,挥发性的气体未能及时逸出,以致在岩石中留下许多圆形、椭圆形及长管形的孔洞称为气孔构造,当气孔被后期矿物(方解石、石英等)所充填则成为杏仁状构造。气孔状构造、杏仁状构造常为玄武岩及安山岩等喷出岩所具有。

常见的岩浆岩有以下几类:

1. 酸性岩类

(1)花岗岩。为深成侵入岩,多呈肉红、浅灰、灰白等色。矿物成分主要为石英和正长石,其次有黑云母、角闪石和其他矿物。具全晶质等粒结构,块状构造。根据所含深色矿物的不同,可进一步分为黑云母花岗岩、角闪石花岗岩等。花岗岩分布广泛,性质均匀坚固,是良好的建筑石料。

(2)花岗斑岩。是浅成侵入岩,成分与花岗岩相似,所不同的是具斑状结构,斑晶为长石或石英,石基多由细小的长石、石英及其他矿物组成。

(3)流纹岩。是喷出岩,呈岩流状产出,常呈灰白、灰红、浅黄褐等色。矿物成分同花岗岩,具典型的流纹构造,隐晶质斑状结构。细小的斑晶常由石英或长石组成。

2. 中性岩类

(1)正长岩。是深成侵入岩,多呈肉红色、浅灰或浅黄色;具全晶质等粒结构,块状构造。

主要矿物成分为正长石,其次为黑云母和角闪石,一般石英含量极少,其物理力学性质与花岗岩相似,但不如花岗岩坚硬,且易风化。

(2)正长斑岩。属浅成侵入岩,一般呈棕灰色或浅红褐色;矿物成分同正长岩,与正长岩所不同的是具斑状结构,斑晶主要是正长石,石基比较致密。

(3)粗面岩。是喷出岩,常呈浅灰、浅褐黄或淡红色;具斑状结构,斑晶为正长石,石基多为隐晶质,具细小孔隙,表面粗糙。

(4)闪长岩。为深成侵入岩,灰白、深灰至黑灰色,主要矿物为斜长石和角闪石,其次有黑云母和辉石,全晶质等粒结构,块状构造。闪长岩结构致密,强度高,且具有较高的韧性和抗风化能力,是良好的建筑石料。

(5)闪长玢岩。是浅成侵入岩,灰色或灰绿色。矿物成分与闪长岩相同,具斑状结构,斑晶主要为斜长石,有时为角闪石。岩石中常有绿泥石、高岭石和方解石等次生矿物。

(6)安山岩。是喷出岩,灰色、紫色或灰紫色;斑状结构,斑晶常为斜长石;气孔状或杏仁状构造。

3. 基性岩类

(1)辉长岩。为深成侵入岩,灰黑至黑色,全晶质等粒结构,块状构造,主要矿物为斜长石和辉石,其次有橄榄石、角闪石和黑云母。辉长岩强度高,抗风化能力强。

(2)辉绿岩。是浅成侵入岩,灰绿或黑绿色,具特殊的辉绿结构(辉石充填于斜长石晶体格架的空隙中),矿物成分与辉长岩相同,但常含有方解石、绿泥石等次生矿物,强度高。

(3)玄武岩。是喷出岩,灰黑至黑色,主要矿物成分与辉长岩相同;呈隐晶质细粒或斑状结构,气孔或杏仁状构造。玄武岩致密坚硬、性脆,强度很高。

第二节 沉 积 岩

沉积岩是在地表环境中形成的地质体,沉积物质来自先前存在的岩石(岩浆岩、变质岩和早已形成的沉积岩)的化学和物理破坏产物。沉积岩是地球表面分布最广的一种岩石,虽然它的体积只占地壳的5%,但是出露面积约占陆地表面积的75%。

沉积岩的形成是一个长期而复杂的地质作用过程。出露地表的各种岩石,经长期的日晒雨淋、风化破坏,逐渐松散分解,或成为岩石碎屑,或成为细粒黏土矿物,或成为其他溶解物质。这些先成岩石的风化产物,大部分被流水等运动介质搬运到河、湖、海洋等低洼的地方沉积下来,成为松散的堆积物。这些松散的堆积物经过压密、胶结、脱水、重结晶等作用,逐渐形成沉积岩。

沉积岩主要由下面的一些物质组成:

(1)碎屑物质。为已有岩石经物理风化作用产生的碎屑物质。碎屑物质还需胶结物胶结而成沉积岩,碎屑岩类岩石物理力学性质的好坏,与其胶结物有密切关系。常见的胶结物有硅质、铁质、钙质、炭质和泥质五种,以上胶结物的物理力学性质依次由好到差。

(2)黏土矿物。主要是一些含铝硅酸盐类矿物的岩石,经化学风化作用形成的次生矿物,如高岭石、伊利石及蒙脱石等。这类矿物的颗粒极细(粒径<0.005mm),具有很大的亲水性、

可塑性及膨胀性。黏土矿物的含量直接影响到沉积岩的工程性质,含量越高工程性质越差;反之,则好。

(3)化学沉积矿物。是由纯化学作用或生物化学作用从溶液中沉积结晶产生的沉积矿物,主要有方解石、白云石,其他还有石膏、石盐、铁和锰的氧化物或氢氧化物等。

(4)有机质及生物残骸。由生物残骸或有机化学变化而成的物质,如贝壳、泥炭及其他有机质等。

在上述的沉积岩组成物质中,黏土矿物、方解石、白云石、有机质等,是沉积岩所特有的,是物质组成上区别于岩浆岩的一个重要特征。

与四种物质组成相对应,沉积岩具有碎屑结构、泥质结构、结晶结构和生物结构四种结构。

沉积岩的构造是指其组成部分的空间分布及其相互间的排列关系。沉积岩最主要的构造是层理构造、层面构造和生物化石,另外还包括泥痕、结核和缝合线。

沉积岩的层理构造、层面特征和含有化石,是沉积岩在构造上区别于岩浆岩、变质岩的重要特征。

常见的沉积岩有以下几类:

1. 碎屑岩类

沉积碎屑岩是由先成岩石风化后的碎屑物质,经搬运、沉积、胶结而成的岩石。常见的有:

(1)砾岩及角砾岩。砾状结构,由50%以上粒径>2mm的粗大碎屑胶结而成,黏土含量<25%。由浑圆状砾石胶结而成的称为砾岩;由棱角状的角砾胶结而成的称为角砾岩。角砾岩的岩性成分比较单一。砾岩的岩性成分一般比较复杂,经常由多种岩石的碎屑和矿物颗粒组成。胶结物的成分有钙质、泥质、铁质及硅质等。

(2)砂岩。砂质结构,由50%以上粒径介于2~0.05mm的砂粒胶结而成,黏土含量<25%。按砂粒粒径的大小,可分为粗粒砂岩、中粒砂岩和细粒砂岩。胶结物的成分对砂岩的物理力学性质有重要影响。根据胶结物的成分,可将砂岩分为硅质砂岩、铁质砂岩、钙质砂岩及泥质砂岩几个亚类。硅质砂岩的颜色浅,强度高,抵抗风化的能力强。泥质砂岩一般呈黄褐色,吸水性大,易软化,强度和稳定性差。铁质砂岩常呈紫红色或棕红色,钙质砂岩呈白色或灰白色,强度和稳定性介于硅质与泥质砂岩之间。砂岩分布很广,易于开采加工,是工程上广泛采用的建筑石料。

(3)粉砂岩。粉砂质结构,常有清晰的水平层理,由50%以上粒径介于0.05~0.005mm的粉砂胶结而成,黏土含量<25%,结构较疏松,强度和稳定性不高。

2. 黏土岩类

(1)页岩。是由黏土脱水胶结而成,以黏土矿物为主,具有明显的薄层理,呈页片状。可分为硅质页岩、黏土质页岩、砂质页岩、钙质页岩及炭质页岩。除硅质页岩强度稍高外,其余岩性软弱,易风化成碎片,强度低,与水作用易于软化而丧失稳定性。

(2)泥岩。成分与页岩相似,常呈厚层状。以高岭石为主要成分的泥岩,常呈灰白色或黄白色,吸水性强,遇水后易软化。以微晶高岭石为主要成分的泥岩,常呈白色、玫瑰色或浅绿色,表面有滑感,可塑性小,吸水性高,吸水后体积急剧膨胀。

黏土岩夹于坚硬岩层之间,形成软弱夹层,浸水后易于软化滑动。

3. 化学及生物化学岩类

(1) 石灰岩,简称灰岩。矿物成分以方解石为主,其次含有少量的白云石和黏土矿物。常呈深灰、浅灰色,纯质灰岩呈白色。由纯化学作用生成的石灰岩具有结晶结构,但晶粒极细,经重结晶作用即可形成晶粒比较明显的结晶灰岩。由生物化学作用生成的灰岩,常含有丰富的有机物残骸。石灰岩中一般都含有一些白云石和黏土矿物,当黏土矿物含量达25%~50%时,称为泥灰岩。

石灰岩分布相当广泛,岩性均一,易于开采加工,是一种用途很广的建筑石料。

(2) 白云岩。主要矿物成分为白云石,也含有方解石和黏土矿物。结晶结构。纯质白云岩为白色,随所含杂质的不同,可出现不同的颜色。性质与石灰岩相似,但强度和稳定性比石灰岩高,是一种良好的建筑石料。

白云岩的外观特征与石灰岩近似,在野外难于区别,可用盐酸起泡程度辨认,白云岩起泡较石灰岩弱。

第三节 变 质 岩

地壳内部原有的岩石(岩浆岩、沉积岩和变质岩),由于受到高温、高压及化学成分加入的影响,原来的矿物成分和结构、构造被改变,形成新的岩石,称为变质岩。变质岩不仅具有变质过程中所产生的特征,而且还常保留着原来岩石的某些特点。

变质岩的矿物成分可分为两大类:一类是岩浆岩、沉积岩,如石英、长石、云母、角闪石、辉石、方解石等;另一类是在变质作用中产生的变质岩所特有的矿物,如石墨、滑石、蛇纹石、石榴子石、绿泥石、绢云母、硅灰石、蓝晶石、红柱石等,称为变质矿物。根据这些变质矿物的存在,可以把变质岩与其他岩石区别开来。

岩石变质过程中物质成分、颜色成层排列的性质与现象称为片理,层与层之间的面称为片理面。

变质岩的构造可分为以下几类:

(1) 板状构造。岩石中矿物颗粒细小,肉眼不能分辨,片理面平直,沿片理面偶有绢云母、绿泥石出现,光泽微弱,易沿片理面裂开成厚度一致的薄板,如板岩。

(2) 千枚状构造。岩石中矿物颗粒细小,肉眼难以分辨,片理面较平直,沿片理面有绢云母出现,呈丝绢光泽,易沿片理面劈成薄片状,如千枚岩。

(3) 片状构造。岩石中含有大量片状、板状或柱状矿物,沿片理面富集,平行排列,光泽较强,沿片理面易剥开成不规则的薄片,如云母片岩。

(4) 片麻状构造。岩石由粒状矿物和片状或柱状矿物相间平行排列,呈条带状,沿片理面不易劈开,如片麻岩。

(5) 块状构造。岩石由粒状结晶矿物组成,矿物均匀分布,无定向排列,结构均一,不能定向裂开,如大理岩、石英岩等。

板状、千枚状、片状、片麻状等片理构造是变质岩所特有的,也是识别变质岩的显著标志。

变质岩的分类和常见的变质岩见表3-1-1。

变质岩分类简表 表 3-1-1

岩 类	构 造	岩石名称	主要亚类及其矿物成分
片理状岩类	片麻状	片麻岩	花岗片麻岩:长石、石英、云母为主,其次为角闪石,有时含石榴子石; 角闪石片麻岩:长石、石英、角闪石为主,其次为云母,有时含石榴子石
	片状	片岩	云母片岩:云母、石英为主,其次有角闪石等; 滑石片岩:滑石、绢云母为主,其次有绿泥石、方解石等; 绿泥石片岩:绿泥石、石英为主,其次有滑石、方解石等
	千枚状	千枚岩	以绢云母为主,其次有石英、绿泥石等
	板状	板岩	黏土矿物、绢云母、石英、绿泥石、黑云母、白云母等
块状岩类	块状	大理岩	方解石为主,其次有白云石等
		石英岩	石英为主,有时含有绢云母、白云母等

第四节 岩石的工程地质性质

岩石的工程地质性质包括物理性质、水理性质和力学性质三个主要方面。岩石的物理性质包括密度、相对密度、孔隙率等;岩石的水理性质包括吸水性、透水性、溶解性、软化性和抗冻性;岩石的力学性质则包括岩石的强度指标即抗压强度、抗拉强度、抗剪强度(抗剪断强度、抗剪强度、抗切强度)和岩石的变形指标(弹性模量、变形模量、泊松比)。就大多数的工程地质问题来看,岩体的工程地质性质主要决定于岩体内部裂隙系统的性质及其分布情况,但岩石本身的性质也起着重要的作用。

岩石的抗压强度最高,抗剪强度居中,抗拉强度最小。岩石越坚硬,其值相差越大。岩石的抗剪强度和抗压强度是评价岩石稳定性的重要指标。

影响岩石工程地质性质的因素是多方面的,但归纳起来,主要的有两个方面:一是岩石的地质特征,如岩石的矿物成分、结构、构造及成因等;另一个是岩石形成后所受外部因素的影响,如水的作用及风化作用等。因此,《公路工程地质勘察规范》(JTG C20—2011)要求在进行公路工程地质勘察时,对岩石的成因、年代、名称、颜色、主要矿物、结构、构造、风化程度和岩层厚度等内容进行调查。

1. 矿物成分

岩石是由矿物组成的,岩石的矿物成分对岩石的物理力学性质产生直接的影响,含有高强度矿物的岩石,其强度一般较高。

从工程要求来看,大多数岩石的强度相对来说都是比较高的。所以,在对岩石的工程地质性质进行分析和评价时,更应该注意那些可能降低岩石强度的因素,如石灰岩、砂岩中黏土类矿物的含量是否过高。石灰岩和砂岩,当黏土类矿物的含量>20%时,就会直接降低岩石的强度和稳定性。

从岩石矿物组成来看,属于硬岩的有岩浆岩的全部,沉积岩中的硅质、铁质及钙质胶结的碎屑岩、石灰岩、白云岩,变质岩中的石英岩、片麻岩、大理岩等;属于软岩的有沉积岩的黏土岩及黏土含量高的碎屑岩、化学沉积岩,变质岩中的千枚岩、片岩等。

2. 结构

岩石的结构特征,是影响岩石物理力学性质的一个重要因素。根据岩石的结构特征,可将岩石分为两类:一类是结晶联结的岩石,如大部分的岩浆岩、变质岩和一部分沉积岩;另一类是由胶结物联结的岩石,如沉积岩中的碎屑岩等。

结晶联结是由岩浆或溶液结晶或重结晶形成的。矿物的结晶颗粒靠直接接触产生的力牢固地联结在一起,结合力强,孔隙度小,比胶结联结的岩石具有较高的强度和稳定性。结晶联结的岩石,结晶颗粒的大小对岩石的强度有明显影响,一般晶粒越大强度越低,反之则高。

胶结联结的岩石,其强度和稳定性主要决定于胶结物的成分和胶结的形式,同时也受碎屑成分的影响。就胶结物的成分来说,硅质胶结的强度和稳定性高,泥质胶结的强度和稳定性低,铁质、钙质和炭质胶结的介于两者之间。

3. 构造

构造对岩石物理力学性质的影响,主要是由矿物成分在岩石中分布的不均匀性,和岩石结构的不连续性所决定的。前者是指某些岩石所具有的片状构造、板状构造、千枚状构造、片麻构造以及流纹构造等。岩石的这些构造,往往使矿物成分在岩石中的分布极不均匀。一些强度低、易风化的矿物,多沿一定方向富集,或呈条带状分布,或成局部的聚集体,从而使岩石的物理力学性质在局部发生很大变化。岩石受力破坏和岩石遭受风化,首先都是从岩石的这些缺陷中开始发生的。后者是指不同的矿物成分虽然在岩石中的分布是均匀的,但由于存在着层理、裂隙致使岩石结构的连续性与整体性受到一定程度的影响,从而使岩石的强度和透水性在不同的方向上发生明显的差异。一般来说,垂直层面的抗压强度大于平行层面的抗压强度,平行层面的透水性大于垂直层面的透水性。

4. 水

岩石饱水后强度降低。当岩石受到水的作用时,水就沿着岩石中可见和不可见的孔隙、裂隙侵入,浸湿岩石自由表面上的矿物颗粒,并继续沿着矿物颗粒间的接触面向深部浸入,削弱矿物颗粒间的联结,使岩石的强度降低。

5. 风化

风化是在温度、水、气体及生物等综合因素影响下,改变岩石状态、性质的物理化学过程。它是自然界最普遍的一种地质现象。

风化作用促使岩石的原有裂隙进一步扩大,并产生新的风化裂隙,使岩石矿物颗粒间的联结变得松散和使矿物颗粒沿解理面崩解。风化作用的这种物理过程,能促使岩石的结构、构造和整体性遭到破坏,孔隙度增大,密度减小,吸水性和透水性显著增高,强度和稳定性大为降低。随着物理过程的加强,岩石中的某些矿物会发生次生变化,从根本上改变岩石原有的工程地质性质。

公路工程地质勘察要求对岩石调查和描述包括如下内容:

对岩石描述应包括成因、年代、名称、颜色、主要矿物、结构、构造、风化程度及岩层厚度等内容。

对沉积岩还应描述沉积矿物的颗粒大小、形状、胶结物成分和胶结程度。

对岩浆岩及变质岩还应描述矿物结晶的大小和结晶程度。

《公路工程地质勘察规范》(JTG C20—2011)要求描述的成因是岩石的成因类型,即是否为岩浆岩、沉积岩或变质岩。从规范要求中可以看到岩石矿物成分、结构构造和风化程度均对岩石工程性质具有影响。另外,还可看出规范对沉积岩的胶结物成分、胶结程度的重视,对岩浆岩和变质岩结晶程度的重视。因为这些方面都会对岩石的工程性质产生重要影响。

与路基工程关系较为密切的岩石工程性质主要有岩石的坚硬程度和岩体的稳定程度,前者影响路基施工的开挖难易程度,后者则影响岩质边坡的稳定性。

公路工程按照钻进难易程度、爆破效果和开挖方法进行土石工程分级,将岩石分为软石、次坚石和坚石[见《公路工程地质勘察规范》(JTG C20—2011)相关内容];铁路工程则是根据钻进难易程度、岩石单轴饱和抗压强度和开挖方法进行岩土施工工程分级,同样分为软石、次坚石和坚石三类[《铁路工程地质勘察规范》(TB 10012—2019)]。两个分类中,软石有:泥质岩类、煤层、凝灰岩、云母片岩和千枚岩;次坚石有:硅质页岩、钙质砂岩、泥灰岩、片岩、片麻岩,以及部分相对较软的石灰岩、白云岩、玄武岩、花岗岩等;坚石包括:硅质砂岩、硅质砾岩、石灰岩、白云岩、玄武岩、闪长岩、花岗岩、正长岩、大理岩、石英岩等。这里划分各软石、次坚石和坚石主要以岩石物质成分为主,未考虑风化和裂隙对岩石的影响。

岩体稳定程度除与岩石自身性质有关外,更多的受岩体中各类结构面切割状况的影响,工程中更加关注结构面的性质、结构面密度(岩体破碎程度)、结构面产状与组合情况等,这些方面是影响岩体稳定性的主要因素。

第二章 地质构造

在地球历史演变过程中,地壳不断地运动、发展和变化,这种运动称为地壳运动又称构造运动。地壳运动按其运动方向分为水平运动和垂直运动两种基本形式。水平运动使得地壳受到水平挤压或拉张,使岩层产生褶皱和断裂,甚至形成巨大的褶皱山系或裂谷。垂直运动表现为地壳大面积的上升和下降,形成大规模的隆起和凹陷,产生海陆变迁。水平运动和垂直运动是紧密相连的,在时间和空间上往往交替发生。

地壳运动在岩层或岩体中留下的变形和变位形迹称为地质构造,因此地壳运动也称为构造运动,地质构造主要有褶皱与断裂两大基本类型。构造运动除了形成地质构造外,也会带来地震、火山喷发等地质现象,新近纪以来的新构造运动带常是地震活跃的地带。

地质构造是工程地质条件的重要内容,直接影响到工程建筑物的稳定性和安全性,对工程建设难易程度和建设投资也有重大影响,新构造运动强烈地带还是地震、地表变形以及滑坡、崩塌、泥石流等地质灾害的活跃带。因此,地质构造是道路路线和路基、桥梁、隧道设计的重要工程地质资料和工程评价内容。

一、地层

反映形成的地质历史时期和新老关系的岩层称为地层,即地层是具有时间关系的岩层。

二、地层接触关系

地层在形成过程中总是一层一层叠置起来的,先形成的岩层被掩埋在下面,后形成的覆盖在老岩层上面,因此地层存在着下面老、上面新的相对关系。但一个地区在地质历史上不可能永远处于沉积状态,常常是一个时期沉积,另一个时期剥蚀,造成沉积间断。因此,沉积岩的接触关系基本上可分为整合接触和不整合接触两大类型。

1. 整合接触

一个地区在持续稳定的沉积环境下,地层依次沉积,各地层之间彼此平行,地层间的这种连续、平行的接触关系称为整合接触,如图 3-2-1a) 所示。其特点是沉积时间连续,上、下岩层产状基本一致,层与层之间呈平行关系。

2. 不整合接触

当沉积岩层之间有明显的沉积间断时,即沉积时间明显不连续,有一段时间没有沉积的接触关系,称为不整合接触。不整合接触又可分为平行不整合接触和角度不整合接触两类。不整合接触的两套地层间的界面称为不整合面或不整合带。由于沉积间断,不整合面常成为工程性质较差的软弱结构面。

(1)平行不整合接触,又称假整合接触,如图 3-2-1b) 所示。指上下两套地层间沉积间断,但岩层的产状彼此平行的接触关系,即在基本上互相平行的岩层之间有起伏不平的埋藏侵蚀面。它反映了地壳先下降接受稳定沉积,然后抬升到侵蚀基准面以上接受风化侵蚀,再后地壳又均匀下降接受稳定沉积的地质历史过程。

(2)角度不整合接触。指上、下两套地层间,既有沉积间断,同时岩层产状又彼此呈角度相交的接触关系,如图 3-2-1c)所示。它反映了地壳先下降沉积,然后挤压变形和上升剥蚀,再下降沉积的地质历史过程。

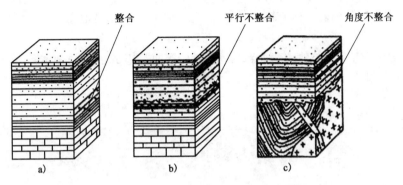

图 3-2-1 地层接触关系

三、产状三要素

地壳运动会造成形成时期处于水平状态的岩层发生倾斜和弯曲变形,也会造成岩层破裂和错动,岩层和破裂面的空间分布状态称为它的产状。

岩层产状一般用岩层在空间的水平延伸方向、倾斜方向和倾斜程度进行描述。分别称为岩层的走向、倾向和倾角,三者也称为产状三要素,如图 3-2-2 所示。产状三要素不仅是对岩层空间状态的表述,也用来描述地质构造空间的展布情况。

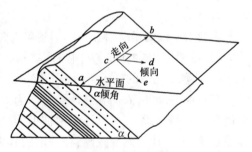

图 3-2-2 岩层的产状要素
ab-走向;cd-倾向;α-倾角

1. 走向

岩层层面与水平面交线的方向称为岩层的走向。它有两个方向,两者相差 180°。如图 3-2-2 中的 ab 直线。

2. 倾向

垂直走向沿倾斜面向下引出一条直线,该直线在水平面上的投影所指的方向称为岩层的倾向,如图 3-2-2 中 cd 线。岩层的倾向表示岩层在空间的倾斜方向。岩层的走向和倾向相差 90°,即是相互垂直的关系。

3. 倾角

岩层层面与水平面所夹的最大锐角称为岩层的倾角,如图 3-2-2 中的 α 角。岩层的倾角表示岩层在空间倾斜角度的大小。

实践中一般把倾角≤10°的岩层看作水平岩层,≥80°的为直立岩层,其余为倾斜岩层。岩体稳定程度与岩层或结构面倾斜程度关系密切。《公路路基设计规范》(JTG D30—2015)中岩质边坡的岩体分类将结构面倾角35°和75°作为重要指标,就是因为35°~75°的倾斜岩层稳定性较差,当岩层倾向与边坡坡向相同且岩层倾角在此范围内时,易于发生顺层变形与滑动。

四、褶皱构造

组成地壳的岩层,受构造应力的长期强烈作用,使岩层形成一系列波状弯曲而未丧失其连续性的构造,称为褶皱构造。褶皱构造是岩层产生的塑性变形,是地壳表层广泛发育的基本地质构造之一。

褶皱构造中任何一个单独的弯曲都称为褶曲,褶曲是组成褶皱的基本单元。褶曲的基本形式是背斜和向斜,如图3-2-3所示。

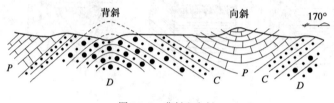

图3-2-3 背斜和向斜

1. 背斜

两翼岩层倾向相背的褶皱称为背斜。背斜在形态上一般表现为岩层向上隆起,它的岩层以褶曲轴为中心向两翼倾斜,当地面受到剥蚀而露出有不同地质年代的岩层时,较老的岩层出现在褶曲的轴部,从轴部向两翼依次出现的是较新的岩层,并且两翼岩层对称出现。

2. 向斜

两翼岩层倾向相向(相对)的褶皱称为向斜。向斜在形态上一般表现为岩层向下凹陷弯曲,在向斜褶皱中,岩层的倾斜方向与背斜相反,两翼的岩层都向褶曲的轴部倾斜。如地面遭受剥蚀,在褶曲轴部出露的是较新的岩层,向两翼依次出露的是较老的岩层,其两翼岩层也对称分布。

在一般情况下,人们容易认为背斜为山,向斜为谷,但实际情况要比这复杂得多。因为背斜遭受长期剥蚀,不但可以逐渐地被夷为平地,而且往往由于背斜轴部的岩层遭到构造作用的强烈破坏,岩层较两翼部破碎,在一定的外力条件下,甚至可以发展成为谷地,所以向斜山与背斜谷的情况在野外也是比较常见的。将背斜为山,向斜为谷的地形称为顺(正)地形;反之,称为逆(负)地形。

五、节理

岩层受力发生破裂,沿断裂面两侧的岩层无明显相对位移或仅发生了微小错动的断裂构造称为裂隙或节理。

节理普遍存在于岩体或岩层中,按成因可分为构造节理和非构造节理。

1. 构造节理

构造节理是由于构造应力作用而形成,它是对岩体稳定产生主要影响的节理类型。构造节理具有明显的方向性和规律性,其成因与褶皱和断层形成过程密切相关,对不同性质的岩石和在不同构造部位,构造节理的力学性质和发育程度都不相同。

根据节理的力学成因,可把构造节理分为剪节理和张节理两类,如图 3-2-4 所示。

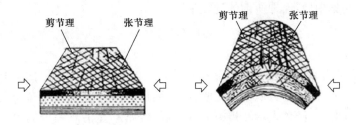

图 3-2-4　构造节理成因示意图

(1)剪节理。岩石受剪(扭)应力作用形成的破裂面称为剪节理,在同一应力作用下往往形成两组产状不同的节理,其两组剪切面一般形成"X"形的节理,故又称为 X 节理。剪节理常与褶皱、断层相伴生。剪节理的主要特征是:节理产状稳定,沿走向和倾向延伸较远;节理面平直光滑;剪节理面两壁间的裂缝很小,一般呈闭合状。由于剪节理交叉互相切割岩层成碎块体,破坏岩体的完整性,故剪节理面常是易于滑动的软弱面。

(2)张节理。岩层受拉张应力作用而形成的破裂面称为张节理。在褶皱岩层中,多在弯曲顶部产生与褶皱轴走向一致的张节理。张节理的主要特征是:节理产状不稳定,延伸不远即行消失,节理面弯曲且粗糙,张节理两壁间的裂缝较宽,呈开口或楔形,并常被岩脉充填;张节理一般发育较稀,节理间距较大,很少密集成带。张节理往往是地下水渗漏的良好通道和地下储水空间。

剪节理和张节理是地质构造应力作用所形成的主要节理类型,在地壳岩体中广泛分布,对岩体的稳定性影响很大。

2.非构造节理

除了构造节理之外,还有非构造节理。非构造节理是由成岩作用、外动力和重力等非构造因素所形成的裂隙,如风化裂隙和卸荷裂隙等,其中具有普遍意义的是风化裂隙。风化裂隙广泛发育在岩层(体)靠近地面的部分,风化裂隙分布零乱,无明显的方向性,但相互间连通性强。风化裂隙使地表岩石破碎甚至完全松散,岩石工程地质性质降低,也是基岩山区浅层地下水的赋存空间,风化裂隙对山区公路路堑、隧道进出口的边坡稳定性影响极大。

节理(或裂隙)对岩体工程性质影响极大,不仅影响到岩体的完整性和稳定性,还是地下水储存的空间和风化作用进行的场所,节理的存在与发育使得岩体工程性质下降,因而是工程建设关注的主要问题之一。因此,节理成为工程岩体分类的重要因素和工程地质条件评价的重要内容,其中节理类型与性质、延展情况、胶结程度和节理密集程度等是各类工程岩体分类和评价的重要指标。

六、断层

岩石受力发生断裂后,两侧岩块沿断裂面发生了显著位移的断裂构造,称为断层,其包含了破裂和位移两重含义。断层是地壳中广泛发育的地质构造之一,其形态各异,规模大小不同,小的几米,大的上千公里,相对位移从几厘米到几十公里。晚更新世(10~15万年)以来仍在活动的断层称为活断层或活动断层,位移变形速率较均匀的蠕变型活断层常造成地表长期错动,形成地裂缝而导致建筑物破坏;突发型活断层的活动则会造成地震的发生,因此活断层常成为地震分布的集中地带,即所谓的地震带。

1. 断层要素

断层由以下几个部分组成:

(1) 断层面和破碎带。两侧岩块发生相对位移的断裂面,称为断层面,如图 3-2-5 中的 C。断层面可以是直立的,但大多数情况下是倾斜的,断层在空间的延伸展布情况即断层的产状,用断层面的走向、倾向和倾角表示。规模大的断层,经常不是沿着一个简单的面发生,而往往是沿着一个错动带发生,称为断层破碎带或构造破碎带。构造破碎带宽度从数厘米到数百米不等,断层的规模越大,破碎带也就越宽,越复杂。由于两侧岩块沿断层面发生错动,所以在断层面上常留有擦痕,在断层破碎带中常形成糜棱岩、断层角砾和断层泥等。断层(构造)破碎带因岩层破裂不仅强度低,也是地下水的运动通道和储存空间,还利于风化作用的进行,成为岩体中工程性质不良地段。

(2) 断层线。断层面与地面的交线,称为断层线,如图 3-2-5 中的 AB。断层线反映断层的延伸方向,其形状决定于断层面的形状和地面的起伏情况。为减轻断层对道路的影响,路线和工程构造物应尽可能地垂直穿越断层线,避免近距离与断层线平行。

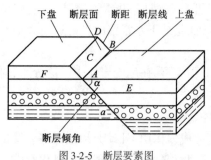

图 3-2-5 断层要素图

AB-断层线;DB-断距;α-断层倾角

(3) 断盘。断层面两侧发生相对位移的岩块,称为断盘。当断层面倾斜时,位于断层面之上的一盘称为上盘,如图 3-2-5 中的 E;位于断层面之下的称为下盘,如图 3-2-5 中的 F。当断层面直立时,常用断块所在的方位表示,如东盘、西盘等。若以断盘位移的相对关系为依据,则将相对上升的一盘称为上升盘;相对下降的一盘称为下降盘。上升盘和上盘,下降盘和下盘并不完全一致,上升盘可以是上盘,也可以是下盘。同样,下降盘可以是下盘,也可以是上盘,二者不能混淆。

(4) 断距。断层两盘沿断层面相对移动的距离称为断距,断距的大小是反映断层规模大小的指标之一,如图 3-2-5 中的 DB。

2. 断层的基本类型

断层的分类方法很多,所以断层有各种不同的类型。根据断层两盘相对位移的情况,可以分为正断层、逆断层和平推断层三种基本类型,如图 3-2-6 所示。

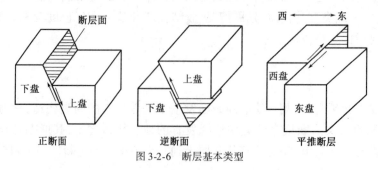

图 3-2-6 断层基本类型

(1)正断层。是指上盘沿断层面相对下降,下盘相对上升的断层。正断层一般是由于岩体受到水平张应力及重力共同作用,使上盘沿断层面向下错动而成。

与张节理相似,一般正断层的断层面和断层线不太平直,断层面倾角较陡,常大于45°。正断层破碎带较窄但连通性和开启程度较好,常是地下水的储水空间和集水廊道。

(2)逆断层。是指上盘沿断层面相对上升,下盘相对下降的断层。逆断层一般是由于地层岩体受到水平方向强烈挤压力的作用,使上盘沿断面向上错动而成。逆断层断层线的方向常和岩层走向或褶皱轴的方向近于一致,和压应力作用的方向垂直。断层面从陡倾角至缓倾角都有。其中断层面倾角大于45°的称为冲断层;介于25°~45°的称为逆掩断层;小于25°的称为辗掩断层。逆掩断层和辗掩断层常是规模很大的区域性断层。

逆断层由于受强烈水平挤压应力作用,所以破碎带较宽,破碎带内岩石破碎强烈,但挤压密实。

(3)平推断层。由于岩体受水平扭应力作用,使两盘沿断层面发生相对水平位移的断层为平推断层,也称为走滑断层。平推断层根据断层两盘相对位移方向可有右旋和左旋之分,站在一盘观测对面盘相对向右错动的为右旋,反之为左旋。平推断层的倾角一般较大,断层面近于直立,断层线比较平直。

断层的三种基本类型的错动中可能会出现逆冲与平推或正断层与平推断层组合的情况,如2008年5月12日发生汶川特大地震的断层就为逆冲右旋走滑断层,即伴随"5.12"地震的发生,断层产生了上盘向上和对面盘向右侧同时错动的现象。作为逆断层,地震时在映秀镇、北川县城和都江堰虹口乡等重灾区断层西侧地面(上盘)出现达5m的上升,震前为平地震后则成为陡坎。受发震断层水平错动方向的影响,汶川地震灾区伸缩缝与断层线走向平行的梁桥北侧梁、板普遍出现向东错动,南侧则相对向西错动,错动距离多在数十厘米,平武县南坝镇涪江桥错动距离甚至达到一米多;伸缩缝与断层线走向垂直的梁桥则较多出现桥面垮塌现象。

七、地质图

地质图是反映一个地区各种地质现象,如地层、地质构造等信息的基本地质资料,并用规定的符号按一定的比例将这些信息投影绘制在平面上的图件。地质图是工程实践中需要搜集和研究的一项重要地质资料。一幅完整的地质图,应包括平面图、剖面图和综合地层柱状图,并标明图名、比例、图例和接图等。平面图反映地表相应位置分布的地质现象,剖面图反映某地面以下的地质特征,综合地层柱状图反映测区内所出露地层的顺序、厚度、岩性和接触关系。通过对已有地质图的分析和阅读,就可使我们具体了解一个地区的地质情况,研究路线的布局,确定野外工程地质工作的重点。

由于工作目的的不同,绘制的地质图也可不同,常见的地质图有以下几种:

(1)普通地质图。主要表示地质图所涉范围内地层分布、岩性和地质构造等基本地质内容的图件。一幅完整的普通地质图包括地质平面图、地质剖面图和综合地层柱状图。普通地质图简称为地质图。

(2)构造地质图。用线条和符号,专门反映褶皱、断层等地质构造和地层的图件。

(3)第四纪地质图。反映第四纪松散沉积物的成因、年代、成分和分布情况的图件。

(4)基岩地质图。反映第四纪以前基岩的时代、岩性和分布的图件。

(5) 水文地质图。反映地下水埋藏、分布、形成条件及地下水与自然地理、地质因素和人类活动相互关系的图件。可分为地下水化学成分图、地下水等水位线图、综合水文地质图等类型。

(6) 工程地质图。反映工程地质条件在一定区域内的空间分布及其相互关系,为各类工程规划、设计、施工所用的地质图。如区域工程地质图、房屋建筑工程地质图、水库坝址工程地质图、矿山工程地质图、铁路工程地质图、公路工程地质图、港口工程地质图、机场工程地质图等。还可根据具体工程项目细分,如公路工程地质图还可分为路线工程地质图、工点工程地质图。工点工程地质图又可分为桥梁工程地质图、隧道工程地质图等。

《公路工程地质勘察规范》(JTG C20—2011)对公路工程地质勘察所提交的勘察报告中就要求勘察单位需提交:工程地质平面图、工程地质纵断面图、工程地质横断面图、钻孔地质柱状图等图件。规范对不同勘察阶段应提交的工程地质图也作出了明确规定:预可勘察提交1∶50000~1∶100000 的路线工程地质图;工可勘察提交 1∶10000~1∶50000 的路线工程地质图和重要工点的 1∶2000~1∶10000 工程地质平面图、工程地质断面图;路线初勘应提交1∶2000~1∶10000 的路线工程地质平面图及 1∶2000 工点工程地质平面图,比例尺为1∶100~1∶400 的工点工程地质横断面图;详勘阶段针对高路堤、深路堑、陡坡路段、支挡工程、河岸防护工程等路段应提交的路段工程地质平面图、断面图等。

工程地质图一般是在普通地质图的基础上,增加各种与工程建筑有关的工程地质内容而成。如在隧道工程地质纵剖面图上,图示出围岩等级、地下水位、岩石风化界限、节理产状及影响隧道稳定性的各项地质因素等;在路线工程地质平面图上,绘出滑坡、泥石流及崩塌等不良的地质现象;在桥梁工程地质纵剖面图上,表示出洪水位、常水位及桥基的地质条件。

地质平面图应有图名、图例、比例尺、编制单位和编制日期等。

在地质图的图例中,从新地层到老地层,严格要求按照自上而下或自左到右顺次排列。

比例尺的大小反映了图的精细程度,比例尺越大,图的精度越高,对地质条件的反映也越详细、越准确。

地质图是根据野外地质勘测资料在地形图上填绘编制而成的。它除了应用地形图的轮廓和等高线外,还需要用各种地质符号来表明地层的岩性、地质年代和地质构造情况。所以,要分析和阅读地质图,了解地质图所表达的具体内容,就需要了解和认识常用的各种地质符号。

1. 地层年代符号

在小于 1∶100000 的地质图上,沉积地层的年代是采用国际通用的标准色来表示的,在彩色的底子上,再加注地层年代和岩性符号。在每一系中,又用淡色表示新地层,深色表示老地层。岩浆岩的分布一般用不同的颜色加注岩性符号表示。在大比例的地质图上,多用单色线条或岩石花纹符号再加注地质年代符号的方法表示。当基岩被第四纪松散沉积层覆盖时,在大比例的地质图上,一般根据沉积层的成因类型,用第四纪沉积成因分类符号表示。

2. 岩石符号

岩石符号是用来表示岩浆岩、沉积岩和变质岩的符号,由反映岩石成因特征的花纹及点线组成。在地质图上,这些符号画在什么地方,表示这些岩石分布到什么地方。

3. 地质构造符号

地质构造符号,是用来说明地质构造的。组成地壳的岩层,经构造变动形成各种地质构造,这就不仅要用岩层产状符号表明岩层变动后的空间形态,而且要用褶皱轴、断层线、不整合面等符号说明这些构造的具体位置和空间分布情况。

在地质图上,是通过地层分界线、地层年代符号、岩性符号和地质构造符号,把不同地质构造的形态特征和分布情况反映出来的。常见的地质构造在地质图上表示方法如下。

(1)水平构造。水平构造的地层分界线在地质平面图上与地形等高线平行或者一致,地形等高线怎样弯曲,地层分界线也随着怎样弯曲。较新的岩层分布在地势较高的地方,较老的岩层出露在地势较低的地方,如图3-2-7所示。

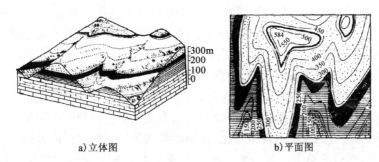

图 3-2-7　水平构造

(2)单斜构造。单斜构造的地层分界线在大比例尺的地质平面图上是一条随地形起伏而弯曲的曲线,曲线弯曲的形状和方向与岩层产状和地形起伏状况有关,如图3-2-8所示。

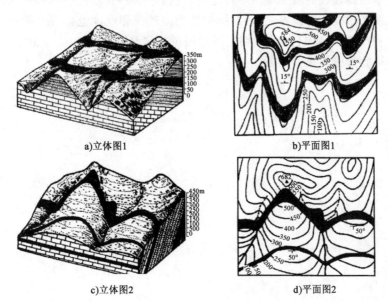

图 3-2-8　单斜构造

(3)直立岩层。除岩层走向有变化外,直立岩层的分界线在地质平面图上为一条直线,不受地形起伏的影响。

(4)褶皱。轴面直立的褶皱遭受剥蚀后,其地层分界线在地质平面图上呈带状分布,对称地向一个方向平行延伸,如图3-2-9a)所示。倾伏褶皱的地层分界线在转折端闭合,当倾伏背斜与倾伏向斜相间排列时,地层分界线呈"S"形曲线,如图3-2-9b)所示。

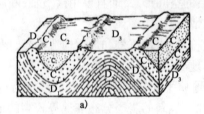 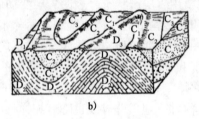

图 3-2-9　背斜和向斜在平面上和剖面上的特征(左侧是向斜,右侧是背斜)

(5)断层。断层在地质图上用断层线表示。由于断层倾角一般较大,所以断层线在地质平面图上通常是一段直线,或近于直线的曲线。在断层线两侧存在有岩层中断、重复、缺失、宽窄变化或前后错动现象。

当断层与褶皱轴线垂直或斜交时,不仅表现为翼部岩层顺走向不连续,而且还表现为褶曲轴部岩层的宽度在断层线两侧有变化。在背斜,上升盘轴部岩层出露的范围变宽,下降盘轴部岩层出露的范围变窄。向斜的情况与背斜相反,上升盘轴部岩层变窄而下降盘轴部岩层变宽。平推断层两盘轴部岩层的宽度不发生变化,在断层线两侧仅表现为褶曲轴线及岩层错开。

(6)不整合。平行不整合在地质平面图上表现为上下两套岩层的产状一致,岩层分界线彼此平行,但地质年代不连续。角度不整合不仅上下两套岩层之间的地质年代不连续,而且产状也不相同,新岩层的分界线遮断了下部老岩层的分界线。

地质构造是道路建设的重要地质条件之一,直接影响路线、桥位和隧道位置的选择,是路线工程地质选线的重要考虑内容之一,对结构物类型选择和设计也有重大影响,《公路工程地质勘察规范》(JTG C20—2011)和《铁路工程地质勘察规范》(TB 10012—2019)中地质构造的勘察都是不同勘察阶段的重要任务。

第三章 外动力地质作用

以太阳的辐射能和日月的引力能为主要能源,在地表或地表附近进行的地质作用称为外动力作用,也简称外力地质作用。外力作用实质上是以地壳表层的水、大气、生物为能源,改造雕塑地壳(主要是地壳表面)的过程。外力作用的主要类型有风化作用、剥蚀作用、搬运作用、沉积作用、成岩作用。其中剥蚀、搬运与沉积作用,按动力性质可分为风力作用、地表流水作用、地下水作用、湖海作用以及冰川作用等。

外力地质作用与公路工程有密切关系,是公路工程地质研究的主要对象之一。其中具有普遍意义的是风化作用和地表流水的地质作用。

第一节 风化作用

一、风化作用

地壳表层的岩石,在太阳辐射、大气、水和生物等风化营力的作用下,发生物理和化学的变化,使岩石崩解破碎以至逐渐分解的作用,称为风化作用。风化作用是最普遍的一种外力地质作用,在大陆的各种地理环境中,都有风化作用在进行。风化作用在地表最显著,随着深度的增加,其影响就逐渐减弱以至消失。

风化作用使坚硬致密的岩石松散破坏,改变了岩石原有的矿物组成和化学成分,使岩石的强度和稳定性大为降低,对工程建筑条件起着不良的影响。此外,如滑坡、崩塌、碎落、岩堆及泥石流等不良地质现象,大部分都是在风化作用的基础上逐渐形成和发展起来的。所以了解风化作用,认识风化现象,分析岩石的风化程度,对评价工程建筑条件是必不可少的。

风化作用按其占优势的营力及岩石变化的性质,可分为物理风化、化学风化及生物风化三个密切联系的类型。

1. 物理风化作用

在地表或接近地表条件下,岩石、矿物在原地发生机械性破碎而不改变其化学成分、不形成新矿物的作用,称为物理风化作用或机械风化作用。

温度变化是引起物理风化作用的最主要因素。由于温度的变化产生温差,温差可促使岩石膨胀和收缩交替地进行,引起岩石由表及里地不断崩解、破碎成大大小小的碎块。

岩石是热的不良导体,导热性差,白昼当它受太阳照射时,表层首先受热发生膨胀,而内部还未受热,仍然保持着原来的体积,这样,必然会在岩石的表层引起壳状脱离。在夜间,外层首先冷却收缩,而内部余热未散,仍保持着受热状态时的体积,这样表层便会发生径向开裂,形成裂缝。由于温度变化所引起的这种表里不协调的膨胀和收缩作用，昼夜不停地长期进行，就会削弱岩石表层和内部之间的联结，使之逐渐松动。在重力或其他外力作用下产生表层剥落。此外，不同矿物受热的体积膨胀系数各不相同，故由多种矿物组成的岩石在温度变化的影响下，各种矿物的体积胀、缩亦有差异，在它们的接触界面产生应力，从而破坏它们之间的结合能力。这样，岩石便可产生纵横交错的裂缝，有的裂缝平行岩石表面，形成层状剥离现象，有的裂缝垂直于岩石表面。长此以往，岩石裂缝可逐渐加大加深，由表及里地不断崩解、破碎成大大小小的碎块，如图3-3-1所示。

图3-3-1　温差风化使岩石逐渐崩解的过程示意图

温差风化的强弱主要取决于温度变化的速度和幅度，特别是昼夜温度变化的幅度越大，温差风化则越强烈。

对物理风化影响最强烈的因素是温度，特别是温差。因此，远离海洋的大陆腹地，因温差大而物理风化强烈。我国西北及内蒙古地区、中亚各国及蒙古国等亚欧大陆腹地的干旱、半干旱地区广泛分布的戈壁、沙漠等就是强烈物理风化的产物。

2. 化学风化作用

处于地表的岩石，与水溶液和气体等在原地发生化学反应逐渐使岩石破坏，不仅改变其物理状态，同时也改变其化学成分，并形成新矿物的作用，称为化学风化作用。化学风化作用的方式主要有溶解作用、水化作用、水解作用、碳酸化作用和氧化作用等。

地表松散堆积物中广泛存在的黏土矿物，如高岭石、伊利石（也称水云母）、蒙脱石等就是原生矿物在水、空气等因素作用下的化学风化产物，也称为次生矿物。黏土矿物是各类土的主要组成物质，其总体特征是颗粒细小，但不同黏土矿物性质差异较大，因此不同土类的工程性质差异也很大，一些工程性质较差且特殊的土被称为特殊土，如膨胀土、盐渍土、软土、黄土等。各类土的形成与风化作用，特别是化学风化作用密切相关，所以了解风化作用的特点有助于掌握土的类型分布和土的特殊性质。

化学风化作用在温暖、潮湿的地区最为活跃，进行得也比较彻底。因此，我国南方地区化学风化作用较北方和内陆地区强烈，一般南方土颗粒较细，黏性较强，土层也较厚。

3. 生物风化作用

岩石在动植物及微生物影响下发生的破坏作用，称为生物风化作用。生物风化作用主要发生在岩石的表层和土中。生物风化作用既有机械的，也有化学的，但生物化学作用对于土壤形成和有机质的产生具有主要影响。

岩石、矿物经过物理、化学风化作用以后，再经过生物的化学风化作用，就不再是单纯的无机矿物组成的松散物质，因为它还具有植物生长必不可少的腐殖质。这种具有腐殖质、矿物质、水和空气的松散物质叫土壤。土壤在物质组成、分布和性质等方面有其特殊性，所以在概念上应与工程土类相区别，不可混用。

从物理风化、化学风化和生物风化的产物来看，一般物理风化碎屑物颗粒较粗，黏结性和吸水性较差，但内摩擦角较大；化学风化的产物颗粒细小，内聚力较大，黏结性较好，吸水能力强，内摩擦角较小；生物风化往往是在物理和化学风化的基础上进行，但它的发生条件和影响因素与化学风化相近，因此风化物质的性质与化学风化接近，只是其中含有的有机质带来性质的改变与化学风化有明显区别。从风化类型的分布看，物理风化在气候干燥、温差较大的内陆腹地强烈，而化学风化和生物风化则在气候湿热的地区强烈。

二、风化岩层的分带

岩石的风化是由表及里的，地表部分受风化作用的影响最显著，由地表往下风化作用的影响逐渐减弱以至消失，因此在风化剖面的不同深度上，岩石的物理力学性质也有明显的差异。

一般来说，在保留完整的风化剖面上，风化程度不同的岩石是逐渐过渡的，其间并不像地层岩性那样，存在着较为清晰和确切的地质界面。但在整个风化剖面上，地表为松软土，深部为新鲜岩，从上到下存在着性质迥然不同的风化岩石。不同深度的岩石与风化营力接触的时间不同，造成风化壳在铅直剖面上，岩体从上到下在颜色、破碎程度、矿物成分和水理及物理力学性质等方面存在着明显的不同。

岩石风化带的界线，在公路工程实践中是一项重要的工程地质资料。在许多地方都需要运用风化带的概念来划分地表岩体不同风化带的分界线，作为拟定挖方边坡坡度，基坑开挖深度，以及采取相应的加固与补强措施的参考。但到目前为止，还没有一个比较确切的定量指标作为划分界线的依据，通常只是根据当地的地质条件并结合实践经验予以确定。

三、岩石风化程度的分级

1. 岩石风化程度的判断

岩石受到风化以后，不论其外观特征或物理力学性质，都会发生一系列的变化，根据岩石的颜色、矿物成分、破碎程度和强度的变化，我们可以概略的判断岩石的风化程度。

2. 岩石风化程度的分级

根据岩石的风化特征，可将岩石的风化程度划分为未风化、微风化、中风化、强风化和全风化五级，详见表3-3-1。

岩石风化程度分级　　　　　　　　　　表3-3-1

风化程度	野外特征	风化程度参数指标	
		波速比 k_v	风化系数 k_f
未风化	岩质新鲜，未见风化痕迹	0.9~1.0	0.9~1.0
微风化	结构基本未变，仅节理面有渲染或略有变色，有少量风化裂隙	0.8~0.9	0.8~0.9
中风化	结构部分破坏，沿节理面有次生矿物，风化裂隙发育，岩体被切割成岩块。用镐难挖，岩芯钻方可钻进	0.6~0.8	0.4~0.8
强风化	结构大部分破坏，矿物成分已显著变化，风化裂隙很发育，岩体破碎，用镐可挖，干钻不易钻进	0.4~0.6	<0.4
全风化	结构基本破坏，但尚可辨认，有残余结构强度，可用镐挖，干钻可钻进	0.2~0.4	—

注：1. 波速比 k_v 为风化岩石弹性纵波速度与新鲜岩石弹性纵波速度之比。
　　2. 风化系数 k_f 为风化岩石与新鲜岩石的饱和单轴抗压强度之比。

第二节　地表流水地质作用

一、暂时性流水作用

地表流水可分为暂时流水和经常流水两类。暂时流水是一种季节性、间歇性流水，它主要以大气降水以及积雪冰川融化为水源，所以一年中有时有水，有时干枯，暂时流水根据流水特征又可以分为坡面细流和山洪急流两类。经常流水在一年中大部分时间流水不断，它的水量虽然也随季节发生变化，但不会较长期的干枯无水，这就是通常所说的河流。不论长期流水或暂时流水，在流动过程中都要与地表的土石发生相互作用，产生侵蚀、搬运和堆积作用，形成各种地貌和不同的松散沉积层。地表流水不仅是影响地表形态不断发展变化的一个带有普遍性的重要自然因素，而且经常影响着公路的建筑条件。

1. 坡面细流的地质作用

雨水降落到地面或覆盖地面的积雪融化时，其中一部分蒸发，一部分渗入地下，剩下的部分则形成无数的网状坡面细流，从高处沿斜坡向低处缓慢流动，流动过程中时而冲刷，时而沉积，不断地使坡面的风化岩屑和黏土物质沿斜坡向下移动，最后在坡脚或山坡低凹处沉积下来，这就是坡面细流的地质作用。总的来看，坡面细流的地质作用强度比较小，但其作用范围和作用时间相对较广，对山区公路建设影响较为普遍，坡面细流的侵蚀作用是边坡坡面冲刷的主要动因，坡面细流的堆积物则常常成为山区公路边坡的坡体，其稳定性直接关系到边坡稳定。

2. 山洪急流的地质作用

集中暴雨或积雪骤然大量融化，都会在短时间内形成巨大的地表暂时流水，一般称为山洪急流。山洪急流具有极强的侵蚀和搬运能力，并把冲刷下来的碎屑物质带到山麓平原或沟谷口堆积下来。

山洪急流沿沟谷流动时，由于集中了大量的水，沟底坡度大，流速快，因而拥有巨大的动能，对沟谷的岩石有很大的破坏力。水流以其自身的水力和携带的砂石，对沟底和沟壁进行冲击和磨蚀，这个过程称为洪流的冲刷作用。由冲刷作用形成的沟底狭窄、两壁陡峭的沟谷叫冲沟。初始形成的冲沟在洪流的不断作用下，可以不断地加深、展宽和向沟头方向伸长，并可在冲沟沟壁上形成支沟。在降雨量较集中，缺少植被保护，由第四纪松散沉积物堆积的地区，冲沟极易形成。我国黄土区是冲沟发育最为典型的地区，在黄土中冲沟发展迅速，常常把地面切割得支离破碎，千沟万壑。

冲沟的发展是以溯(逆)源侵蚀的方式向上逐渐延伸扩展的，即由沟内某一部位向沟的上游侵蚀发展。

冲沟的发展常使路基被冲毁、边坡坍塌，给道路工程建设和养护造成很大困难。

二、河流的侵蚀作用

河水在流动的过程中不断加深和拓宽河床的作用称为河流的侵蚀作用。按其作用的方式，可分为溶蚀和机械侵蚀两种。溶蚀是指河水对组成河床的可溶性岩石不断地进行化学溶解，使之逐渐随水流失。河流的溶蚀作用在石灰岩、白云岩等可溶性岩类分布地区比较显著。机械侵蚀作用包括流动的河水对河床组成物质的直接冲击和夹带的砂砾、卵石等固体物质对河床的磨蚀。机械侵蚀在河流的侵蚀作用中具有普遍的意义，它是山区河流的一种主要侵蚀方式。

河流的侵蚀作用，按照河床不断加深和拓宽的发展过程，可分为下蚀作用和侧蚀作用。下蚀和侧蚀是河流侵蚀统一过程中互相制约和互相影响的两个方面，不过在河流的不同发展阶段，或同一条河流的不同部分，由于河水动力条件的差异，不仅下蚀和侧蚀所显示的优势会有明显的区别，而且河流的侵蚀和沉积优势也会有显著的差别。

1. 下蚀作用

河水在流动过程中使河床逐渐下切加深的作用，称为河流的下蚀作用。河水夹带固体物质对河床的机械破坏，是使河流下蚀的主要因素。其作用强度取决于河水的流速和流量，同时，也与河床的岩性和地质构造有密切的关系。很明显，河水的流速和流量大时，下蚀作用的能量大，如果组成河床的岩石坚硬且无构造破坏现象，则会抑制河水对河床的下切的速度。反之，如岩性松软或受到构造作用的破坏，则下蚀易于进行，河床下切过程加快。

河流的侵蚀过程也会向河源方向发展，这种溯源推进的侵蚀过程称为溯源侵蚀，也称为逆源侵蚀。

河流的下蚀作用并不是无止境地进行，因为随着下蚀作用的发展，河床不断加深，河流的纵坡逐渐变缓，流速降低，侵蚀能量削弱，达到一定的位置后，河流的侵蚀作用将趋于消失。河流下蚀作用消失的平面，称为侵蚀基准面。流入主流的支流，基本上以主流的水面为其侵蚀基准面；流入湖泊、海洋的河流，则以湖面或海平面为其侵蚀基准面。大陆上的河流绝大部分都流入海洋，而且海洋的水面也较稳定，所以又把海平面称为基本侵蚀基准面。侵蚀基准面并不是固定不变的，由于构造运动的区域性和差异性，会引起水系侵蚀基准面发生变化。侵蚀基准面一经变动，则会引起相关水系的侵蚀和堆积过程发生重大的改变。

2. 侧蚀作用

河流以携带的泥、砂、砾石为工具，并以自身的动能和溶解力对河床两岸的岩石进行侵蚀，使河谷加宽的作用称为侧蚀作用。侧蚀作用是山区公路水毁的重要动因。

河水运动过程的横向环流作用，是促使河流产生侧蚀的经常性因素，如图3-3-2所示。此外，如河水受支流或支沟排泄的洪积物以及其他重力堆积物的障碍顶托，致使主流流向发生改变，引起对岸产生局部冲刷，这也是一种在特殊条件下产生的河流侧蚀现象。在天然河道上能形成横向环流的地方很多，但在河湾部分最为显著。当运动的河水进入河湾后，由于受离心力的作用，表层水流以很大的流速冲向凹岸，产生强烈冲刷，使凹岸岸壁不断坍塌后退，并将冲刷下来的碎屑物质由底层水流带向凸岸堆积下来。由于横向环流的作用，使凹岸不断受到冲刷，凸岸不断发生堆积，结果使河湾的曲率增大，并受纵向流的影响，使河湾逐渐向下游移动，因而导致河床发生平面摆动。这样天长日久，整个河床就被河水的侧蚀作用逐渐地拓宽，如图3-3-3所示。河流的中、下游以及平原区的河流，由于河床坡度较为平缓，侧蚀作用占主导地位。

沿河布设的公路，往往由于河流的水位变化及侧蚀，常使路基发生水毁现象，特别是河湾凹岸地段，最为显著。因此，在确定路线具体位置时，必须加以注意。由于在河湾部分横向环流作用明显加强,容易发生塌岸,并产生局部剧烈冲刷和堆积作用,河床容易发生平面摆动,因此对于桥梁和桥头引道建筑,是很不利的。

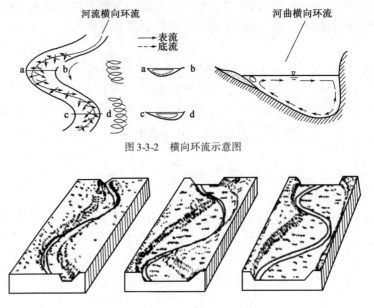

图 3-3-2 横向环流示意图

图 3-3-3 侧蚀作用逐渐地拓宽河谷

下蚀和侧蚀是河流侵蚀作用的两个密切联系的方面,在河流下蚀与侧蚀的共同作用下,使河床不断地加深和拓宽。一般在河流的中下游、平原区河流或处于老年期的河流,由于河湾增多,纵坡变小,流速降低,横向环流的作用相对增强,从这个意义上来说,以侧蚀作用为主;在河流的上游,由于河床纵坡大、流速大、纵流占主导地位,从总体上来说,以下蚀作用为主。

第三节 常见的第四系松散堆积物

一、残积层

地表岩石经过长期风化作用以后,改变了矿物成分、结构和构造,形成和原来岩石性质不同的风化产物,其中除一部分易溶物质被水溶解流失外,大部分物质残留在原地,这种残留在原地的物质称为残积物,这种松散堆积层称为残积层。残积物向上逐渐过渡为土壤层。土壤层直接分布在地表,因富含有机质则颜色较深或有植物根系分布其中。残积层向下逐渐过渡为风化程度不同的岩石。土壤层、残积层和风化岩层形成完整的风化壳。残积碎屑物由地表向深处由细变粗是其最重要的特征。

残积物具有无层理,碎屑物质大小不均匀、棱角显著,无分选,粒度和成分受气候条件和母岩岩性控制的特点。

残积物的厚度往往与地形条件有关,在陡坡和山顶部位常被侵蚀而厚度小。平缓的斜坡和山谷低洼处因不易被侵蚀而厚度较大。

残积层的工程地质性质,主要取决于矿物成分、结构和构造等因素。残积层具有较多的孔隙和裂缝,易遭冲刷,强度和稳定性较差。由于残积层孔隙多,又加成分和厚度很不均匀,所以作为建筑物的地基时,应考虑其承载能力和可能产生的不均匀沉陷。此外,由于残积层结构比较松散,作为路堑边坡时,应考虑可能出现的坍塌和冲刷等问题。

二、坡积层

由坡面细流的侵蚀、搬运和沉积作用在坡脚或山坡低凹处形成的沉积层称坡积层,如图3-3-4所示。坡积层是山区公路勘测设计中经常遇到的第四纪陆相沉积物中的一个成因类型,它顺着坡面沿山坡的坡脚或山坡的凹坡呈缓倾斜裙状分布,在地貌上称为坡积裙。

坡积层具有下述特征:

(1)坡积层厚度变化较大,一般是中下部较厚,向山坡上部及远离山脚方向逐渐变薄尖灭。

(2)坡积层多由碎石和黏性土组成,其成分与下伏基岩无关,而与山坡上部基岩成分有关。

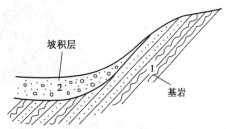

图3-3-4 坡积层示意图

(3)由于从山坡上部到坡脚搬运距离较短,故坡积层层理不明显,碎石棱角清楚。

(4)坡积层松散、富水,作为建筑物地基强度很差。坡积层很容易发生滑动,概括起来影响坡积层稳定性的因素,主要有以下三个方面:

①下伏基岩顶面的倾斜程度;

②下伏基岩与坡积层接触带的含水情况;

③坡积层本身的性质。

当坡积层的厚度较小时,其稳定程度首先取决于下伏岩层顶面的倾斜程度,如下伏岩层顶面与坡积层的倾斜方向一致且坡度较陡时,尽管地面坡度很缓,也易于发生滑动。山坡或河谷谷坡上的坡积层的滑动,经常是沿着下伏基岩的顶面发生的。

当坡积层与下伏基岩接触带有水渗入而变得软弱湿润时,将显著减小坡积层与基岩顶面的摩阻力,容易引起坡积层发生滑动。坡积层内的挖方边坡在久雨之后容易产生坍塌,水的作用是一个带有普遍性的原因。

三、洪积层

洪积层是由山洪急流搬运、沉积的碎屑物质组成的。当山洪夹带大量的泥沙石块流出沟口后,由于沟床纵坡变缓,地形开阔,水流分散,流速降低,搬运能力骤然减小,所夹带的石块、岩屑、砂砾等粗大碎屑先在沟口堆积下来,较细的泥沙继续随水搬运,多堆积在沟口外围一带。由于山洪急流的长期作用,在沟口一带就形成了扇形展布的堆积体,在地貌上称为洪积扇,如图3-3-5所示。洪积扇的规模逐年增大,有时与相邻沟谷的洪积扇互相连接起来,形成规模更大的洪积裙或洪积冲积平原。

洪积层是第四纪陆相堆积物中的一个类型,从工程地质观点来看,洪积层有以下一些主要特征:

(1)组成物质分选不良,粗细混杂,碎屑物质多带棱角,磨圆度不佳。
(2)有不规则的交错层理、透镜体、尖灭及夹层等。
(3)山前洪积层由于周期性的干燥,常含有可溶盐类物质,在土粒和细碎屑间,往往形成局部的软弱结晶联结,但遇水作用后,联结就会破坏。

图 3-3-5 洪积扇

洪积层主要分布于山麓坡脚的沟谷出口地带及山前平原,从地形上看,是有利于工程建筑的。由于洪积物在搬运和沉积过程中的某些特点,规模很大的洪积层一般可划分为三个工程地质条件不同的地段:靠近山坡沟口的粗碎屑沉积地段,孔隙大,透水性强,地下水埋藏深,压缩性小,承载力比较高,是良好的天然地基;洪积层外围的细碎屑沉积地段,如果在沉积过程中受到周期性的干燥,黏土颗粒发生凝聚并析出可溶盐分时,则洪积层的结构颇为结实,承载力也是比较高的。在上述两地段之间和过渡带,因为常有地下水溢出,水文地质条件不良,对工程建筑不利。

四、冲积层

河流在运动过程中,能量不断受到损失,当河水夹带的泥沙、砾石等搬运物质超过了河水的搬运能力时,被搬运的物质便在重力作用下逐渐沉积下来,称为沉积作用,河流的沉积物称为冲积层。

冲积层的特点从河谷单元来看,可以分为两大部分:河床相与河漫滩相。河床相沉积物颗粒较粗。河漫滩相下部为河床沉积物,颗粒粗;表层为洪水期沉积物,颗粒细,以黏土、粉土为主。这样两种不同特点的沉积层就构成了所谓的"二元结构"。

从河流纵向延伸来看,由于不同地段流速降低的情况不同,各处形成的沉积层就具有不同特点,基本可分为四大类型段:

(1)在山区,河床纵坡陡、流速大,侵蚀能力较强,沉积作用较弱。河床冲积层松散堆积物较薄,且以巨砾、卵石和粗砂为主。

(2)当河流由山区进入平原时,流速骤然降低,大量物质沉积下来,形成冲积扇。冲积扇的形状和特征与前述洪积扇相似,但冲积扇规模较大,冲积层的分选性及磨圆度更高。例如北京及其附近广大地区就位于永定河冲积扇上。冲积扇还常分布在大山的山麓地带,例如祁连山北麓、天山北麓和燕山南麓的大量冲积扇。如果山麓地带几个大冲积扇相互连接起来,则形成山前倾斜平原。在山前,河流沉积常与山洪急流沉积共同进行,因此山前倾斜平原也常称为冲洪积平原。

(3)在河流中、下游,是由细小颗粒的沉积物组成的广大冲积平原,例如黄河下游、海河及淮河的冲积层构成的华北大平原。冲积平原也常分布有牛轭湖相沉积,如长江的江汉平原。

(4)在河流入海的河口处,流速几乎降到零,河流携带的泥沙绝大部分都要沉积下来。沉积物在水面以下呈扇形分布,扇顶位于河口,扇缘则伸入海中,露出水面的部分形如一个顶角指向河口的倒三角形,故称河口冲积层为三角洲。

从冲积层的形成过程,可知它具有以下特征:

(1)冲积层分布在河床、冲积扇、冲积平原或三角洲中;冲积层的成分非常复杂,河流汇水面积内的所有岩石和土都能成为该河流冲积层的物质来源。与前面讨论过的三种第四纪沉积层相比,冲积层分选性好,层理明显,磨圆度高。

(2)山区河流沉积物较薄,颗粒较粗,承载力较高且易清除,地基条件较好。

(3)由于冲积平原分布广,表面坡度比较平缓,多数大、中城市都坐落在冲积层上;道路也多选择在冲积层上通过。作为工程建筑物的地基,砂、卵石的承载力较高,黏性土较低。在冲积平原特别应当注意冲积层中两种不良沉积物,一种是软弱土层,例如牛轭湖、沼泽地中的淤泥、泥炭等;另一种是容易发生液化、流沙现象的细、粉砂层。遇到它们时应当采取专门的设计和施工措施。

(4)三角洲沉积物含水率高,常呈饱和状态,承载力较低。但其最上层,因长期干燥比较硬实,承载力较下面高,俗称硬壳层,可用作低层建筑物的天然地基。

(5)冲积层中的砂、卵石、砾石常被选用为建筑材料。厚度稳定、延续性好的砂、卵石层是丰富的含水层,可以作为良好的供水水源。

第四章 地　　貌

地貌是指地球表面在内、外地质营力的长期相互作用下,形成的成因不同、规模不等的地表形态。

应该指出,随着地貌学的发展,人们对于地形和地貌两个词已分别赋予了不同的含义。地形一词,通常用来专指地表既成形态的某些外部特征,如高低起伏、坡度大小和空间分布等,它不涉及这些形态的地质结构、成因及发展,一般只是用等高线把这些形态特征表示出来就可以了,地形图通常反映的就是这方面的内容。地貌一词则含义相对广泛,它不仅包括了地表形态的全部外部特征,如高低起伏、坡度大小、空间分布、地形组合及其与邻近地区地形形态之间的相互关系等,更重要的是,还包括运用地质动力学的观点,分析和研究这些形态的成因和发展。

地貌条件与公路工程的建设及运营有着密切的关系。公路常穿越不同的地貌单元,地貌条件是评价公路工程地质条件的重要内容之一。各种不同的地貌,都关系到公路勘测设计、桥隧位置选择的技术经济问题和养护工程等。

地壳表面的各种地貌都在不断地形成和发展变化。促使地貌形成和发展变化的动力,是内、外力作用。

(1)内力作用形成了地壳表面的基本起伏,对地貌的形成和发展起决定性作用。首先,地壳的构造运动不仅使地壳岩层受到强烈的挤压、拉伸或扭动而形成一系列褶皱带和断裂带,而且还在地壳表面造成大规模的隆起区和沉降区。隆起区将形成大陆、高原、山岭;沉降区则形成海洋、平原、盆地。内力作用不仅形成了地壳表面的基本起伏,而且还对外力作用的条件、方式及过程产生深刻的影响。例如,地壳上升,侵蚀、剥蚀、搬运等作用增强,堆积作用就变弱;地壳下降,则情况相反。

(2)外力作用对由内力作用所形成的基本地貌形态,不断地进行雕塑、加工,起着改造作用,其总趋势是削高补低,力图把地表夷平,即把由内力作用所造成的隆起部分进行剥蚀破坏,同时把破坏的碎屑物质搬运堆积到由内力作用所造成的低地和海洋中去。

地貌的形成和发展是内、外力共同作用的结果。我们现在看到的各种地貌形态,就是地壳在内、外力作用下发展到现阶段的形态表现。

地貌的形成和发展变化,首先取决于内、外力作用之间的量的对比。例如,在内力作用使地表上升的情况下,如果上升量大于外力作用的剥蚀量,地表就会升高,最后形成山岭地貌;反之,如果上升量小于外力作用的剥蚀量,地表就会降低或被削平,最后形成剥蚀平原。同样,在内力作用使地表下降的情况下,如果下降量大于外力作用所造成的堆积量,地表就会下降,形成低地;反之,如果下降量小于外力作用所造成的堆积量,地表就会被填平甚至增高,形成堆积平原或各种堆积地貌。

第一节 河流阶地

河谷内由河流的侵蚀和沉积作用交互进行所形成的沿河谷两侧断续分布的阶梯状台地称为河流阶地。

河流阶地是地壳运动平稳、上升反复变化引起河流相应的不断侧蚀、下蚀作用的结果。地壳运动平稳阶段河流侵蚀基准面稳定，河流以侧蚀作用为主，河床不断拓宽；之后若地壳剧烈上升，使河流侵蚀基准面相对下降，大大加速了下蚀的强度，河床底被迅速向下切割，河水面随之下降，原来的老河床出露于河水之上，除了大洪水以外均不能将其淹没，原来的老河床就变成了阶地，如此反复进行可形成多级河流阶地。

多级河流阶地按位置从低到高称为Ⅰ级阶地、Ⅱ级阶地、Ⅲ级阶地……，如图3-4-1所示。

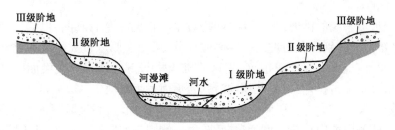

图 3-4-1　河流阶地示意图

一条河流有多少级阶地是由该地区地壳运动平稳、上升周期次数决定的，每剧烈上升一次就应当有相应的一级阶地，阶地编号越大，生成年代越老，则可能被侵蚀破坏得越严重，越不易完整保存下来。

根据阶地的形成过程，在野外辨认河流阶地时应注意下述两方面特征：形态特征和物质组成特征。从形态上看，阶地表面一般较平缓，纵向微向下游倾斜，倾斜度与本段河床底坡接近，横向微向河中心倾斜。河床两侧同一级阶地，其阶地表面距河水面高差应当相近。应当指出，不能只从形态上辨认阶地，以免与人工梯田、台坎混淆，还必须从物质组成上研究。从物质组成上看，由于阶地是由老的河漫滩形成，具有二元结构，即表层由颗粒较细的黏性土、下部由颗粒相对较粗的砂、卵石等冲积层组成。因此，二元结构和冲积物是阶地物质组成中最重要的物质特征。

由于河流的长期侵蚀堆积，成形的河谷一般都有不同规模的阶地存在，它一方面缓和了山谷坡脚地形的平面曲折和纵向起伏，有利于路线平纵面设计和减少工程量，另一方面又不易遭受山坡变形和洪水淹没的威胁，容易保证路基稳定。所以阶地在通常情况下，是河谷地貌中敷设路线的理想地貌部位，山区沿河公路多展布于河流阶地。当有多级阶地时，除考虑过岭高程外，一般以利用一、二级阶地敷设路线为宜。

第二节 山岭地貌

山岭地貌具有山顶、山坡、山脚等明显的形态要素，山岭地貌是山区公路路线布设、越岭展线的重要地貌单元。

1. 山顶

山顶是山岭地貌的最高部分,山顶呈长条状延伸时称山脊。山脊高程较低,地势较为平缓,形似马鞍的部位称为鞍部,相连的两山顶之间较低的部分称为垭口。一般来说,山体岩性坚硬、岩层倾斜或因受冰川的侵蚀时,多呈尖顶或很狭窄的山脊。在气候湿热,风化作用强烈的花岗岩或其他松软岩石分布地区,岩体经风化剥蚀,多呈圆顶;在水平岩层或古夷平面分布地区,则多呈平顶,典型的如方山、桌状山等,如图3-4-2所示。

2. 山坡

山坡是山岭地貌的重要组成部分,在山岭地区,山坡分布的面积最广。山坡的形状有直线形、凹形、凸形以及复合形等各种类型,这取决于新构造运动、岩性、岩层产状及坡面剥蚀和堆积的演化过程等因素。

山坡的纵向坡度,小于15°的为微坡,介于16°~30°的为缓坡,介于31°~70°的为陡坡,山坡坡度大于70°的为垂直坡。

稳定性高、坡度平缓的山坡便于公路展线,对于布设路线是有利的,但应注意考察其工程地质条件。平缓山坡特别是在山坡的一些坳洼部分,通常有厚度较大的坡积物和其他重力堆积物分布,坡面径流也容易在这里汇聚;当这些堆积物与下伏基岩的接触面因开挖而被揭露后,遇到不良水文情况,就可能引起堆积物沿基岩顶面发生滑动。

山坡中,坡面倾斜方向与岩层倾向相同的山坡称为顺向坡,相反时则称为逆向坡。在单斜岩层山区,沟谷两侧山坡中总是一侧为顺向坡,另一侧则为逆向坡,如图3-4-3所示。

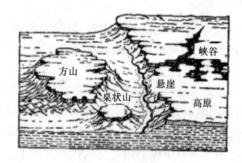

图3-4-2 方山和桌状山

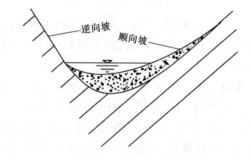

图3-4-3 山坡坡向示意图

一般来讲,顺向坡坡度较缓,坡脚坡积层等松散堆积物较厚;而逆向坡相对较陡,基岩裸露或松散堆积物较薄,因为顺向坡坡度较缓,地形相对平坦,所以山区公路常布设在顺向坡一侧。总体来看,逆向坡岩体稳定性较好,但会出现崩塌和坠石等现象;顺向坡松散堆积物稳定性较差,易出现沿基岩顶面或坡积层内部软弱层的滑坡。

3. 山脚

山脚是山坡与周围平地的交接处。由于坡面剥蚀和坡脚堆积,使山脚在地貌上一般并不明显,在那里通常有一个起着缓和作用的过渡地带,它主要是由一些坡积裙、冲积锥、洪积扇及岩堆、滑坡堆积体等流水堆积地貌和重力堆积地貌组成,即主要由第四系松散堆积物构成。山脚是山区公路布设的主要场所,第四系松散堆积物的稳定性是边坡和路基工程的主要问题。

4. 垭口

对于公路工程来说,研究山岭地貌必须研究垭口。因为越岭的公路路线若能寻找合适的垭口,可以降低公路高程和减少展线里程。从地质作用看,可以将垭口归纳为构造型垭口、剥蚀型垭口和剥蚀-堆积型垭口三个基本类型。

(1)构造型垭口又可分为以下三种类型:

①断层破碎带型垭口,如图3-4-4所示。这种垭口的工程地质条件比较差。岩体的整体性被破坏,经地表水侵入和风化,岩体破碎严重,一般不宜采用隧道方案,如采用路堑,也需控制开挖深度或考虑边坡防护,以防止边坡发生崩塌。

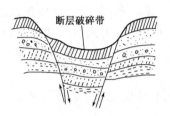 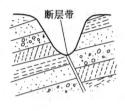

图3-4-4 断层破碎带型垭口和断层带型垭口

②背斜张裂带型垭口,如图3-4-5所示。这种垭口虽然构造裂隙发育,岩层破碎,但工程地质条件较断层破碎带型为好,这是因为垭口两侧岩层外倾,有利于排除地下水,也有利于边坡稳定,一般可采用较陡的边坡坡度,使挖方工程量和防护工程量都比较小。如果选用隧道方案,施工费用和洞内衬砌也比较节省,是一种较好的垭口类型。

③单斜软弱层型垭口,如图3-4-6所示。这种垭口主要由页岩、千枚岩等易于风化的软弱岩层构成。两侧斜坡多不对称,岩层倾向与斜坡坡向相反的一坡(逆向坡)坡度较陡一些,另一侧(顺向坡)坡度较缓。由于岩性松软,风化严重,稳定性差,故不宜深挖;若采取路堑深挖方案,与岩层倾向一致的一侧边坡坡角应小于岩层的倾角,两侧坡面都应有防风化的措施,必要时应设置护坡或挡土墙。穿越这一类垭口,宜优先考虑隧道方案,可以避免因风化带来的路基病害,还有利于降低越岭线的高程,缩短展线里程或提高公路线形标准。

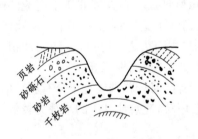 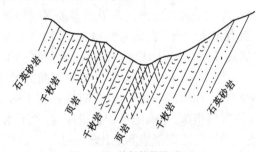

图3-4-5 背斜张裂带型垭口　　图3-4-6 单斜软弱层型垭口

(2)剥蚀型垭口的特点是松散覆盖层很薄,基岩多半裸露。垭口的肥瘦(厚薄)和形态特点主要取决于岩性、气候及外力的切割等因素。在气候干燥寒冷地带,岩性坚硬和切割较深的垭口本身较薄,宜采用隧道方案;采用路堑深挖也比较有利,是一种良好的垭口类型。在气候温湿地区和岩性较软弱的垭口,本身较平缓宽厚,采用深挖路堑或隧道对穿都比较稳定,但工程量比较大。在石灰岩地区的溶蚀性垭口,无论是明挖路堑或开凿隧道,都应注意溶洞或其他地下溶蚀地貌的影响。

(3)剥蚀-堆积型垭口是在山体地质结构的基础上,以剥蚀和堆积作用为主导因素所形成的垭口。其开挖后的稳定条件主要取决于堆积层的地质特征和水文地质条件。这类垭口外形浑缓，垭口宽厚，宜于公路展线，但松散堆积层的厚度较大，有时还发育有湿地或高地沼泽，水文地质条件较差，故不宜降低过岭高程，通常多以低填或浅挖的断面形式通过。

第三节 平原地貌

平原地貌是地壳在升降运动微弱或长期稳定的条件下，经过风化剥蚀夷平或岩石风化碎屑经搬运而在低洼地面堆积所形成的。平原地貌具有大地表面开阔平坦、地势高低起伏不大的外部形态。一般说来，平原地貌有利于公路选线，在选择有利地质条件的前提下，可以设计成比较理想的公路线形。

按高程，平原可分为高原、高平原、低平原和洼地；按成因，平原可分为构造平原、剥蚀平原和堆积平原。

（1）构造平原主要是由地壳构造运动所形成，其特点是地形面与岩层面一致，堆积物厚度不大。由于基岩埋藏不深，所以构造平原的地下水一般埋藏较浅。在干旱或半干旱地区，如排水不畅，常易形成盐渍化。在多雨的冰冻地区则常易造成道路的冻胀和翻浆。

（2）剥蚀平原是在地壳上升微弱的条件下，经外力的长期剥蚀夷平所形成，其特点是地形面与岩层面不一致，松散堆积物常常很薄，基岩常常裸露地表，只在低洼地段有时才覆盖有厚度稍大的残积物、坡积物、洪积物等。剥蚀平原形成后，往往因地壳运动变得活跃，剥蚀作用重新加剧，使剥蚀平原遭到破坏，故其分布面积常常不大。剥蚀平原的工程地质条件一般较好。

（3）堆积平原是在地壳缓慢而稳定下降的条件下，经各种外力作用的堆积填平所形成，其特点是地形开阔平缓，起伏不大，往往分布有厚度很大的松散堆积物。按外力堆积作用的动力性质不同，堆积平原又可分为河流冲积平原、山前洪积冲积平原、湖积平原、风积平原和冰碛平原，其中较为常见的是前面三种。河流冲积平原与湖积平原介绍如下。

①河流冲积平原是由河流改道及多条河流共同沉积所形成。它大多分布于河流的中、下游地带，因为在这些地带河床常常很宽，堆积作用很强，当河水泛滥将河床以外广大地区淹没时，河水流速锐减，堆积面积越来越大，堆积物越来越细，久而久之，便形成广阔的冲积平原。我国著名的冲积平原有黄淮海平原、长江三角洲平原和珠江三角洲平原等。

河流冲积平原地形开阔平坦，具有良好的工程建设条件，对公路选线也十分有利。但其下伏基岩往往埋藏很深，第四纪堆积物很厚，且地下水一般埋藏较浅，地基土的承载力较低，在冰冻潮湿地区道路的冻胀翻浆问题比较突出。

②湖积平原是由河流注入湖泊时，将所挟带的泥沙堆积湖底使湖底逐渐淤高，湖水溢出、干涸所形成。其地形平坦为各种平原之最。总体来看，湖积平原工程地质条件较差，公路建设应考虑地基承载力、地基压缩变形和地下水危害等问题。

湖积平原中的堆积物，由于是在静水条件下形成的，故淤泥和有机质的含量较多，其总厚度一般也较大，其中往往夹有多层呈水平层理的薄层细砂或黏土，很少见到圆砾或卵石，且土颗粒由湖岸向湖心逐渐由粗变细。其沉积物由于富含淤泥和泥炭，常具可塑性和流动性，孔隙度大，压缩性高，故承载力很低。

湖积平原地下水一般埋藏较浅，地下水量较丰富。

第五章　水文地质

埋藏在地表以下岩土的孔隙或裂隙中的重力水,称为地下水。研究地下水的学科称为水文地质学,与地下水的赋存、补给、径流和排泄等有关的条件称为水文地质条件。地下水的富集必须具备三个条件:有较多的储水空间;有充足的补给水源;有良好的汇水条件。地下水在重力作用下不停地运动着,运动特点主要取决于岩土的透水性。岩土的透水又取决于岩土中空隙的大小、数量和连通程度。岩土按相对的透水能力分为透水的、半透水的和不透水的三类。透水的(有时包括半透水的)岩土层称透水层;不透水的岩土层称隔水层;当透水层被水充满时称含水层。

地下水分布很广,与人们的生产、生活和工程活动的关系也很密切。它一方面是生活、灌溉和工业供水的重要水源之一,是宝贵的天然资源;另一方面,它与土石相互作用会使土体和岩体的强度和稳定性降低,产生各种不良的自然地质现象和工程地质现象,给工程的建设和正常使用造成危害。诸多不良地质现象和工程病害,如滑坡、岩溶、潜蚀、土体盐渍化和路基盐胀、多年冻土和季节冻土中冰的富集、地基沉陷、道路冻胀和翻浆等都与地下水的存在和活动有关,地下水还常常给隧道施工和运营带来困难,甚至带来灾害。

地下水的埋藏条件是指含水岩层在地质剖面中所处的部位以及受隔水层限制的情况。根据地下水的埋藏条件,可以把地下水划分为上层滞水、潜水和承压水,如图 3-5-1 所示。按含水层空隙性质(含水介质)的不同,可将地下水区分为孔隙水、裂隙水和岩溶水。

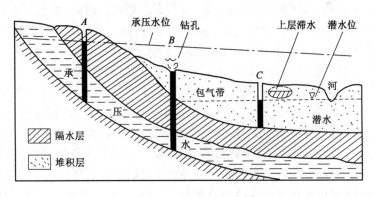

图 3-5-1　地下水类型示意图

一、上层滞水

在包气带(孔隙内主要为空气的岩土层)内局部隔水层上积聚的具有自由水面的重力水称为上层滞水。上层滞水接近地表,接受大气降水的补给,以蒸发形式消失或向隔水底板边缘排泄。其主要特征是:埋藏浅,在垂直和平面上分布均不稳定,分布区、补给区和排泄区一致;水量和水质受气候控制,季节性变化明显,雨季水量多,旱季水量少,甚至干涸。

上层滞水的存在,可使地基土的强度减弱。在寒冷的北方地区,易引起道路的冻胀和翻浆。此外,由于其分布和水位变化大,常给工程的设计、施工带来困难。

二、潜水

地表以下第一个连续隔水层之上的含水层中具有自由水面的重力水称为潜水。潜水一般是存在于第四纪松散堆积物的孔隙中(孔隙潜水)及地表的基岩裂隙(裂隙潜水)和溶洞中(岩溶潜水)。

潜水的水面为自由水面,称为潜水面。潜水面上各点的高程称作潜水位。从潜水面到隔水底板的垂直距离为潜水含水层厚度。潜水面到地面的距离为潜水埋藏深度。

潜水的基本特征与规律:潜水含水层直接与包气带相接,所以潜水在其分布范围内,都可以通过包气带接受大气降水、地表水或凝结水的补给。

潜水在重力作用下,通常由水位高的地方向水位低的地方径流。流动快慢取决于含水层的渗透能力和水力坡度。潜水面的形状或水力坡度大小与地形有一定程度的一致性,地面坡度越大,潜水面的坡度越大,但比地形的起伏要平缓。因此,一般地形切割强烈,潜水则径流、循环快,含水层厚度小,水的矿化度低;地形完整开阔则相反。

潜水的排泄方式有两种:一种是径流到适当地形处,以泉、渗流等形式泄出地表或流入地表水,即径流排泄也称水平排泄。另一种是通过包气带或植物蒸发进入大气,即蒸发排泄也称垂直排泄。水平排泄在地形切割强烈的山区最为普遍,而垂直排泄则在干旱和平原地区较为明显。

潜水直接通过包气带与地表发生联系,气象、水文因素的变动对它影响显著。丰水季节或年份,潜水接受的补给量大于排泄量,潜水面上升,含水层厚度增加,埋藏深度变小。干旱季节排泄量大于补给量,潜水面下降,含水层变薄,埋藏深度增大。因此,潜水的动态有明显的季节变化。潜水动态变化的影响因素有自然因素和人为因素两方面。自然因素有气象、水文、地质和生物等。人为因素主要有兴修水利、大面积灌溉和疏干等。只要人们掌握潜水的动态变化规律,就能合理地利用地下水,防止地下水对建筑工程可能造成的危害。

潜水的化学成分变化很大。主要取决于气候、地形及岩性条件。湿润气候和地形切割强烈的地区,利于潜水的径流排泄,而不利于蒸发排泄,往往形成含盐量低的淡水。干旱气候和低平地形区,潜水以蒸发排泄为主时,因为只有水分蒸发,而将盐分留下,所以常形成含盐量高的咸水以及形成地表盐渍化。盐渍土对筑路不利,因此在盐渍土地区筑路必须重视浅层地下水问题,通常采用降低地下水位和设置隔离层等办法以防止潜水蒸发排泄而引起的盐分集中。

一般情况下,潜水面是向排泄区倾斜的曲面,其起伏基本与地形一致,但较地形起伏平缓。在山区和河流上游地区,一般潜水埋藏在沟谷两侧斜坡下,水位较高,而河流位于沟谷底部,水位低,因此是潜水通过径流补给地表河流;平原地区则相反,常常是地表水补给潜水。

三、承压水

赋存于两个隔水层之间的含水层中的地下水叫作承压水。承压水含水层上部的隔水层称作隔水顶板,下部的隔水层叫作隔水底板。顶底板之间的距离为含水层厚度。

承压性是承压水的一个重要特征。受到隔水顶底板的限制,含水层充满水,水自身承受隔水顶板以上岩土层压力,并以一定的压力作用于隔水顶板。当用钻孔揭露含水层时,水位将上升到含水层顶板以上一定高度才静止下来或喷出井口。

承压水受隔水层的限制,与地表水联系较弱。因此气候、水文因素的变化对承压水的影响较小,承压水动态变化稳定。

适宜形成承压水的地质构造大致有两种:一种为向斜构造或盆地,称为自流盆地;另一种为单斜构造,称为自流斜地。

过量抽取地下承压水使得含水层空隙压缩变形,是导致地面沉陷的主要原因,治理的主要措施就是减少地下承压水的抽取量和向地下注水。

承压水一般水量较大且稳定,隧道和桥基施工若钻透隔水层,会造成突然而猛烈的涌水,处理不当将给工程带来重大损失。

四、裂隙水

埋藏在基岩裂隙中的地下水叫作裂隙水。裂隙水分布很不均匀,水力联系也很复杂。裂隙水的这些特点与裂隙介质的特征有关。根据裂隙水赋存介质的不同,将裂隙水划分为脉状裂隙水和层状裂隙水两种类型。脉状裂隙水主要分布于坚硬基石中,该类裂隙分布不均匀、连通性差、方向性明显,因此脉状裂隙水分布不均匀、水力联系差、但往往水量较大;层状裂隙水具有统一水力联系、水量分布均匀呈层状分布。另外,按基岩裂隙成因的不同,可将裂隙水分为:风化裂隙水、成岩裂隙水和构造裂隙水三种类型。

1. 风化裂隙水

分布于风化裂隙中的地下水一般为层状裂隙水,受风化壳的控制,风化裂隙水多属潜水。通常情况下,风化壳规模和厚度相当有限,风化裂隙含水层水量不大,就地补给,就地排泄。但风化裂隙水在基岩山区分布十分广泛,对边坡工程影响很大,常常是边坡失稳和浅层滑坡形成的重要原因。

2. 成岩裂隙水

沉积岩和深成岩浆岩的成岩裂隙多是闭合的,含水意义不大,对工程建设影响也较小。

3. 构造裂隙水

构造裂隙是岩石在构造运动中受力产生的。在岩石性质和构造应力的控制下,裂隙的张开性、密度、方向性和连通性均有显著的区别。因此,构造裂隙水的分布规律相当复杂,呈现出不均匀性和各向异性的主要特点。构造裂隙水可以是潜水,也可以是承压水。构造裂隙水一般水量比较丰富,特别是当构造裂隙贯穿或连通其他含水层时,不仅水量丰富而且水量稳定,常常是良好的供水水源,但对隧道施工往往造成危害,如产生突然涌水事故等。

五、岩溶水

赋存、运移于可溶岩中的空隙、裂隙以及溶洞中的地下水叫岩溶水。岩溶水受岩溶作用规律的控制,其埋藏分布、运动、水量动态变化和水质等与其他类型地下水都有明显差异。

岩溶水具有以下基本特征和规律：与地表水的流域系统相似，岩溶含水层系统独立完整，空隙、裂隙、竖井、落水洞中的水向支流管道汇集，支流管道向暗河集中；岩溶水空间分布极不均匀，主要集中于岩溶管道或暗河系统中，地表及地下岩溶现象不发育地区则严重缺水；岩溶管道和暗河中水流动迅速，运动规律与地表河流相似；水量在时间上变化大，受气候影响明显，雨季水量大，旱季明显减小；水的矿化度低，但易污染。总的来看，岩溶水虽属地下水，但许多特征与地表水相近，因埋藏于地下则比地表水更为复杂。

岩溶水可以是潜水，也可以是承压水。

岩溶水分布不均匀、水量大给工程预测预防带来困难，尤其是隧道施工难度大，也常造成路基水毁。

第六章　道路工程地质问题

第一节　路基工程地质问题

路基是公路的重要组成部分,它主要承受车辆的动力荷载和其上部建筑的重量。坚固、稳定的路基是公路安全运行的保障。路基所出现的各种软化、变形和整体失稳一般称为路基病害。路基病害常与特殊的工程地质条件有关,其实质是路基工程地质问题。

路基不均匀变形是常见的路基病害,以路基沉陷变形较为常见,但也包括鼓胀变形。除路基施工碾压不够外,特殊的工程地质条件常是不均匀变形的主要原因。处于软土、湿陷性黄土、多年冻土、岩溶空洞和地下矿山采空区等分布区域的路基常出现路基沉陷变形,而在盐渍土和膨胀土分布地区的路基则出现不均匀鼓胀变形,冰冻地区路基顶部水分集中与冻融变化是路基冻胀翻浆的原因。

边坡变形与失稳是严重影响道路正常使用的工程问题。边坡受岩性、构造等地质条件和风化、水的渗入和冲刷等自然地质作用以及人工开挖等工程活动的影响,常出现坡面变形和整体失稳破坏两类工程病、灾害。在山区高等级公路建设中高边坡大量出现,因此边坡工程地质问题会越来越严重,破坏和造成的损失也会更加严重。

边坡整体失稳是指边坡的整体塌滑或滑坡。塌滑时边坡上部或顶部地面下沉、出现多条拉张裂缝,边坡中、下部向外鼓胀,显示出边坡整体滑动和破坏的征兆。

边坡整体塌滑和滑坡是路基工程中的重要工程地质问题。山区道路常常需要在斜坡坡脚开挖路堑,修建人工边坡。这种工程活动改变了斜坡内初始的应力状态,使坡脚剪应力更趋于集中,开挖的人工边坡切断斜坡岩体内各种结构面,破坏了边坡岩体的稳定性。

这种由工程开挖引起的边坡滑动,常发生在岩层顺坡倾斜,层间夹有泥化的页岩或泥岩层中,倾角大于泥化层层间的内摩擦角,一旦开挖切断坡脚岩层,即刻引起顺层滑动。

斜坡坡脚坡积物广泛分布,公路傍山修建切割坡脚,截断坡积层,降低其稳定性,引起坡积层沿下伏基岩面向线路方向滑动。因此,山区公路坡积层发生滑动是常见的边坡病害。

山区河谷斜坡是自然地质作用强烈地段,河岸两侧也是边坡整体稳定病害多发地段。受河流侵蚀作用和岩层产状影响,河谷斜坡处于不同稳定状态。一般来看,顺倾向岸坡地形较缓,但整体稳定性较差;反倾向坡地形陡峭,但整体稳定性较好。

岩质边坡的破坏失稳与岩体中发育的各种结构面有很大关系。结构面破坏了岩体的完整性,使岩体成为各种结构面分割的岩块组合体。相比之下结构面的强度远低于岩块。岩体破坏都是沿着结构面发生,特别是边坡岩体中结构面贯通,产状有利于滑动破坏时,尤为不利。

桥梁是公路工程建筑的重要组成部分。线路跨越河流、沟谷或道路,需要架设桥梁,桥梁也是线路通过地质灾害频繁发生地区的主要工程。

查明桥梁场址周围的工程地质条件、选择适宜的桥位、评价桥梁基坑稳定性和正确选定桥基承载力,是桥梁工程地质工作的重要内容。

桥梁位置的选择应该综合考虑线路方向、选线设计技术要求、城乡建设、交通水利设施的要求和地形、地质条件等多方面因素。一般中、小桥位置由线路条件决定,特大桥或大桥则往往先选好桥位,然后再统一考虑线路条件。大桥和特大桥位的选定,除综合考虑政治、经济等因素外,还必须十分重视桥位地段的地质、地貌特征和河流水文特征。

桥位应选择在岸坡稳定、地基条件良好、无不良地质现象的地段;应尽可能避开大断裂带,尤其不可在未胶结的断层破碎带和具有活动可能的断裂带上造桥。

从河流的情况来看,最理想的桥位应选择在水流集中、河床稳定、河道顺直、坡降均匀、河谷较窄的地段,桥梁的轴线与河流方向垂直。

河道水流是一种螺旋状的环流。它以自己特有的侵蚀—搬运—沉积方式,不断地深切河床、拓宽河谷和加长流路。对于某一具体河段,它正处在特定的发育阶段,因此,在某一地段选择桥位时,首先要研究地貌条件,了解河水对河床和岸坡冲刷作用的规律,避开那些有河床变迁、活动沙洲等不良地段;还要大致判定河谷内覆盖层的厚薄、基岩埋藏深浅,以便合理选定桥位。

山区河流多在山峦起伏的深涧峡谷中流动,其特点是坡降大,水流急,河谷较深,河床中常有基岩裸露,或由巨砾、粗砂沉积覆盖,覆盖层一般较平原河流薄。桥头及其引线应避开滑坡、崩塌、泥石流等地质灾害发生场所。

第二节 不良地质与特殊土

一、崩塌

在陡峻的斜坡上,巨大岩块在重力作用下突然而猛烈地向下倾倒、翻滚、坠落的现象,称为崩塌。崩塌不仅发生在山区的陡峻山坡上,也可以发生在河流、湖泊及海边的高陡岸坡上,还可以发生在公路路堑的高陡边坡上。规模巨大的山坡崩塌称为山崩。斜坡的表层岩石由于强烈风化,沿坡面发生经常性的岩屑顺坡滚落现象,称为碎落。悬崖陡坡上个别较大岩块的崩落称为落石。小的崩塌对行车安全及路基养护工作影响较大;大的崩塌不仅会损坏路面、路基,阻断交通,甚至会迫使放弃已有道路的使用。

1. 崩塌的形成条件及因素

崩塌虽发生比较突然,但有它一定的形成条件和发展过程。崩塌形成的基本条件,归纳起来,主要的有以下几个方面。

1) 地形条件

斜坡高、陡是形成崩塌的必要条件。调查表明,规模较大的崩塌,一般多产生在高度大于30m,坡度大于45°(大多数介于55°~75°)的陡峻斜坡上。斜坡的外部形状,对崩塌的形成也有一定的影响。一般在上缓下陡的凸坡和凹凸不平的陡坡(图3-6-1)易于发生崩塌。

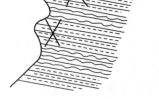

图3-6-1 软硬岩互层形成的锯齿

2）岩性条件

坚硬的岩石（如厚层石灰岩、花岗岩、砂岩、石英岩、玄武岩等）具有较大的抗剪强度和抗风化能力，能形成高峻的斜坡，在外来因素影响下，一旦斜坡稳定性遭到破坏，即会产生崩塌现象。所以，崩塌常发生在由坚硬性脆的岩石构成的斜坡上。此外，由软硬互层（如砂页岩互层、石灰岩与泥灰岩互层、石英岩与千枚岩互层等）构成的陡峻斜坡，由于差异风化，斜坡外形凹凸不平，也容易产生崩塌。

3）构造条件

如果斜坡岩层或岩体的完整性好，就不易发生崩塌。实际上，自然界的斜坡，经常是由性质不同的岩层组合而成的，而且常常为各种构造面所切割，从而削弱了岩体内部的联结，为产生崩塌创造了条件。一般说来，岩层的层面、裂隙面、断层面、软弱夹层或其他的软弱岩性带都是抗剪性能较低的"软弱面"。如果这些软弱面倾向临空且倾角较陡，当斜坡受力情况突然变化时，被切割的不稳定岩块就可能沿着这些软弱面发生崩塌。图3-6-2为两组与坡面斜交的裂隙，其组合交线倾向临空，被切割的楔形岩块沿楔形凹槽发生崩塌。

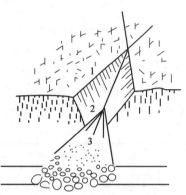

图3-6-2 楔形体崩塌示意图
1-裂隙；2-楔形槽；3-崩塌堆积体

4）其他自然因素

岩石的强烈风化，裂隙水的冻融，植物根系的楔入等，都能促使斜坡岩体发生崩塌现象。但大规模的崩塌多发生在暴雨、久雨或强震之后。这是因为降雨渗入岩体裂隙后，一方面会增加岩体的质量，另一方面能使裂隙中的充填物或岩体中的某些软弱夹层软化，并产生静水压力及动水压力，使斜坡岩体的稳定性降低，或者由于流水冲掏坡脚，削弱斜坡的支撑部分等，都会促使斜坡岩体产生崩塌现象。

地震能使斜坡岩体突然承受巨大的惯性荷载，因而往往都促成大规模的崩塌。例如2008年5月12日汶川8级特大地震在长度500km、宽度50km的范围内形成大量规模不等的崩塌，其中有数千、万立方米以上的山崩，也有单个体积达上百立方米的巨大落石。地震灾区崩塌除掩埋、砸毁房屋，造成巨大生命财产损失外，因为山区道路多沿沟谷河畔展布，所以崩塌对道路危害极大。地震崩塌对道路的危害主要有：巨大落石会砸毁路面、桥梁与车辆。强烈的汶川地震造成宝成铁路109隧道口发生强烈崩塌，巨大落石击中行驶中的机车和油罐车并引起起火，大火烧毁了全部车辆和隧道；山崩可掩埋道路及车辆，汶川地震失踪的一万多人中有相当数量是被掩埋于山崩体之下，都（江堰）汶（川）公路映秀镇至草坡段崩塌密度达6.87处/km，公路被连片山崩所掩埋，过往车辆也未能幸免；山崩所形成的岩堆表面坡度一般为自然休止角，处于临界稳定状态，因而给清除带来极大危险，所以映秀镇至草坡段成为汶川地震灾后道路打通的最困难路段之一；大规模山崩会堵塞河道形成堰塞湖，堰塞湖水位上升则淹没沿河道路，导致灾区公路中断，加大灾情。

上面说的是形成崩塌的基本条件和促使斜坡岩体发生崩塌的一些主要的自然因素，但是，人类不合理的工程活动，如公路路堑开挖过深、边坡过陡，也常引起边坡发生崩塌。由于开挖路基改变了斜坡外形，使斜坡变陡，软弱构造面暴露，部分被切割的岩体失去支撑，结果引起崩塌。此外,如坡顶弃方荷载过大或不妥当的爆破施工,也常促使斜坡发生崩塌现象。

2. 崩塌的分类

对崩塌进行深入研究和采取有效的防治措施,需要对崩塌进行分类。但由于崩塌的复杂性,国内外对崩塌的分类至今尚无统一的认识。《公路工程地质勘察规范》(JTG C20—2011)对崩塌作了如下分类:

(1)根据崩塌的规模,将崩塌分为小型崩塌、中型崩塌和大型崩塌,见表3-6-1。

崩塌按规模分类　　　　　　　表3-6-1

类型	小型崩塌	中型崩塌	大型崩塌
崩塌体体积 $V(m^3)$	$V \leqslant 500$	$500 < V \leqslant 5000$	$V > 5000$

(2)根据崩塌产生的机理,将崩塌划分为倾倒式崩塌、滑移式崩塌、膨胀式崩塌、拉裂式崩塌和错断式崩塌五种类型,见表3-6-2。

崩塌按形成机理分类　　　　　　　表3-6-2

类型	倾倒式崩塌	滑移式崩塌	膨胀式崩塌	拉裂式崩塌	错断式崩塌
形成机理	倾倒	滑移	膨胀、下沉	拉裂	错断

(3)根据发生崩塌的地层,将崩塌分为岩石崩塌、黄土崩塌和黏性土崩塌等类型。

3. 崩塌的防治

1)勘测调查要点

要有效地防治崩塌,必须首先进行详细的调查研究,掌握崩塌形成的基本条件及其影响因素,根据不同的具体情况,采取相应的措施。调查崩塌时,应按《公路工程地质勘察规范》(JTG C20—2011)的要求,查明下列内容:

(1)查明地形地貌的类型及形态特征,收集气象、水文及地震动参数资料。

(2)查明地层岩性、软质岩与硬质岩的分布情况、岩石的风化破碎程度。

(3)查明地质构造特征,节理、层理、断裂等结构面的产状、规模、结合程度,斜坡岩体的结构类型和完整性。

(4)查明地表水和地下水类型、分布、成因、水质、水量。

(5)查明危岩的分布、规模及稳定性。

(6)查明崩塌的类型、规模、分布范围及崩塌、落石情况。

(7)查明岩堆的类型、分布范围、物质组成及稳定性。

2)防治原则

由于崩塌发生得突然而猛烈,治理比较困难而且复杂,特别是大型崩塌,所以一般多采取以防为主的原则。

(1)在选线时,应根据崩塌的规模及崩塌路段的地质条件,认真分析崩塌的可能性及其规律,经经济技术综合比选,确定工程方案。地质选线一般应符合下列要求:

①路线应避开斜坡高陡,节理裂隙切割严重,危岩、崩塌发育地段。

②路线应避开结构松散、稳定性差、补给源丰富、正处于发展阶段的大型岩堆。

③当崩塌的规模小,危岩、落石的边界条件或个体清楚,防治方案技术、经济可行,路线可选择在有利部位通过。

④路线通过规模小、趋于稳定或停止发展的古岩堆时,应结合岩堆的地质结构,采取适当的工程措施后通过。

(2)在设计和施工中,应避免使用不合理的高陡边坡,避免深挖方,以维持山体的平衡。在岩体松散或构造破碎地段,严禁使用大爆破施工,以免引起崩塌。

3)防治措施

(1)清除坡面危岩。

(2)坡面加固。如坡面喷浆、抹面、砌石铺盖等以防治软弱岩层进一步风化;灌浆、勾缝、镶嵌、锚栓以恢复和增强岩体的完整性。

(3)危岩支护。如用石砌或用混凝土作支垛、护壁、支柱、支墩、支墙等以增加斜坡的稳定性。

(4)拦截防御。如修筑落石平台、落石网、落石槽、拦石堤、拦石墙等。

(5)调整水流。如修筑截水沟、堵塞裂隙、封底加固附近的灌溉引水、排水沟渠等,防止水流大量渗入岩体而恶化斜坡的稳定性。

二、滑坡

斜坡上的土体和岩体在重力作用下,沿一定的滑动面(或带)整体向下滑动的现象,称为滑坡。滑坡的特点是滑体在向下滑动过程中始终与下伏滑床保持接触,其水平移动分量一般大于垂直移动分量。

滑坡是山区公路的主要病害之一。由于山坡或路基边坡发生滑坡,常使交通中断,影响公路的正常使用。大规模的滑坡,可以堵塞河道,摧毁公路,破坏厂矿,掩埋村庄,对山区建设和交通设施危害很大。西南地区(云、贵、川、藏)是我国滑坡分布的主要地区,不仅滑坡的规模大,类型多,而且分布广泛,发生频繁,危害严重。我国其他地区的山区、丘陵区,包括黄土高原,也有不同类型的滑坡分布。

1. 滑坡的形态

一个发育完全的典型滑坡,一般具有下面一些基本的组成部分,如图 3-6-3 所示。

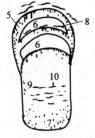

a)剖面示意图   b)平面示意图

图 3-6-3　滑坡要素示意图

1-滑坡体;2-滑动面;3-滑坡床;4-滑坡壁;5-滑坡周界;6-滑坡台阶;7-滑坡舌;8-拉张裂隙;9-剪切裂隙;10-鼓张裂隙;11-扇形裂隙

1)滑坡体

斜坡沿滑动面向下滑动的土体或岩体称为滑坡体。其体积可从几百到几千立方米不等。

大型滑坡有时可达数百万以致上千万立方米。滑坡体其内部一般仍保持着未滑动前的地层结构,但会产生许多新的裂缝,个别部位还可能遭受较强烈的扰动。

2) 滑动面、滑动带和滑坡床

滑坡体下滑时与不动体(母体)之间的分界面称滑动面,简称滑面。滑动面以上,被揉皱了的厚数厘米至数米的结构扰动带,称为滑动带。有些滑坡的滑动面(带)可能不止一个。滑动面(带)位置、数量、形状和滑动面(带)土石的物理力学性质,对滑坡的推力计算和工程治理有重要意义。滑坡勘察必须找出最下面的滑动面,以便采取有效的防治措施。滑动面(带)以下稳定的土体或岩体称为滑坡床。

在一般情况下,滑动面(带)上的土石在滑体下滑过程中遭受挤压剪切,扰动严重,其特点是潮湿饱水或含水率较高,比较松软,颜色和成分较复杂,常具滑动形成的揉皱或微斜层理、镜面和擦痕;所含角砾、碎屑具有磨光现象,条状、片状碎石有错断的新鲜断口。在勘探中,常可根据这些特征,确定滑动面的位置。

滑动面的形状,因地质条件而异。一般说来,发生在均质土中的滑坡,滑动面多呈圆弧形;沿岩层层面或构造裂隙发育的滑坡,滑动面多呈直线形或折线形。

滑动面最前端的部位称为滑坡的剪出口,剪出口的位置是抗滑工程布设的重要依据。

3) 滑坡壁

滑体向下滑动后,滑动体与斜坡断开,在斜坡上形成一个显著的陡壁,称为滑坡壁。它在平面上多呈圈椅状,其高度自几厘米至几十米,坡度一般为 $60°\sim80°$。

4) 滑坡周界

滑坡体与周围未滑动的稳定斜坡在平面上的分界线,称为滑坡周界。滑坡周界圈定了滑坡的范围。

5) 滑坡台阶

有几个滑动面或经过多次滑动的滑坡,由于各段滑坡体的运动速度不同,而在滑坡体上出现的阶段梯状的错台,称为滑坡台阶。

6) 滑坡舌

滑坡体的前缘,形如舌状伸出的部分,称为滑坡舌。

7) 滑坡裂缝

滑坡体的不同部分,在滑动过程中,因受力性质不同,所形成的不同特征的裂缝。按受力性质,滑坡裂缝可分为下面四种:

(1) 拉张裂缝。分布在滑坡体上部,与滑坡壁的方向大致吻合,裂缝张开,多呈弧形,由滑坡体向下滑动时产生的拉力形成。

(2) 剪切裂缝。分布在滑坡体中部的两侧,因滑坡体下滑,在滑坡体两侧由剪切作用形成的裂缝。它与滑动方向大致平行,其两边常伴有呈羽毛状排列的次一级裂缝。

(3) 鼓张裂缝。主要分布于滑坡体的下部,由于滑坡体上、下部分运动速度的不同或滑坡体下滑受阻,致使滑坡体鼓张隆起形成的裂缝。鼓张裂缝的延伸方向大体上与滑动方向垂直。

(4) 扇形张裂缝。分布在滑坡体的中下部(尤以舌部为多),当滑坡体向下滑动时,滑坡体的前缘向两侧扩散引张而形成的张开裂缝。其方向在滑动体中部与滑动方向大致平行,在舌部则呈放射状,故称为扇形张裂缝。

8) 滑坡洼地

滑坡滑动后,滑坡体与滑坡壁之间常拉开成沟槽,构成四周高中间低的封闭洼地,称为滑坡洼地。滑坡洼地往往由于地下水在此处出露,或者由于地表水的汇集,常成为湿地或水塘。

2. 滑坡的形成条件和影响因素

1) 滑坡的形成条件

滑坡的发生,是斜坡岩(土)体平衡条件遭到破坏的结果。由于斜坡岩(土)体的特性不同,滑动面的形状有各种形式,基本为平面形和圆柱状两种。二者表现虽有不同,但平衡关系的基本原理还是一致的。

当斜坡岩(土)体沿平面 AB 滑动时的力系如图 3-6-4 所示。

其平衡条件为由岩(土)体重力 G 所产生的侧向滑动分力 T 等于或小于滑动面的抗滑阻力 F。通常以稳定系数 K 表示这两力之比,即:

$$K = \frac{总抗滑力}{总下滑力} = \frac{F}{T}$$

很显然,若 $K<1$,斜坡平衡条件将遭破坏而形成滑坡。若 $K \geqslant 1$,则斜坡处于稳定或极限平衡状态。

斜坡岩(土)体沿圆柱面滑动时的力系如图 3-6-5 所示。

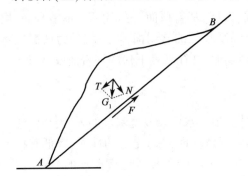

图 3-6-4 平面滑动的平衡示意图

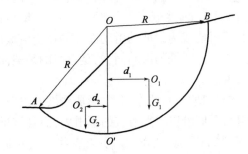

图 3-6-5 圆弧滑动的平衡示意图

图中 AB 为假定的滑动圆弧面,其相应的滑动中心为 O 点,R 为滑弧半径。过滑动圆心 O 作一铅直线 OO',将滑体分成两部分,在 OO' 线右侧部分为"滑动部分",其重心为 O_1,重量为 G_1,它使斜坡岩(土)体具有向下滑动的趋势,对 O 点的滑动力矩为 $G_1 d_1$;在线 OO' 线左侧部分为"随动部分",起着阻止斜坡滑动的作用,具有与滑动力矩方向相反的抗滑力矩 $G_2 d_2$。因此,其平衡条件为滑动部分对 O 点的滑动力矩 $G_1 d_1$ 等于或小于随动部分对 O 点的抗滑力矩 $G_2 d_2$ 与滑动面上的抗滑力矩 $\tau \widehat{AB} R$ 之和。即:

$$G_1 d_1 \leqslant G_2 d_2 + \tau \widehat{AB} R$$

式中:τ——滑动面上的抗剪强度。

其稳定系数 K 为:

$$K = \frac{总抗滑力矩}{总滑动力矩} = \frac{G_2 \times d_2 + \tau \times \widehat{AB} \times R}{G_1 \times d_1}$$

同理,$K<1$ 将形成滑坡;$K \geqslant 1$ 斜坡处于稳定和极限平衡状态。

2）影响滑坡的因素

从上述分析可以看出，斜坡平衡条件的破坏与否，也就是说滑坡发生与否，取决于下滑力（矩）与抗滑力（矩）的对比关系。而斜坡的外形，基本上决定了斜坡内部的应力状态（剪切力的大小及其分布），组成斜坡的岩土性质和结构决定了斜坡各部分抗剪强度的大小。当斜坡内部的剪切力大于岩土的抗剪强度时，斜坡将发生剪切破坏而滑动，自动地调整其外形来与之相适应。因此，凡是引起改变斜坡外形和使岩土性质恶化的所有因素，都将是影响滑坡形成的因素。这些因素概括起来主要有以下几点。

（1）岩性。

滑坡主要发生在易于亲水软化的土层中和一些软质岩层中，当坚硬岩层或岩体内存在有利于滑动的软弱面时，在适当的条件下也可能形成滑坡。

容易产生滑坡的土层有胀缩黏土、黄土和黄土类土，以及黏性的山坡堆积层等。它们有的与水作用容易膨胀和软化，有的结构疏松，透水性好，遇水容易崩解，强度和稳定性容易受到破坏。

容易产生滑坡的软质岩层有页岩、泥岩、泥灰岩等遇水易软化的岩层。此外，千枚岩、片岩等在一定的条件下也容易产生滑坡。

（2）构造。

埋藏于土体或岩体中倾向与斜坡一致的层面、夹层、基岩顶面、古剥蚀面、不整合面、层间错动面、断层面、裂隙面、片理面等，一般都是抗剪强度较低的软弱面，当斜坡受力情况突然变化时，都可能成为滑坡的滑动面。如黄土滑坡的滑动面，往往就是下伏的基岩面或是黄土的层面；有些黏土滑坡的滑动面，就是自身的裂隙面。

（3）水。

水对斜坡土石的作用，是形成滑坡的重要条件。地表水可以改变斜坡的外形，当水渗入滑坡体后，不但可以增大滑坡的下滑力，而且将迅速改变滑动面（带）土石的性质，降低其抗剪强度，起到"润滑剂"的作用。所以有些滑坡就是沿着含水层的顶板或底板滑动的，不少黄土滑坡的滑动面，往往就在含水层中。两级滑坡的衔接处常有泉水出露，以及大规模的滑坡多在久雨之后发生，这都可以说明水在滑坡形成和发展中的重要作用。

（4）地震。

地震是激发滑坡发生的重要因素。由于地震的加速度，使斜坡土体（或岩体）承受巨大的惯性力，并使地下水位发生强烈变化，促使斜坡发生大规模滑动，强烈地震可造成在较大范围内瞬间出现大量滑坡。如1973年2月的四川炉霍地震，1974年5月的云南昭通地震，以及1976年5月的云南龙陵地震、7月的河北唐山地震、8月的四川松潘—平武地震，尽管区域地质构造和地貌条件不同，凡地震烈度在7度以上的地区，都有不同类型的滑坡发生，尤其在高中山区，更为严重。地震激发滑坡，滑坡摧毁、掩埋道路，堵塞江河导致水位上升淹没道路，阻断地震灾区抢险救灾通道，将进一步加重灾情。

2008年5月12日四川汶川8.0级强烈地震导致大量滑坡发生，其中滑坡体积大于1000万 m^3 的特大滑坡就有26处之多。地震激发的特大滑坡常常是高速滑坡，上千万立方米的岩土体伴随着地震十余秒时间内冲出数百米，甚至上千米。滑坡体高速运动过程中产生巨大冲击力将所经途中的房屋、道路、桥梁等建筑摧毁，掩埋人员及车辆，滑坡是汶川地震人民生命财产损失的主要原因之一。如汶川地震中发生的大光包—黄河子沟大滑坡涉及范围宽达7.4km,体积上亿立方米,冲滑水平距离达2.7km,垂直滑降680m。滑坡还是地震灾区堰塞湖形成的主要原因,汶川特大地震滑坡、崩塌堵塞河道形成34处大小不等的堰塞湖,其中唐家山至马滚岩间17km河段有7处堵江,最大一处堰塞湖——唐家山堰塞湖坝高82.65~124.4m、坝长803m、宽611m,库容3.16亿m^3,实际蓄水2.47亿m^3,成为震后其下游地区最大的威胁。

此外,如风化作用、降雨、人为不合理的切坡或坡顶加载、地表水对坡脚的冲刷等,都能促使上述条件发生有利于斜坡土石向下滑动的变化,诱发斜坡产生滑动现象。

3. 滑坡分类

为了对滑坡进行深入研究和采取有效的防治措施,需要对滑坡进行分类。但由于自然地质条件的复杂性,且分类的目的、原则和指标也不尽相同,因此,对滑坡的分类至今尚无统一的认识。结合我国的区域地质特点和道路工程实践,铁路和公路部门认为,按滑坡体的主要物质组成、规模、滑体厚度和滑动方式进行的分类,有一定的现实意义。

(1)按滑坡体的主要物质组成,可以把滑坡分为堆积层滑坡、基岩滑坡、黄土滑坡、黏土滑坡等类型。

①堆积层滑坡。公路工程中经常碰到的一种滑坡类型,多出现在河谷缓坡地带或山麓的坡积、残积、洪积及其他重力堆积层中。它的产生往往与地表水和地下水直接参与有关。滑体主要由第四纪堆积层构成,滑坡体一般多沿下伏的基岩顶面、不同地质年代或不同成因的堆积物的接触面,以及堆积层本身的松散层面滑动。滑坡体厚度一般从几米到几十米。

②基岩滑坡。滑体主要由岩体构成,滑动面为岩层层面或岩体中的软弱结构面。沿顺坡向的岩层层面滑动的滑坡,称为顺层滑坡,如图3-6-6a)所示。沿岩体内的其他软弱结构面(如断层、节理)发生切层滑动的滑坡,称为切层滑坡,如图3-6-6b)所示。岩层滑坡多发生在由砂岩、页岩、泥岩、泥灰岩以及片理化岩层(如片岩、千枚岩等)组成的斜坡上。

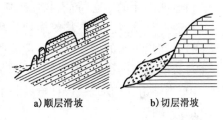

a) 顺层滑坡　　　b) 切层滑坡

图3-6-6　基岩滑坡示意图

③黄土滑坡。发生在不同时期的黄土层中的滑坡,称为黄土滑坡。它的产生常与裂隙及黄土对水的不稳定性有关,多见于河谷两岸高阶地的前缘斜坡上,常成群出现,且大多为中、深层滑坡。其中有些滑坡的滑动速度很快,变形急剧,破坏力强,是属于崩塌性的滑坡。

④黏土滑坡。发生在均质或非均质黏土层中的滑坡,称为黏土滑坡。黏土滑坡的滑动面呈圆弧形,滑动带呈软塑状。黏土的干湿效应明显,干缩时多张裂,遇水作用后呈软塑或流动状态,抗剪强度急剧降低,所以黏土滑坡多发生在久雨或受水作用之后,多属中、浅层滑坡。

(2)按滑坡体规模的大小,还可以进一步分为:小型滑坡(滑坡体小于$4 \times 10^4 m^3$);中型滑坡(滑坡体介于$4 \times 10^4 \sim 3 \times 10^5 m^3$);大型滑坡(滑坡体介于$3 \times 10^5 \sim 1 \times 10^6 m^3$);巨型滑坡(滑坡体大于$1 \times 10^6 m^3$)。

(3)按滑坡体的厚度大小,又可分为:浅层滑坡(滑坡体厚度小于6m);中层滑坡(滑坡体厚度为6~20m);深层滑坡(滑坡体厚度大于20m)。

(4)按滑坡的滑动方式,可分为牵引式滑坡和推动式滑坡。

①牵引式滑坡。主要是由于坡脚被切割(人为开挖或河流冲刷等)使斜坡下部先变形滑

动,因而使斜坡的上部失去支撑,引起斜坡上部相继向下滑动。牵引式滑坡的滑动速度比较缓慢,但会逐渐向上延伸,规模越来越大。

②推移式滑坡。主要是由于斜坡上部不恰当地加荷(如建筑、填堤、弃渣等)或在各种自然因素作用下,斜坡的上部先变形滑动,并挤压推动下部斜坡向下滑动。推移式滑坡的滑动速度一般较快,但其规模在通常情况下不再有较大发展。

4. 滑坡勘察

滑坡勘察是为了查明滑坡的分布范围、成因、类型、规模、发育规律及其诱发因素等,为滑坡稳定性计算与滑坡防治设计提供依据。勘察内容包括工程地质调查、勘探与试验。

1) 滑坡工程地质调查

《公路工程地质勘察规范》(JTG C20—2011)规定,滑坡勘察应调查下列内容:

(1) 查明滑坡及周边地形地貌、地层岩性、地质构造、水文地质条件,收集地震动参数及当地气象资料。

(2) 查明滑坡的成因、类型、规模、分布范围、发育规律及诱发因素。

(3) 查明滑坡周界、滑坡裂缝、滑坡擦痕、滑坡台阶、滑坡壁、滑坡鼓丘、滑坡洼地等滑坡要素的分布位置和发育情况。

(4) 查明滑动面(带)的分布位置、层数、厚度、形态特征、物质组成、含水状态及其物理力学性质。

(5) 查明滑坡体的物质组成及其分级、分块和分层情况。

(6) 查明滑床的形态特征、物质组成、物理力学性质和地质结构。

(7) 查明沟系、洼地、陡坎等微地貌特征和植被情况。

(8) 查明地下水的类型、分布、埋藏条件、成因、水质、水量。

(9) 查明滑坡的稳定性。

(10) 当地滑坡的勘察、设计资料和治理经验。

2) 滑坡勘探

滑坡勘探的目的是为了查明滑坡体的范围、厚度、物质组成、滑动面(带)的个数、形状及各滑动带的物质组成;查明滑坡体内地下水含水层的层数、分布、来源、动态及各含水层间的水力联系;采取岩土样品做物理、力学试验,必要时进行滑坡动态观测。

滑坡工程地质勘探可根据勘探的目的和要求采用挖探、钻探、物探(主要包括电法勘探、地震勘探等)、触探等勘探方法进行综合勘探。

(1) 滑坡勘探方法的特点和适用性。

①挖探:挖探分井探、槽探等,可用于确定滑坡周界和滑坡壁、前缘的产状,设备较简单,能直接观测到各种地质现象,取得的资料真实可靠,取样鉴定方便。

②物探:主要用于查找滑坡含水层、富水带、滑动面(带)及下伏基岩的埋深等,通常与钻探配合进行综合勘探。

a. 电法勘探:用于了解滑坡区含水层,富水带的分布和埋藏深度,了解下伏基岩起伏和岩性变化及与滑坡有关的断裂破碎带范围等。

b. 地震勘探:用于探测滑坡区基岩的埋深,断裂破碎带范围,滑动面位置、形状等。

③钻探:用于了解滑坡内部的构造,确定滑动面的范围、深度和数量,观测滑坡深部的滑动

动态,查明地下水层位及分布,进行水文地质观测。

④静力触探:用于了解浅层黏性土滑坡的滑动带及其抗剪强度。

(2)滑坡勘探点布置。

滑坡勘探应在工程地质调绘的基础上,根据滑坡的类型、规模、复杂程度,结合路线及整治工程设计的需要确定勘探点的数量和位置。勘探点一般沿主滑断面布置,主滑断面上的挖探、钻孔数量不宜少于3个。当滑坡的规模大、性质复杂时,勘探点(断面)应结合滑坡的级块划分、稳定性分析以及整治工程设计等进行布置。对于大型复杂滑坡,需结合滑坡发育情况在主滑断面两侧和垂直主滑断面的方向分别布置1~2条具有代表性的纵(或横)断面,如图3-6-7所示。一般情况下,断面中部滑动面(带)变化较小,勘探点间距可大些,断面两头变化较大,勘探点应适当加密。如滑坡纵向有明显的分级现象时,则每级都需布置适当数量的钻孔,以了解其性质。同时,还应考虑整治工程所需资料的收集。为判定滑坡上部山体的稳定性和进行地层对比分析的需要,有时在滑坡体外尚需布置勘探点。滑坡后缘断裂壁坡脚、前缘剪出口处尽量采用挖探,探明滑动面特征。

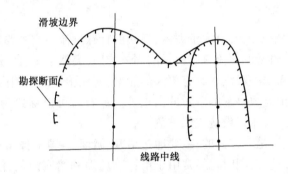

图3-6-7　滑坡勘探点布置示意图

勘探孔的深度应根据滑动面的可能深度确定,必要时可先在滑坡中、下部布置1~2个控制性钻孔,其深度应达滑坡体以下的稳定地层内不小于3m。若为向下作垂直疏干排水的勘探孔,应打穿下伏主要排水层,以了解其厚度、岩性和排水性能。在抗滑桩地段的勘探深度,则应按其预计锚固深度确定。

滑坡钻探应根据滑坡体及滑动面(带)的物质组成选择干钻、无泵反循环或双层岩芯管钻探等方法,至预估的滑动面(带)以上5m或发现滑动面(带)迹象时,必须进行干钻,回次进尺不得大于0.3m,并及时检查岩芯,确定滑动面位置。

滑坡钻探钻进至预估的滑动面(带)以上5m或发现滑动面(带)迹象时,要求进行干钻,并及时检查岩芯,确定滑动面位置。在滑动面(带)位置应采取土样,在滑坡体及滑床中,应分层采取岩、土、水试样,测试其工程性质。

3)滑坡测试

为做好滑坡稳定性分析,为工程设计提供依据及参数,必须做好有关测试工作。除对滑坡体不同地层分别做天然含水率、密度、塑限、液限试验外,更主要的是对软弱地层,特别是滑带土做物理力学性试验。滑带土的剪切试验方法主要有:原状土快剪、原状土固结快剪、浸水饱和土固结快剪、原状土滑面重合剪、重塑土的多次剪和野外大面积剪切等。一般根据滑坡的性质、组成滑带土的岩土类型、含水状况、滑坡目前的运动状态等因素来选择尽量符合实际情况的剪切试验方法。

钻探过程中遇地下水时,应量测初见水位、稳定水位,确定含水层厚度。地下水发育时,应做抽水试验。必要时,采集水样做水质分析,评价环境水的腐蚀性。

用于滑坡稳定性分析和推力计算的抗剪强度指标,应结合抗剪强度试验、力学指标反算、既有工程经验等综合分析确定。

4) 资料要求

为满足滑坡路段工程方案研究及整治工程设计的需要,滑坡勘察应依据现场调查、勘探、测试等收集的资料,按《公路工程地质勘察规范》(JTG C20—2011)的深度要求,编制滑坡工程地质勘察报告。报告应阐明滑坡的类型、分布、规模、成因、发展趋势及滑坡的工程地质及水文地质条件,分析滑坡的稳定性,编制滑坡工程地质平面图(比例尺 1∶500 ~ 1∶2000)、滑坡工程地质纵、横断面图(比例尺 1∶100 ~ 1∶200)、测试图表等,为滑坡防治工程设计提供地质依据。

三、泥石流

泥石流是一种突然暴发的含有大量泥沙、石块的特殊洪流。它主要发生在地质不良,地形陡峻的山区及山前区。由于泥石流含有大量的固体物质,突然暴发,持续时间短,侵蚀、搬运和沉积过程异常迅速,因而比一般洪水具有更大的能量,能在很短的时间内冲出数万至数百万立方米的固体物质,将数十至数百吨的巨石冲出山外。泥石流可以摧毁房屋村镇,淹没农田,堵塞河道,给山区交通和工农业建设造成严重危害。

泥石流对公路的危害是多方面的,主要通过堵塞、淤埋、冲刷和撞击等方式对路基、桥涵及其附属构造物产生直接危害;同时也经常由于堆积物压缩和堵塞河道,使水位壅升,淹没上游沿河路基,或者迫使主河槽的流向发生变化,冲刷对岸路基,造成间接水毁。

我国是世界上泥石流活动最多的国家之一,主要分布在西南、西北及华北的山区,如四川西部山区、云南西部和北部山区、西藏东部和南部山区、甘肃东南部山区、青海东部山区、祁连山地区、昆仑山及天山地区、黄土高原、太行山和北京西山地区、秦岭山区、鄂西及豫西山区等。此外,在东北西部和南部山区、华北部分山区以及华南、台湾、海南岛等山区也有零星分布。

1. 泥石流的流域分区

典型的泥石流,一般可以分为形成区、流通区和堆积区,如图 3-6-8 所示。

图 3-6-8 泥石流流域分区示意图
Ⅰ-形成区;Ⅱ-流通区;Ⅲ-堆积区

(1)形成区。位于泥石流沟的上游,多为三面环山的圈椅状凹地或高山环抱的山间小盆地,有利于积雪和降水汇集,区内岩体破碎,风化严重,松散堆积物发育,储量丰富,沟谷呈鸡爪状,沟床纵坡较陡,沿沟谷两侧常有坍塌、滑坡等发育。区内岩性及剥蚀强度直接影响着泥石流的性质和规模。

(2)流通区。为泥石流搬运通过区段,一般位于流域的中、下游地段,多为沟谷地形,沟壁陡峻,沟槽较顺直,纵坡较大,断面呈"V"或"U"形,伴随沟谷下切,岸坡常发生坍塌、滑坡,沟床纵坡多陡坎或跌水。

(3)堆积区。多在沟谷的出口处。地形开阔,纵坡平缓,泥石流至此多漫流扩散,流速减低,固体物质大量堆积,形成规模不同的堆积扇。堆积物无分选或分选性差,颗粒大小混杂,粒径悬殊,大者可达数米,小为黏土颗粒,堆积物没有层理,可见泥包砾等现象。

以上几个分区,仅对一般的沟谷型泥石流而言,对于山坡型泥石流,则无明显的流通区,形成区与堆积区可直接相连,还有的泥石流,沟口堆积物往往直接排入河流而被水流带走,无明显的堆积区。

2.泥石流的形成条件

泥石流的形成和发展,与流域的地质、地形和水文气象条件有密切的关系,同时也受人类经济活动的深刻影响。

1)地质条件

凡是泥石流发育的地方,多是岩性软弱,风化强烈,地质构造复杂,褶皱、断裂发育,新构造运动强烈,地震频繁的地区。由于这些原因,导致岩层破碎,崩塌、滑坡等各种不良地质现象普遍发育,为形成泥石流提供了丰富的固体物质来源。我国的一些著名的泥石流沟群,如云南东川、四川西昌、甘肃武都和西藏东南部山区大都是沿着构造断裂带分布的。

2)地形条件

泥石流流域的地形特征,是山高谷深,地形陡峻,沟床纵坡大。完整的泥石流流域,它的上游多是三面环山,一面出口的漏斗状圈谷。这样的地形既利于储积来自周围山坡的固体物质,也有利于汇集坡面径流。

3)水文气象条件

水既是泥石流的组成部分之一,也是泥石流活动的基本动力和触发条件。降雨,特别是强度大的暴雨,在我国广大山区泥石流的形成中具有普遍的意义。我国降雨过程主要受东南和西南季风控制,多集中在 5~10 月,在此期间,也是泥石流暴发频繁的季节。在高山冰川分布地区,冰川、积雪的急剧消融,往往能形成规模巨大的泥石流。此外,因湖的溃决而形成的泥石流,在西藏东南部山区,也是屡见不鲜的。

4)人类活动的影响

良好的植被,可以减弱剥蚀过程,延缓径流汇集,防止冲刷,保护坡面。在山区建设中,如果滥伐山林,使山坡失去保护,将导致泥石流逐渐形成,或促使已经退缩的泥石流又重新发展。如东川、西昌、武都等地的泥石流,其形成和发展都与过去滥伐山林有着密切联系。此外,在山区建设中,由于矿山剥土、工程弃渣处理不当,也可导致发生泥石流。

随着国家经济建设规模的加大,工程弃渣、尾矿形成的泥石流灾害威胁越来越大,近年来屡次发生此类重大灾情,应引起充分重视。山西襄汾 2008 年 9 月 8 日铁矿尾矿坝决坝,数十万方尾矿渣形成的泥石流下泄近 2km,冲毁掩埋沿途的村镇,造成二百多人死亡。又如 1994 年 7 月 11 日深夜发生、造成严重灾害的陕西省潼关县西峪金矿泥石流,其形成的主要原因是近年来采金量迅猛增加,弃渣、弃石量亦随之迅速增加,弃渣多堆放在沟谷中,淤堵、缩窄或改变了天然沟床甚至堵塞流水,因此在一场大暴雨的引发作用下暴发了泥石流,造成 56 人死亡,2000 余人失踪,民房、道路、电线杆、汽车、机器和护堤等均遭毁坏。

综上所述,可以看出,形成泥石流一般应具备三个基本条件:

(1)流域中有丰富的固体物质补给泥石流。

(2)有陡峭的地形和较大的沟床纵坡。

(3)流域的中、上游有强大的暴雨或冰雪强烈消融等形成的充沛水源。

3. 泥石流的发育特点

从上述形成泥石流的三个基本条件可以看出,泥石流的发育,具有区域性和间歇性(周期性)的特点。不是所有的山区都会发生泥石流,即使有,也并非年年暴发。

水文气象、地形、地质条件的分布有区域性的规律,因此泥石流的发育,也具有区域性的特点。如前所述,我国的泥石流多分布于大断裂发育、地震活动强烈或高山积雪、有冰川分布的山区。

由于水文气象具有周期性变化的特点,同时泥石流流域内大量松散固体物质的再积累,也不是短期内所能完成的。因此,泥石流的发育,具有一定的间歇性。那些具有严重破坏力的大型泥石流,往往需几年、十几年甚至更长时间才发生一次。一般多发生在较长的干旱年头之后(积累了大量固体物质),出现集中而强度较大的暴雨年份(提供了充沛的水源)。

4. 泥石流的分类

泥石流的分类,国内外尚不统一。目前主要根据泥石流的物质组成、流体性质、流域特征、发生频率和规模等进行划分。《公路工程地质勘察规范》(JTG C20—2011)分类如下。

(1)按泥石流的固体物质组成分类,见表3-6-3。

泥石流按固体物质组成分类 表3-6-3

类 型	流体中固体物质成分
泥流	固体物质以黏粒、粉粒为主,含有少量砂砾、碎石
泥石流	固体物质由黏粒、粉粒、砂粒、碎石、块石、漂石等组成
水石流	固体物质以碎石、块石为主,含少量黏粒、粉粒

(2)按泥石流的流体性质分类,见表3-6-4。

泥石流按流体性质分类 表3-6-4

主要特征		泥石流类型				
		稀性			黏性	
		泥流	水石流	泥石流	泥流	泥石流
流体特征	流体密度 (t/m^3)	1.3~1.5	1.3~1.6	1.3~1.8	1.5~1.9	1.8~2.3
	运动特征	由稀性浆体与砂砾石块组成,浆体起搬运介质作用,流体中的石块等粗碎屑物质的运动速度小于浆体运动速度,石块沉底被推移滚动前进,有明显垂直交换,呈连续紊动流,无阵流现象			由黏性浆体与砂砾石块组成,石块等粗碎屑物质被束缚于黏稠的浆体中,无垂直交换,近似层流,整体等速度前进,运动过程发生断流,有明显阵流现象	
	沉积特征	流体停积后水与固体物质很快离析,沉积过程有分选性,堆积物细颗粒含量少,空隙大,结构松散。常呈垄岗或扇状的松散石质堆积体分布,表面碎块石密集,坎坷不平			流体停积后保持运动时的结构特征,堆积过程无分选性,堆积物细颗粒含量多,大小混杂,空隙小,结构较致密。常呈扇状或舌状的泥石质堆积体分布,表面起伏不平,但较平坦	
	冲淤特征	比一般洪水破坏力大,有冲,有淤,以冲刷危害为主			比稀性泥石流破坏力大,大冲,大淤,以淤积危害为主	

(3)按泥石流的流域特征分类,见表3-6-5。

泥石流按流域的形态特征分类　　　　表3-6-5

类型	流域面积 $S(km^2)$	主沟长度 $L(km)$	形态特征	沟床纵坡	不良地质	沟口堆积物
沟谷型	$S>1$	$L>2$	沟谷形态明显,支沟发育	一般在15°以下,有跌坎	沟内常发育有崩塌、滑坡	呈扇形或带状,颗粒略有磨圆
山坡型	$S\leq1$	$L\leq2$	沟谷短、浅、陡,一般无支沟	与山坡坡度基本一致	常产生坡面侵蚀和崩塌	呈锥形,颗粒较粗大,棱角明显

(4)按泥石流发生的频率分类,见表3-6-6。

泥石流按发生频率分类　　　　表3-6-6

类　型	特　征
高频率泥石流	多位于地壳强烈上升区,岩层破碎,风化强烈,山体稳定性差。泥石流基本上每年发生,泥石流暴发雨强≤4mm/10min。固体物质主要来源于沟谷内的滑坡、崩塌。沟床和扇形地上泥石流堆积物新鲜,几乎无植被发育
低频率泥石流	分布于各类山地,山体稳定性较好,无大型活动性崩塌、滑坡。泥石流暴发周期一般在10年以上。固体物质主要来源于沟床内的松散堆积物。泥石流暴发雨强>4mm/10min。规模一般较大。沟床和扇形地上巨石遍布,植被较好

(5)按泥石流的规模分类,见表3-6-7。

泥石流按规模分类　　　　表3-6-7

类　型	固体物质储量 $V_V(m^3/km^2)$	固体物质一次最大冲出量 $V_c(m^3)$
小型	$V_V\leq5\times10^4$	$V_c\leq1\times10^4$
中型	$5\times10^4<V_V\leq10\times10^4$	$1\times10^4<V_c\leq5\times10^4$
大型	$10\times10^4<V_V\leq100\times10^4$	$5\times10^4<V_c\leq10\times10^4$
特大型	$V_V>100\times10^4$	$V_c>10\times10^4$

5.泥石流的防治

1)泥石流的勘测要点

泥石流作为一种地质灾害,其形成与当地的气象、水文、区域地质条件等有着密切的关系。工程勘测应注意面点结合,收集和研究相关资料,查明泥石流的类型、分布、规模、活动规律、危害程度、形成条件和发展趋势等,为路线方案研究和工程结构设置提供依据。

泥石流勘测除收集一般气象资料外,还应调查最大降雨延续时间、降雨强度、出现年份以及对发生泥石流的影响程度;收集或绘制流域地形图并圈定泥石流的汇水面积;调查泥石流对河床稳定的影响,泥石流挤压河床,迫使河流外移,泥石流堵塞江河造成回水的范围和高程;确定公路沿河各路段的年平均淤积量。

泥石流调查,除应利用遥感和工程地质调绘对泥石流流域的地形地貌、地层岩性、地质构造、水文地质条件进行研究、收集地震、水文和气象资料外,还应注意查明泥石流的类型、分布范围、规模、形成原因、活动规律、危害程度和发展趋势,形成区应重点调查各种松散堆积物的成因类型、分布范围和储量,各种岩石的岩性、风化程度和破碎程度,滑坡、崩塌等不良地质的分布及规模,地貌的形态特征及汇水面积,沟槽的冲刷严重程度、发育密度及相互关系等,以对泥石流固体物质的来源和数量进行估算;流通区应注意调查沟槽的延伸情况及其横断面形态、沟槽宽度、纵坡坡度、汇水面积、沟槽的物质组成及稳定状况,有无滑坡、崩塌等不良地质发育;沟槽内有无树木、巨石堵塞,有无支沟汇入及沟内松散堆积物的发育情况;特别是应注意调查泥石流的冲淤情况、流动痕迹、沟谷转弯及沟道狭窄处最高泥痕的位置和陡坎、跌水及卡口的分布情况等,以对泥石流流量进行估算;堆积区应注意调查堆积物的分布范围、物质成分、数量和粒径组成以及微地貌形态、纵横坡度、沟槽发育情况及稳定状况,泥石流扇与主河的关系,扇缘被主河切割或泥石流堵江、堵河的可能性;堆积区植被发育情况、人文活动及可利用条件和范围等,据以判定泥石流的危害,为工程方案比选,制定有效排导工程提供依据。

在有些地区,虽然未曾发生过泥石流,但存在形成泥石流的条件,在某些异常因素(如地震、洪水、持续性降雨等)的作用下,有可能促使泥石流的突然暴发,对此,在勘测时应特别予以注意。

2)泥石流地区道路选线原则

选线是泥石流地区公路设计的首要环节。选线恰当,可以避免或减少泥石流危害;选线不当,可导致或增加泥石流危害。线路平面及纵面的布置,基本上决定了泥石流防治可能采取的措施,所以,防治泥石流首先要从选线考虑。

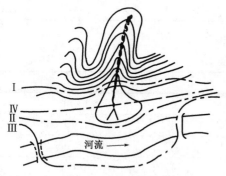

图3-6-9 公路通过泥石流地段的几种方案示意
Ⅰ-从堆积扇顶部通过;Ⅱ-从堆积扇外缘通过;
Ⅲ-跨河绕越通过;Ⅳ-从堆积扇中部通过

(1)高等级公路最好避开泥石流地区。在无法避开时,也应按避重就轻的原则,尽量避开规模大、危害严重、治理困难,处于发育旺盛期的特大型、大型沟谷型泥石流和大面积分布的山坡型的泥石流,选在危害较轻的一岸,或在两岸迂回穿插,如图3-6-9所示。如过河绕避困难或不适合时,也可在沟底以隧道或明洞穿过。

(2)当河谷很开阔,洪积扇未达到河边时,可将公路线路选在洪积扇淤积范围之外通过。这时路线线形一般比较舒顺,纵坡也比较平缓,但可能存在以下问题:洪积扇逐年向下延伸淤埋路基;河道摆动,使路基遭受水毁。

(3)在大河峡谷段,如支沟泥石流有可能暂时堵塞河道而使水位升高时,应注意把线路选在较高的位置,以免被淹没。

(4)跨越泥石流时,首先应考虑在流通区沟口建桥跨越的方案。这里一般沟道较窄,沟床较稳定、冲淤变化不大,有利于建桥跨越。但应注意这里泥石流搬运力及冲击力最强;还应注意这里有无转化为堆积区的趋势,桥下应留有足够的排洪净空。

(5)当需跨越洪积扇定线时,要注意防治淤积、漫流、冲击和冲刷四种病害,特别是淤积病害。由于各种病害随洪积扇部位不同而不同,基于利弊分析,定线常争取在扇缘跨越,只在特殊情况下才考虑在扇顶或扇腰部位通过。

(6)在山坡型泥石流集中发育地段,线路应避免选在山脚的边坡点,因为这里坡度很陡的洪积锥经常会堵塞桥涵的进口。最好把线路选在山坡上,以利泥石流排泄。如山坡陡峻或不够稳定时,则宜选在远离山脚处,并以高路堤通过,以便设置宣泄泥石流的桥涵。

6. 泥石流的防治措施

防治泥石流应全面考虑跨越、排导、拦截以及水土保持等措施,根据因地制宜和就地取材的原则,注意总体规划,采取综合防治措施。

1) 水土保持

包括封山育林、植树造林、平整山坡、修筑梯田,修筑排水系统及支挡工程等措施。水土保持虽是根治泥石流的一种方法,但需要一定的自然条件,收效时间也较长,一般应与其他措施配合进行。

2) 跨越

根据具体情况,可以采用桥梁、涵洞、过水路面、明洞及隧道、渡槽等方式跨越泥石流。采用桥梁跨越泥石流时,既要考虑淤积问题,也要考虑冲刷问题。确定桥梁孔径时,除考虑设计流量外,还应考虑泥石流的阵流特性,应有足够的净空和跨径,保证泥石流能顺利通过。桥位应选在沟道顺直、沟床稳定处,并应尽量与沟床正交。不应把桥位设在沟床纵坡由陡变缓的变坡点附近。

3) 排导

采用排导沟、急流槽、导流堤等措施使泥石流顺利排走,防止掩埋道路、堵塞桥涵。泥石流排导沟是常用的一种建筑物,设计排导沟应考虑泥石流的类型和特征。为减小沟道冲淤,防止决堤漫溢,排导沟应尽可能按直线布设,必须转变时,应有足够大的弯道半径。排导沟纵坡宜一坡到底,如必须变坡时,从上往下应逐渐弯陡。排导沟的出口处最好能与地面有一定的高差,同时必须有足够的堆淤场地,最好能与大河直接衔接。

4) 滞流与拦截

滞流措施是在泥石流沟中修筑一系列低矮的拦挡坝,其作用是:拦蓄部分泥沙石块,减弱泥石流的规模;固定泥石流沟床,防止沟床下切和谷坡坍塌;减缓沟床纵坡,降低流速。拦截措施是修建拦渣坝或停淤场,将泥石流中的固体物质全部拦淤,只许余水过坝。

四、软土

软土是指在静水或缓慢流水中沉积,呈软塑~流塑状,具有天然含水率大、压缩性高、强度低、透水性差、灵敏度高的细粒土。

(1) 天然含水率大:软土含水率高,湖泊相和河漫滩相沉积的软土含水率一般为30%~70%,滨海相和沼泽相沉积的软土含水率可高达120%以上。

(2) 压缩性高:软土属高压缩性土,压缩系数大,故软土地基上的构筑物沉降量大。

(3) 强度低:软土的不排水抗剪强度一般小于35kPa,软土地基的承载力低。

(4) 透水性差:软土的含水率虽然高,但透水性差,对地基排水固结不利,软土地基上的构筑物沉降延续时间长,在加载初期,地基中可出现较高的孔隙水压力,影响地基强度。

(5) 灵敏度高:软土受扰动,土体结构易遭到破坏,强度会大幅降低。软土属高灵敏度土,软土地基受荷载作用,易产生沉降、侧向滑移等现象。

《公路工程地质勘察规范》(JTG C20—2011)规定:天然含水率 w 大于液限 w_L,天然孔隙

比 $e \geq 1.0$，压缩系数 $a_{0.1-0.2} > 0.5\text{MPa}^{-1}$，标准贯入试验锤击数 $N < 3$ 击，静力触探比贯入阻力 $p_s \leq 750\text{kPa}$，十字板抗剪强度 $C_u < 35\text{kPa}$ 的细粒土应判定为软土。《公路软土地基路堤设计与施工技术细则》(JTG/T D31-02—2013) 中规定软土的鉴别指标见表 3-6-8。

软土鉴别指标　　　　　表 3-6-8

特征指标名称	天然含水率（%）	天然孔隙比	快剪内摩擦角（°）	十字板抗剪强度（kPa）	静力触探锥尖阻力（MPa）	压缩系数 $a_{0.1-0.2}$（MPa^{-1}）
黏质土、有机质土	≥35	≥1.0	宜小于5	宜小于35	宜小于0.75	宜大于0.5
粉质土	≥30	≥液限	≥0.9	宜小于8			宜大于0.3

各规范定义软土的指标内容虽有所差别，但都包含了天然含水率、孔隙比、抗剪强度和压缩系数等指标，其界线值也基本相同。

软土根据天然孔隙比和有机质含量，可按表 3-6-9 划分为淤泥质土、淤泥、泥炭质土和泥炭四种类型。

软土按表天然孔隙比和有机质含量分类　　　　　表 3-6-9

指标	土类			
	淤泥质土	淤泥	泥炭质土	泥炭
天然孔隙比 e	$1.0 \leq e < 1.5$	$e \geq 1.5$	$e > 3$	$e > 10$
有机质含量（%）	3~10	3~10	10~60	>60

软土是在静水或缓慢流水环境中沉积的以细颗粒为主的第四纪沉积物，一般具有下列地质特征：

(1) 软土的颜色多为灰、灰黑色，手摸有滑腻感，能染指，有机质含量高时，有腥臭味。

(2) 软土的粒度成分主要为黏粒及粉粒，黏粒含量高达 60%~70%。

(3) 软土的矿物成分，除粉粒中的石英、长石、云母外，黏粒中的黏土矿物主要是伊利石，高岭石次之。此外，软土中常有一定量的有机质，可高达 8%~9%。

(4) 软土具有典型的海绵状或蜂窝状结构，这是造成软土孔隙比大、含水率高、透水性小、压缩性大、强度低的主要原因之一。

(5) 软土常具有层理构造，软土和薄层的粉砂、泥炭层等相互交替沉积，或呈透镜体相间形成性质复杂的土体。

1. 软土地区道路工程地质调查

《公路工程地质勘察规范》(JTG C20—2011) 规定，软土地区公路工程地质调绘应查明下列内容：

(1) 地形地貌的成因、类型、分布和形态特征。

(2) 软土的成因、地质年代、分布范围、埋藏深度、地层结构、分层厚度。

(3) 软土下卧硬层的起伏形态和横向坡度、地表硬壳层的分布范围及厚度。

(4) 软土地层中的砂类土夹层或透镜体的分布范围、厚度、渗透性、密实程度。

(5) 地基土的物理、力学、水理性质和地基的承载力。

(6) 古牛轭湖、埋藏谷、暗埋的塘、浜、沟、渠等的发育与分布情况。

(7) 地下水的类型、埋深、水位变化情况、水质及腐蚀性。

(8)地震动峰值加速度大于或等于0.1g的地区,软土产生震陷的可能性。

(9)当地既有建筑物软土地基处治措施和经验等。

2. 软土地区路基勘探

软土地区公路路基勘探,应充分收集和研究当地既有的工程建设和地质资料,在地质调查资料的基础上,根据现场地形地质条件、工点类型、技术要求等,选择勘探测试方法,确定勘探工程的位置。

(1)勘探可选择挖探、钻探、静力触探等方法,辅以必要的物探开展综合勘探工作。

(2)勘探线应结合地貌单元和软土的类型、分布情况布置。

①对路线处于平原地区的软土,勘探测试点应沿路线中线布置,其平均间距可按表3-6-10选用。

勘探测试点控制间距   表3-6-10

场地类别	公路等级	初勘勘探测试点间距(m)		详勘勘探测试点间距(m)	
		钻探	静力触探	钻探	静力触探
简单场地	二级及二级以上	700~1000	250~300	500~700	250~300
	二级以下	1000~1500	400~600	700~1000	300~500
复杂场地	二级及二级以上	500~700	200~300	300~500	250~150
	二级以下	700~1000	300~400	500~1000	250~300

注:1. 表列数据为平均间距,勘探测试点应结合路线上的软土发育特点布置。
  2. 简单场地指地层结构简单,软土厚度较薄,地层较稳定的地质环境;复杂场地指地层结构较复杂,软土厚度较大,地层变化显著的地质环境。
  3. 设计填土高度大于极限高度的路段或桥头路段采用低限值。

②当软土厚度大、分布复杂,下卧硬层顶面起伏变化较大时,除沿路线中线布置勘探测试点外,尚应结合软土路堤设计,分段布置横向勘探断面,并与静力触探、十字板剪切试验等原位测试方法结合进行综合勘探。

③软土取样应采用薄壁取土器,采用压入法或重锤少击法取样,取出的试样应妥善保管,尽快送试验室试验,避免在存放、运输过程中失水、扰动。

3. 软土试验

(1)物理性质试验:颗粒分析、天然含水率w、天然密度ρ、液限w_L、塑限w_P、渗透系数k、有机质含量。

(2)力学性质试验:压缩系数a、压缩模量E_s、无侧限抗压强度q_u、前期固结压力p_c、固结系数C_v以及抗剪强度c、φ。

选取代表性土样测试易溶盐含量、酸碱度pH值,地下水采取水样做水质分析,评价水的腐蚀性。

五、黄土

黄土是第四纪以来,在干旱、半干旱气候条件下,陆相沉积的一种特殊土。典型的黄土具有下列特征:

(1)颜色为淡黄、灰黄、黄褐色或棕红色。

(2)颗粒组成以粉粒(粒径为 0.075~0.005mm)为主,含量一般在 60% 以上,一般不含粗颗粒,富含碳酸钙,常形成钙质结核。

(3)具多孔性,一般肉眼可见大孔隙、虫孔等。孔隙比一般为 0.7~1.2。

(4)土质均匀、无层理,有堆积间断的剥蚀面和埋藏的古土壤层。

(5)具垂直节理,边坡在天然状态下能保持直立。

(6)表层多具湿陷性,易产生潜蚀形成陷穴或落水洞。

我国黄土的堆积年代包括整个第四纪,《公路工程地质勘察规范》(JTG C20—2011)按地质年代对黄土的划分见表 3-6-11。

黄土地层按地质年代划分　　　表 3-6-11

地质年代		地层名称		湿陷性特征
全新世 Q_4	近期 Q_4^2	—	新近堆积黄土	具有湿陷性,常具有高压缩性
	早期 Q_4^1	—	新黄土	
晚更新世 Q_3		马兰黄土	湿陷性黄土	一般具有湿陷性
中更新世 Q_2		离石黄土	老黄土	上部部分土层具有湿陷性
早更新世 Q_1		午城黄土		不具有湿陷性

黄土湿陷性是指天然黄土在自重压力,或自重压力与附加压力作用下,受水浸湿后,土的结构迅速破坏,发生显著的湿陷变形的性质。评价黄土的湿陷性有如下指标。

(1)湿陷系数 δ_s:是判定黄土湿陷性的定量指标,由室内压缩试验确定。

$$\delta_s = \frac{h_p - h_p'}{h_0}$$

式中:h_p——保持天然湿度和结构的土样,加压至一定压力时,下沉稳定后的高度(mm);

h_p'——上述加压稳定后的试样,在浸水(饱和)条件下,附加下沉稳定后的高度(mm);

h_0——土样的原始高度(mm)。

①当湿陷系数 δ_s 的值小于 0.015 时,定为非湿陷性黄土。

②当湿陷系数 δ_s 的值等于或大于 0.015 时,定为湿陷性黄土。

以湿陷系数是否大于或等于 0.015 作为判定黄土湿陷性的界限值,是根据我国黄土地区的工程实践经验确定的。

对湿陷性黄土湿陷程度的划分,在《公路工程地质勘察规范》(JTG C20—2011)中规定见表 3-6-12。

湿陷性黄土湿陷程度划分表　　　表 3-6-12

湿陷系数 δ_s	$0.015 \leq \delta_s \leq 0.03$	$0.03 < \delta_s \leq 0.07$	$\delta_s > 0.07$
湿陷程度	湿陷性轻微	湿陷性中等	湿陷性强烈

黄土地基的湿陷等级采用自重湿陷系数 δ_{zs} 和总湿陷量计算值 Δ_s 两项指标进行综合评价。

(2)自重湿陷系数 δ_{zs}:主要用于计算自重湿陷量,他本身并不作为判定黄土湿陷性的定量指标,由试验确定。

$$\delta_{zs} = \frac{h_z - h_z'}{h_0}$$

式中：h_z——保持天然湿度和结构的土样，加压至该土样上覆土的饱和自重压力时，下沉稳定后的高度(mm)；

　　　h_z'——上述加压稳定后的土样，在浸水(饱和)条件下，附加下沉稳定后的高度(mm)；

　　　h_0——试样的原始高度(mm)。

（3）自重湿陷量的计算值 Δ_{zs}：是评价湿陷性黄土场地地基湿陷等级的一项重要指标，用下式计算：

$$\Delta_{zs} = \beta_0 \sum_{i=1}^{n} \delta_{zsi} h_i$$

式中：δ_{zsi}——第 i 层土的自重湿陷系数；

　　　h_i——第 i 层土的厚度(mm)；

　　　β_0——因地区土质而异的修正系数，在缺乏实测资料时，陇西地区可取1.50，陇东、陕北、晋西地区可取1.20，关中地区可取0.90，其他地区可取0.50。

（4）总湿陷量计算值 Δ_s：也是评价湿陷性黄土场地地基湿陷等级的一项重要指标，用下式计算：

$$\Delta_s = \sum_{i=1}^{n} \alpha \beta \delta_{si} h_i$$

式中：δ_{si}——第 i 层土的湿陷系数，基础尺寸和基底压力已知时，可采用 p-δ_s 曲线上按基础附加压力和上覆土饱和自重压力之和对应的 δ_s 值；

　　　h_i——第 i 层土的厚度(mm)；

　　　α——不同深度地基土的浸水概率系数，按地区经验取值；无地区经验时，可按表3-6-13取值；对地下水有可能上升至湿陷性土层内，或侧向浸水影响不可避免的区段，取 $\alpha = 1.0$；

　　　β——考虑基底以下地基土受水浸湿可能性和侧向挤出等因数的修正系数，在缺乏实测资料时，基底以下0~5.0m深度范围内，可取1.50；5.0~10.0m深度范围内，可取1.00；10m以下至非湿陷性黄土层顶面，在自重湿陷性黄土场地，可取工程所在地区的 β_0 值。

地基土的浸水概率系数 α　　　　　　　　　　　　　　　表3-6-13

基础底面下深度 z(m)	α	基础底面下深度 z(m)	α
$0 \leq z \leq 10$	1.0	$20 < z \leq 25$	0.6
$10 < z \leq 20$	0.9	$z > 25$	0.5

自重和非自重湿陷性黄土场地依据自重湿陷量的实测值或计算值 Δ_{zs} 判定：

①当自重湿陷量的实测值或计算值 $\Delta_{zs} \leq 70$mm 时，应定为非自重湿陷性黄土场地。

②当自重湿陷量的实测值或计算值 $\Delta_{zs} > 70$mm 时，应定为自重湿陷性黄土场地。

③当自重湿陷量的实测值和计算值出现矛盾时，应按自重湿陷量的实测值判定。在《公路工程地质勘察规范》(JTG C20—2011)中，黄土地基的湿陷等级按表3-6-14判定。

黄土地基的湿陷等级   表3-6-14

湿陷类型		非自重湿陷场地	自重湿陷场地	
Δ_{zs}(mm)		$\Delta_{zs} \leqslant 70$	$70 < \Delta_{zs} \leqslant 350$	$\Delta_{zs} > 350$
总湿陷量 Δ_s(mm)	$50 < \Delta_s \leqslant 100$	Ⅰ(轻微)	Ⅰ(轻微)	Ⅱ(中等)
	$100 < \Delta_s \leqslant 300$		Ⅱ(中等)	
	$300 < \Delta_s \leqslant 700$	Ⅱ(中等)	Ⅱ(中等) 或Ⅲ(严重)①	Ⅲ(严重)
	$\Delta_s > 700$	Ⅱ(中等)	Ⅲ(严重)	Ⅳ(很严重)

注:①当湿陷量的计算值 $\Delta_s > 600$mm,自重湿陷量的计算值 $\Delta_{zs} > 300$mm 时,可判为Ⅲ级,其他情况可判为Ⅱ级。

并非所有黄土都具有湿陷性。从黄土的一般工程性质看,干燥状态下黄土的工程力学性质并不是很差的,但遇水软化甚至发生湿陷后,会对结构物带来不同程度的危害,使结构物大幅度沉降、开裂、倾斜,严重影响其安全和使用。湿陷性黄土占我国黄土地区总面积的60%以上,而且又多出现在地表上层,主要分布在山西、陕西、甘肃大部分地区以及河南西部。

在黄土地区勘察中,必须对湿陷性进行评价,评价的正确与否直接影响设计措施的采取。黄土的湿陷性计算与评价,其内容主要有:

(1)判别湿陷性与非湿陷性黄土。
(2)判别自重与非自重湿陷性黄土。
(3)判别湿陷性黄土场地的湿陷类型。
(4)判别湿陷等级。
(5)确定湿陷起始压力等。

黄土的湿陷性一般是自地表以下逐渐减弱,埋深7~8m以内的黄土湿陷性较强。不同地区,不同时代的黄土是不同的,这与土的成因、固结成岩作用、所处的环境等条件有关。湿陷性黄土场地的湿陷类型的划分,应按照实测自重湿陷量或计算自重湿陷量制定建筑物场地的湿陷类型。实测自重湿陷量应根据现场试坑浸水试验确定。

1. 黄土地区道路工程地质调查

《公路工程地质勘察规范》(JTG C20—2011)规定,黄土地区工程地质调绘应辅以勘探和测试手段查明下列内容:

(1)黄土地貌的成因、类型、分布、形态特征。
(2)黄土的成因、类型、地质时代、分布范围及厚度。
(3)黄土的物理力学性质、湿陷类型、湿陷等级和承载力。
(4)黄土的地层结构、古土壤层的分布和发育情况。
(5)黄土层与基岩的接触面形态、下伏地层的岩性和风化程度。
(6)节理以及裂隙的产状、规模、间距、充填闭合情况。
(7)地表水的分布、积聚、排泄条件,洪水淹没范围及水流冲刷作用和影响。
(8)地下水的类型、埋深、季节性变化幅度、升降趋势及其与地表水体、灌溉、开采地下水强度的关系。
(9)滑坡、崩塌、错落、陷穴、冲沟、泥石流、落水洞、湿陷洼地、地裂缝、断裂、人为坑洞、泥流、水流冲蚀、堰塞湖等不良地质的分布、规模、发展趋势。

(10)既有工程地质病害及防治工程经验等。

2.黄土地区路基勘探

黄土地区公路路基的工程地质勘探,应在全面分析研究地貌、气象、水文、植被调查、地质调查资料的基础上,根据现场地形地质条件、工点类型、技术要求、勘探手段的适用性等,选择勘探测试方法,确定勘探点的位置。

(1)勘探可选择洛阳铲、麻花钻、井探、坑探、槽探、钻探、静力触探等方法开展综合勘探工作。

(2)勘探线应结合地貌单元及黄土地层类型,选代表性位置布线。对路线处于黄土塬、宽阔阶地、宽阔的洪积扇,勘探线沿路中线布置;对路线处于黄土塬、梁、峁、斜坡地形,土体有可能产生滑塌的深路堑、高路堤路基,勘探线纵向应沿路线,横向应垂直路线或按滑坡勘探布线。

(3)跨越黄土冲沟的高填方、黄土土桥或坝式路堤,勘探线纵向沿路中线,横向沿沟底纵坡线布线。

(4)勘探线数量及勘探点数量,视地形、黄土地层类型、工程难易程度而定,以满足设计要求为原则,每条勘探线不宜少于3个勘探点。

(5)勘探深度一般应穿透湿陷性黄土地层。

3.黄土试验

黄土勘探应采取土样,测试黄土的工程性质:

(1)常规试验:颗粒分析、天然含水率w、天然密度ρ、液限w_L、塑限w_P。

(2)湿陷性试验:湿陷起始压力p_{sh}、湿陷系数δ_s、自重湿陷系数δ_{zs}。

(3)力学强度试验:压缩系数a、压缩模量E_s和抗剪强度c、φ。

对含有石膏、盐分的地层,尚应采集水、土样,分析地下水和土壤的腐蚀性。

六、膨胀土

膨胀土是一种黏性土,具有明显的膨胀、收缩特性。它的粒度成分以黏粒为主,黏粒的主要矿物是蒙脱石、伊利石,这两类矿物具有强烈的亲水性,吸收水分后强烈膨胀,失水后收缩,多次膨胀、收缩,强度很快衰减,导致修建在膨胀土上的工程建筑物开裂、下沉、失稳破坏。

膨胀土主要由含硅酸盐的岩石(包括沉积岩、岩浆岩和变质岩中富铝硅酸盐岩类)经风化破碎,在氧化(还原)条件下经水合作用、淋浴作用及水解作用等地球化学的演变,在湿热气候环境中形成的。膨胀土具有以下地质特征:

(1)膨胀土地区地形平缓,无直立陡坎,膨胀土颜色多为灰白、棕黄、棕红等色。

(2)粒度成分以黏粒为主,黏粒含量大于30%,有高液限、低塑限、塑性指数高等特点,其液限大于40%,塑性指数大于17,多数在21以上,属于高塑性黏性土。

(3)黏粒的黏土矿物以蒙脱石、伊利石为主,高岭石含量很少,含钙质和铁锰质结核及薄膜。

(4)天然状态下,膨胀土结构紧密、孔隙比小,干密度达$1.6 \sim 1.8 \text{g/cm}^3$,塑性指数为18~23。

(5)具有强烈的膨胀、收缩特性,吸水时膨胀,产生膨胀压力,失水收缩时产生收缩裂隙,干燥时强度较高,多次反复胀缩后,导致土体强度衰减。

(6)天然状态下,膨胀土的剪切强度、弹性模量都比较高,但遇水后强度降低,有的甚至接近饱和淤泥的强度。

(7)裂隙发育,裂隙呈不规则网纹状,构成多裂隙组合而成的裂隙结构体。

(8)早期(第四纪早期及以前)生成的膨胀土具有超固结性。

在《公路工程地质勘察规范》(JTG C20—2011)中,膨胀土的膨胀性主要依据自由膨胀率 F_s、塑性指数 I_p 和标准吸湿含水率 w_f 三个指标进行综合判定,见表3-6-15。

膨胀性分级

表3-6-15

分级指标	级别			
	非膨胀土	弱膨胀土	中等膨胀土	强膨胀土
自由膨胀率 F_s(%)	$F_s<40$	$40≤F_s<60$	$60≤F_s<90$	$F_s≥90$
塑性指数 I_p	$I_p<15$	$15≤I_p<28$	$28≤I_p<40$	$I_p≥40$
标准吸湿含水率 w_f(%)	$w_f<25$	$2.5≤w_f<4.8$	$4.8≤w_f<6.8$	$w_f≥6.8$

注:标准吸湿含水率指在标准温度下(通常为25℃)和标准相对湿度下(通常为60%),膨胀土试样恒重后的含水率。

1. 膨胀土地区道路工程地质调查

在《公路工程地质勘察规范》(JTG C20—2011)中规定,膨胀土地区工程地质调绘应辅以勘探和测试手段查明下列内容:

(1)区域地质、地形地貌,当地气象及水文资料。

(2)膨胀土的成因、类型、地质时代、分布范围。

(3)膨胀土的裂隙发育密度、产状、形态、充填物及裂面特征。

(4)膨胀土的矿物成分、含有物、物理力学性质、膨胀与收缩性质、膨胀等级。

(5)膨胀土的风化程度及其分带、大气急剧影响层深度。

(6)有无软弱夹层及其厚度和含水状况、膨胀土下伏地层及结构面发育情况。

(7)地表水的汇集与排泄条件,地下水的类型、埋深和水位变化幅度及趋势。

(8)滑坡、溜塌、地裂等不良地质的分布、规模。

(9)既有建筑物的使用情况及当地工程经验。

2. 膨胀土地区的路基勘探

膨胀土地区路基工程地质勘探,应在全面分析和研究既有地质、气象、水文、地震等资料的基础上,根据现场地形地质条件、工点类型、技术要求和勘探手段的适用性等,选择勘探测试方法,确定勘探工程的位置。

(1)勘探测试可选择人力钻、挖探、钻探、物探等方法,开展综合勘探工作。

(2)勘探点应沿路中线布置,平均间距不宜大于200m,做代表性勘探;陡坡路堤、填土高度大于10m的路堤或挖方深度大于10m的路堑,应选择代表性位置布置横向勘探断面,每条勘探断面勘探点的数量不宜少于2个。

(3)勘探深度应大于大气影响层深度。当膨胀土的厚度较薄时,钻孔或探井的深度应穿过膨胀土至下伏非膨胀土地层;膨胀土厚度较大时,填方路基的勘探深度应达天然地面以下5~8m,挖方路基,应达设计高程以下不小于8m。

3. 膨胀土试验

(1)物理试验:颗粒分析、天然含水率 w、天然密度 ρ、液限 w_L、塑限 w_P。

(2)膨胀收缩试验:自由膨胀率 F_s、标准吸湿含水率 w_f、膨胀力、收缩系数。

(3)力学试验:压缩系数 a、压缩模量 E_s、抗剪强度 c、φ 和无侧限抗压强度 q_u。

选取代表性土样,做矿物成分鉴定,对膨胀土的矿物成分进行分析。

七、盐渍土

当土的易溶盐含量大于0.3%时,土的性质受到盐分的影响而发生改变。表层1.0m的土层是一般路基的主要持力层,也是受地下水毛细作用、蒸发作用盐分迁移最明显的部位,对公路基础设施有直接影响。盐渍土地区,一般盐分表聚性强,多集中在1.0m深度范围内,1.0m以下含盐量急剧减少。《公路工程地质勘察规范》(JTG C20—2011)以地表以下1.0m深度范围内土层中的平均含盐量作为评价盐渍土的定量标准,将地表以下1m深度范围内的土层,易溶盐的平均含量大于0.3%,且具有融陷、盐胀等特性的土定义为盐渍土。

我国盐渍土分布广泛,主要集中在西北干旱地区,在华北、东北西部、内蒙古河套地区以及东南沿海也有分布。盐渍土具有溶陷性、盐胀性与腐蚀性,主要病害包括:①盐胀使路基路面鼓胀开裂,路肩及边坡松散剥蚀;②受水浸时,路基强度与稳定性急剧降低,发生溶陷变形;③加剧路基的冻胀与翻浆;④对水泥、沥青、钢材等材料有侵蚀作用等。这些病害造成的破坏常常是不可恢复的,一旦发生,防治困难,给公路建设带来了一系列的问题。

地基中常含有多种盐类,不同性质的盐具有不同的工程性质。以氯盐为主的盐渍土,因其溶解度大,遇水后土中的结晶盐极易溶解,致使土质变软,强度降低,产生溶陷变形;以硫酸盐为主的盐渍土,除了会产生溶陷变形外,其中的硫酸钠在温度和湿度变化时,会产生较大的体积膨胀,造成路基的盐胀;而碳酸盐对土的工程性质的影响,视盐的成分而定,碳酸钙和碳酸镁等很难溶于水,对土起着胶结和稳定的作用,而碳酸钠和碳酸氢钠则使土遇水后产生膨胀。因此,立足于盐渍土对工程的危害,按盐渍土的含盐性质对其进行分类尤其重要。根据盐渍土的含盐成分,可将盐渍土分为氯盐渍土、亚氯盐渍土、亚硫酸盐渍土、硫酸盐渍土和碱性盐渍土五类,见表3-6-16。

盐渍土按含盐化学成分分类 表3-6-16

盐渍土名称	离子含量比值	
	$\dfrac{Cl^-}{SO_4^{2-}}$	$\dfrac{CO_3^{2-} + HCO_3^-}{Cl^- + SO_4^{2-}}$
氯盐渍土	>2	—
亚氯盐渍土	1~2	—
亚硫酸盐渍土	0.3~1	—
硫酸盐渍土	<0.3	—
碱性盐渍土	—	>0.3

注:离子含量以1kg土中离子的毫摩尔数计(mmol/kg)。

盐渍土按含盐性质分类，只能反映土中阴离子的相对含量，说明哪一种或两种离子占优势，对盐渍土中的含盐成分作了说明，但未能反映土中含盐量的多少，因而对盐渍土的工程地质分析和路用性能评价在使用上存在局限性。研究表明，盐渍土的工程性质随土质的含盐性质和含盐量而变，当盐渍土中的含盐量达到一定界线后，将会改变土的结构，影响到土的性质，如塑性、透水性、压缩性和强度等，对公路工程产生不良影响。根据盐渍土含盐量，可将盐渍土分为弱盐渍土、中盐渍土、强盐渍土和过盐渍土四种，见表 3-6-17。

盐渍土按含盐量分类 表 3-6-17

盐渍土名称	细粒土土层的平均含盐量（以质量的百分数计）		粗粒土通过 10mm 筛孔土的平均含盐量（以质量的百分数计）	
	氯盐渍土及亚氯盐渍土	硫酸盐渍土及亚硫酸盐渍土	氯盐渍土亚氯盐渍土	硫酸盐渍土亚硫酸盐渍土
弱盐渍土	0.3~1.0	0.3~0.5	2.0~5.0	0.5~1.5
中盐渍土	1.0~5.0	0.5~2.0	5.0~8.0	1.5~3.0
强盐渍土	5.0~8.0	2.0~5.0	8.0~10.0	3.0~6.0
过盐渍土	>8.0	>5.0	>10.0	>6.0

注：离子含量以 100g 干土内的含盐总量计。

1. 盐渍土地区道路工程地质调查

在《公路工程地质勘察规范》（JTG C20—2011）中规定，盐渍土地区公路工程地质调绘应辅以勘探和测试手段查明下列内容：

(1) 地貌类型、地表形态特征、植被发育情况、当地气象条件；
(2) 盐渍土的成因、类型、分布范围、厚度、形成条件及其发育规律；
(3) 地表物质组成、土质类型、地表积盐特征及发育规律；
(4) 盐渍土的物理、力学、化学、水理性质和承载力；
(5) 盐渍土的盐胀性、溶陷性和溶陷等级，盐渍土对筑路材料的腐蚀性；
(6) 土层最大冻结深度（或有害冻胀深度）和蒸发强烈影响深度；
(7) 地表水的类型、分布、水位及变化幅度；
(8) 地下水的类型、埋深、水质、补给、排泄、径流条件，及冻前最高水位和常年最高水位；
(9) 既有公路和其他建筑物的使用情况及病害整治措施。

2. 盐渍土地区的路基勘探

盐渍土地区路基工程地质勘探，应在收集和研究当地地形、地质、气象、水文等资料的基础上，根据现场地形地质条件、工点类型、技术要求和勘探手段的适用性等，选择勘探测试方法，确定勘探工程的位置。

(1) 勘探可采用洛阳铲、挖探、钻探、物探等方法，开展综合勘探工作。
(2) 勘探点应沿路中线布置，平均间距不宜大于 200m，做代表性勘探；地质条件复杂的盐渍土发育路段应选择代表性位置布置横向勘探断面，每条勘探断面勘探点的数量不宜少于 2 个。
(3) 勘探的深度不应小于 3m，并应有一定数量的勘探点控制公路沿线地下水的分布情况。盐渍土取样应自地表往下逐段连续采集,深度分别为:0~0.05m,0.05~0.25m,0.25~0.50m,0.50~0.75m,0.75~1.00m。当地下水位的深度小于1.00m时,取样深度应达地下水位;当地下水位的深度大于1.00m时,应加大取样深度至地下水位,1.00m以下可每隔0.50m取样一组至地下水位。

3. 盐渍土测试

(1)物理试验:颗粒分析、天然含水率w、天然密度ρ、液限w_L、塑限w_P。

(2)水理性质试验:渗透系数k、毛细水上升高度、溶陷系数。

(3)力学试验:压缩系数a、压缩模量E_s和抗剪强度c、φ。

(4)化学试验:Cl^-、SO_4^{2-}、CO_3^{2-}、HCO_3^-和易溶盐含量等测试。

(5)选取代表性土样,做自由膨胀率F_s、膨胀力试验。

第三节　工程地质选线

公路是线(带)状建筑物,路线穿越不同的自然环境单元,受地质条件影响明显。因此,选择路线方案应充分考虑工程地质条件,即所谓工程地质选线。当区域稳定条件差,有不良地质现象和特殊性岩土存在,山体或基底有可能失稳时,尤应衡量地质条件对工程稳定、施工条件和安全及运营养护的长期影响,合理选定路线方案。

工程地质选线工作,应由有经验的工程地质人员和工程专业人员共同进行。综合考虑地质条件和各种因素,初步选定路线位置。然后在充分研究并掌握沿线的工程地质条件下,尽可能对有价值的方案进行比较,将路线、大桥、隧道及立交等重点工程选定在工程地质条件相对较好的区间内,以避免在定线时因地质问题而发生路线或桥位、隧址方案变动。

对规模大、分布广、治理难的不良地质和特殊性岩土地带,路线应尽量绕避。必须通过时,应选择以最短的距离、最有利的部位通过,并应对其采取切实有效的工程措施。

各类地质条件路线布设应遵循以下基本原则。

1. 按不同地形、地貌条件进行工程地质选线

(1)河谷路线。路线宜布设在地势平坦或有阶地的一岸;顺岩层走向发育的纵向河谷,若地形允许,路线一般应布设在逆倾向坡一岸,以保障边坡稳定;顺大断裂发育的河谷,路线一般应布设在断层下盘岸或分支断裂较少的一岸。

(2)越岭路线。避免沿构造轴线,尤其是避免沿大断裂的破碎带和地下水发育带布线,路线应尽可能垂直通过破碎带,避免在破碎带展线。

2. 按不良地质路段进行工程地质选线

(1)岩溶区。通过岩溶区时,路线应布设在可溶岩与非溶岩互层的岩溶发育相对较弱区;避免沿厚层可溶岩与非溶岩接触带、构造破碎带、褶曲轴部和倾伏端布线;通过岩溶坡立谷、丘陵区,线位宜靠山坡;通过溶蚀洼地的路线选在洞穴少、埋深大,岩溶水排泄条件弱的地段。

(2)滑坡区。路线通过滑坡的原则,应力求不恶化滑坡体,并增强其稳定性。根据路线高低选择布线位置,一般是滑坡上缘或下缘比滑坡中部好。通过滑坡上缘,一般以挖方路基为宜;通过下缘,以路堤为宜。

(3)岩堆区。处于发展阶段、上方山坡有大量物质来源的岩堆应及早提坡从上方山体的稳定地带通过;趋于稳定的岩堆,如地形条件允许,路线宜在岩堆坡脚外适当距离通过。如地形受限,也可在下部以路堤形式通过;对已稳定的岩堆,布设路线应注意不破坏其稳定性,选择在堆积物厚度较薄、基底稳定条件较好的部位通过。

(4)崩塌区。通过崩塌区,路线不宜紧靠崩塌体脚下,并设置遮挡建筑物;小型、零星落石段,宜将路线设置在崩塌落石停积区外,以路堤形式通过。

(5)泥石流区。通过泥石流区时,首先应考虑从流通区或河床比较稳定、冲淤变化不大的洪积扇顶部以桥跨越;基本稳定或规模不大的泥石流,路线可从堆积区通过,但应注意路桥结合和导流防护措施。

(6)水库区。路线必须设在塌岸带内时,应有确保路基稳定的工程措施,路线宜选择在基岩露头良好、上层薄的坡体稳定段;路线走向宜与主导风向一致或逆风向一侧。

(7)风沙地区。路线通过沙漠地区时,宜尽量避开严重的流沙地段,选择在沙害较轻的湖盆滩地、河谷阶地、古河床及扇缘地带布线;必须通过流沙时,路线宜以最短的距离布设在沙丘起伏不大和在沙丘的中立地带;路线的走向宜与当地的主导风向大致平行;路线宜靠近材料产地和水源地。

(8)采空区。通过采空区,应选择在矿层薄、埋藏深、倾角缓、垂直矿层走向等有利条件处。

(9)积雪区。风吹雪地区,路线宜避开风速严重减缓区;通过山地丘陵时,应尽量利用几面通风的开阔地、台地、山梁、垭岗等;路线走向应尽可能与风雪流的主导方向平行或交角小于30°。一般积雪区,越岭或沿河路线宜设在阳坡上。

(10)雪崩区。路线应尽可能绕避严重雪崩区;在森林区路线应注意靠近森林较多、较密的一侧通过;通过雪崩的沟槽时,如河谷较宽,应从堆积区的外侧通过;通过雪崩堆积区或运动区时,应结合防治雪崩的工程措施选择合理的位置。如采取拦阻雪崩或导雪措施时,路线应尽可能在堆积区的下方通过。如采用防雪走廊时,路线应尽量靠近陡坡。越岭展线地段应避免多次经过同一雪崩沟槽,山坡上路线不宜设挖方。

(11)强震区。路线应力求绕避近期活动的断裂带、断层破碎带和断裂交叉带、易液化砂土及软土等松软地基、不稳定悬崖深谷、易塌陷地下空洞等抗震不利地段,路线宜选择在地势平坦或地貌单一的抗震有利地段通过。

3. 按特殊性岩土进行工程地质选线

(1)冻土区。路线通过山坡时,宜选择在平缓、干燥、向阳的地带;在积雪地段,应选择在积雪轻微的山坡上;沿大河河谷定线,宜选择在阶地或大河融区,但应避免在融区附近的多年冻土边缘地带;穿过冻土时,应以较短的距离通过多年冻土地带;路线宜选择土质良好的地带,并尽量靠近取土地点,以及砂、石和保温材料产地;在厚层地下冰和冻土沼泽地段,宜从较窄、较薄且埋藏较深处通过;在热融滑塌、冰丘、冰锥地段,路线宜在下方较高处通过。

(2)软土区。选线应注意避开泥沼及软土地段,力求绕避陡山坡上的泥沼、古湖盆的泥沼以及中间聚水地带的泥沼;通过泥沼及软土地段时线位应尽可能选在泥沼及软土分布范围最窄,泥炭淤泥层不厚、沼底横坡不大,有较厚覆盖层或硬壳层,地势较高,取土条件较好的地段;宽广的软土地区,路线应避免沿排灌渠道边缘或湖塘边缘布设;选线应注意利用微地貌,如风成高地及丘陵坡麓的堆积高地。

（3）盐渍土。对于有可能遭受洪水冲淹的低洼地区，以及经常处于潮湿或积水的强盐渍土、过盐渍土或盐沼地带，路线应尽可能避绕；在一般的盐渍土地区或小面积岛状零星分布的盐渍土地带，路线应选择在地势较高、含盐量较小、地下水位较低、地表排水便利和通过距离最短、距渗水性土分布地最近的地段。

（4）膨胀土区。路线应选择在膨胀土分布范围窄、膨胀性能弱、膨胀土层薄的地段；路线横穿膨胀土垄岗脊时，应选择前缘部位，垂直脊线穿越；通过既有建筑区时，应尽量远离建筑群及重要建筑物。

（5）黄土区。路线应选择平坦的宽谷，在湿陷比较小、地表排水较好的地带通过，避开深沟、陡坡、陷穴、冲沟密集、下伏岩层面陡倾和地下水发育的斜坡地段。

第七章 道路工程地质勘察

公路工程地质勘察必须根据不同的勘察阶段，完成各项勘察任务。各勘察阶段的工作内容和工作深度应与公路各设计阶段的要求相适应。公路建设项目可行性研究工程地质勘察是为研究各工程方案场地内的区域性工程地质条件，尤其是对工程方案的比较有关键性影响的不良地质、特殊性岩土、重点工程地段的工程地质条件，进行必要的工程地质勘察，并提出工程方案比选的地质依据；初勘的目的是在工程可行性研究的基础上，对公路工程建筑场地进一步做好工程地质比选工作，为初步选定工程场地、设计方案和编制初步设计文件提供必需的工程地质依据；详细工程地质勘察工作的目的，是根据已批准的初步设计文件中所确定的修建原则、设计方案、技术要求等资料，有针对性地进行工程地质勘察工作，为确定公路路线、工程构造物的位置和编制施工图设计文件，提供准确、完整的工程地质资料。

第一节 公路工程地质勘察内容

公路工程地质勘察，通常包括以下几个方面的内容：

1. 路线工程地质勘察

在可行性研究、初测、定测各个阶段，与路线、桥梁、隧道等专业人员密切配合，查明与路线方案及路线布设有关的地质问题，选择地质条件相对良好的路线方案，在地形、地质条件复杂的地段确定路线的合理布设。在路线工程地质勘察中，并不要求查明全部工程地质条件，但对路线方案与路线布设起控制作用的特殊地质、不良地质应作为勘察重点，查明其地质问题，并提出确切的工程措施。对于复杂的工点，需根据任务要求及现场条件，组织专门力量进行工程地质勘察。

2. 特殊性岩土、不良地质（地段）的工程地质勘察

特殊性岩土地质地段及不良地质地段，如软土、黄土、膨胀土、盐渍土、多年冻土等特殊性岩土和岩堆、崩塌、滑坡、泥石流、采空区、雪崩、积雪、涎流冰、沙漠、岩溶等，往往影响路线方案的选择、路线的布设与构造物的设计，在工程地质勘察的各个阶段均应作为重点，进行逐步深入的勘测，查明其类型、规模、性质、发生原因、发展趋势、危害程度等，提出避绕依据或处理措施。特殊性岩土和不良地质地段道路工程地质勘察，主要内容见前述各不良地质与特殊土部分。

3. 路基、路面工程地质勘察

在初测、定测阶段，根据选定的路线方案和确定的路线位置，对中线及两侧一定范围的地带进行工程地质勘察，为路基、路面的设计和施工提供岩土、地质、水文及水文地质方面的依据。

4. 桥梁工程地质勘察

大桥桥位影响路线方案的选择,大、中桥桥位多是路线布设的控制点,常有比较方案。因此,桥梁工程地质勘察一般包括两项内容,首先应对各比较方案进行调查,配合路线、桥梁专业人员,选择地质条件比较好的桥位;然后对选定的桥位进行详细的工程地质勘察,为桥梁及其附属工程的设计和施工提供所需要的地质资料。

5. 隧道工程地质勘察

隧道多是路线布设的控制点,长隧道还会影响路线方案的选择。隧道工程地质勘察同桥梁勘察一样,通常包括两项内容:一是隧道方案与位置的选择,二是隧道洞口与洞身的勘察。前者除几个隧道位置的比较方案外,有时还包括隧道与展线或明挖的比较;后者是对选定的方案进行详细的工程地质勘察,为隧道的设计和施工提供所需的地质资料。

6. 天然建筑材料勘察

修建公路需要大量的筑路材料,其中绝大部分都是就地取材,特别如石料、砾石、砂、黏土、水等天然材料更是如此。这些材料品质的好坏和运输距离的远近等,直接影响工程的质量和造价,有时还会影响路线的布局。筑路材料勘察的任务是充分发掘、改造和利用沿线的一切就近材料。当就近材料不能满足要求时,则由近及远地扩大调查范围,以求得数量足够、品质适用、开采及运输方便的筑路材料产地。勘察的内容包括筑路材料的储量、位置、品质与性质、运输方式及距离,以及公路工程的可能性、实用性等。

第二节　公路工程地质勘探

勘探是工程地质勘察的重要方法,是获得深部地质资料必不可少的手段。勘探工作必须在调查测绘的基础上进行。在进行勘探时,应充分利用地面调查测绘资料,合理布置勘探点,以减少不必要的工作量,同时应充分利用地面调查测绘资料,分析勘探成果,以避免判断错误。

在初勘阶段,勘探点的位置与数量,应在工程可行性研究阶段的勘探基础上,视地质条件的复杂程度及实际需要而定。在详勘阶段,勘探点的数量应满足各类工程施工图设计对工程地质资料的需要。具体要求可查阅有关规程、规范和手册等。

公路工程地质勘探的方法有挖探、钻探、地球物理勘探等几类。

1. 挖探

挖探是公路工程地质勘探中广泛采用的一种方法。这种方法最大的优点是能取得详尽的直观资料和原状土样并可做原位试验,但勘探深度有限,而且劳动强度大。在工程地质勘探中,常用的坑、槽探主要有坑、槽、井洞等几种形式,而在公路工程地质工作中的挖探主要采用坑、槽两种形式。

坑探是垂直向下掘进的土坑,浅者称为试坑,深者称为探井。坑探断面一般采用1.5m×1.0m的矩形,或直径0.8~1.0m的圆形。坑探深度一般为2~3m,较深的需进行加固。坑探适用于不含水或地下水量微小的较稳固地层,主要用来查明覆盖层的厚度和性质、滑动面、断层、地下水位及采取原状土样等。

槽探挖掘成狭长的槽形,其宽度一般为0.6~1.0m,长度视需要而定,深度通常小于2m。

槽探适用于基岩覆盖层不厚的地方,常用来追索构造线、查明坡积层、残积层的厚度和性质,揭露地层层序等。槽探一般应垂直于岩层走向或构造线布置。

2. 钻探

在工程地质勘察工作中,钻探是广泛采用的一种最为重要的勘探手段,它可以获得深部地层的可靠地质资料,而且通过钻探的钻孔采取岩土试样和进行各种试验也是工程地质钻探的任务之一。

钻探是指用钻机在地层中钻孔,以鉴别和划分地表下地层,并可以沿钻孔在不同深度采取岩心和试验样品的一种勘察方法。钻探是工程地质勘察中应用最为广泛的一种勘探手段。钻探主要用于桥梁、隧道及大型滑坡等不良地质现象的勘探,一般是在挖探、简易钻探不能达到目的时采用。

根据钻进时破碎岩石的方法,钻探可分为冲击钻进、回转钻进、冲击-回转钻进及振动钻进等几种。公路工程地质勘探常用的钻进方法主要是机械回转钻进。

钻孔地质柱状图是综合表示该钻孔所穿过地层的图表。图中表示有地质年代、岩土层埋藏深度、岩土层厚度、岩土层底部的高程、岩土的描述、柱状图、地面高程、地下水水位和测量日期、岩土样选取位置等。柱状图的比例尺一般为1:100~1:500。

除采用钻机钻探外,简易钻探也是公路工程地质勘探中经常采用的方法。其优点是:工具轻、体积小,操作方便,进尺较快,劳动强度较小。缺点是:不能采取原状土样或不能取样,在密实或坚硬的地层内不易钻进或不能使用。

常用的简易钻探工具有洛阳铲、锥铲与小螺纹钻等。

(1)小螺纹钻勘探。是用人工加压加转钻进,适用于黏性土及粉土地层,可以取得扰动土样。钻探深度小于6m。

(2)锥探。是用锥具向下冲入土中,凭感觉探查疏松覆盖层的厚度或基岩的埋藏深度。探深一般可达10m左右。常用来查明黄土陷穴、沼泽、软土的厚度及其基底的坡度等。

(3)洛阳铲勘探。是借助洛阳铲的重力冲入土中,钻成直径小而深度较大的圆孔,可采取扰动土样。冲进深度一般为10m,在黄土层中可达30余米。

3. 地球物理勘探

地球物理勘探简称物探,它是通过研究和观测各种地球物理场的变化来探测地层岩性、地质构造等地质条件。各种地球物理场有电场、重力场、磁场、弹性波的应力场、辐射场等。由于组成地壳的不同岩层介质往往在密度、弹性、导电性、磁性、放射性以及导热性等方面存在差异,这些差异将引起相应的地球物理场的局部变化。通过量测这些物理场的分布和变化特征,结合已知地质资料进行分析研究,就可以达到推断地质性状的目的。与钻探相比,物探具有设备轻便、成本低、效率高、工作空间广等优点。

物探由于不能取样,不能直接观察,属于间接勘探手段,其勘探结果必须与直接方法(挖探、钻探)进行验证,故多与钻探配合使用。

物探适用于下列场合:

(1)作为钻探的先行手段,了解隐蔽的地质界线、界面或异常点。

(2)作为钻探的辅助手段,在钻孔之间增加地球物理勘察点,为钻探成果的内插、外推提供依据。

(3)作为原位测试手段,测定岩土体的波速、动弹性模量、特征周期等参数。

在工程地质勘探中采用物探与调查测绘、挖探、钻探密切配合时,对指导地质判断、合理布置钻孔、减少钻探工作量等方面都能取得良好的效果。

物探按其工作条件的不同可分为地面物探、井下物探与航空物探、航天物探。按其所利用的岩、土物理性质的不同可分为电法勘探、电磁法勘探、地震勘探、声波探测、重力勘探、磁力勘探与放射性勘探等。在公路工程地质工作中,较常用的有电法勘探、地震勘探、地质雷达勘探等。此外,声波探测在工程地质工作中也有较广泛的应用,它是利用声波在岩体(岩石)中的传播特性及其变化规律,测试岩体(岩石)的物理力学性质,也可利用在应力作用下岩体(岩石)的发声特性对岩体进行稳定性监测。

地震勘探是根据岩、土弹性性质的差异,通过人工激发的弹性波的传播,来探测地下地质情况的一种物探方法。由敲击或爆炸引起的弹性波,在不同地层的分界面上发生反射和折射,产生可以返回地面的反射波和折射波,利用地震仪记录它们传播到地面各接收点的时间,并研究振动波的特性,就可以确定引起反射或折射的地质界面的埋藏深度、产状及岩石性质等。

地震勘探直接利用岩石的固有性质(密度与弹性),较其他物探方法准确,且能探测很大深度,因此在石油地质勘探等部门得到广泛的应用。地震勘探在工程地质勘探中也日益得到推广使用,主要用于:

(1)探测覆盖层的厚度、岩层的埋藏深度及厚度、断层破碎带的位置等。

(2)研究岩石的弹性,测定岩体的完整性等。在公路工程地质勘探中,地震勘探目前主要应用于隧道的勘探。

第四篇 工程勘测

第一章 公路工程勘测的基本概念

第一节 概 述

一、公路工程勘测定义与任务

公路工程勘测是以观测、计算、调查和绘图为手段,对路线所经过地区的社会、地理、人文景观、经济发展、地形、地质等进行视察、踏勘、测量,其目的是采集公路设计所需要的各种空间数据、资源信息数据,为公路设计和施工提供依据。根据其服务对象的要求,基本任务包括以下三个方面:

(1)在选定的平面坐标系和高程系统中,通过测绘仪器测量和计算得到一系列空间位置、属性信息,建立符合公路建设要求的平面控制网和高程控制网,并将地球表面的地貌、地物、行政和权属界线绘制成地形图、数字高程模型等,为公路、桥梁、隧道等构造物设计方案的选取提供基本用图,公路建设基本用图的比例尺一般采用1:500~1:5000。

(2)将设计过程中路线、桥梁、隧道等构造物的平面位置标定在地面上,进行纵断面测量、横断面测量,为各专业勘测、调查提供相关的平面参照位置,为路线、桥梁、隧道等构造物设计方案比选和优化提供精确的空间位置和属性信息。

(3)将图纸上设计好的路线、桥梁、隧道等构造物的位置在地面上标定出来,作为施工的依据。

二、公路工程勘测在公路工程建设中的作用

公路是一个线状人工构造物,这就决定了公路工程勘测是在一个带状范围内进行的测量工作。一条公路少则几十公里,多则几百公里,所经过的地形、地貌、地物等条件远比一个面状的情况要复杂。因此,公路工程勘测与国家基础测绘有较大的区别。

测绘或测量是通过一定的量测手段,在一定的媒介如图纸、存储介质上描述或表述自然世

界的客观存在,如地形、地貌、地物的空间坐标和附着物属性等。公路工程勘测除具有上述性质外,更重要的任务是通过对沿线工程地质、水文地质、地形地貌、工程场地、工程难易程度、环境保护、地震、出渣处理、运营条件及施工技术水平的调查,选取经济上合理、技术上可行、适合现阶段发展水平的公路建设方案。

公路工程勘测的最终目的是得到一个合理的路线、桥梁、隧道等构造物的方案,公路工程勘测更注重为路线方案选取而进行的一系列勘测、调查活动,路线、桥梁、隧道等构造物的方案比选和优化的过程需要各种方案下的勘测、调查资料作为支撑条件。方案比选、优化的过程,就是利用不同方案下勘测、调查成果不断进行优选的过程。因此,公路工程勘测是公路设计和建设的基础。

第二节 公路工程勘测的基本要求和阶段划分

一、公路工程勘测的基本要求

公路工程勘测是公路设计的基础工作,公路设计又是施工的依据和基础,所以公路工程勘测质量的好坏对整个公路建设质量起着决定性的作用。因此,在公路工程勘测中,必须以非常认真的态度深入调查研究,实事求是,精心勘测,注重技术经济效益,兼顾环境和社会影响,为设计和施工提供正确、完整的数据和资料。

公路工程勘测应尽量利用航空摄影测量、地面立体摄影测量和已有的测量成果等资料,优先选用先进仪器和最新测设手段,以提高测设速度、质量及勘测效益。

公路工程勘测必须推行全面质量管理,一切野外资料、各种原始记录和计算成果应及时严格检查,有完善的签字制度并层层负责。勘测工作完成后,应组织有关单位进行验收。

各种测量标志的规格、书写、埋设、固定等,应符合《公路勘测规范》(JTG C10—2007)和《公路勘测细则》(JTG/T C10—2007)的要求。勘测中使用的名词、术语、符号及图表格式,应按交通运输行业现行的有关规定执行。地形图图式按《国家基本比例尺地图图式 第1部分:1∶500 1∶1000 1∶2000 地形图图式》(GB/T 20257.1—2007)表示,如有补充,应增绘图例。

各种测量仪器和设备是测量人员不可缺少的生产工具,野外工作中要注意保管和爱护测量仪器,贵重的精密仪器在使用前一定要认真阅读使用说明书,按规定的方法操作,平时应加强保养和维护,按规定定期检校,严禁使用未按规定检校或检校不合格的仪器进行作业。

二、公路工程勘测阶段划分

公路工程从项目立项到施工前,必须经过可行性研究和勘察设计阶段。

1. 可行性研究阶段勘测工作

可行性研究主要是对项目影响区域社会、经济、交通状况和发展规划进行充分的调查研究、评价预测,并进行必要的勘测工作,对项目建设的必要性、经济合理性、技术可行性、实施可能性等方面进行综合研究论证,推荐最佳方案,进行投资估算和经济评价,为建设项目决策和审批提供科学的依据。

可行性研究阶段主要收集的资料有沿线及项目影响区域社会经济发展、交通运输状况、产业特点、城镇和人口分布、重要的人文资源和自然资源等方面的现状和发展规划资料；沿线地形、地质、水文、气象、地震、地下埋藏、地面建筑设施等方面相关的地形图、影像图、专题图、文档等资料；对区域经济发展、交通量组成进行调查和预测。

2. 勘察设计阶段勘测工作

设计阶段一般采用两阶段设计，即初步设计和施工图设计。初步设计是根据批准的可行性研究报告进行勘测、调查，编制初步设计文件。施工图设计则是根据批准的初步设计和审批意见进行详细勘测、调查，编制施工图设计文件。技术简单、方案明确的小型项目，可直接采用施工图设计一个阶段设计，即根据批准的设计任务书的要求，一次进行详细的测量并编制施工图设计文件。技术上特别复杂而又缺乏经验的项目或项目中的个别路段和特殊工程，如特殊桥梁、互通式立交、隧道等，必要时可采用三阶段设计，即初步设计、技术设计及施工图设计。其中，技术设计主要是对重大、复杂的技术难题通过科学试验、专题研究，加深勘测、调查及分析比较，解决初步设计中未能解决的问题，落实技术方案，计算工程数量，提出修正的施工方案，修正设计概算，其深度界于初步设计和施工图设计之间。

设计阶段应收集项目的工可研究报告、专题研究报告和环评、地质灾害等评价报告及批复意见、已有的相关调查资料等；收集沿线及影响区域内的地质、地震、水文、规划、交通、气象、军事、矿藏、文物、农田水利、国民经济等方面的资料；收集地形图、影像图、测量控制点等资料；改扩建工程还应收集既有公路设计、养护、改建和运营等方面的资料。

在资料收集基础上，初测阶段对工可方案中认为有价值的路线进行控制测量和地形测量，对重要的控制性路段进行中桩、中平、横断面测量和交叉位置、高程测量，并根据专业调查的需要进行中桩和横断面测量，对影响路线方案的大型构造物及其他重要影响因素进行测量。

定测阶段勘测调查是对工程可行性、初测阶段勘测调查的进一步具体和深化，在批准的初步设计所确定的修建原则、初步设计审批意见、对初测阶段收集的资料和勘测调查资料进行核实的基础上，通过详细的中线测量、横断面测量、中平测量和各专业勘测调查，提供施工图设计所需要的资料。

第三节　测量学的几个基本概念

一、地球的形状和大小

地球的表面是不规则的，但地表高低起伏变化与地球庞大的体积相比几乎是可以忽略不计的，因此往往把地球看成一个椭球。为了计算的方便，测量中以一个规则的并接近于大地表面的曲面作为测量计算的基准面，这个基准面称为参考椭球面，它所包围的椭球体称之为参考椭球体。参考椭球体与大地体的形状、大小相近，参考椭球体是椭圆绕其短轴旋转而成的，如图 4-1-1 所示。

每个国家根据自己的观测成果及国情不同,采用的参考椭球体的基本元素也不尽相同。我国现阶段采用的参考椭球体是 CGCS 2000 国家大地测量坐标系椭球,椭球参数为长半轴 $a=6378137.0m$,扁率 $\alpha=1/298.257222101$。我国曾经使用过 1980 西安坐标系和 1954 年北京坐标系,1980 西安坐标系的椭球参数为长半轴 $a=6378140m$、扁率 $\alpha=1/298.2570$,1954 年北京坐标系椭球参数为长半轴 $a=6378245m$、扁率 $\alpha=1/298.3$。此外,测量学上还经常使用 WGS-84 坐标系,其椭球参数为长半轴 $a=6378137$、扁率 $\alpha=1/298.257223563$。

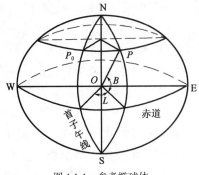

图 4-1-1 参考椭球体

二、地理坐标

点的位置是通过坐标表示的,当研究对象为整个地球或较大区域时,就要建立一个球面坐标系统,以便准确地确定地面点的空间位置。由于地球是一个近似于椭球的形体,因此,地理坐标系统是以参考椭球体为依据而建立的。

通过椭球中心与椭球旋转轴正交的平面称为赤道平面。赤道平面与地球表面的交线称为赤道。通过椭球旋转轴的平面称为子午面。其中通过英国格林尼治天文台的子午面称为起始子午面。子午面与椭球面的交线称为子午线。

图 4-1-1 中 P 点的大地经度就是通过该点的子午面与起始子午面的夹角,用 L 表示。从起始子午面算起,向东称为东经(0~180°),向西称为西经(0~180°)。

P 点的大地纬度是该点的法线(与椭球面垂直的线)与赤道面的交角,用 B 表示。从赤道面算起,向北称为北纬(0~90°),向南称为南纬(0~90°)。

以经度 L 和纬度 B 来表示点位坐标的方式称为点的地理坐标。

三、高斯平面直角坐标

当测区范围较大时,就不能把水准面当作水平面,但把旋转椭球面上的图形展绘到平面上,又必将产生变形,因此必须采用适当的方法使其变形减小,因此测量工作中通常将椭球进行分带,然后将每带投影到平面上。

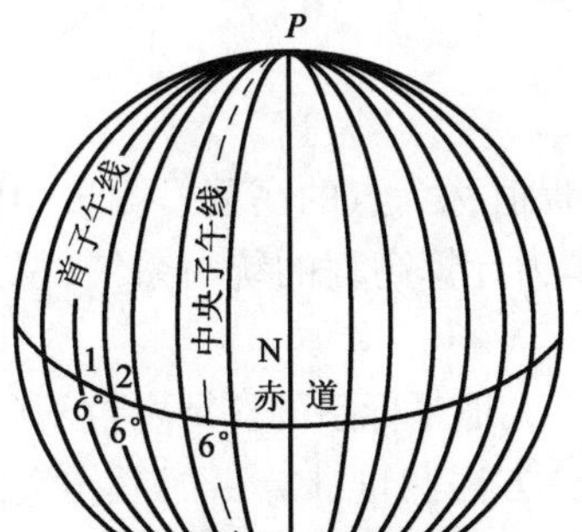

如图 4-1-2 所示,投影带是从起始子午线起,每隔经差 6°划一带,称为 6°带,自西向东将整个地球划分成经差相等的 60 个带,各带从首子午线起,自西向东依次编号用数字 1、2、3、…、60 表示。位于各带中央的子午线,称为该带的中央子午线。第 1 个 6°带的中央子午线的经度为 3°,6°带的中央午线经度 L_0 可按下式计算:

$$L_0 = 6N - 3 \qquad (4\text{-}1\text{-}1)$$

式中:N——6°投影带带号。

图 4-1-2 6°分带投影法

3°分带投影法,是从东经1°30′起,自西向东每隔经差3°划分一带,将整个地球划分成120个带,每带中央子午线的经度 L_0 可按下式计算:

$$L_0 = 3N \tag{4-1-2}$$

式中:N——3°投影带带号。

中央子午线经投影展开后是一条直线,以此直线为纵轴,即 x 轴;赤道是一条与中央子午线相垂直的直线,以此直线为横轴,即 y 轴;两直线的交点为原点,则组成了高斯平面直角坐标系。

我国位于北半球,x 坐标均为正值,而 y 坐标有正有负。为避免横坐标 y 出现负值,故规定将坐标纵轴向西平移500km。另外,为了能根据横坐标确定该点位于哪一个6°带内,还规定在横坐标值前冠以投影带号,例如,$y_A = 20**5760m$,表示 A 点位于第20带内,其真正的横坐标值为 $**5760m - 500000m = -**4240m$,代表该点位于中央子午线西侧 $**4240m$ 处。

四、抵偿坐标系平面直角坐标

地球是一个球体,地球球体上点与点之间的长度投影到平面上会产生一定的变形,变形值较大时将会对公路、桥梁、隧道等构造物的建设产生较大影响,变形值与点位距离中央子午线的距离、点的投影高度有关,为了满足公路建设的需要,公路工程勘测中经常采用抵偿坐标系,也称为工程独立坐标系。抵偿坐标系不一定采用国家基本的6°带、3°带的中央子午线和大地基准面进行投影,而是以测区中某一经度线作为中央子午线,以测区某一高程面作为投影面建立的平面直角坐标系。用该坐标系建立的控制网可与国家坐标系进行换算。

五、假定坐标系平面直角坐标

当测量区域较小时,可以把该测区的球面视作平面看待,直接将地面点沿垂线投影到水平面上。假定坐标系是假定坐标原点、坐标轴方向,长度不经过投影变形改正的平面直角坐标系。一般是假定一个点的坐标(不要使测区出现负值坐标)及一条边的方位角,在测量平面上直接计算的平面直角坐标系。

六、高程

测定地面上两点之间高差的测量称为高程测量,推求的高程值称为点的高程。测量中经常使用的高程有正常高和大地高。我国规定采用正常高系统作为计算高程的统一系统,采用水准测量和三角高程测量方法测量推求的高程值为正常高。

大地高是一点沿过该点的椭球面法线到椭球面的距离,如果大地坐标系的椭球定位不同,则地面上同一点的大地高不同,采用 GNSS(全球导航卫星系统)方法测量计算出的三维大地坐标的高程值为大地高。正常高与大地高的关系用式(4-1-3)表示。

$$H_{大地高} = H_{正常高} + \xi \tag{4-1-3}$$

式中:ξ——为高程异常值。

高程异常值与椭球定位和地球的密度有关,通过重合点的正常高和大地高,可以计算出高程异常值。通过高程异常已知点内插求取未知点的高程异常值,可计算出未知点的正常高,该高程称为 GNSS 拟合高程。

我国现阶段采用高程系统为 1985 国家高程基准,曾经采用过 1956 年黄海高程系。由于水准面有无数个,为了能建立全国统一的高程起算系统,我国在青岛设立了验潮站,测定了海水面多年的平均值,以此平均海水面包围地球形成了大地水准面。根据平均海水面的测量结果,1956 年在青岛观象山的一个山洞里建立了国家水准原点,其高程为 72.289m,以其形成的高程系统称为 1956 年黄海高程系。后经 1952—1979 年的历年潮汐观测资料计算的平均海水面重新推算后,国家水准原点高程变更为 72.260m,以其形成的高程系统称为 1985 国家高程基准。1985 国家高程基准与黄海高程系的水准原点的差值为 -0.029m。

我国不同的地区还曾经使用过较多的地方高程系统,如大连高程基准、大沽高程基准、废黄河基准、吴淞高程基准、坎门高程基准、珠江高程基准、榆林高程等。在我国早期的水文监测资料中,大量使用了这些地方高程系统,因此在公路工程勘测水文调查的资料中还经常出现以这些地方高程系统表示的高程。但这些高程系统由于建立过程比较粗糙,受基准本身稳定性以及联测的影响,在大范围甚至全国范围内不可能使用一个唯一的数值表示高程基准间的精确关系,但要求精度较低时,在局部地区可用一个数值表示同一点或若干点高程基准间的关系。

第二章 公路测量标志与测量记录

第一节 公路测量标志

一、公路测量标志分类和桩志规格

公路测量标志分为三种,即控制测量桩、路线控制桩和标志桩。控制测量桩主要用于控制测量的 GNSS 点、三角点、导线点、水准点,以及特大型桥隧控制桩等。控制测量桩应采用混凝土或石质材料制成,控制测量桩的标石可按要求预制,亦可现场浇筑。根据《公路勘测规范》(JTG C10—2007)和《公路勘测细则》(JTG/T C10—2007)的要求,控制测量桩埋石的几何规格根据其等级和用途分别按图 4-2-1 ~ 图 4-2-6 进行选用。

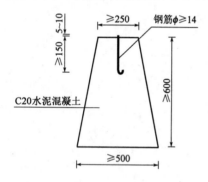

图 4-2-1 三等平面控制测量桩(尺寸单位:mm)

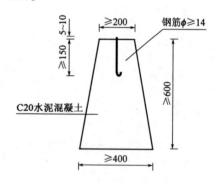

图 4-2-2 四等平面控制测量桩(尺寸单位:mm)

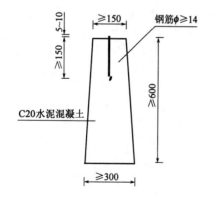

图 4-2-3 一级平面控制测量桩(尺寸单位:mm)

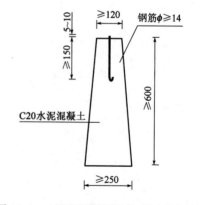

图 4-2-4 二级平面控制测量桩(尺寸单位:mm)

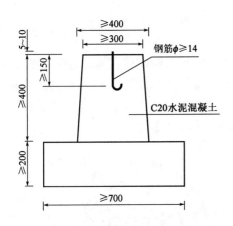
图 4-2-5 三等高程控制测量桩(尺寸单位:mm)

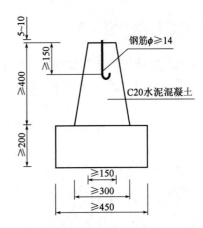
图 4-2-6 四等高程控制测量桩(尺寸单位:mm)

图中规定了各种控制测量桩的最小规格尺寸,可以满足一般条件下桩志稳定性的要求,具体采用时应根据地形、地质、水文等条件选择符合作业区域的桩志的几何尺寸。当控制测量桩位于沙丘和土层松软地区时,应增加标石尺寸和基坑底层现浇混凝土的面积和厚度,直至控制点具有足够的稳定性。

当控制测量桩位于岩石或固定建筑物上时,应将表面凿毛、冲洗干净后,在其上浇灌混凝土、埋入中心标志,其顶面外形尺寸应与相应桩志相符,混凝土的高度应大于20cm。重要的构造物控制网,其控制点桩的大小、高度、结构应视构造物的精度要求、当地的地质情况、通视情况具体确定,应使桩志有足够的稳定性,保证构造物对测量的精度要求,必要时应埋至弱风化层,并采用强制对中装置。

各级控制测量桩的标石应设有中心标志。中心标志用直径不小于14mm的钢筋制作,钢筋头表面应锉平并刻成清晰、精细的十字线,其露出标石表面的高度应为2~5mm,高程控制测量桩的中心标志顶端应圆滑,应采用球形中心标志或锉平表面的钢筋。

路线控制桩用于路线的交点桩、公里桩、转点桩、平曲线控制桩、路线起终点桩、断链桩等,材质应采用木质桩,其断面不应小于5cm×5cm、长度不应小于30cm。低等级公路采用现场定线时,常利用交点传递平面坐标和高程,此时,交点桩可作为控制测量桩使用,具有控制测量桩的功能,因此应使用水泥混凝土进行护桩,以保证具有足够的稳定性。路线控制桩的规格见图4-2-7。

标志桩是指路线中线桩和控制桩的指示桩。标志桩应采用断面不小于5cm×1.5cm、长度不小于30cm的木质或竹质板桩。标志桩的规格见图4-2-8。

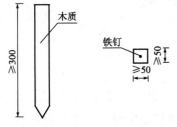
图 4-2-7 路线控制桩(尺寸单位:mm)

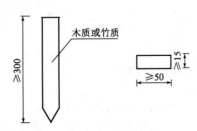
图 4-2-8 标志桩(尺寸单位:mm)

二、测量标志的埋设要求

控制测量桩应选埋在基础稳定且易于长期保存的地点,埋设时应使其具有足够的稳定性。控制测量桩埋设时,坑底应填以砂石并捣实或现浇厚度20cm以上的混凝土,地表应在控制测量桩周围现浇厚度5cm以上、控制桩以外宽度10cm以上的混凝土。埋设的控制测量桩应待沉降稳定后方可使用。控制测量桩埋设示意图见图4-2-9和图4-2-10。

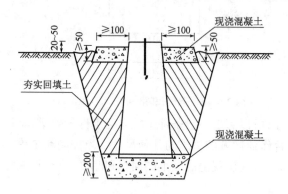
图4-2-9 埋石平视图(尺寸单位:mm)

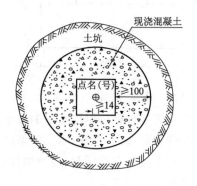
图4-2-10 埋石俯视图(尺寸单位:mm)

冻土地区,季节冻土层以下桩志的高度应大于标准高度的2/3,并应在位于季节冻土层段的桩志周围包裹防水材料。利用原有控制测量桩时,应确认该点标石完好,并符合相应控制测量桩的规格和埋设要求。不同的控制测量桩可以共用,但必须满足各自的埋设和作业要求,标志高、上顶面长和宽、下底面长和宽以其中规格要求较高者为准。

路线控制桩顶面与地面齐平,并加设指示桩。路线控制桩的木质方桩顶面应钉小钉,表示其中心位置。

标志桩应具有一定的稳定性,不得随意搁置于地表,打入地下应大于15cm。当标志桩作为指示桩时,应钉设在被指示桩附近位置明显且较易保存处。

路线控制桩、标志桩位于岩石、建筑物和刚性路面上时,可用油漆标记;位于柔性路面地段可用铁钉打入路面且与路面齐平。

路线控制桩可采用在附近建筑物、电线杆、大树、岩石等固定物上标明方向及距离的方式进行标示,填写固定桩志表,亦可采用堆土堆、石堆或采用混凝土包桩方式予以保护。

第二节 测量记录

一、测量符号

公路测量符号可采用英文字母或汉语拼音字母两种形式。当项目工程需引进外资或采用国际招标时,宜采用英文字母,为国内招标时,可采用汉语拼音字母。一个公路项目应使用同一种符号,公路测量符号参见表4-2-1执行。

公路测量符号和图式

表 4-2-1

名　　称	汉语拼音或我国习惯符号	英文符号	图　　式	备　　注
三角点	SJ	TAP	△	
GNSS 点	G	GNSS	▲	
导线点	D	TP	■	
水准点	BM	BM	⊗	
图根点	T	RP	□	
横坐标	X	X		
纵坐标	Y	Y		
高程	H	EL		
方位角	α	α		在 α 后以下标形式表示其方向
东	E	E		
西	W	W		
南	S	S		
北	N	N		
左	L	L		（左）
右	R	R		（右）
交点	JD	IP		（交　点）
转点	ZD	TMP		（转　点）
圆曲线起点	ZY	BC		（直圆点）
圆曲线中点	QZ	MC		（曲中点）
圆曲线终点	YZ	EC		（圆直点）
路线起点	SP	SP		
路线终点	EP	EP		
复曲线共切点	GQ	PCC		（公切点）
反向平曲线点	FGQ	PRC		（反拐点）
第一缓和曲线起点	ZH	TS		（直缓点）
第一缓和曲线终点	HY	SC		（缓圆点）
第二缓和曲线起点	YH	CS		（圆缓点）
第二缓和曲线终点	HZ	ST		（缓直点）
变坡点	SJD	PVI		（竖交点）
竖曲线起点	SZY	BVC		（竖直圆点）
竖曲线终点	SYZ	EVC		（竖圆直点）
竖曲线公切点	SGQ	PCVC		（竖公切点）
反向竖曲线公切点	FSGQ	PRVC		（反竖拐曲点）
比较线标记、匝道标记	A、B、C、…	A、B、C、…		冠于比较线、匝道里程桩号和控制点编号前

续上表

名　称	汉语拼音或我国习惯符号	英文符号	图式	备　注
公里标记	K	K		
左偏角	$\alpha_{左}$	α_L		
右偏角	$\alpha_{右}$	α_R		
曲线长	L	L		包括圆曲线长缓和曲线长
圆曲线长	L_Y	L_C		$L_{圆}$
缓和曲线长	L_S	L_h		
平、竖曲线半径	R	R		
平、竖曲线切线长	T	T		包括设置缓和曲线所增加的切线长
平、竖曲线外距	E	E		平曲线外距包含设置缓和曲线所增外距
缓和曲线角	β	β		
缓和曲线参数	A	A		
校正值(两切线长与曲线长度的差值)	J	D		含设置缓和曲线所引起的变化
改线、改移、差错改正	G	R		冠在里程桩号前
超高值	h_c	h_s(或e)		
超高缓和长度	l_c	l_r		
加宽缓和长度	l_j	l_w		
路基宽度	B	B		
路基加宽度	B_j	B_W		
路面加宽度	b_j	b_w		
流量	Q	Q		
流速、计算行车速度	V	V		
设计水位	SW	DWL		(设位)
历史最高洪水位	GW	HWL		(高位)
多年平均洪水位	PW	MFL		(平位)
历史最高流冰水位	BW	HIWL		(冰位)
历史最高潮水位	CW	HTWL		(潮位)
通航水位	HW	NWL		(航位)
普通水位	TW	OWL		(通位)
测量时水位	LW	SWL		(量位)
地下水位	DW	UWL		(地位)
设计高程	DEL	DEL		
用地界	YDJ	R/W(ROW)		(用地界)

续上表

名　　称	汉语拼音或我国习惯符号	英文符号	图　式	备　注
面积	A	A		
填高	T	F		（填）
挖深	W	C		（挖）
填面积	A_T	A_F		
体积	V	V		
长	L	L、l		
宽	B、b	B、b		
高	H、h	H、h		
厚	d、δ	d、δ		
直径	D、Φ	D、d		
半径	R、r	R、r		

二、测量标志书写

测量标志书写应符合《公路勘测规范》（JTG C10—2007）和《公路勘测细则》（JTG/T C10—2007）的要求。控制测量桩应在其标石表面刻制或用红色油漆标注点名，路线控制桩、标志桩应采用油漆或记号笔书写桩号。控制测量桩、路线控制桩和标志桩应按各自的顺序连续编号。以"A""B""C""D"分别表示控制测量桩的"一等""二等""三等""四等"；以"E"表示平面控制点的"一级"、高程控制点的"五等"；F表示平面控制点的"二级"。书写时控制测量的等级符号一般添加于测量符号之后。如四等导线点，可书写成"DD"，三等GNSS点可书写成"GC"，四等水准点可书写成"BMD"。所有中线桩的背面应按1~10循环编号。

有比较方案时，控制测量桩、路线控制桩和标志桩按比较方案的顺序，桩(点)号前应冠以A、B、…字样，如A线的四等水准点可书写为ABMD。分离式路基测量，其左、右侧路线桩号前应冠以左、右字母符号，并以右侧路线为全程连续计算桩号。

控制测量桩在埋设处应设置明显的指向标志，并现场绘制交通路线略图，填写点之记。

位于岩石或建筑物上的路线控制桩、标志桩，应将岩石或建筑物表面刮干净，在其点位符号的旁边用红色油漆书写桩号。

三、测量记录的规定

公路工程勘测的各种记录，应采用专用记录簿，外业手簿应进行编号并不得撕页。测量记录应现场记录，字迹要清楚、整齐，不得涂改、转抄。记录簿中所规定的项目，应逐项记录齐全，说明及草图应精练、准确。

当发生记录错误时，应按下述要求进行处理：

(1)角度记录中的分位、距离和水准记录中的分米位读记错误可在实地更改，但角度测量同一方向的盘左和盘右、距离测量的往返值、水准测量的基辅值和前后读数值不能同时更改相关数字,如距离测量的往测值为"256.742",返测值为"256.739",若发现一个方向"7"读错或记错,可在现场改正,但不得将另一方向的"7"同时更改。

(2)角度记录中的秒位、距离和水准记录中的厘米及厘米以下位数值不得改正,必须重测,如角度 56°32′47″,数据 47 读错或记错,不得直接划去 47、将正确数据写在上方,而应将整个角度值划去、重测并另起一行记录。

(3)允许改正的项目应用横道线整齐划去错误的记录,在其上方重新记录正确的数值,并在备注栏注明原因。

测量结束后,应及时整理、检查计算是否正确,成果是否符合各项限差及技术要求,经复核无误并签署后,方能交付使用。各种记录簿应编页、编目、整理,并由测量、复核及主管人员签署。采用电子设备记录时,打印输出的内容应具有可查性。

第三章 控制测量

第一节 公路平面控制测量

一、公路平面控制测量坐标系的选择

1. 公路平面控制测量坐标系选择的要求

按照《公路勘测规范》(JTG C10—2007)、《公路勘测细则》(JTG/T C10—2007)规定,公路路线平面控制测量坐标系的选择应使测区内投影长度变形值不大于2.5cm/km;大型构造物平面控制测量坐标系,其投影长度变形值不大于1cm/km,根据上述要求和测区所处地理位置、平均高程按下列方法选择坐标系:

投影长度变形值满足要求时,采用高斯正形投影3°带平面直角坐标系。投影长度变形值不能满足要求时,可按照下列次序选用平面坐标系统:

(1)投影于抵偿高程面上的高斯正形投影3°带平面直角坐标系统。

(2)投影于1954北京坐标系或者1980西安坐标系椭球面上的高斯正形投影任意带平面直角坐标系。

(3)抵偿高程面上的高斯正形投影任意带平面直角坐标系。

(4)当采用一个投影带不能满足投影变形要求时,可划分多个投影带,但在投影带划分时,大型构造物处尽量不要处于投影带的边缘位置。

(5)假定坐标系。

大型桥梁、隧道应采用投影于抵偿面上的高斯正形投影任意带平面直角坐标系或假定坐标系,使其投影长度变形值尽量小,以满足构造物对测量精度的要求。当采用独立坐标系、抵偿坐标系时,应提供与国家坐标系的转换关系。

2. 长度投影变形值计算

长度投影变形值包括边长观测值归算到椭球面上的改正计算和椭球面上的观测长度归算到高斯投影平面上改正计算两部分。

1) 观测值归算到椭球面上的计算

观测的边长是处于某一高程面上的长度,必须归算到统一的参考椭球上,见图4-3-1,测量边 D_1 归算到椭球面上的改正计算公式为:

$$\Delta D_1 = -\frac{H_m + h_m}{R_m + H_m + h_m} D_1 \quad (4\text{-}3\text{-}1)$$

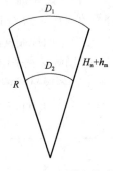

图4-3-1 观测值归算到椭球面示例

改正后的长度为:

$$D_2 = D_1 + \Delta D_1 \tag{4-3-2}$$

式中：ΔD_1——高程投影改正数(m)；
$\quad\quad D_1$——观测边长(m)；
$\quad\quad D_2$——改正后边长(m)；
$\quad\quad H_m$——测量边的平均高程(m)；
$\quad\quad h_m$——测区大地水准面高出参考椭球面的高差(m)；
$\quad\quad R_m$——地球的曲率半径(m)。

2) 投影边长变形改正

归算到椭球面上的距离是一个弧长，而我们使用的坐标是平面直角坐标，这就要求我们将椭球面上的距离长度改化到平面上，所以还应将椭球面上的观测长度归算到高斯投影平面上。高斯投影边长变形改正计算公式为：

$$\Delta D_2 = \left(\frac{Y_m^2}{2R_m^2} + \frac{\Delta_y^2}{24R_m^2} \right) D_2 \tag{4-3-3}$$

改正后的长度为：

$$D = D_2 + \Delta D_2 \tag{4-3-4}$$

式中：ΔD_2——平面投影改正数(m)；
$\quad\quad D$——改正后边长(m)；
$\quad\quad R_m$——测距边中点的参考椭球平均曲率半径(m)；
$\quad\quad Y_m$——测距边中点的横坐标(m)；
$\quad\quad \Delta_y$——测距边两端点横坐标的增量(m)。

经过上述两项改正，其总和为：

$$\Delta D = \Delta D_1 + \Delta D_2 \tag{4-3-5}$$

二、公路平面控制测量的一般要求

《公路勘测规范》(JTG C10—2007)和《公路勘测细则》(JTG/T C10—2007)对公路平面控制测量进行了以下规定：

(1) 公路平面控制测量包括路线和大型建筑物的平面控制测量。平面控制网的布设应符合因地制宜、技术先进、经济合理、确保质量的原则。

(2) 平面控制网的建立应采用 GNSS 测量、三角测量、三边测量和导线测量等方法。路线平面控制测量宜采用导线测量方法进行。

(3) 各级平面控制测量，其最弱点点位中误差均不得大于 ±5cm，最弱点相对点位中误差均不得大于 ±3cm。最弱相邻点边长相对中误差不得大于表 4-3-1 的规定。

平面控制测量精度要求　　　　　　　表 4-3-1

等 级	最弱相邻点边长相对中误差	等 级	最弱相邻点边长相对中误差
二等	1/100000	四等	1/35000
三等	1/70000	一级	1/20000

(4) 各级公路及桥梁、隧道平面控制测量的等级不得低于表 4-3-2 的规定。

平面控制测量等级选用 表 4-3-2

高架桥、路线控制测量	桥梁多跨总长 $L(m)$	单跨桥梁 $L_K(m)$	隧道贯通长度 $L_G(m)$	测 量 等 级
—	$L \geq 3000$	$L_K \geq 500$	$L_G \geq 6000$	二等
—	$2000 \leq L < 3000$	$300 \leq L_K < 500$	$3000 \leq L_G < 6000$	三等
高架桥	$1000 \leq L < 2000$	$150 \leq L_K < 300$	$1000 \leq L_G < 3000$	四等
高速、一级公路	$L < 1000$	$L_K < 150$	$L_G < 1000$	一级
二、三、四级公路	—	—	—	二级

(5) 特殊结构的构造物,当对测量精度要求较高时,应根据构造物的结构和精度要求确定平面控制测量的精度。

(6) 构造物平面控制网应联系于路线控制网上,并应保持其本身的精度。当构造物平面控制网中检核点与路线控制测量中横坐标差异较大时,应对构造物平面控制网进行旋转,最终成果中检核点在两个网中的坐标差值不应大于 4cm。

(7) 当采用独立坐标系、抵偿坐标系时,应提供与国家坐标系的转换关系。

(8) 角度、长度和坐标的数字取位应符合表 4-3-3 的规定。

角度、长度和坐标数字取位要求 表 4-3-3

等 级	角度(″)	长度(m)	坐标(m)
二等	0.01	0.0001	0.0001
三、四等	0.1	0.001	0.001
一、二级	1	0.001	0.001

三、平面控制点的布设

平面控制测量有 GNSS 测量、导线测量、三角测量或三边测量等测量方法,现阶段公路工程勘测平面控制测量主要采用导线测量和 GNSS 测量方法进行。公路平面控制点布设应遵守下列规定:

(1) 路线平面控制网的设计,应首先在地形图上进行控制网的点位选择,在其基础上进行现场踏勘并确定点位。

(2) 平面控制点相邻点间平均边长应参照表 4-3-4 执行,并应避免相邻边的长度相差悬殊,长边长度不得大于短边的 3 倍。四等及以上平面控制网中相邻点之间的距离不得小于 500m,一、二级平面控制网中相邻点之间的距离在平原、微丘区不得小于 200m,重丘、山岭区不得小于 100m,最大距离不应大于平均边长的 2 倍。

相邻点间平均边长参照值 表 4-3-4

测量等级	平均边长(km)	测量等级	平均边长(km)
二等	3.0	一级	0.5
三等	2.0	二级	0.3
四等	1.0		

(3) 路线平面控制点宜沿路线前进方向布设,路线平面控制点距离路线中心线的距离应大于50m、宜小于300m,每一点至少应有一相邻点通视。特大型构造物每一端应埋设2个以上平面控制点。

(4) 构造物平面控制网可与路线平面控制网同时布设,亦可在路线平面控制网的基础上进行。当分步布设时,布设路线平面控制网的同时,应考虑沿线桥梁、隧道等构造物测设的需要,在大型构造物的两侧至少应分别布设1对相互通视的首级平面控制点。

(5) 点位的位置应便于加密、扩展,易于保存、寻找,同时便于测角、测距及地形图测量和中桩放样。

(6) 采用导线测量方法施测控制网时,点位应尽量布设成直伸形状,点位的布设应符合布设三边测量对测距边的要求。

(7) 采用GNSS方法施测控制网时,点位布设应符合下列规定:

①点位不应选在大功率发射台或高压线附近,距离高压线不应小于100m,距离大功率发射台不宜小于400m。

②点位应避开由于地面或其他目标反射所引起的多路径干扰的位置。

③在高度角为15°的范围以内,应无妨碍通视的障碍物。

④GNSS控制网应同附近等级高的国家平面控制网点联测,联测点数应不少于3个,并力求分布均匀,且能覆盖本控制网范围。当GNSS控制网较长时,应增加联测点的数量。

⑤同一公路工程项目的GNSS控制网分为多个投影带时,在分带交界附近宜同国家平面控制点联测。

⑥二、三、四级GNSS控制网应采用网连式、边连式布网;一、二级GNSS控制网可采用点连式布网。GNSS控制网中不应出现自由基线。

⑦GNSS控制网由非同步GNSS观测边构成多边形闭合环或附合路线时,其边数应符合表4-3-5的规定。

闭合环或附合线路边数的规定　　　　　　　　表4-3-5

等级	二等	三等	四等	一级	二级
闭合环或附合路线的边数(条)	≤6	≤8	≤10	≤10	≤10

四、平面控制测量

1. 导线测量

1) 导线网的形式

在控制测量中,将由若干直线所连成的折线称为导线。每条直线称为导线边,相邻两直线之间的水平角称为转折角。通过测量每条导线边和每个转折角来计算待定点坐标的方法称为导线测量。导线测量在公路控制测量中具有广泛的应用,尤其是在隧道施工控制测量中,导线测量经常作为唯一的控制测量手段。

公路工程采用导线测量方法时,通常采用附合导线、闭合导线、导线网形式,导线测量的技术要求应符合表4-3-6的规定。

导线测量的技术要求　　　　　　　　　　　　　　　　　　　　　表 4-3-6

等 级	附合导线长度（km）	边数	每边测距中误差（mm）	单位权中误差（″）	导线全长相对闭合差	方位角闭合差（″）
三 等	≤18	≤9	≤±14	≤±1.8	≤1/52000	≤$3.6\sqrt{n}$
四 等	≤12	≤12	≤±10	≤±2.5	≤1/35000	≤$5\sqrt{n}$
一 级	≤6	≤12	≤±14	≤±5.0	≤1/17000	≤$10\sqrt{n}$
二 级	≤3.6	≤12	≤±11	≤±8.0	≤1/11000	≤$16\sqrt{n}$

注：1. 表中 n 为测站数。
　　2. 以测角中误差为单位权中误差。
　　3. 导线网节点间的长度不得大于表中长度的 0.7 倍。

2）导线水平角观测

导线水平角观测应符合表 4-3-7 的规定。

水平角观测的作业要求　　　　　　　　　　　　　　　　　　　　表 4-3-7

等　级	经纬仪型号	光学测微器两次重合读数差（″）	半测回归零差（″）	同一测回中 2C 较差（″）	同一方向各测回间较差（″）	测回数
二等	DJ_1	1	6	9	6	12
三等	DJ_1	1	6	9	6	6
	DJ_2	3	8	13	9	10
四等	DJ_1	1	6	9	6	4
	DJ_2	3	8	13	9	6
一级	DJ_2	—	12	18	12	2
	DJ_6	—	24	—	24	4
二级	DJ_2	—	12	18	12	1
	DJ_6	—	24	—	24	3

注：观测方向的垂直角超过 ±3° 时，该方向的 2C 较差可按同一观测时间段内相邻测回进行比较。

3）导线边长测量

一级及一级以上导线的边长应采用光电测距仪施测，二级导线的边长可采用普通钢尺进行测量。光电测距的技术要求按表 4-3-8 的规定执行，普通钢尺丈量导线边长时技术要求应符合表 4-3-9 的规定。

光电测距的技术要求　　　　　　　　　　　　　　　　　　　　　表 4-3-8

平面控制网等级	观 测 次 数		每边测回数		一测回读数间较差（mm）	单程各测回较差（mm）	往返较差
	往	返	往	返			
二等	≥1	≥1	≥4	≥4	≤5	≤7	≤$\sqrt{2}(a+bD)$
三等	≥1	≥1	≥3	≥3	≤5	≤7	
四等	≥1	≥1	≥2	≥2	≤7	≤10	
一级	≥1	—	≥2	—	≤7	≤10	
二级	≥1	—	≥1	—	≤12	≤17	

注：1. 测回是指照准目标 1 次，读数 4 次的过程。
　　2. 表中 a 为固定误差，b 为比例误差系数，D 为水平距离（单位为 km）。

普通钢尺丈量导线边长的技术要求   表 4-3-9

等级	定线偏差（mm）	每尺段往返高差之差（cm）	最小读数（mm）	三组读数之差（mm）	同段尺长差（mm）	外业手簿计算取值（mm）		
						尺长	各项改正	高差
二级	5	1	1	3	4	1	1	1

注：每尺段是指两根同向丈量或单尺往返丈量。

4）导线测角中误差

按方位角闭合差计算测角中误差 m_β：

$$m_\beta = \sqrt{\frac{1}{N}\left(\frac{f_\beta f_\beta}{n}\right)} \tag{4-3-6}$$

式中：f_β——附合导线或闭合导线环的方位角闭合差(″)；
n——计算 f_β 时的测站数；
N——附合导线或闭合导线环的个数。

按左、右角观测的导线测角中误差 m_β：

$$m_\beta = \pm\sqrt{\frac{\Delta\Delta}{2n}} \tag{4-3-7}$$

式中：Δ——测站圆周角闭合差(″)；
n——角度个数。

5）测距边的精度评定

（1）往返测距单位权中误差：

$$\mu = \sqrt{\frac{pdd}{2n}} \tag{4-3-8}$$

式中：μ——往返测距单位权中误差(mm)；
d——各边往返距离的较差(mm)；
n——测距的边数；
p——各边距离测量的先验权，其值为 $1/\delta_D^2$，δ_D 为测距的先验中误差，可按测距仪的标称精度计算。

（2）任一边的实际测距中误差：

$$m_{Di} = \mu\sqrt{\frac{1}{p_i}} \tag{4-3-9}$$

式中：m_{Di}——第 i 边的实际测距中误差(mm)；
p_i——第 i 边距离测量的先验权。

2. GNSS 测量

GNSS 测量方法可分为动态定位和静态定位。动态定位在进行 GNSS 定位时，接收机天线在观测过程中位置是变化的，数据处理时将接收机天线的位置作为一个随时间改变而改变的量。静态定位是在进行 GNSS 定位时，接收机天线在观测过程中的位置是保持不变的，数据处理时将接收机天线的位置作为一个不随时间的改变而改变的量。

公路控制测量一般采用载波相位静态相对定位,公路工程采用 GNSS 测量方法施测控制网时应遵守下列各项规定:

(1) GNSS 基线测量的中误差应小于按式(4-3-10)计算的标准差,各等级控制测量固定误差 a、比例误差系数 b 的取值应符合表 4-3-10 的规定。计算 GNSS 测量大地高差的精度时,a、b 可放宽至 2 倍。

$$\sigma = \pm \sqrt{a^2 + (bd)^2} \qquad (4\text{-}3\text{-}10)$$

式中:σ——标准差(mm);

$\quad a$ ——固定误差(mm);

$\quad b$ ——比例误差系数(mm/km);

$\quad d$ ——基线长度(km)。

GNSS 测量的主要技术要求　　　　表 4-3-10

测量等级	固定误差 a(mm)	比例误差系数 b(mm/km)
二等	≤5	≤1
三等	≤5	≤2
四等	≤5	≤3
一级	≤10	≤3
二级	≤10	≤5

(2) GNSS 测量观测的技术要求应符合表 4-3-11 的规定。

GNSS 测量观测的技术要求　　　　表 4-3-11

项目		测量等级				
		二等	三等	四等	一级	二级
卫星高度角(°)		≥15	≥15	≥15	≥15	≥15
时段长度(min)	静态	≥240	≥90	≥60	≥45	≥40
	快速静态	—	≥30	≥20	≥15	≥10
平均重复设站数(次/每点)		≥4	≥2	≥1.6	≥1.4	≥1.2
同时观测有效卫星数(个)		≥4	≥4	≥4	≥4	≥4
精度衰减因子 GDOP		≤6	≤6	≤6	≤6	≤6

(3)公路 GNSS 基线解算和平差计算时应遵守下列规定:

①基线解算时,同一时段观测值的数据剔除率(不包括受高度角和不同步观测影响的值),其值不宜大于 10%。

②基线解算中所需的起算点坐标,可按下列顺序选用:

a.国家或其他等级高的 GNSS 控制网点的既有 WGS 84 坐标值;

b.国家或其他等级高的控制点转换至 WGS 84 的坐标值;

c.GNSS 单点定位观测 2h 以上的平差值提供的 WGS 84 坐标值。

③重复基线测量的差值,应满足式(4-3-11)的规定:

$$d_s \leq 2\sqrt{2}\sigma \qquad (4\text{-}3\text{-}11)$$

式中:σ——相应级别规定的精度(下同)。

④各级 GNSS 网同步环闭合差,应满足式(4-3-12)的规定。

$$\left.\begin{aligned} W_X &\leqslant \frac{\sqrt{n}}{5}\sigma \\ W_Y &\leqslant \frac{\sqrt{n}}{5}\sigma \\ W_Z &\leqslant \frac{\sqrt{n}}{5}\sigma \\ W &\leqslant \frac{2\sqrt{n}}{5}\sigma \end{aligned}\right\} \quad (4\text{-}3\text{-}12)$$

式中:n——同步环中的边数(下同)。

⑤各级 GNSS 网,其独立闭合环或附合路线坐标闭合差应满足式(4-3-13)的规定。

$$\left.\begin{aligned} v_x &\leqslant \sqrt{\frac{4n}{3}}\sigma \\ v_y &\leqslant \sqrt{\frac{4n}{3}}\sigma \\ v_z &\leqslant \sqrt{\frac{4n}{3}}\sigma \\ v &\leqslant 2\sqrt{n}\sigma \end{aligned}\right\} \quad (4\text{-}3\text{-}13)$$

式中:n——闭合环或附合路线的边数。

⑥无约束平差中,基线分量的改正数绝对值应满足式(4-3-14)的规定。

$$\left.\begin{aligned} V_{\Delta X} &\leqslant \sqrt{3}\sigma \\ V_{\Delta Y} &\leqslant \sqrt{3}\sigma \\ V_{\Delta Z} &\leqslant \sqrt{3}\sigma \end{aligned}\right\} \quad (4\text{-}3\text{-}14)$$

否则,认为该基线或其附近的基线存在粗差。

⑦在进行 GNSS 控制网进行约束平差前,应根据实际需要选定起算数据和相应的地面坐标,并应对起算数据的可靠性及精度进行检查分析。参加平差的基线边应符合下列要求:

　　a. 独立的观测边;
　　b. 网形构成非同步闭合环,不应存在自由基线;
　　c. 必须不含明显的系统误差;
　　d. 组成的闭合环基线数和异步环长度应尽量小。

约束平差中,基线分量的改正数与经过上款粗差剔除后的无约束平差结果的同一基线相应改正数较差的绝对值应满足式(4-3-15)的规定。

$$\left.\begin{array}{l} dV_{\Delta X} \leqslant \sqrt{\dfrac{4}{3}}\sigma \\[2mm] dV_{\Delta Y} \leqslant \sqrt{\dfrac{4}{3}}\sigma \\[2mm] dV_{\Delta Z} \leqslant \sqrt{\dfrac{4}{3}}\sigma \end{array}\right\} \quad (4\text{-}3\text{-}15)$$

否则,认为作业约束的已知坐标、距离、方位角中存在一些误差较大的值。

⑧当 GNSS 控制网分为多个投影带,且在分带交界附近联测国家控制点时,可分片进行平差。平差时应有一定数量的重合点,重合点位的互差不得大于两倍的点位中误差。

⑨当检查或数据处理时发现观测数据不能满足要求时,应对成果进行全面的分析,并对其中部分数据进行补测或重测,必要时全部数据应重测。

⑩计算结果应输出重复基线较差、同步环闭合差、异步环闭合差、无约束平差基线向量改正数、约束平差基线向量改正数、基线长、方位角、点位精度、转换参数以及单位权中误差等内容。

第二节 公路高程控制测量

一、公路高程测量的一般规定

公路高程系统宜采用 1985 国家高程基准。同一个公路项目应采用同一个高程系统,并应与相邻项目高程系统相衔接。不能采用同一系统时,应给定高程系统的转换关系。独立工程或三级以下公路联测有困难时,可采用假定高程。

高程控制测量应采用水准测量或三角高程测量的方法进行,高程异常变化平缓的地区可使用 GNSS 测量的方法进行,但需对作业成果进行充分的检核。

路线高程控制网应全线贯通、统一平差,各等级路线高程控制网最弱点高程中误差不得大于 ±25mm,用于跨越水域和深谷的大桥、特大桥的高程控制网最弱点高程中误差不得大于 ±10mm,每公里观测高差中误差和附合(环线)水准路线长度应小于表 4-3-12 的规定。

附合(环线)水准路线长度超过规定时应采用双摆站的方法进行测量,其长度不得大于表 4-3-12 中规定的 2 倍。每站高差较差应小于基辅(黑红)面高差较差的规定。一次双摆站为一单程,取其平均值计算的往返较差、附合(环线)闭合差应小于相应限差的 0.7 倍。

各级公路及构造物的高程控制测量等级不得低于表 4-3-13 的规定。特殊结构的构造物,当对测量精度要求较高时,应根据具体要求确定高程控制测量的精度,构造物高程控制网应与路线高程控制网联测,但应保持其本身的精度。

高程控制测量的技术要求　　　　　　　　　　　表 4-3-12

等　级	每公里高差中数中误差(mm)		附合或环线水准路线长度(km)	
	偶然中误差 $M_\triangle$	全中误差 M_W	路线、隧道	桥梁
二等	±1	±2	600	100
三等	±3	±6	60	10
四等	±5	±10	25	4
五等	±8	±16	10	1.6

注：控制网节点间的长度不应大于表中长度的 0.7 倍。

高程控制测量的等级选用　　　　　　　　　　　表 4-3-13

高架桥、路线控制测量	多跨桥梁总长 L(m)	单跨桥梁 L_K(m)	隧道贯通长度 L_G(m)	测量等级
—	$L \geqslant 3000$	$L_K \geqslant 500$	$L_G \geqslant 6000$	二等
—	$1000 \leqslant L < 3000$	$150 \leqslant L_K < 500$	$3000 \leqslant L_G < 6000$	三等
高架桥、高速公路、一级公路	$L < 1000$	$L_K < 150$	$L_G < 3000$	四等
二、三、四级公路	—	—	—	五等

各等级水准测量均可采用电子记录，但打印出的观测数据必须具有可查性。高程测量数字取位应符合表 4-3-14 的规定。

数字取位要求　　　　　　　　　　　　　　　表 4-3-14

等　级	往返测距离总和(km)	往返测距离中数(km)	各测站高差(mm)	往返测高差总和(mm)	往返测高差中数(mm)	高程(mm)
各等	0.1	0.1	0.1	0.1	1	1

二、水准测量

1. 水准测量原理和方法

水准测量原理是利用水准仪提供的一条水平视线，在已知高程点和未知高程点上竖立水准尺并读取读数，测定两点间的高差，从而由已知点的高程推算出未知点的高程。

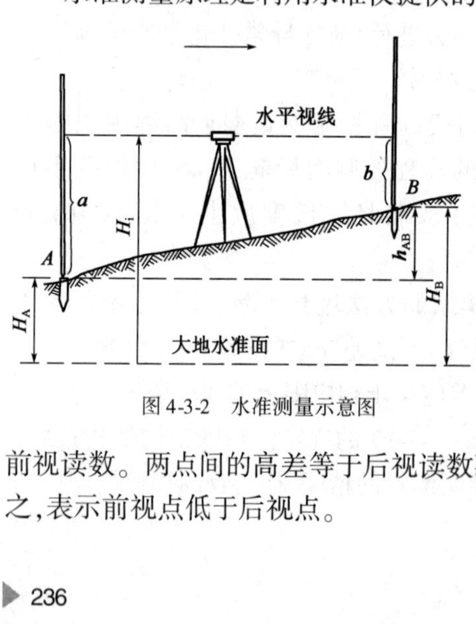

如图 4-3-2 所示，欲测出 A、B 两点的高差，先在 A、B 两点间安置水准仪，在 A、B 点上各立水准尺，利用水准仪的水平视线。

在 A 点上的水准尺读数为 a，在 B 点上的水准尺读数为 b，则 A、B 两点的高差为：

$$h_{AB} = a - b \tag{4-3-16}$$

如果 A 点为已知高程点，向未知高程点 B 前进，则 A 为后视点，a 为后视读数；B 为前视点，b 为前视读数。两点间的高差等于后视读数减前视读数，若高差为正，表示前视点高于后视点；反之，表示前视点低于后视点。

图 4-3-2　水准测量示意图

测得两点的高差后,若已知 A 点的高程为 H_A,则 B 点的高程 H_B 可按下式计算:

$$H_B = H_A + h_{AB} = H_A + (a - b) \qquad (4\text{-}3\text{-}17)$$

2. 水准测量的技术要求

公路工程水准测量的等级及精度要求应符合表 4-3-15 的规定,观测的技术要求应符合表 4-3-16 的规定,水准测量观测方法见表 4-3-17。当使用电子水准仪观测时,应变换仪器高两次,其两次读数应符合基辅面或黑红面读数的规定。

水准测量的精度　　　　表 4-3-15

测量等级	往返较差、附合或环线闭合差(mm)		检测已测测段高差之差(mm)
	平原微丘	重丘山岭	
二等	≤4$\sqrt{l}$	≤4$\sqrt{l}$	≤6$\sqrt{L_i}$
三等	≤12$\sqrt{l}$	≤3.5$\sqrt{n}$ 或≤15$\sqrt{l}$	≤20$\sqrt{L_i}$
四等	≤20$\sqrt{l}$	≤6.0$\sqrt{n}$ 或≤25$\sqrt{l}$	≤30$\sqrt{L_i}$
五等	≤30$\sqrt{l}$	≤45$\sqrt{l}$	≤40$\sqrt{L_i}$

注:计算往返较差时,l 为水准点间的路线长度(km);计算附合或环线闭合差时,l 为附合或环线的路线长度(km);n 为测站数。L_i 为检测测段长度(km),小于 1km 时按 1km 计算。

水准测量观测的技术要求　　　　表 4-3-16

等级	仪器类型	水准尺类型	视线长(m)	前后视较差(m)	前后视累积差(m)	视线离地面最低高度(m)	基辅(黑红)面读数差(mm)	基辅(黑红)面高差较差(mm)
二等	DS_{05}	因瓦	≤50	≤1	≤3	≥0.3	≤0.4	≤0.6
三等	DS_1	因瓦	≤100	≤3	≤6	≥0.3	≤1.0	≤1.5
	DS_2	双面	≤75				≤2.0	≤3.0
四等	DS_3	双面	≤100	≤5	≤10	≥0.2	≤3.0	≤5.0
五等	DS_3	单面	≤100	≤10	—	—		≤7.0

水准测量的观测方法　　　　表 4-3-17

等级	观测方法		观测方法
二等	光学观测法	往返	后—前—前—后
	中丝读数法		
三等	光学观测法		
	中丝读数法		
四等	中丝读数法	往	后—后—前—前
五等	中丝读数法	往	后—前

3. 水准测量计算

(1)每条水准路线按测段往返测高差较差、附合路线的环线闭合差计算的高差中误差 M_Δ 或高差中数全中误差 M_W 超限时,应先对路线上闭合差较大的测段进行重测。M_Δ 和 M_W 按式(4-3-18)和式(4-3-19)计算:

$$M_\Delta = \pm \sqrt{\frac{1}{4n}\left(\frac{\Delta\Delta}{R}\right)} \tag{4-3-18}$$

$$M_W = \pm \sqrt{\frac{1}{N}\left(\frac{WW}{F}\right)} \tag{4-3-19}$$

式中：Δ——测段往返高差不符值(mm)；

R——测段长(km)；

n——测段数；

W——水准路线经过各项修正后的环线闭合差(mm)；

N——水准环数；

F——水准环线周长(km)。

(2)水准测量观测结束经全面检查确认无误后,编制高差表,二等水准应计算水准标尺温度改正,二、三等水准应计算正常位水准面不平行的改正,各等级水准均应计算水准路线(或环线)闭合差,往返测量时应计算每公里观测高差偶然中误差 M_Δ,四等以上高程控制测量应采用严密平差法计算,并应计算最弱点高程中误差、每公里观测高差全中误差 M_W。

(3)各等级高程控制测量计算宜采用严密平差法进行,五等高程控制测量亦可采用等权代替法、逐渐趋近法、多边形法等方法进行平差。平差后应求出最弱点高程中误差、每公里观测高差全中误差 M_W。

三、三角高程测量

1. 三角高程测量原理和方法

三角高程测量是根据两点间的水平距离或倾斜距离和竖直角,应用三角学的公式计算两点间的高差。

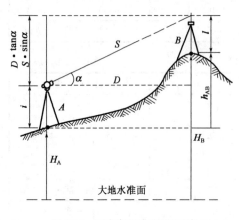

图 4-3-3 三角高程测量原理示意

如图 4-3-3 所示,已知 A 点的高程,要求测 A、B 两点间高差 h_{AB},计算 B 点的高程;在已知点 A 上安置经纬仪或测距仪,在 B 点竖立标尺或安置棱镜,量取望远镜旋转轴到地面点 A 的高度 i(称为仪器高)和 B 点标尺高度或安置棱镜的高度 l(称为觇标高),望远镜横丝瞄准 B 点标尺高度或安置棱镜的高度,测出竖直角 α。根据 AB 之间的水平距离 D 或斜距,则可得：

$$\begin{aligned}h_{AB} &= D \cdot \tan\alpha + i - l \\ &= S \cdot \sin\alpha + i - l\end{aligned} \tag{4-3-20}$$

B 点的高程为：

$$H_B = H_A + h_{AB} \tag{4-3-21}$$

当两点间距离较大时,三角高程测量还必须考虑地球曲率及大气折光对高差的影响。

2. 三角高程测量的一般规定

高程控制测量可以使用三角高程测量进行,用于高程测量及跨河水准测量的光电测距仪和经纬仪,其垂直度盘测微器行差不得大于 2.0″,一测回垂直角观测中误差不得大于 3.0″。

光电测距三角高程测量施测过程中,宜变换一次仪器和反射镜高度,高度变化值应大于 3cm,垂直角和距离分别于高度变换前、后各测量一半测回数,仪器和反射镜高度分别于每次测前、测后各测量 1 次,两次较差不得大于 2mm。仪器和反射镜高度应使用仪器配置的测尺和专用测杆进行测量,严禁使用钢尺斜拉。

光电测距三角高程测量宜采用垂直角和斜距进行计算,其观测的主要技术要求应符合表 4-3-18 的规定。垂直角观测应选择在气候条件较好、成像稳定的时间内观测,垂直角、距离均应进行对向观测,照准时目标必须清晰可辨,观测时其视线应离障碍物 1.5m 以上。对向观测宜在较短时间内进行,垂直角不得超过 15°。测距时气压计应置平、防暴晒,温度计应悬挂在离地面 1.5m 以上的地方,使用干湿温度计时应按说明书规定的要求使用。

光电测距三角高程测量观测的主要技术要求 表 4-3-18

等 级	仪 器	测距边测回数	边长(m)	垂直角测回数	指标差较差(″)	垂直角较差(″)
四 等	DJ_2	往、返均≥2	≤600	≥4	≤5	≤5
五 等	DJ_2	≥2	≤600	≥2	≤10	≤10

光电测距三角高程测量可单独使用,亦可与水准测量混合使用,其总长度应小于相应等级的水准路线长度。高差计算时应考虑地球曲率和大气折光差的影响。

3. 三角高程的计算

(1) 用光电测距的斜距计算高差。

单向观测:

$$\Delta h_{AB} = S_{AB} \cdot \sin\alpha_{AB} + \frac{S_{AB}^2 \cos^2\alpha_{AB}}{2R}(1-K) + i_A - l_B \tag{4-3-22}$$

对向观测:

$$\Delta h_{AB} = \frac{S_{AB} \cdot \sin\alpha_{AB} - S_{BA}\sin\alpha_{BA}}{2} + \frac{1}{2}(i_A + l_B) - \frac{1}{2}(i_B + l_A) \tag{4-3-23}$$

(2) 用水平距离计算高差。

单向观测:

$$\Delta h_{AB} = D_{AB} \cdot \tan\alpha_{AB} + \frac{1-K}{2R}D_{AB}^2 + i_A - l_B \tag{4-3-24}$$

对向观测:

$$\Delta h_{AB} = D_{AB}\left(\frac{\tan\alpha_{AB} - \tan\alpha_{BA}}{2}\right) + \frac{1}{2}(i_A + l_B) - \frac{1}{2}(i_B + l_A) \tag{4-3-25}$$

式中:Δh_{AB}——点 A 至点 B 的高差;

S_{AB}——点 A 至点 B 的斜距;

D_{AB}——点 A 至点 B 的水平距离；
α_{AB}——点 A 至点 B 的垂直角；
i_A、i_B——点 A、点 B 的仪器高；
l_A、l_B——点 A、点 B 的照准目标高；
K——折光系数；
R——地球曲率半径。

(3) 地球曲率与折光差（简称两差）改正数 γ（以米为单位）按下式计算，单向三角高差边超过 400m，一般应进行两差改正。

$$\gamma = \frac{1-K}{2R}S^2 \tag{4-3-26}$$

式中：K——折光系数；
S——边长（km）。

(4) 折光系数 K 的计算公式。

① 当点 A、点 B 的高程用几何水准精确测定时，用斜距计算的公式：

$$K = 1 + \frac{2R}{S_{AB}^2 \cos^2\alpha_{AB}}[S_{AB}\sin\alpha_{AB} + i_A - l_B - (H_B - H_A)] \tag{4-3-27}$$

用水平距离计算的公式：

$$K = 1 + \frac{2R}{D_{AB}^2}[D_{AB}\tan\alpha_{AB} + i_A - l_B - (H_B - H_A)] \tag{4-3-28}$$

② 用两点同时对向观测的垂直角计算的公式：

$$K = 1 + \frac{2R}{D_{AB}^2}(D_{AB}\tan V_{AB} + D_{BA}\tan V_{BA}) + \frac{R}{D_{AB}^2}[(i_A + i_B) - (l_A + l_B)] \tag{4-3-29}$$

式中：H_A、H_B——点 A、点 B 的已知高程。

四、跨河水准测量

1. 跨河水准测量方法

跨河水准测量可采用直接读数法、光学测微法、倾斜螺旋法、经纬仪倾角法、测距三角高程法等方法。跨河水准测量点位和场地一般应布设为如图 4-3-4 所示的平行四边形、等腰梯形或大地四边形。

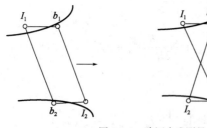
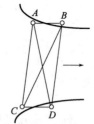

图 4-3-4 跨河水准测量点位和场地布设

图中 I_1、I_2 及 b_1、b_2 分别为两岸安置仪器和标尺的位置。I_1b_2 与 I_2b_1 为跨河视线长度，两者应相等；I_1b_1 与 I_2b_2（AB 与 CD）为两岸近尺视线长度，一般应在 10m 左右，亦应相等。A、B、

C、D 为仪器、标尺交替两用点。

标尺点 b_1、b_2 一般需设置口径大小 10cm、长度视土质情况决定的木桩,牢固打入土中的深度应不小于桩长的 2/3,在桩顶各钉一个圆帽钉,当土壤中含水量大时,打入钢管代替木桩,仪器脚架也应打入三根支承木桩。

两岸仪器视线距水面的高度应尽量等高(测距三角高程法除外),当跨河视线长度小于 300m 时,视线高度不宜低于 2m;大于 300m 时,不宜低于 $4\sqrt{S}$(S 为跨河视线长度公里数,水位受潮汐影响时,应按最高潮水位计算)。特别是二等跨河水准测量,当视线高度不能满足要求时,须埋设牢固的标尺桩,并建造稳固的观测台或标架。

两岸由仪器至水边的一段河岸,其距离应近于相等,其地貌、土质、植被等也应相似,仪器位置应选在开阔、通风之处,不得靠近墙壁及土、石、砖堆等。

2. 跨河水准测量技术要求

高程路线通过宽度为各等级水准测量的标准视线长度 2 倍以下的江河、山谷时,可用一般的水准测量观测方法进行,但在测站上应变换一次仪器高度观测 2 次,2 次高差之差不应超过表 4-3-19 的规定。水准视线长度超过标准视线长度的 2 倍以上时,应按表 4-3-20 选择观测方法。跨河水准观测的测回数和组数应按表 4-3-21 执行。

两次观测高差之差 表 4-3-19

等 级	高差之差(mm)	等 级	高差之差(mm)
二等	≤1.5	四等	≤7
三等	≤7	五等	≤14

跨河水准测量的观测方法及跨越视线长度 表 4-3-20

方 法	跨越视线长度(m)	方 法	跨越视线长度(m)
直接读数法	三、四等≤300	倾斜螺旋法	≤1500
	五等≤500		
光学测微法	≤500	测距三角高程法	≤3500

注:视线长度超过 3500m 时,采用的方法和要求应依据测区条件进行专题设计。

测回数和组数 表 4-3-21

最大视线长度(m)	二等		三等		四等		五等	
	测回数	组 数	测回数	组 数	测回数	组 数	测回数	组 数
<300	2	2	2	1	2	1	2	1
300~500	2	4	2	2	2	2	2	1
500~1000	8	6	2	2	2	2	2	1
1000~1500	12	8	4	2	3	2	3	1
1500~2000	16	8	8	3	3	3	3	1
>2000	8S	8	4S	3	4	3	4	1

注:1. S 为视线长度的公里数,尾数凑整到 0.5 或 1。
2. 1 测回是指两台仪器对向观测 1 次。
3. 组数是指不同的时间段施测规定测回数的次数。

各测回高差互差不应大于式(4-3-30)计算的限差：

$$M_{限} = 3M_\Delta \sqrt{n \cdot S} \tag{4-3-30}$$

式中：$M_{限}$——测回间高差互差限差；

　　　M_Δ——相应水准测量等级所规定的每公里观测高差偶然中误差(mm)；

　　　n——测回数；

　　　S——跨河视线长度(km)。

跨河场地应选择在水面较窄、土质坚实、便于设站的河段。跨河视线不得通过草丛、沙丘、沙滩、芦苇的上方。两岸仪器视线距水面的高度应尽量等高(测距三角高程法除外)。两岸由仪器至水边的一段河岸，其距离应近于相等，其地貌、土质、植被等也应相似，仪器位置应选在开阔、通风之处，不得靠近墙壁及土、石、砖堆等，过河视线方向宜避免正对日照方向。跨河水准观测宜在风力微和、气温变化较小的阴天进行，不宜在雨后初晴大气折射变化较大时观测。

五、GNSS 高程测量

1. GNSS 高程测量原理

通过 GNSS 相对定位可计算出高精度的基线向量，经过 GNSS 网平差，可以得到高精度的大地高差。如果网中有一点或多点具有精确的 WGS-84 大地坐标系的大地高程，则在 GNSS 网平差后，可求得各 GNSS 点的 WGS-84 大地高 H_{84}。

实际应用中，地面点的高程采用正常高系统。地面点的正常高 H_r 是地面点沿铅垂线至似大地水准面的距离，这种高程是通过水准测量来确定的。如可求出 GNSS 点的大地高 H_{84} 与正常高程 H_r 的关系，即可将任一点的 H_{84} 转换为 H_r。

图 4-3-5 所示为大地高与正常高之间的关系，其中 ξ 表示似大地水准面至椭球面间的高差，即高程异常。如果知道了各 GNSS 点的高程异常 ξ 值，则不难由各 GNSS 点的大地高 H_{84} 求得各 GNSS 点的正常高

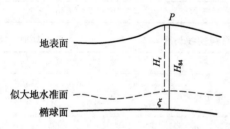

图 4-3-5　大地高与正常高的关系

H_r 值。如果同时知道了各 GNSS 点的大地高 H_{84} 和正常高 H_r，则可以求得各点的高程异常 ξ，见式(4-3-31)、式(4-3-32)。

$$H_r = H_{84} - \xi \tag{4-3-31}$$

或

$$\xi = H_{84} - H_r \tag{4-3-32}$$

由此可见，研究 GNSS 高程的意义有两个方面，一方面是精确求定 GNSS 点的正常高，另一方面是求定高精度的似大地水准面，通常称利用 GNSS 和水准测量成果确定似大地水准面的方法为 GNSS 水准。

但实际上，很难获得高精度的高程异常 ξ 值，而 GNSS 单点定位误差又较大，一般测区内缺少高精度的 GNSS 基准点，GNSS 网平差后，很难得到高精度的大地高 H_{84}，所以很难应用上式精确地计算各 GNSS 点的正常高。

精确计算各 GNSS 点的正常高 H_r，目前主要有 GNSS 水准高程(简称 GNSS 水准)、GNSS

重力高程和 GNSS 三角高程等方法。

2. GNSS 高程测量技术要求

在高程异常变化平缓的地区，公路四等及四等以下水准测量可使用 GNSS 高程测量方法施测，但应严格遵守下列规定：

(1) 数据采集应采用静态相对定位方法，时间应大于相应等级的平面测量所需的时间。

(2) 当采用拟合的方法求解高程值时，应在测区周围和测区内联测高一级的水准点。平原地区，联测的水准点不宜少于 6 个点；丘陵或山地，不宜少于 10 个点，未知点较多时，联测点宜大于未知点点数的 1/5，或联测点间的距离不应大于 5km。联测的水准点应均匀分布于网中，外围水准点连成的多边形应包含整个测区。测区明显分几种地形时，应在地形变化部位联测几何水准。

(3) 根据求得的 GNSS 点间的正常高程差，在已知点间组成附合或闭合高程导线，其闭合差应符合相应等级的规定。

(4) 应选取大于未知点数量 10% 的未知点进行检核，其与已知点间的高差之差应符合相应等级的规定。

第三节　资料提交

控制测量提交的资料应能够准确反映控制测量全过程施测、质量控制、成果形式等内容，控制测量提交资料应包括技术设计书、点之记(含固定桩志表)、仪器检验报告、原始记录手簿、控制测量计算书、平面控制网联测及布网略图、高程控制测量联测及路线示意图、作业自检报告、检查验收意见、技术总结、所有资料的电子文档等。

第四章 地形图测绘

第一节 地形图的基本知识

地面上的各种固定物体,如房屋、道路、桥梁等,称为地物。地表面的高低起伏形态如山岭、斜坡、洼地等,称为地貌。地物和地貌又总称为地形。

将地面上各种地物的平面位置按一定比例、用规定的符号和线条缩绘在图纸上,并注有代表性的高程点,这种图称为平面图。如果既表示各种地物,又用等高线表示出地貌,这种图称为等高线地形图。

一、地形图比例尺

图上一段直线距离与地面上相应线段的实际水平距离之比,称为地形图的比例尺,地形图比例尺用式(4-4-1)表示:

$$\frac{1}{M} = \frac{D}{d} \tag{4-4-1}$$

式中:M——地形图比例尺分母;
d——地形图图上直线距离;
D——相应实地的水平距离。

通常将 1:500,1:1000,1:2000,1:5000 比例尺的地形图称为大比例尺图;将 1:1万、1:2.5万、1:10万比例尺的地形图称为中比例尺图;将 1:20万、1:50万、1:100万比例尺的地形图称为小比例尺图。

二、等高线

地面上高低起伏的形态在地形图上用等高线表示,等高线是地面上高程相等的各点所连成的闭合曲线。等高线分为首曲线、计曲线、间曲线、助曲线。

首曲线为基本等高线;计曲线也称加粗等高线,每隔四根首曲线绘制一根计曲线;间曲线为半距等高线,在局部地面坡度比较小的情况下,用首曲线表示平距较大时,采用间曲线表示局部地区地貌,间曲线以虚线表示;助曲线也称为辅助等高线,如间曲线还不能够有效反映地貌特征时,可用首曲线 1/4 距离加绘助曲线,以点线表示。

同一等高线上各点的高程一定相等,所有闭合的等高线,其高程注记向外递减者为山丘,向外递增者为盆地。

等高线若不在同一图幅内闭合,应绘制至图廓边为止。绘制等高线时,除遇有建筑物、数字注记、绝壁的地方外，其他地方不能无故断开。

等高线不能相交。等高线过陡壁、陡坎时多数合并在一起，这时不绘等高线，用陡壁、陡坎符号表示，将等高线中断于陡壁、陡坎处。首曲线间距小于图上1mm或无法绘首曲线时，可只绘计曲线。

等高线经过溪沟时，不能直跨而过，必须在接近溪沟时，徐徐折向上游，然后横跨而过，再慢慢折向下游渐离溪沟。

等高线与山脊线、山谷线大致成垂直正交。等高线平距大小与地面坡度大小成反比，平距相等表示坡度均匀。

三、地形图图式

为便于测图和用图，用各种符号将实地的地物和地貌在图上表示出来，这些符号总称为地形图图式。图式中的符号有地物符号、地貌符号和注记符号三类。

1. 地物符号

地物符号分为比例符号、非比例符号和半比例符号，可以按测图比例尺缩小、用规定符号画出的地物符号称为比例符号，如地面上的房屋、桥梁、旱田等。某些地物轮廓较小，如三角点、水准点、电线杆、水井等，按比例缩小无法画出，只能用特定的符号表示它的中心位置，这种地物符号称为非比例符号。对于一些线状而延伸的地物，如围墙、篱笆等，其长度能按比例缩绘，但其宽度不能按比例尺表示，这种地物符号称为半比例符号。

2. 地貌符号

地形图上表示地貌的方法有多种，目前最常用的是等高线法。对峭壁、冲沟、梯田等特殊地形，不便用等高线表示时，应注明和绘制相应的符号。

3. 注记

有些地物除了用相应的符号表示外，对于地物的性质、名称等在图上还需要用文字和数字加以注记，如房屋的结构和层数、地名、路名、单位名、等高线高程以及河流的水深、流速等。

四、高程注记点

为了更好地概括表示测区的地形总貌，除了采用等高线表示地形的高低起伏外，还需要在地形图上标注一定数量和密度的特征点高程，称为高程注记点。平地高程注记点应选取线状或带状地物的交叉点、独立地物的基脚、土堆的顶部和附近平地、洼地底部和附近平地测注。微丘、重丘或山岭高程注记点应选取山顶、鞍部、地形变坡点、分水线、合水线汇合点和方向变换点等地形特征处测注。另外，各种堤顶、堤脚、涵洞顶、涵洞底、大桥中部和两端（小桥中部）以及铁轨面等均应测注高程。

五、地形图图幅及编号

1. 1∶100万比例尺地形图分幅与编号

1∶100万比例尺地形图的分幅编号采用国际统一规定。用子午线将整个地球表面分成

60个6°的纵列,由经度180°起,自西向东用阿拉伯数字1~60编列号数。同时,由赤道起分别向南向北直至纬度88°止,以每隔4°的纬度圈分成许多横行,这些横行用大写的拉丁字母A、B、C、…、V标明。一张1:100万比例尺地形图,是由纬差4°的纬圈和经差6°的子午线所形成的梯形,这个梯形图图号是由横行的字母与纵列的号数组成,如北京所在的1:100万比例尺地形图的图幅编号为J-50。

2. 1:10万比例尺地形图分幅与编号

1:10万分幅是将一幅1:100万比例尺地形图分为144幅(即划分为12行,12列)1:10万比例尺地形图,图幅的经差为30′,纬差为20′。其编号为1:100万比例尺地形图编号加1:10万比例尺代号D再加该图幅所处在1:100万图幅内的行、列号,如J50D001002。

3. 1:5万比例尺地形图分幅与编号

1:5万分幅是将一幅1:100万比例尺地形图分为576幅(即划分为24行,24列)1:5万比例尺地形图,图幅的经差为15′,纬差为10′。其编号为1:100万比例尺地形图幅编号加1:5万比例尺代号E,再加该图幅所处在1:100万内的行、列号,如J50E001002。

4. 1:1万比例尺地形图分幅与编号

1:1万分幅是将1:10万比例尺地形图划分为64幅(即8行,8列)1:1万比例尺地形图,以(1)、(2)、…、(64)表示。每幅1:1万比例尺地形图的经差为3′45″,纬差为2′30″,其编号为"1:100万比例尺地形图编号—1:10万比例尺地形图在1:100万比例尺地形图中序号—1:1万比例尺地形图在1:10万地形图中序号",如某幅图编号为J-50-5-(24)。

5. 1:2000、1:1000、1:500比例尺地形图分幅与编号

1:2000、1:1000、1:500地形图通常采用矩形分幅。图幅纵横尺寸有两种,一种是50cm×50cm,另一种是50cm×40cm,图号均用该图图廓西南角的坐标以公里为单位表示,如某1:1000比例尺地形图的图幅,其西南角坐标为$X=83500m$、$Y=15500m$,故该图幅号为83.5—15.5。

6. 公路地形图图幅与编号

公路1:2000、1:1000、1:500比例尺地形图分幅通常采用正方形、矩形分幅,但由于公路是一种条带状结构物,公路工程勘测设计所使用的地形图是带状地形图,正方形、矩形分幅有时会给地形图的使用带来不便,因此,公路地形图亦可采用任意分幅的方法。

公路地形图图幅一般采用顺序编号,比较线在编号前加注比较线字母。图幅编号以路线起、终点主要地名汉语拼音第一个字母加阿拉伯数字顺序号组成,如NH-01、NH-02、…或N-H-01、N-H-02。

公路地形图的图廓整饰应按图4-4-1执行。公路地形图的注记符号宜以路线前进方向的左侧正方向为上。除图廓应标注坐标外,还应在测图范围内及周围适当位置标注坐标。

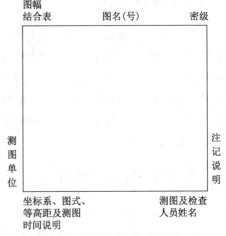

图4-4-1 公路地形图的图廓整饰

第二节 公路地形图测绘的基本规定

公路地形图测绘的基本任务是根据《公路工程基本建设项目设计文件编制办法》和《公路勘测规范》(JTG C10—2007)以及设计规范、任务合同和勘测大纲,测绘符合文件、规范、合同和勘测大纲要求的,满足相应勘测设计阶段需要的各种比例尺带状地形图。

一、地形图比例尺的选择

测图比例尺是根据公路不同设计阶段对地形图地理精度(地形内容要求)和数学精度要求选择确定的。地形图的地理精度、数学精度与地形图的比例尺密切相关,比例尺越大,地形图上能描绘表示的内容越多,综合取舍越少,地理信息就越丰富。如1:500测图,地形、地物都应测绘,综合取舍的内容较少,反之,测图比例尺越小,综合取舍就越多。同时比例尺越大,测绘的地形、地物相对于邻近控制点的点位中误差和地物间相对间距中误差就越小。如《公路勘测规范》(JTG C10—2007)和《公路勘测细则》(JTG/T C10—2007)规定:1:2000比例尺测图主要地物点位置中误差在图上不超过±0.6mm,实地误差是±1.2m,1:5000比例尺测图实地误差则是±3.0m。可见,比例尺不同,测图精度就不同,实际作业中应根据公路工程勘测的不同阶段选择合适的测图比例尺,测图比例尺的选择可参照表4-4-1。

测 图 比 例 尺 的 选 用　　　　　　　　　表4-4-1

设计阶段或工程性质	比 例 尺
工程可行性研究	1:10000
初步设计、技术设计	1:2000、1:5000
施工图设计	1:1000、1:2000、1:5000
重要工点	1:500

二、地形图基本等高距的选择

地形图基本等高距的选择取决于地面倾角、地貌特征的显示程度和公路设计文件对地形图的高程精度要求。一般情况下精度要求高、地貌显示细致,就需要选择较小的等高距。等高距确定时,随着地面倾角增大,等高线在地形图上的间隔相应减小,影响图面清晰,用图、读图及标图相对较为困难。除个别面积小的地块外,等高线间隔最密时应不小于0.5~1.0mm,重丘区等高线间隔一般可在1.0~3.0mm,微丘区等高线间隔一般可在5.0~10mm,以显示地貌的特征。所以,等高距选择的基本原则是既能较好地显示测量区域的地貌形态特征,又要保持图面清晰、标图方便。基本等高距的规定见表4-4-2。等高距的选择应能反映测量区域地形、地貌的形态特征,保持图面清晰、标图方便。当地形比较平坦,采用表中所列等高距表示地形太稀疏,不能很好地表达地形变化时,可加入间曲线。

地形类别标准及基本等高距 表 4-4-2

地形类别	不同比例尺的基本等高距(m)			
	1∶500	1∶1000	1∶2000	1∶5000
平原	0.5	0.5	1.0	1.0
微丘	0.5	1.0	1.0	2.0
重丘	1.0	1.0	2.0	5.0
山岭	1.0	2.0	2.0	5.0

三、地形图精度和高程注记点要求

1. 地物点的平面位置精度

《公路勘测规范》(JTG C10—2007)和《公路勘测细则》(JTG/T C10—2007)规定,地形图图上地物点相对于邻近图根点的平面位置中误差应符合表 4-4-3 的要求。

图上地物点的点位中误差 表 4-4-3

主要地物 (mm)	一般地物 (mm)	水下地物 (mm)		
		1∶500	1∶1000	1∶2000
±0.6	±0.8	±2.0	±1.2	±1.0

主要地物一般是指轮廓突出清楚,具有明显的方位目标,如房屋、铁路、公路、主要桥梁、城墙、河流、主要街道、村镇之间主要通道、高压输电线架塔等等。一般地物是指轮廓不十分突出清楚,如小路、小溪、次要街巷、田埂、人行小桥、竹木栏栅、破房屋、牲圈等。

2. 地形图的高程精度

地形图等高线插值的高程精度应符合表 4-4-4 的要求,高程注记点高程中误差的允许值可按表中 0.7 倍执行。

等高线插值的高程中误差 表 4-4-4

地形类别	平原	微丘	重丘	山岭	水下
高程中误差	≤±(1/3)H_d	≤±(1/2)H_d	≤±(2/3)H_d	≤±1H_d	≤±1.2H_d

注:H_d 为基本等高距。

3. 高程注记点的分布

地形图上高程注记点力求分布均匀,其间距宜小于表 4-4-5 的规定。

图上高程注记点的间距 表 4-4-5

比例尺	1∶500	1∶1000	1∶2000	1∶5000
高程注记点间距(m)	≤15	≤30	≤50	≤100

注:平坦及地形简单地区可放宽至 1.5 倍,地形变化较大的地区应适当加密。

山顶、鞍部、山脊、山脚、谷底、谷口、沟底、沟口、凹地、台地、河川湖池岸旁、水涯线上以及地物、地貌方向、坡度变换处和铁轨外轨面,均应测注高程注记点。

基本等高距为 0.5m 时,高程注记点应注明至 0.01m;基本等高距大于 0.5m 时,可注明至 0.1m。

四、地形图接边和检查

每幅地形图应测出图廓外 5mm,图幅的接边误差不应超过表 4-4-3、表 4-4-4 规定值的 $2\sqrt{2}$ 倍,超过规定值时,应进行实地检查和修改。

地形图应进行内业检查、野外巡视及实测检查,实测检查量不应少于测图工作量的 10%。

五、图根点测量要求

图根点相对于邻近等级控制点的点位中误差应不大于所测比例尺地形图上 0.1mm。图根点宜选在地势较高、视野开阔的地方并应设定标志,相邻点间应相互通视,标志可采用木桩或混凝土标石并编号。图根点平面控制测量可采用交会法、导线、GNSS RTK 等方法施测。图根点高程可采用图根水准测量、三角高程测量和 GNSS RTK 测量等方法,当基本等高距为 0.5m 时,应采用图根水准测量。

为了保证地形图的精度,必须要有足够的图根点,从而保证地物、地形点的平面和高程精度达到规范规定的要求。图根点的密度应根据测图比例尺和地物、地貌复杂程度以及测图方法而定。平坦开阔地区采用视距法测图时,图根点(含基础控制点)密度应符合表 4-4-6 的规定。在地物、地貌复杂或隐蔽地区应视其复杂和隐蔽程度适当加大密度;采用全站仪(测距仪)测图的图根点的密度可取表中 0.4 倍的值,采用 GNSS RTK 测图的图根点的密度可取表中 0.2 倍的值。

视距法测图图根点(含基础控制点)密度　　　　　　　　　表 4-4-6

测图比例尺	图根点密度(点/km²)	测图比例尺	图根点密度(点/km²)
1:500	≥145	1:2000	≥14
1:1000	≥45	1:5000	≥7

六、地形图测绘的规定

地形图测绘可采用航空摄影测量、全站仪、RTK 等成图方法,《公路勘测规范》(JTG C10—2007)和《公路勘测细则》(JTG/T C10—2007)对测绘地形图进行了如下规定。

(1)采用测记法时应绘制草图,并对各种地物、地貌特征赋予唯一代码,测站上,宜按地物分类顺序施测;测量碎部点时,角度读数应精确至 1′,归零检查不宜大于 1.5′。采用测绘法时,其绘图尺的尺长误差不应超过 ±0.2mm,量角器半径不应小于 0.1m,偏心差不应大于 0.2mm。

(2)距离测量可采用视距法或光电测距法,采用视距法时,视距常数值应在 100m±0.1m 以内,最大测距长度应符合表 4-4-7 的规定;采用光电测距法时,测距最大长度应符合表 4-4-8 的规定。

视距法测距最大长度　　　　　　　　　　　表 4-4-7

比例尺	测距最大长度(m)	比例尺	测距最大长度(m)
1∶500	≤80	1∶2000	≤200
1∶1000	≤120	1∶5000	≤300

注：1. 垂直角超过±10°时，测距长度应适当缩短。
　　2. 1∶500、1∶1000 比例尺施测主要地物时，测距读数应读至 0.1m。

光电测距法测距最大长度表　　　　　　　　表 4-4-8

比例尺	测距最大长度(m)	比例尺	测距最大长度(m)
1∶500	≤240	1∶2000	≤600
1∶1000	≤360	1∶5000	≤900

(3) 采用 GNSS RTK 方法测量地形图时，应符合以下要求：

①基准站与流动站(测点)应始终保持同步锁定 5 颗以上卫星，GDOP 值应小于 6，流动站至基准站的距离应小于 10km。

②求解转换参数的高等级控制点应大于 4 个，并应包含整个作业区间，均匀分布于作业区域的周围；流动站至最近的高等级控制点应小于 2km；测点不宜外推。

③在作业区间内，至少应检核 1 个高级控制点，其检测的坐标差和高程差应符合相应的限差规定。

(4) 地形图野外实测时，应按下列要求对仪器的设置进行检查：

①仪器对中误差不应大于图上 0.05mm。

②以较远一点标定方向，其他点进行检核，检核偏差不应大于图上 0.3mm。

③检查另一测站高程，其较差不应大于 1/5 基本等高距。

(5) 地形图应标示地物、地貌要素以及各类控制点，标注各类名称。地物、地貌各项要素的标示方法和取舍除应符合《国家基本比例尺地图图式　第 1 部分：1∶500　1∶1000　1∶2000 地形图图式》(GB/T 20257.1—2007)规定以外，还应充分考虑公路工程的专业特点，满足设计及施工对地形图的需要，具体要求如下：

①各种比例尺地形图上均应展绘或测出各等级平面控制点(包括天文点、三角点、小三角点、GNSS 点、图根点及相应等级的导线点)和水准点，并按规定符号表示。

②各类建筑物、构造物及其主要附属设施应进行测绘。1∶500、1∶1000、1∶2000 的测图，居民区房屋应详细测绘，房屋应加注层数及建筑材料；建筑物、构造物轮廓凸凹在图上小于 0.5mm 时，可用直线连接；独立地物能按比例尺表示的应实测外轮廓，内填绘图符号；不能按比例尺表示的，应准确表示其定位点或定位线。

③各种比例尺地形图上应测绘各类管线及附属设施，高压线应实测其塔架或电杆位置并注明电压值，与设计公路相交时，还应测注交叉点与地面的垂直距离；低压线和通信线应详细测绘。

④交通及其附属设施应按实际形状测绘。公路应标注路面类型、实测里程碑并注明里程数；铁路应标注轨面高程，曲线段的外轨面应标注高程。铁路与公路在图上分别每隔约 10cm (山区公路 5cm)、地形变化处、桥隧构造物应测绘注明高程；人行小道可视需要测绘。各类道路(铁路除外)通过城镇或街区式的居民地路段，均以街道表示，街道上面积大于 $10m^2$ 的安全

岛、花坛、街心公园、宽度1m以上的绿化带和隔离栏等均应表示。次要街道两侧的房屋、垣栅等各类地物已形成街道时,可不绘街道线。

⑤水系及其附属物应按实际形状测绘。海洋应测绘海岸位置,海岸线按当地多年大潮、高潮所形成的实际痕迹施测,并测绘注明水面高程及日期;河流、沟渠、池塘、湖泊、运河、水库当水涯线与岸边线的水平投影距离图上大于1mm(含)时应分别绘出,小于1mm时以岸边线绘出轮廓线,可不绘水涯线。水渠应测注水渠底及渠顶边的高程;堤坝应测注顶部及坡脚高程;水井应测注井台高程;水塘应测绘注明顶边高程;河沟、水渠在地形图上的宽度小于2mm时,可用单线表示。

⑥地貌应用等高线配合地貌符号和高程注记点表示,并应符合以下要求:

a.崩崖、陡崖应沿其边缘以相应符号测绘于图上。

b.冲沟的图上宽度在0.5mm(1:500和1:1000比例尺为1.0mm)以内时应以单线绘出,超过时以双线描绘,其宽度达到上述规定2倍以上时以陡崖符号表示,图上宽度大于5mm(1:5000比例尺为3mm)时,其底部应加绘等高线并适当测绘注明高程。

c.坡度在70°以内的石山应以等高线配合露岩地符号表示,坡度在70°以上时以陡石山符号表示,并适当测绘注明上、下高程;70°以下斜坡在图上投影宽度大于2mm时,应实测坡脚。

d.梯田应以等高线配合梯田坎表示,两坎间距在图上小于5mm或坎高小于1/2等高距时可进行取舍。

e.独立石、土堆、坑穴、冲沟及陡坎等应测注高程或比高。

f.大片居民地内可不绘等高线。

g.两根计曲线间距在图上小于1mm时,可只绘计曲线。

h.凡不易判读等高线降坡的方向时,应加绘示坡线。

⑦除了用等高线表示地貌外,有些地貌不能用等高线表示其起伏,只能用图例及高程配合绘图。例如悬崖绝壁、沙土崩岸、陡坡、石盘、石梁等,对于这种地貌应测定其特征点及轮廓位置。

⑧地形图上各种要素的配合表示应符合以下要求:

a.当两个地物中心重合或接近难以同时准确表示时,可将较重要的地物准确表示,次要地物移位0.2mm或缩小表示,如两个地物均为较重要地物,可缩小或互相同时移位0.2mm表示。

b.独立地物与房屋、道路、水系等其他地物重合时,宜中断其他地物符号,将独立地物完整绘出;两个独立地物相距很近、同时绘出有困难时,宜将高大、突出的准确表示,另一个移位表示,但应保持其相关位置。

c.悬空在水上的房屋与水涯线重合时,宜间断水涯线,将房屋完整绘出。

d.双线道路与房屋、围墙等高出地面的建筑物边线重合时,宜以建筑物边线代替道路边线。

e.等高线与房屋及其他建筑物、双线道路、路堤、路堑、坑穴、陡坎、斜坡、湖泊、双线河以及各种文字、数字注记等相交时均应中断。

⑨植被的测绘应按其经济价值和面积大小适当取舍,并符合下列要求:

a.农业用地应按作物类别进行绘示。

b.地类界线与线状地物重合时,应绘制线状地物符号。

c. 水田应测代表性高程,田埂宽在图上小于1mm时可用单线表示。

⑩居民地、厂矿、机关、学校、医院、山岭、水库、河流和道路干线等应按现有的名称注记。

七、水下地形图测绘

水下地形图测绘应执行如下规定:

(1)水下地形图测绘的平面和高程控制系统、图幅分幅、等高距应与该测区陆上地形图测绘一致,两者应互相衔接。

(2)测深仪具适用范围与测深点深度中误差应符合表4-4-9的规定。

测深仪具适用范围与测深点深度中误差　　表4-4-9

水深范围(m)	测深仪具	测深点深度中误差(m)
0~5	宜用测深杆(流速小于1m/s)	≤±0.10
2~10 0~10	测深仪(流速小于1m/s) 测深锤	≤±0.15
10~20	测深仪(流速小于0.5m/s) 测深锤	≤±0.20
20以上	测深仪(测船晃动角度不大于4°) 测深锤	≤±0.01H

注:H为水深值。

(3)测深仪具在测前、测后和测深过程中应进行检定和必要的检校,并用其他测深仪器分别在深、浅水处校核水深。

(4)测深点的布测可采用断面或散点形式;测深线距和测深点点距应符合表4-4-10和表4-4-11的规定。

航道测量测深线距　　表4-4-10

测量项目	重点水域(cm)	一般水域(cm)	检查测量(cm)
图上测深线间距	1.0~1.5	1.5~2.0	1.0~1.5

断面线上测深点图上最大间距　　表4-4-11

测量仪器	测深仪(cm)	测深杆或测深锤(cm)
重点水域、特大桥断面上	1.0	1.0
一般水域、特大桥断面上	1.0~1.5	1.0
测深点点距	3.5~4.0	1.5

(5)水面的高程可直接测定或设置临时水尺测定,较宽的水域应于两岸设置临时水尺,水尺的位置与数量应能控制整个测区水位的瞬时变化,水尺零点高程或水面高程应以五等以上水准测量的精度测定,水尺应经常检查有无倾斜,发现倾斜应立即校正并校核高程。

水深与水位应同步观测,内陆水域观测次数根据水位变化速度确定,两次观测时间内水位变化应小于0.1m,内河水位平稳时每日应至少观测1次;水位变化缓慢时,每日测深开始和结束后各测1次;变化较大或出现缓慢峰谷时每日宜观测4次,洪水期或水位变化急剧时宜每整小时观测 1 次,潮河段宜每整小时观测 1 次,海域宜每隔 10min 观测 1 次。

（6）采用 GNSS RTK 方法进行平面位置定位时,应符合以下要求：

①基准站与流动站(测点)应始终保持同步锁定 5 颗以上卫星,GDOP 值应小于 6,流动站至基准站的距离应小于 10km。

②求解转换参数的高等级控制点应大于 4 个,并应包含整个作业区间,均匀分布于作业区域的周围;流动站至最近的高等级控制点应小于 2km;测点不宜外推。

③在作业区间内,至少应检核 1 个高级控制点,其检测的坐标差和高程差应符合表 4-4-12 和表 4-4-13 的规定。

图上地物点的点位中误差　　　　　　　　　　　　　　表 4-4-12

重要地物 (mm)	一般地物 (mm)	水下地物(mm)		
		1:500	1:1000	1:2000
≤±0.6	≤±0.8	≤±2.0	≤±1.2	≤±1.0

等高线插值的高程中误差　　　　　　　　　　　　　　表 4-4-13

地形类别	平原	微丘	重丘	山岭	水下
高程中误差	≤$(1/3)H_d$	≤$(1/2)H_d$	≤$(2/3)H_d$	≤$1H_d$	≤$1.2H_d$

注：1. 高程注记点的精度按表中 0.7 倍执行。

2. H_d 为基本等高距。

第三节　航空摄影测量

航空摄影测量是根据公路设计确定的路线走廊带进行空中摄影,获得公路带状区域的影像资料进行地形图测绘的方法。航空摄影测量的主要流程包括航空摄影、像控点测量、像片调绘、空中三角测量、像片定向、地形图数据采集和数据编辑。

一、航空摄影测量的原理

航空摄影测量原理是利用不同的量测用摄影机(仪),从空间、空中或地面获取具有一定重叠度的立体像对的像片,通过一定的测量手段测定一定数量的像片控制点的三维大地坐标、恢复摄影时摄影机(仪)的空间姿态,在此基础上进行数字化地形图测绘、数字地面模型三维数据采集。

二、航摄比例尺

公路航空摄影航摄比例尺的选择,应综合考虑公路各勘测阶段所用地形图的比例尺及相应精度要求,结合摄影区域的地形条件、成图方法及所用仪器的性能等因素。航摄比例尺分母与成图比例尺分母之比,以 4～6 倍为宜,航摄比例尺的具体数值见表 4-4-14。对地形图精度要求高的工程宜选择较小值。

航 摄 比 例 尺   表 4-4-14

成图比例尺	航摄比例尺	成图比例尺	航摄比例尺
1:500	1:2000~1:3000	1:2000	1:8000~1:12000
1:1000	1:4000~1:6000	1:5000	1:20000~1:30000

三、飞行质量要求

(1)像片重叠度应符合表 4-4-15 的规定。

像 片 重 叠 度   表 4-4-15

方　　向	个别最小值(%)	一般值(%)	个别最大值(%)
同一航带航向重叠	56	60~65	75
相邻航带旁向重叠	15	30~35	—

(2)像片倾角应小于2°,个别最大可为4°。

(3)旋偏角应符合表 4-4-16 的规定。

旋 偏 角   表 4-4-16

航摄比例尺(K)	一般值(°)	个别最大值(°)
$K \leq 1/8000$	≤6	≤8
$1/8000 < K \leq 1/4000$	≤8	≤10
$1/4000 \leq K$	≤10	≤12

注:同一摄影分区内,达到或接近最大旋偏角的像片不得连续超过3片。

(4)同一条航带上相邻像片的航高差应小于20m;同一条航带上最大航高与最小航高之差应小于30m。

(5)航线的弯曲度应小于3%。

(6)分区的摄影覆盖范围应符合下列要求:

①沿路线走廊的纵向覆盖,航带两端应各超出分区范围1条基线以上。

②路线走廊的横向覆盖应满足设计要求,航迹线偏移应小于像幅的10%。

(7)漏洞补摄时,应根据原设计要求及时进行,宜采用与原摄影相同类型的航摄仪,纵向覆盖应超出漏洞外1条基线以上。

四、摄影质量要求

(1)应根据路线所经地域的地理纬度、气候条件以及太阳高度角对地形、地物照射产生的阴影倍数,选择最佳的航摄季节和时间。平原微丘区,太阳高度角应大于20°,阴影应小于3倍;重丘山岭区,太阳高度角应大于45°,阴影应小于1倍;地形高差特大或陡峭的山区,航空摄影的时间应控制在地方时正午前后1h之内。

(2)底片的灰雾密度应小于0.2;底片最大密度应在1.4~1.8之间,极个别的可为2.0,底片最小密度至少应比灰雾密度大0.2;底片的密度差宜为1.0左右;最大密度差应小于1.4,最小密度差应大于0.6。

（3）因飞机地速产生的最大像点位移在底片上应小于 0.06mm，其值按式（4-4-2）计算：

$$\delta = T\frac{v}{m} \times 10^3 \tag{4-4-2}$$

式中：δ——像点位移量（mm）；
  T——曝光时间（s）；
  v——飞机地速（m/s）；
  m——最高地形点的航摄比例尺分母。

（4）底片上的框标及其他各类注记标志应清晰、齐全、完整，底片不得有云、云影、划痕、斑痕、折伤、脱胶等缺陷。当发现有上述缺陷且对成图有影响时，应予以补摄。

（5）航摄像片索引图、透明正片、像片等航摄复制品应影像清晰，不宜有划痕、斑痕、折裂、脱胶等缺陷。

五、像片控制点测量

像片控制点的平面坐标测量可采用光电测距导线、GNSS 测量等方法按二级控制测量的要求执行。像片控制点平面坐标测量中误差不应超过重要地物点平面位置中误差的 1/5。

像片控制点的高程可采用三角高程测量、水准测量和 GNSS 测量等方法按五等水准测量的要求进行，高程控制点和平高控制点对最近基础控制点的高程中误差，不应超过基本等高距的 1/10。

六、像片调绘

像片调绘是根据图式、规范和技术设计的要求，对像片上的影像进行实地判读、调查、量测，并将判读、调查、量测的结果绘制在影像上供内业测图使用。在进行像片调绘时，并不是把所有的地物、地貌不分主次地调绘在像片上，而是根据测图和设计的实际需要，经过合理地取舍之后，有选择地调绘在像片上。

七、空中三角测量

在公路航测成图过程中，需要通过像片控制点将影像模型归化至公路工程勘测所采用的坐标系统中的过程。由于外业像片控制点的密度不能满足航测内业成图的需要，因此还需加密像片控制点，这种加密像片控制点的过程称为空中三角测量，空中三角测量完成后每一个像片对应具有 4 个以上的像片控制点。

八、像片定向

像片定向包括相对定向和绝对定向，相对定向是根据同名点的关系确定像片之间的相对位置，绝对定向是根据像片控制点坐标将像片相对定向模型归化至公路工程勘测所采用的坐标系统中的过程。

九、数据采集

数据采集包括地貌、地物、植被、境界等数据采集。数据采集采用内业定位、外业定性原则进行。

地貌采集是由等高线描绘和注记高程点两个部分组成的,等高线的基本等高距,应根据成图比例尺、地形类别及用图需要选定,计曲线则取基本等高距的 5 倍。高程注记点,一般选在明显地物点和地形点上,其密度为图上每 10cm×10cm 面积 5~20 个点。

影像不清晰或发生改变的地物、地貌等数据应根据现场量测和调绘资料进行绘制。

十、数据编辑

数据采集完成后应根据外业调绘内容,对采集的数据编辑完善,配置相应的图式符号和各种注记。图上各要素表示应合理,没有丢、漏和错误,各类注记正确。编辑要注意各类地物的相互关系,能反映测区的地理景观,并检查修改地图要素的层次、颜色、线形等。

第四节 数字地面模型

一、数字地面模型的精度指标

公路数字地面模型应能满足任意点或断面的地面高程插值计算、等高线生成、路线平面图、地形透视图的制图,以及距离、坡度、面积、体积的量算等要求。

以摄影测量为数据源生成的 DTM(数字地面模型),其高程插值相对于邻近高程控制点的高程中误差应满足表 4-4-17 的规定。

摄影测量数据的 DTM 高程精度　　　　　　　表 4-4-17

采集数据的比例尺	地形类别	中误差(m)	采集数据的比例尺	地形类别	中误差(m)
1:500	平原区	≤±0.2	1:2000	平原区	≤±0.3
	微丘区	≤±0.4		微丘区	≤±0.5
	重丘区	≤±0.5		重丘区	≤±1.1
	山岭区	≤±0.7		山岭区	≤±1.6
1:1000	平原区	≤±0.25	1:5000	平原区	≤±0.4
	微丘区	≤±0.45		微丘区	≤±0.9
	重丘区	≤±0.7		重丘区	≤±2.6
	山岭区	≤±1.3		山岭区	≤±4.0

以地形图数字化为数据源生成的 DTM,其高程插值相对于原地形图的高程误差不得超过原图等高距的 1/2。

以野外实测数据生成的 DTM,其高程插值相对于最近高程控制点的高程中误差应满足表 4-4-18 的规定。

野外实测数据的 DTM 高程精度　　　　　　　　　表 4-4-18

地 形 类 别	中误差(m)	地 形 类 别	中误差(m)
平原区	≤ ±0.2	重丘区	≤ ±0.5
微丘区	≤ ±0.4	山岭区	≤ ±0.7

二、数字地面模型应用

数字地面模型可用于生成地形图等高线、截取公路设计所需要的纵断面和横断面。等高线可通过三角网模型或矩形格网与三角网的混合模型进行等值线自动追踪生成。利用 DTM 内插生成的等高线可与已有地物、地貌、各种注记、格网等数字图形信息叠加在一起生成数字地形图。

数字地面模型可应用于公路勘察设计的各个阶段,应用于施工图设计阶段纵断面和横断面测量时,DTM 高程插值中误差应不大于 ±0.2m。利用数字地面模型计算公路纵、横断面地面线时宜采用等间距点插值法,中桩桩距和横断面取值间距应符合表 4-4-19 的规定。

横断面插值间距　　　　　　　　　表 4-4-19

设 计 阶 段		中桩桩距(m)	横断面取点间距(m)
初步设计	方案比选	20～50	5～10
	优化设计	10～30	2～5
施 工 图 设 计		5～20	1～2

第五节　资　料　提　交

地形图测绘完成后应提交技术设计书、图根控制测量记录手簿、图根控制测量计算书、地形图、地形图分幅图、地形图测量自检报告、地形图检查验收报告、技术总结等资料。

航空摄影测量应提交技术设计书、航带设计、航摄像片、像片控制、像片调绘、空中三角测量、相对定向和绝对定向、地形图、地形图分幅图、地形图测量自检报告、地形图检查验收报告、技术总结等资料。

数字地面模型应提交技术设计书、原始采样资料、记录及检查手簿、采集数据说明文件、属性数据分类编码、DTM 产品成果及记录格式说明、产品检查报告、技术总结等资料。

第五章 初 测

第一节 初测阶段的测量工作内容和要求

路线初测是对工程可行性研究方案中认为有价值的路线进行控制测量和地形测量,将线路位置标定到实地,并进行必要的中桩、中平、横断面测量和交叉位置、高程测量,以满足各专业勘测、调查的需要。

一、准备工作

在开始勘测、调查前,应收集与方案相关的资料,并在可行性方案研究的基础上,对路线、桥梁、隧道等构造物的方案进行细致研究。

根据初测需要,收集与项目相关的技术、经济、社会及自然条件等资料,包括三角点、导线点、水准点、GNSS 点等测量控制点及各种比例尺的地形图、航测像片等资料,沿线自然地理概况、水文、气象等资料。

根据批复的工程可行性研究初步拟定的路线起终点、中间控制点及基本走向方案,在地形图、数字地面模型或航测像片上进行研究,初步确定初测的勘测方案。根据初步确定的勘测方案编写工作大纲和技术设计书。

工作大纲中应写明测设组织形式、测设人员、人员分工、工作阶段划分、各阶段工期、质量保证措施等,在技术设计书中应写明资料收集及可利用情况、仪器设备状况、测设内容、测设方法、测设深度、采用的技术标准及提供的资料等。

二、现场踏勘

现场踏勘是公路工程勘测的前期工作,在进行公路工程勘测前应对准备阶段确定的路线方案、工作方案、人员和设备安排等进一步进行核实,根据准备阶段确定的初拟勘测方案,征求业主的意见,核查所收集地形图的地形、地物的变化及对初拟方案的影响。对沿线重点工程和复杂的大中桥、隧道、互通式立体交叉等,应逐一落实其位置与设置条件,为布设控制点做好准备。

对收集的国家及有关部门布设的控制点的完好程度及可利用性进行检查,根据测区地形、植被覆盖情况,结合技术条件确定控制测量方案。通过现场踏勘确定初测路线地形图测图范围,调查沿线气象及交通条件等,确定外业勘测方案。

三、控制测量

初测阶段应根据需要布设满足初测阶段勘测要求的平面和高程控制网,首先应根据公路等级或业主要求,确定平面与高程控制测量等级、精度指标。二级及二级以上公路必须进行平面与高程控制测量;二级以下公路宜进行平面控制测量,应进行高程控制测量。

根据公路等级、路线所在地区的地形和作业条件、拟投入的仪器设备、国家控制点的数量和分布位置等,确定测量控制网布网方式和作业方式。路线平面控制测量宜采用 GNSS 测量方式、导线测量形式,高程控制测量宜采用水准测量、三角高程测量方式。可首先布设首级控制网,然后加密与公路、构造物等级相适应的控制网,亦可一次性布设与公路、构造物等级相适应的控制网。

四、地形图测绘

地形图是初步设计的基础,初测阶段应根据路线所在地区的地形、地物和植被覆盖情况、公路等级及所具备的经济、技术条件等,确定地形图的测绘方式、地形图比例尺、等高距的选择、精度要求。测图比例尺一般应采用 1∶2000 或 1∶1000,工点地形图可采用 1∶500~1∶2000。

地形图的测绘范围应根据公路等级、地形条件及设计需要等合理确定,应能满足线形优化及构造物布置的需要。二级及以上公路中线每侧不宜小于 300m。采用现场定线法时,地形图的测绘范围中线每侧不宜小于 150m。高速公路和一级公路采用分离式路基时,地形图应覆盖中间带;当两条路线相距很远或中间带为大河与高山时,中间地带的地形图可不测绘。地质条件特别复杂、防护工程规模较大的工点应测绘 1∶500~1∶1000 的地形图。

当公路等级低且无需利用地形图进行纸上定线时,亦可利用纵、横断面资料,配合仪器测量现场勾绘地形图。

五、路线测量

初测阶段的定线工作分为纸上定线和现场定线。纸上定线是现阶段定线的主要方法,是利用地形图进行路线、桥梁、隧道等构造物设计方案的布设,现场进行必要的测量工作;部分地形和方案比较简单或没有地形图可利用的情况下,可采用现场定线的方法,现场定线应实地确定路线交点、构造物设置位置和形式,并以此为基础开展测量工作。

初步设计阶段采用纸上定线点绘制纵断面图时,路线上一般地形变坡点的高程可从 1∶2000 地形图或数字地面模型上判读、内插获得,对高程要求较严格的路段和地点(如河堤、铁路、立体交叉、水坝、干渠、重要管线交叉等)应实测其高程。采用纸上定线方法时应对高填深挖地段、大型桥梁、隧道、立体交叉以及需要特殊控制的地段进行实地放桩,进行纵、横断面测量。控制性工程应实测控制性横断面。

初步设计阶段现场定线时,可采用直接定交点法、延长直线钉设转点或交点的方法确定路线交点位置。直接定交点法一般可用于地形平坦、地面目标明显、路线受限不严或旧路改扩建等工程。选设的交点和转点作为测量控制点使用时应进行护桩,并按照二级平面控制测量的要求测定选定的交点间的角度和长度。如交点和转点不作为测量控制点使用,应将交点和转

点与路线控制测量点联测,求定交点和转点坐标。延长直线钉设转点或交点时应符合以下要求:

(1)交点至转点或转点间距离宜控制在 50~500m;当点间距离小于 50m 时,应设置远视点。

(2)正、倒镜测量的点位横向偏差每 100m 不应大于 5mm;当点间距离大于 400m 时,最大点位差不应大于 2cm。三级及三级以下的公路点位差值可放至 2 倍,符合以上偏差范围时,可分中定点。

(3)延长直线时前、后视的距离宜大致相等。距离小于 100m 时应使用测钎或垂球对点;距离较远时可用花杆对点,并以花杆的底部为照准目标,如有困难时至少应照准花杆长度的一半以下部分。

不管是纸上定线还是现场定线,均应根据专业调查需要进行路线放线。高速公路、一二级公路的路线放线采用 GNSS RTK 方法、极坐标法放线;三级及以下公路可采用链距法、支距法和偏角法放线;放桩桩位、中桩高程及横断面测量精度要求应按定测阶段中桩测量的要求执行。其中采用链距法、偏角法、支距法敷设中线时,应符合表 4-5-1 的要求。

中线放样闭合差   表 4-5-1

项　　目	高速公路、一二级公路	三级及三级以下公路
角度闭合差(″)	$30\sqrt{n}$	$60\sqrt{n}$
长度相对闭合差	1/2000	1/1000

第二节　路线勘测与调查

初步设计的勘测与调查工作称"初测"。初测之前应根据工程可行性研究报告及批复意见,在地形图、数字地面模型或航测像片上对工程可行性阶段路线的推荐方案进行研究,初拟路线方案及比较方案,根据现场踏勘取舍后,对初拟路线方案及比较方案进行比选,确定需要同等深度的路线方案。路线选线时应充分了解并掌握沿线规划,以及地形、地貌、地质、水文、气候、地下埋藏、地面建筑设施等情况。

不管采用纸上选线还是现场选线,均应首先将具有特殊要求和控制的地点、必须绕避的建筑物或地质不良地带、地下建筑和管线等标注于地形图上,选择路线通过最佳位置。越岭路线或受纵坡控制的路段应在地形图上进行放坡,将放坡后的坐标点标示于图上。

初测过程中应调查收集沿线铁路、公路、航运、城建、农林、水利、电力、通信、文物、环保、国土资源、国防等部门与本项目有关的规划、设计、规定及科研成果等资料;调查沿线居民点、农田水利设施、主要建筑设施和不良地质的分布情况及对初拟方案的影响情况;调查沿线各种地上(下)管线、重要历史文物、名胜古迹、旅游风景区、自然保护区、景观区(点)等的分布情况。

沿线控制性路段和桥梁、隧道、互通式立交等控制性工点,应逐一落实其位置与设置条件,并进行相应测量,以满足平面线位的拟定和纵坡控制的需要。高填深挖地段、大型桥梁、隧道、立体交叉以及需要特殊控制的地段,应在实地放桩的基础上进行相关专业调查,以满足确定工点位置和构造物布设形式的需要。

不管何种选线、定线方式，均应在路线放线的基础上进行各项专业调查，以满足路线选线、定线和路线调整的需要。重要的路线方案、与地方规划或设施有干扰的方案，应征求当地政府或主管部门的意见。

改扩建公路应对原有路线线形、路基、路面、桥涵、防护和排水系统、交通事故与主要病害情况进行勘测调查，并收集原有公路的测设、施工、养护、路况及交通量等资料。

第三节 路基、路面及排水勘测与调查

公路路基是一种线形结构物，路面是面状结构物，二者共同点是共同承受交通荷载作用，而且均有与大自然接触面广的特点。要想正确设计和使用合适的路基、路面材料和结构，选择正确的防护形式及合理的排水系统，就必须深入调查公路沿线的自然条件，从整体(地区)和局部去分析研究，并掌握各有关自然因素的变化规律，分析水温情况对路基、路面稳定性的影响。

一、路基、路面及排水勘测与调查

初测阶段路基、路面及排水应对沿线地形、地貌、地质构造、地震基本烈度、水文及水文地质等特征，对影响路基、路面及排水设计的相关因素和条件进行勘测与调查。

路基、路面及排水勘测与调查内容包括沿线地形、地貌、地质构造、地震基本烈度、水文及水文地质特征，路线所在地区的公路自然区划及其特征，气温、风速、风向、降水量、日照期、年蒸发量、无霜期、冰冻期及冰冻深度、积雪期及积雪厚度等沿线气象资料，以及风吹雪和风吹沙对路基、路面的影响程度等。

应调查沿线水系分布基本特征、相互关系及对路基、路面的影响，查明地表水、地下水、裂隙水等的位置、流量、流向，根据调查资料拟定设置排水沟(渠)的形式、进出水口的位置、排水沟渠的加固措施。

应对沿线农田水利设施的现状、特点、发展规划，农田耕地表土的工程性质及厚度进行勘测、调查。查明沿线城镇供、排水系统和设施的现状、特点、发展规划，公路排水设计与城镇排水系统和设施的配合及利用条件等。

应查明沿线地表积水，地表径流，地下水的水位、流量、流速、流向、移动规律、季节性变化及其对路基、路面稳定性的影响。根据公路通过的农田、洼地地表的积水深度、积水时间和重现期内降雨量强度(mm/30min)等资料，拟定路基、路面排水和路基加固措施。

高填、深挖路基应根据确定的位置，调查地形地貌特征及山体的稳定性，原有公路路基及路线附近既有工程填筑或开挖边坡坡度、高度及自然山坡的现状，路线附近既有工程路基、路面的工作现状及常见病害，路线所经地区植被的主要种类、茂密程度等。

为了满足路面材料的需要，还应调查沿线当地路面材料的产量和质量，调查分析路线所在区域已有工程的路面结构类型、结构组合、材料级配组成以及路面使用状况，分析已有工程路面损坏、破坏的原因、机理。

二、浸水路基勘测与调查

浸水路基包括沿河路基和河滩路堤、水库路基、沿湖(塘)路基、沿海路基及滞洪区、分洪区路基。

初测阶段沿河路基和河滩路堤应查明沿河水位、水流特性及对路基的影响。调查河岸地形、地貌、地质构造、岩土特征、河流性质、发育阶段、河滩堆积物质及其颗粒组成、漂浮物、冲淤等内容,对路基稳定性的影响进行评估。现场调查确定河面宽度、河床能否压缩、压缩河床后对河流上、下游和河流两岸的影响等。

水库路基应查明水库类型、等级、设计水位、水深、设计库容量、设计洪水频率、水库修建时间、库坝建筑材料及现状、水库淹没范围、水库泄洪对下游的影响等,对库区风向、风速、浪高、淤积等进行勘测调查,测量坝顶高程。

沿湖(塘)路基、沿海路基应查明湖(塘)、海(潮)常水位、最高水位、水深、浪高及湖、海岸变迁、淤积等情况。滞洪区、分洪区应查明淹没时间、最高洪水位、浪高、洪水流动方向和规律。

三、特殊地质、不良地质地段路基、路面勘测与调查

特殊地质、不良地质地段初测阶段路基、路面勘测与调查包括查明特殊地质、不良地质地段的位置、特征、地形地貌生成原因、性质、发展规律、影响范围及对路基、路面的影响。查明软土、膨胀土等特殊岩土以及含水量高的黏土埋藏深度、土质及颗粒组成、含水量、液限、塑限等指标。特殊地质、不良地质和特殊岩土地段应进行地质勘探。

四、改河(沟渠)工程勘测与调查

改河(沟渠)工程应调查改河(沟渠)的河段起点及河道两岸的地理、地质环境;查明现有河(沟渠)道的水位(包括最高水位、中水位、低水位)、水深、流向、流速、宽度、横断面形状、河床纵坡坡度以及冲刷与淤积的情况;查明改移河(沟渠)道后对上、下游及两岸的影响;查明改河(沟渠)产生废方废弃的位置及运距,原河道(沟渠)处理措施或复垦的可能性。

改河工程应进行必要的地质勘探,查明地质条件、土石成分,拟定防护及导流措施。

五、改扩建公路路基、路面勘测与调查

改扩建公路路基、路面初测阶段应调查原有公路的等级、技术指标、修建年份和历次改扩建情况、路基宽度、路面宽度、路面结构及各层厚度、交通类型及交通量、历年交通增长率;查明原有人工构造物位置、结构形式,路基、路面排水状况、排水构造物的工作状态;查明原有公路病害路段的位置、病害的类型、性质、范围等,确定防治措施;查明原有公路路基填、挖方边坡高度和边坡的稳定值,原有公路使用状况和养护等资料。

原有公路路面、桥涵、排水及防护等人工构造物应进行现场观测或进行技术鉴定,并根据观测和检定资料拟定利用或改造方案。

六、防护工程勘测与调查

初测阶段防护工程应调查山坡土体的稳定性,坡面、坡脚受水流冲刷及地下水出露情况,山坡坡面变形特征(包括坡面滑移、剥落、坍塌等),沿线既有防护工程的常用形式及防护效果,根据调查资料拟定防护构造物设置位置、形式和长度。

地质条件特别复杂、防护工程规模较大的工点应测绘1∶500~1∶1000的地形图,并根据设计要求进行地质勘探,查明基底地质条件。

七、取土(料)及弃土勘测与调查

初测阶段取土(料)应调查路侧取土或线外取土坑的位置、土壤种类、工程性质、取土坑(场)表面覆盖物及厚度、取土深度及范围、取土方式、取土季节,估计可取土、占地数量,对取土坑(场)和废渣料场至上路桩号的距离、运输条件,修建便桥、便道的长度等进行相应的勘测和调查,对路侧取土或线外取土后对路基、路面、农田灌溉和周围环境的影响进行评估,确定取土后的防治措施或探讨综合开发与利用的可能性。同时还应调查沿线可供筑路的工业废渣的工程性质、储量、购买价格、路用价值等。大型自采料场应测绘1∶1000~1∶5000地形图。

初测阶段弃土调查应计算路基开挖产生弃方的起讫桩号及弃方数量,确定可否运至附近低洼地废弃或就地废弃。对弃方集中堆弃的位置,可堆弃的数量、占地及赔偿办法,弃方的运输条件、方式及运距,修建便桥、便道的长度,占地数量及赔偿办法进行调查。并评估弃土场堆置后对地表排水、农田灌溉和周围环境的影响,确定弃土后的防治措施。桥位地形图测绘范围,上游为桥长的2~3倍,下游为桥长的1~2倍,沿桥轴线方向应测至两岸历史最高洪水位或设计水位以上2m或洪水泛滥线以外50m,应能满足桥梁布孔、桥头引道和调治构造物布置的需要。

第四节 桥涵勘测与调查

初测阶段桥梁、涵洞勘测应配合路线总体布局,调查和研究路线所在地区的农田排灌、河网、路网规划,实地调查路线所经沟渠、河段水文特点、地形、地貌、工程地质及环境等条件,经综合分析比较,达到合理确定桥涵位置、交角、小桥涵结构形式、桥位方案及桥位比较方案。根据现行《公路勘测规范》(JTG C10)相关要求,桥涵勘测与调查应包含以下方面:

一、小桥涵勘测与调查

初测阶段小桥、漫水桥以及复杂涵洞、改沟工程、人工排灌渠道等一般应放桩并实测高程与断面。当地形及水文条件简单时,可在1∶2000地形图上查取或采用数字地面模型内插获取,但应进行现场校对。

小桥涵(包括漫水桥、过水路面、倒虹吸、渡槽)应实地调查小桥涵区域排水体系、农田排灌、地形、地质、水文等自然条件,结合路基综合排水系统,现场核对拟定小桥涵位置、交角、结构类型、孔径及进出口形式等。

桥涵应调查所在位置上游汇水区的地表植被、洼地滞流、土质吸水类别、水库（或湖泊）控制面积等地表特征，满足径流形成法和暴雨推理法计算流量的需要。

拟建小桥涵址的上、下游附近有原建小桥涵时，应对原有小桥涵的结构形式、洞口类型、各部分主要尺寸及埋置深度、修建年代、损毁修复等情况进行调查，并测量桥前水深、桥下泄洪流量、桥址涵址间的汇水面积等。初步拟定的小桥涵交角、结构类型、孔径、涵长、进出口形式等应进行现场核对。

改扩建工程的小桥涵，应查明原有桥涵的位置、结构形式、荷载标准、跨径、高度、长度、基础形式及埋置深度、修建年代、损坏修复情况及可利用程度。

二、大、中桥勘测与调查

1. 勘测、调查前应收集的资料

初测阶段大中、桥进行勘测、调查前应收集水文、气象、流冰、流木、通航等资料。

水文资料包括流域水系图、桥位以上流域面积、桥位所在河段河床及河岸变迁资料、桥位附近水文站历年实测最大流量及相应的水位、流速、糙率、水面比降、水文断面、含沙量和水位-流量、水位-面积、水位-流速关系曲线等。桥上、下游有大型水利工程时应收集其设计、建设和使用情况的资料。

气象资料包括桥位附近有关气象台、站历年最大风速和主要风向及频率；年、月、日平均气温和极端最高、最低气温；历年降水量、多年平均降水量、日最大降水量、最大1h降水量和最大24h降水量、降水天数以及相对湿度和最大冻土深度等。

流冰、流木资料包括桥位河段最高和最低流冰水位、封冻最高水位，冰厚、冰块最大尺寸、冰块密度、流冰速度、冰坝抬高水位的高度，流木最大长度以及漂流物类型、大小尺寸等。

通航资料包括桥位河段通航等级、通航船舶、船队长度、排筏最大宽度和长度、航运密度和发展情况、航道图、航迹线位置图、最高、最低通航水位、封冻停航水位、通航净空和通航孔数，以及航道整治、规划和船舶上、下行限制速度等。

2. 大、中桥勘测调查

初测阶段大中、桥应在较大范围内对可能的桥位方案进行相同深度的勘测与调查。

进行现场踏勘及调查时应在现场核查研究工程可行性研究推荐的桥位方案，调查桥位所在区域的农田排灌、河网规划，实地调查路线所经河段水文特点、地形、地物、地貌、工程地质、生态环境、河流形态特征、通航要求、施工条件、桥位附近埋设管线及人工构造物分布状况、地方工农业发展规划等，确定其对桥位的影响。

勘测与调查的资料应能满足确定桥梁位置、孔径、交角、结构形式和桥位方案比较的需要，满足技术、经济比较及方案论证的需要。

初测阶段应实地放出桥轴线和引道，进行纵、横断面测量。桥位方案确定后应进行水文调查、测量、分析和论证。跨河位置、布孔方案等应征求水利、航运等部门的意见。

3. 桥位控制测量

初测阶段可不专门布设桥梁平面和高程控制网，但在布设路线控制测量网时应在每一岸各布设2个及以上平面控制点及2~3个高程控制点，平面控制点间距应大于500m；河宽小于

100m 的桥梁可只在一岸设置 1 个高程控制点。布设的控制点应纳入路线控制测量进行施测。

4. 桥位地形图、水下地形图测量

桥位地形图、水下地形图测绘范围应能满足方案比较和桥梁布孔的需要，桥位地形图还应满足桥头引道和调治构造物布置的需要。桥位地形图测量范围，上游一般应为桥长的 2~3 倍，下游应为桥长的 1~2 倍，沿桥轴线方向应测绘到两岸历史最高洪水位或设计水位以上 2m 或洪水泛滥线以外 50m，应能满足桥梁布孔、桥头引道和调治构造物布置的需要。

桥位地形图的测绘应包括桥轴线、路线平面控制点、引道接线、洪水调查点、历史最高洪水泛滥线、测时流向、航标和船筏的走行线、桥梁和建筑物平面布置等内容。改(扩)建桥梁地形图测绘内容应增加既有桥梁墩、台和调治构造物的位置和高程。

第五节 隧道勘测与调查

隧道是为公路穿越山岭等障碍物而修建的构造物，应满足安全、经济、合理的要求。一般情况下，当路线方案通过比选确定后，隧道位置就依从于路线而大体确定，能够移动的幅度和范围较小。但是，如果隧道较长、工程规模较大、技术上有一定难度，属于路段上重点、难点控制性工程，路线位置一般应依从于隧道的位置。相邻隧道洞口纵向间距小于表 4-5-2 规定时，宜作为一整座隧道进行勘测。

相邻隧道洞口纵向间距   表 4-5-2

公路等级	高速公路、一级公路	二级公路	三级公路	四级公路
相邻隧道洞口纵向间距(m)	250	160	120	80

一、隧道控制测量

初测阶段可不专门布设隧道平面和高程控制网，但在布设路线控制测量网时应在隧道进出口各布设 2 个及以上平面控制点及 2~3 个高程控制点，平面控制点间距应大于 500m，满足隧道平面和高程控制网加密的需要。布设的控制点应纳入路线控制测量进行施测。

二、隧道地形图测量

初测阶段隧道地形图测量范围，横向应为中线两侧各 200m 左右，当辅助工程需要或地质情况复杂时，可适当增宽；纵向为估计挖方零点以外不小于 200m，分离式隧道应测至整体式路基汇合点以外 100m，测量比例尺一般为 1:2000。

三、隧道定线及放桩

初测阶段应在拟定的概略隧址区域内对初拟定的隧道轴线、不同洞口位置及相应连接线进行勘测与调查。洞口附近、隧道浅埋段应实地放出中线，并现场核查和测绘洞口纵、横断面。隧道洞身段应根据地质勘查及钻探需要现场放桩。

四、隧道勘测、调查

初测阶段应收集隧址自然地理、环境状态、地形、地质、水文、气象、地震等资料,并对弃渣场地容量及弃渣运输条件、生态环境及地下水径流条件、附近各种设施情况及应采取的安全保护措施等进行勘测、调查。

第六节　路线交叉勘测与调查

公路的交叉形式按被交叉物的性质分为公路与公路交叉、公路与铁路交叉、公路与乡村道路交叉及公路与管线交叉,公路与公路交叉又分为互通式立体交叉、分离式立体交叉及平面交叉。大型或复杂的交叉应进行平面和高程控制测量,平面和高程控制测量的等级和精度要求按照高速公路相应要求进行。

一、公路与公路交叉勘测与调查

1. 互通式立体交叉

互通式立体交叉相交公路勘测与调查的深度应与主线相同,勘测长度应满足互通式立交布置要求。初测阶段应调查交叉位置地名,相交道路的名称、公路等级、里程、修建时间等;对交叉角度、交叉点高程,相交公路的平纵线形、横断面形式、路面结构、各层厚度、路面现有状况、病害类型与程度、排水及防护工程、公路养护周期情况,交叉处的自然地理情况、相交道路在路网中的作用及发展规划,互通式立交范围内的地形、地貌、植被、工程地质、水文地质条件及地物的种类与分布、土地资源条件等进行勘测调查。

初测阶段还应核查可行性研究报告提供的交通量数据,可进行日交通量或高峰小时交通量观测。核查出现差异时应进行补充调查,并分析其原因,调整预测影响因素或重新进行 OD 调查。

互通式立交范围应实测地形图,测绘比例尺一般采用 1∶2000,有特殊需要时,比例尺可采用 1∶1000 或 1∶500,地形简单、地物较少、互通式立交区范围较大时,可采用 1∶5000 比例尺地形图,测绘范围应满足互通式立交布置的需要(包括比较方案)。

互通式立交交叉点应实地放桩,地形、地物复杂的匝道或平面位置及高程受地物严格控制的匝道应实地放桩,根据需要进行高程或断面测量。

2. 分离式立交

初测阶段分离式立交应调查相交公路提高等级的计划及交叉处的地区发展规划,路面结构及各层厚度,地形、地物、排水等条件。

交叉点确定后应实地放桩。当主线上跨相交公路且不改扩建相交公路时,可只测量交叉角度、交叉点高程、相交公路的纵断面及横断面;相交公路需改扩建时,相交公路的勘测与调查应按相应等级公路工程勘测的要求进行,测量长度应满足改线及接线要求。

分离式立体交叉范围内需设置排水设施或改移水渠时,应确定改移位置,并测量纵、横断面。

3.平面交叉及公路与乡村道路交叉

初测阶段平面交叉及公路与乡村道路交叉应调查相交道路的性质、路基路面宽度、路面结构、排水条件、交通量及发展规划。根据勘测调查资料拟定交叉位置、形式、交叉角度和采用的技术标准。既有平面交叉改扩建时，还应调查分析交通延误及交通事故的数量、程度和原因，现有交叉的使用情况等。

复杂的平面交叉应实地放桩，并根据需要进行高程或断面测量。平面交叉需改道时，应按相应等级公路工程勘测的要求进行测量与调查。

二、公路与铁路交叉勘测与调查

初测阶段公路与铁路交叉应调查铁路名称、等级、轨道数、运行情况、交叉位置地名、交叉处铁路里程、铁路路侧附属设施及排水条件和交叉铁路的技术标准、发展规划等，根据调查资料拟定可能的交叉形式，进行实地放桩，测量铁路路基宽度、铁路轨面高程及交叉角度、铁路路线纵坡坡度等。

平交时应调查并拟定铁路道口看守的位置，照明、通讯、信号等设施线路接入的方式和位置。

勘测、调查过程中应配合业主、主管部门与铁路主管部门协商交叉方案，签署协议。

三、公路与管线交叉

初测阶段公路与管线交叉应对交叉位置、长度、交叉角度、悬空高度或埋置深度、杆塔高度以及受影响的长度等进行勘测、调查，对管线的种类、技术标准、型号、规格、用途、编号、敷设时间等进行调查。

管线与公路平行或接近时还应调查其平面位置、平行公路的长度、杆塔高度等。重要管线应测量其平面位置，根据需要测量其高程或纵、横断面。

重要管线交叉应配合业主或主管部门，与管线主管部门协商交叉方案及保护措施，并签署协议。

第七节 沿线设施勘测与调查

为保证公路安全、迅速、经济、舒适的营运，除应有必须的路基、路面、桥涵、隧道等主体工程结构物外，还应设置必要的沿线设施。公路沿线设施包括交通安全设施、管理养护设施、服务区等。

初测阶段沿线设施勘测、调查应现场调查拟建沿线设施位置的地形、地貌、地物、植被、水文、地质等自然条件及与各类设施设计相关的技术条件。重要的沿线设施应测绘比例尺为1∶500~1∶2000的地形图。当有特殊需要时，应实测拟建设施位置的断面图。拟建设施位置的测量、调查工作可与踏勘及路线勘测一并进行。

管理、服务、养护、收费设施应调查管理、服务、养护、收费机构的生活、生产所需物资供应条件，设施区域内地表的土质条件、适应种植的树种、草种和各站区大地电阻率及当地雷暴日天数。场站联络道路、抢险车辆出入的联络道路及其附属工程均应进行必要的勘测。

安全设施应调查沿线地区性冰冻、雾障、积沙、积雪等小气候的位置、范围和季节性特点，行政区划界、城市、村镇、大型企业、厂矿、著名风景区、医院、学校、路线交叉口等的位置、规模及与路线的关系。现场查明坠石、急弯、陡坡、傍山险峻等存在行车安全隐患路段的地形、地貌、植被、水文、地质等自然条件及可能的危害程度，确定隔离设施及安全护栏、护柱、护墙的设置条件等，现场核查安全设施设置的位置或路段。

第八节　环境保护调查

公路环境、景观勘测与调查是做好环境保护设计的基础工作，其主要内容有社会环境、生态环境、绿化和景观及水土保持等勘测与调查。环境、景观勘测与调查应结合公路工程建设条件、社会人文条件、交通需求、地区经济发展等影响因素，以维护生态平衡、治理水土流失、降低环境污染为宗旨，以敏感点为主，点线结合、保护沿线环境为目标，确定工作原则和方法。

初测阶段环境保护应调查当地适种植被的品种、种植条件和生长状态，沿线园林工程常用的绿化、美化形式，沿线既有道路环保工程的现状及存在的问题，沿线国家生态保护区、野生动物保护区及野生动物种群的迁徙路径、栖息地点，沿线水源保护区和湿地的面积、至路线的距离，由于修建公路对原有的田间道路、排灌网络及其他地上设施的切割所造成的影响、噪声、废气的影响等。

第九节　临时工程勘测与调查

临时工程主要包括便道、便桥、临时房屋、电力、电信等内容，临时设施的某些工程可根据工程进展需要确定实施时间。

初测阶段临时工程应调查沿线施工场地位置、条件及可供施工利用的房屋、沿线电力和电信线路情况，并向有关部门了解路线附近原有电力、电信设施和架设公路临时电力、电信线路的可能性，估计其长度。还应对沿线可供施工利用的道路情况进行调查，需要修建施工便桥、便道时，应对修建的施工便桥、便道位置及长度进行相应的勘测、调查。

第十节　工程经济调查

工程经济调查包括沿线筑路材料调查、占用土地调查、拆迁建筑物调查、概算资料调查等内容。

一、筑路材料调查

初测阶段筑路材料调查包括调查沿线筑路材料厂（场）的位置、生产规模及工艺、产品种类及规格、产品质量、产量、价格、供应地点、上路距离、运输方式等。自行采集加工材料料场应查明料场位置、材料品质、储藏量、料场覆盖层厚度、开采范围、料场工程地质条件和水文地质条件,并应进行必要的地质勘探。大型自采料场应测绘1∶1000~1∶5000地形图及纵、横断面图。

各种材料均应取样试验,确定其物理力学(化学)指标。应根据调查成果拟定料场占地、便道占地及覆盖层废土的堆置场地的复垦、复耕或还林的措施。

二、占用土地调查

初测阶段占用土地调查应按设计的用地范围,以行政乡为单位进行土地的种类、所有人及使用人、常种作物和近三年产量调查。调查沿线砍树、挖根、除草的位置、数量、疏密程度等。

三、拆迁建筑物调查

初测阶段拆迁建筑物调查包括调查需要拆迁的各类建筑物的位置、结构状况和数量,必要时,应进行路线中线放线,测量路线距建筑物的距离、建筑物的尺寸等。与铁路、公路、水利、电力、电信及各种管道等发生干扰时,应调查归属、属性和数量,必要时会同主管部门现场勘查,协商处理方案。

四、概算资料调查

初测阶段概预算资料调查应符合《公路基本建设工程概算、预算编制办法》的有关规定,调查的资料包括以下内容:
(1)概算编制的原则和依据。
①建设项目经审批的投资额度、资金来源、国内外贷款额度、利率和年度安排计划。
②施工组织及招、投标形式,施工期限及有关的计划与要求。
③概算编制的依据文件,包括交通运输部颁发的现行概(预)算编制办法和定额,省(自治区、直辖市)制定的、相应的补充规定。
④公路分期修建方案及主线、支线、连接线、辅道等的编制原则与要求。
⑤有关合同、协议、纪要、技术经济法规性文件。
(2)应调查工程所在地区现行人工基本工资标准和各项工资性补贴费标准。
(3)外购材料价格及采运条件。
①主要外购材料的供应价格和供应地点。
②地方性外购材料(如砂、石、砖、瓦、石灰等)、工业废料等当地的市场供应价格及厂(场)的生产能力。
③材料的运输方式及运距。
④当地运输条件及可能承运的能力。
⑤各种运输方式的运杂费,包括运费、装卸费及可能发生的其他杂费和附加费。
⑥进口材料的种类、进口口岸、价格及税费。
(4)机械使用费。
①所在省(市、区)对机械台班单价的调整系数标准。
②所在省(市、区)征收施工机械养路费和车船使用税标准。

(5)水、电价格及其供应情况。

①可供施工用的电源、电价和电价中的地方附加费率标准和电源至工地的临时线路架设条件。

②水源到工地的距离及采运方式。

(6)征用土地和拆迁设施的补偿费用。

①收集当地政府关于土地补偿费、青苗补偿费、安置补偿费、被征用土地上的建筑物、坟墓、水井、树木等附着物，文物保护、土地征收管理费、菜地开发基金及耕地占用税等应交税费的标准和文件。

②收集拆迁建筑物和其他设施等补偿费用标准和办法。

③拆迁电力、电信设施或与铁路、水利等干扰所发生的工程费用，应与主管单位协商，通过现场勘察，确定拆迁的规模、数量及补偿标准或拆迁补偿费用的概算。

(7)主、副食运费补贴应调查工地距最近的粮食、燃料、蔬菜、水供应地点的运距。

(8)路线所经地区的海拔高度、气温、雨量、雨季和施工季节等有关资料。

(9)工程所在地区可能发生并符合规定的应纳入概(预)算费用的地方性费用资料。

第十一节　资料提交

初测阶段提交的勘测、调查资料应能够满足初步设计路线、桥梁、隧道、立交等构造物方案比选、设计的需要，提交资料包括测量成果及计算，各种调查、勘测原始记录及检验资料，勘测报告及有关协议、纪要文件等。

提交的勘测记录应为现场工作获得的原始记录(含电子记录文件)。各种图表及资料应清晰、签署完备。

初测的图表及技术资料应首先由项目的设计任务承担单位进行验收，验收合格后，应编制初测成果清单，提请项目的交通运输行业主管部门或业主进行初测外业验收。

第六章 定 测

第一节 定测阶段的测量工作内容和要求

路线定测是在工程可行性研究阶段、初测阶段踏勘测量的基础上进一步具体和深化,在批准的初步设计所确定的修建原则、初步设计审批意见的基础上,通过详细的中线测量、横断面测量、中平测量以及各专业勘测,并通过调查提供施工图设计所需要的资料。地形、地质等建设条件比较简单的项目,可直接进行定测工作,称为一次定测。

一、准备工作

定测工作进行前应根据施工图设计的要求,确定测量任务的内容、规模和仪器设备情况,拟定测量方案;对初步设计收集的资料进行现场核查;对沿线地形、地貌及地物的变化情况进行核对;并根据定测工作内容和要求制定定测工作大纲和技术设计书。

二、控制测量

定测阶段的控制测量工作起着承前启后的作用,除了对初测阶段的控制测量精度、点位分布进行检查、检核外,定测阶段还应在其基础上布设满足定测、后续公路建设所需要的平面控制网和高程控制网。

1. 路线控制测量

初测阶段布设的路线控制点满足设计要求时,应对其进行全面检测,检测成果与初测成果的较差在限差以内时,应采用原测量成果作为作业的依据。检测成果与初测成果的较差超出限差,或控制点分布不能满足设计要求时,定测阶段应对整个控制网进行复测或重测,并应重新进行平差计算。个别段落控制点分布由于损坏或因路线设计方案变更导致不能满足设计要求时应进行补设,高程控制测量可采用同级控制加密,平面控制测量连续补点不大于3个时可进行同级加密。

2. 桥梁平面控制测量

路线平面控制测量的精度、控制点分布、控制点的桩志规格不能满足桥梁设计需要时,应在定测阶段布设桥梁平面控制测量网。桥梁的每一端附近应设置2个以上的平面控制点,并应便于放样和联测使用,控制点间应相互通视。桥梁平面控制测量精度和等级,应满足表4-6-1桥轴线相对中误差的要求。特殊结构的桥梁应根据其施工允许误差,确定控制测量的精度和等级。

桥轴线相对中误差 表 4-6-1

桥轴线相对中误差	测量等级	桥轴线相对中误差	测量等级
≤1/150000	二等	≤1/40000	一级
≤1/100000	三等	≤1/20000	二级
≤1/60000	四等		

桥梁平面测量控制网采用的坐标系宜与路线控制测量相同，但当路线测量坐标系的长度投影变形对桥梁控制测量的精度产生影响时，应采用独立坐标系，其投影面宜采用桥墩、台顶平均设计高程面。

特大桥的桥梁专用控制点宜采用具有强制对中装置的观测墩，观测墩基础应埋置钢管至弱风化层，观测墩的高度依据通视条件而定，应保证相邻点间互相通视。

桥梁平面测量控制网应采用自由网的形式，选定基本平行于桥轴线的一条长边作为基线边与路线控制点联测，作为控制网的起算数据。联测的方法和精度与桥梁控制网的要求相同。特殊结构的桥梁应根据其施工误差容许限差，确定控制测量的精度和等级。

桥位平面控制测量可采用多边形、双大地四边形、导线网形式。采用的观测方法、仪器设备、技术指标应满足确定的精度和等级要求。

在桥轴线方向上，可根据需要每一岸设置 2 个及以上桥位控制桩。桥位桩应设于土质坚实、稳定可靠、不被淹没和冲刷、地势较高、通视良好处。一般采用混凝土桩，山区有岩石露头处，可利用坚固的岩石设置，荒漠戈壁、森林、人烟稀少地区也可设置木质方桩。桥位控制桩宜纳入桥梁控制网。

初测阶段布设的路线平面测量控制网可以满足桥梁设计需要时，定测阶段应检查和校核初测阶段的勘测资料和成果，现场逐一检查平面控制点的完好程度。检查确认所有标志完好时，应进行检测，检测成果在限差以内时，采用初测成果；超限时应复测，并重新计算。只需恢复或补充个别测量标志时，采用插网的形式。当恢复或补充的标志较多时，应重新布网并施测。

3. 桥梁高程控制测量

路线高程控制测量的精度、控制点分布、控制点的桩志规格不能满足桥梁设计需要时，应在定测阶段布设构造物高程控制测量网。桥梁的每一端附近应设置 2 个以上高程控制点，并应便于放样和联测使用。特大桥的桥梁高程控制点标志应埋置钢管至弱风化层。

桥梁高程控制网一般与平面控制网同时布设，并与路线高程控制点联测，但应保持其本身的精度。桥梁高程控制测量等级应根据桥梁跨径确定。桥梁高程控制测量宜采用独立网，并应采用与路线高程测量相同的高程系统。桥梁高程控制测量按跨河水准测量的方法进行，采用的仪器设备、技术指标应能满足确定的精度和等级要求。

初测阶段布设的路线高程测量控制点可以满足桥梁设计和施工需要时，定测阶段应对初测的水准点进行检查，对丢失、损坏以及位置不合适的水准点应进行补设，根据需要对新布设的水准点应进行补测，对原有水准点应进行检测。检测成果在限差以内时，采用初测成果；超出限差时，必须进行复测并重新计算。

4. 隧道洞外平面控制测量

对于长、特长隧道，当路线平面控制测量的精度和控制点分布不能满足隧道设计需要时，应在定测阶段布设隧道专用平面控制测量网。隧道平面控制测量网可采用 GNSS 测量、三角测量、三边测量、导线测量等方法建立。隧道平面测量控制网采用的坐标系宜与路线控制测量相同,但当路线测量坐标系的长度投影变形对隧道控制测量的精度产生影响时,应采用独立坐标系,其投影面宜采用隧道纵面设计高程的平均高程面。

隧道平面测量控制网应采用自由网的形式,选定基本平行于隧道轴线的一条长边作为基线边与路线控制点联测,作为控制网的起算数据。联测的方法和精度与隧道控制网的要求相同。

控制网的选点应结合隧道平面线形及施工时放样洞口(包括辅助道口)投点的需要布设,力求图形简单、坚强;在确保精度的前提下,充分考虑观测条件、测站稳固、交通方便等因素。一般各洞口附近应设置 2 个以上相互通视平面控制点,并设置 1 个洞口投点,洞口投点位置的选定应便于引测进洞且不影响施工,隧道洞口投点宜纳入控制网。

特长隧道及长隧道测量前应预先作控制测量技术设计,在地形图上选点形成不同的网形,通过控制网的优化设计,估算其洞口投点的误差,根据选用的控制网图形,对横向贯通中误差进行预计,对施工阶段所使用的仪器等级、测量方法作出建议。隧道内相向施工中线的贯通中误差应符合表 4-6-2 的规定。

贯通中误差   表 4-6-2

测量部位	两开挖洞口间长度(m)			高程中误差(mm)
	<3000	3000~6000	>6000	
	贯通中误差(mm)			
洞外	≤±45	≤±60	≤±90	≤±25
洞内	≤±60	≤±80	≤±120	≤±25
全部隧道	≤±75	≤±100	≤±150	≤±35

初测阶段布设的路线平面控制测量的精度和控制点分布可以满足设计和施工需要时,定测阶段应进行检测,检测成果在限差以内时,采用初测成果;当检测成果超出限差时,应复测并重新计算。

5. 隧道高程控制测量

对于长、特长隧道,当路线高程控制测量的等级、精度和控制点分布不能满足设计需要时,应在定测阶段前布设隧道专用高程控制测量网。隧道洞口附近(包括辅助坑道口)应各设置 2 个及以上水准点。隧道专用高程控制测量的等级和技术要求,应根据隧道长度和水准路线长度确定。隧道高程控制测量宜采用独立网。隧道轴线与洞外连接线的衔接应以隧道控制测量为准,对路线控制测量重新进行平差计算。

当路线高程控制测量的等级、精度和控制点分布满足规范要求时,定测阶段应对初测施测高程控制网进行检测。检测两次高差较差在规定限差以内时,采用初测成果;超出限差时必须进行复测并重新计算。

三、地形图测绘

定测阶段地形图测绘是在初测阶段测绘的地形图基础上,对不能满足施工图设计范围的区域进行地形图补测,对初步设计后地形、地貌发生变化的区域进行修测,对局部工点地形图精度和比例尺不能满足施工图设计要求的区域进行重测。

局部地区地物变动不大时,地形图修测可使用交会法,地形、地物变化较大或采用交会法施测较困难时应利用导线点、图根点进行。原有导线点、图根点不能满足修测和补测需要时,应进行图根点补测。

隧道按最终确定的洞口位置测绘洞口地形图,比例尺为1:500,其范围一般为前、后、左、右各宽60~100m;互通式立体交叉、分离式立体交叉、公路与公路及公路与铁路平面交叉、复杂的管线交叉,应测绘比例尺为1:500~1:2000的地形图。沿线占用土地应测绘用地图,结合设计需要提供永久性占地和临时占地数量,所用地图比例尺为1:1000~1:5000。特殊设计的集水、排水、输水工程设施,应根据需要测绘比例尺为1:500~1:2000的地形图。

四、路线测量

1. 中桩测量

(1) 中桩测量要求。

中桩测量是将设计路线敷设到实地的作业过程,公路路线由实地每一个中桩连线所组成,因此中桩测量是公路工程勘测和调查的重要环节。定测阶段应全线进行中桩放样,中桩间距不应大于表4-6-3的规定,中桩测量精度应满足表4-6-4的要求。

中桩间距　　　　　　　　　　　　　　　表4-6-3

直线(m)		曲线(m)			
平原微丘区	山岭重丘区	不设超高的曲线	$R>60$	$30<R<60$	$R<30$
50	25	25	20	10	5

注:表中 R 为平曲线半径,以米计。

中桩平面桩位精度指标　　　　　　　　　表4-6-4

公 路 等 级	中桩位置中误差(cm)		桩位检测之差(cm)	
	平原微丘区	山岭重丘区	平原微丘区	山岭重丘区
高速公路、一二级公路	≤±5	≤±10	≤10	≤20
三级及以下公路	≤±10	≤±15	≤20	≤30

路线起终点桩、曲线要素桩(包括曲线起终点桩、曲中桩、直缓桩、缓圆桩、圆缓桩、缓直桩等)均应准确放出,并应在路线纵、横向地形变化处,路线与其他线状物交叉处,拆迁建筑物处,桥梁、涵洞、隧道等构造物处,省、地(市)、县级行政区划分界处,改、扩建公路地形特征点、构造物和路面面层类型变化处等位置进行加桩。

中桩测量可采用极坐标法、GNSS RTK 法、链距法、偏角法、支距法等方法进行。高速公路、一级公路、二级公路宜采用极坐标法、GNSS RTK 法,测站转移后,应对前一测站所放桩位重放1~2个桩点。中桩钉好后宜测量并记录中桩的平面坐标,测量值与设计坐标的差值应小于中桩测量的桩位限差。

(2) 中线逐桩坐标计算。

中桩测量可以通过极坐标、GNSS RTK 方法、偏角法、支距法、链距法等方法进行,现阶段技术条件下最常用的中桩测量方法是采用全站仪或测距仪进行极坐标放样,以及采用 GNSS

RTK 方法进行中桩测量,这两种方法均需进行中线逐桩坐标计算。

如图 4-6-1 所示,交点 JD 的坐标 X_{JD}、Y_{JD} 已经测定(如采用纸上定线,可在地形图上量取;如采用现场定线,可以通过全站仪、GNSS 等测出交点坐标),路线导线的坐标方位角 A 和边长 S 按坐标计算求得。

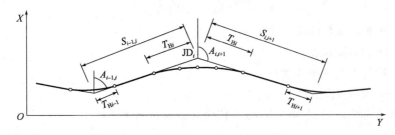

图 4-6-1 中线逐桩坐标计算

在选定各圆曲线半径 R 和缓和曲线长度 L_S 后,根据各桩的里程桩号,按下列方法即可算出路线上任一点的坐标值 X、Y。

①HZ 点(包括路线起点)至 ZH 点之间的中桩坐标计算。

如图 4-6-1 所示,直线段上中线上任一点的坐标按式(4-6-1)计算。

$$\left. \begin{array}{l} X_i = X_{HZ_{i-1}} + D_i \cos A_{i-1,i} \\ Y_i = Y_{HZ_{i-1}} + D_i \sin A_{i-1,i} \end{array} \right\} \tag{4-6-1}$$

式中:$A_{i-1,i}$——路线交点 JD_{i-1} 至 JD_i 的坐标方位角;

D_i——中桩至 HZ_{i-1} 点的距离,即中桩里程与 HZ_{i-1} 点里程之差;

$X_{HZ_{i-1}}$、$Y_{HZ_{i-1}}$——HZ_{i-1} 点的坐标,由式(4-6-2)计算:

$$\left. \begin{array}{l} X_{HZ_{i-1}} = X_{JD_{i-1}} + T_{H_{i-1}} \cos A_{i-1,i} \\ Y_{HZ_{i-1}} = Y_{JD_{i-1}} + T_{H_{i-1}} \sin A_{i-1,i} \end{array} \right\} \tag{4-6-2}$$

式中:$X_{JD_{i-1}}$、$Y_{JD_{i-1}}$——交点 JD_{i-1} 的坐标;

$T_{H_{i-1}}$——切线长。

ZH 点为直线的终点,除可按式(4-6-1)计算外,亦可按下式计算:

$$\left. \begin{array}{l} X_{ZH_i} = X_{JD_{i-1}} + (S_{i-1,i} - T_{H_i}) \cos A_{i-1,1} \\ Y_{ZH_i} = Y_{JD_{i-1}} + (S_{i-1,i} - T_{H_i}) \sin A_{i-1,1} \end{array} \right\} \tag{4-6-3}$$

式中:$S_{i-1,i}$——路线交点 JD_{i-1} 至 JD_i 的长度。

②ZH 点至 YH 点之间的中桩坐标计算。

此段包括第一缓和曲线及圆曲线,可按式(4-6-4)、式(4-6-5)分别计算出圆曲线、缓和曲线切线支距法坐标 x、y。

$$\left. \begin{array}{l} x_i = R \sin \varphi_i \\ y_i = R(1 - \cos \varphi_i) \end{array} \right\} \tag{4-6-4}$$

式中:x、y——圆曲线切线支距法坐标;

φ_i——l_i 所对的圆心角,$\varphi_i = \dfrac{l_i}{R} \cdot \dfrac{180°}{\pi}$;

l_i——ZY 点或 YZ 点的弧长;

R——圆曲线半径。

$$\left. \begin{array}{l} x = l - \dfrac{l^5}{40R^2 l_S^2} \\ y = \dfrac{l^3}{6Rl_S} - \dfrac{l^7}{336R^3 l_S^3} \end{array} \right\} \quad (4\text{-}6\text{-}5)$$

式中：x、y——缓和曲线切线支距法坐标；

　　　l——缓和曲线长度；

　　　R——相连接的圆曲线半径；

　　　l_S——缓和曲线全长。

然后通过坐标变换公式(4-6-6)将其转换为测量坐标 X、Y。

$$\begin{bmatrix} X_i \\ Y_i \end{bmatrix} = \begin{bmatrix} X_{ZH_i} \\ Y_{ZH_i} \end{bmatrix} + \begin{bmatrix} \cos A_{i-1,i} & -\sin A_{i-1,i} \\ \sin A_{i-1,i} & -\cos A_{i-1,i} \end{bmatrix} \begin{bmatrix} x_i \\ y_i \end{bmatrix} \quad (4\text{-}6\text{-}6)$$

采用式(4-6-6)计算时应注意，当曲线为左偏时，应以 $y_i = -y_i$ 代入。

③YH 点至 HZ 点之间的中桩坐标计算。

此段为第二缓和曲线，仍可按式(4-6-5)计算支距法坐标，再按下式转换为测量坐标：

$$\begin{bmatrix} X_i \\ Y_i \end{bmatrix} = \begin{bmatrix} X_{HZ_i} \\ Y_{HZ_i} \end{bmatrix} - \begin{bmatrix} \cos A_{i,i+1} & -\sin A_{i,i+1} \\ \sin A_{i,i+1} & -\cos A_{i,i+1} \end{bmatrix} \begin{bmatrix} x_i \\ y_i \end{bmatrix} \quad (4\text{-}6\text{-}7)$$

同样，当曲线为左转角时，以 $y_i = -y_i$ 代入。

(3)极坐标放样。

所谓极坐标法，是在已知坐标控制点上架设仪器，后视另一已知控制点，根据中桩与测站点反算的方位角和边长测设中桩的方法。如图 4-6-2 所示，已知 A、B 两点，需测设任一中桩 P，则 A、B 两点间的坐标增量为：

$$\left. \begin{array}{l} \Delta X_{AB} = X_B - X_A \\ \Delta Y_{AB} = Y_B - Y_A \end{array} \right\} \quad (4\text{-}6\text{-}8)$$

AB 的方位角为：

$$\alpha_{AB} = \arctan \dfrac{\Delta Y_{AB}}{\Delta X_{AB}} \quad (4\text{-}6\text{-}9)$$

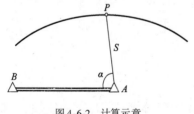

图 4-6-2　计算示意

同理，A、P 两点间的坐标增量为：

$$\left. \begin{array}{l} \Delta X_{AP} = X_P - X_A \\ \Delta Y_{AP} = Y_P - Y_A \end{array} \right\} \quad (4\text{-}6\text{-}10)$$

则 AP 的方位角为：

$$\alpha_{AP} = \arctan \dfrac{\Delta Y_{AP}}{\Delta X_{AP}} \quad (4\text{-}6\text{-}11)$$

A、P 间的距离为：

$$S = \sqrt{\Delta X_{AP}^2 + \Delta Y_{AP}^2} \tag{4-6-12}$$

AP 边与 AB 边之间的夹角为：

$$\alpha = \alpha_{AP} - \alpha_{AB} \tag{4-6-13}$$

根据夹角 α 和边长 S 即可测设中桩 P 的位置。

计算出路线中线上任一点的测量坐标，即可采用极坐标法进行中桩放样。极坐标放样按照下列步骤进行：

①利用中桩坐标与测站坐标反算放样距离与方位角；

②在测站点 A 上设置仪器，后视已知点 B，在仪器上设置后视方位角（一般设为 $0°00'00''$ 或 AB 方向上的方位角）；

③转动仪器到放样方位后，指挥放样棱镜左右移动，直至棱镜中心与仪器视线重合；

④测定测站至棱镜的水平距离，指挥棱镜前进或后退至放样距离，这时棱镜位置即为放样桩号位置；

⑤钉好中桩后，实测并记录夹角 α 和距离或中桩的坐标。

采用极坐标法时，测站转移前，应观测检查前、后相邻控制点间的角度和边长，角度观测左角一个测回，测得的角度与计算角度互差应满足相应等级的测角精度要求。距离测量一个测回，其值与计算距离之差应满足相应等级的距离测量要求。采用支导线敷设少量中桩时，支导线的边数不得超过 3 条，其等级应与路线控制测量等级相同，并应与控制点闭合，其坐标闭合差应小于 7cm。

（4）GNSS RTK 放样。

采用 GNSS RTK 方法时，求取转换参数采用的控制点应涵盖整个放线段，采用的控制点应大于 4 个，流动站至基准站的距离应小于 5km，流动站至最近的高等级控制点应小于 2km。并应利用另外一个控制点进行检查，检查点的观测坐标与理论值之差应小于桩位检测之差的 0.7 倍。放桩点不宜外推。

（5）链距法、偏角法、支距法等方法放样。

采用链距法、偏角法、支距法等方法测定路线中桩，其闭合差应小于表 4-6-5 的规定。

距离偏角测量闭合差　　　　表 4-6-5

公路等级	纵向相对闭合差		横向闭合差（cm）		角度闭合差（″）
	平原微丘	重丘山岭	平原微丘	重丘山岭	
高速公路、一二级公路	1/2000	1/1000	10	10	60
三级及以下公路	1/1000	1/500	10	15	120

链距法测定中桩的控制桩（公里桩，曲线起、中、终点桩等）应读数 2 次，其点位互差不得大于 2cm，并于桩顶钉小钉以示点位。

2. 中桩高程测量

中桩高程测量俗称中平测量，通过中平测量可以获得所放中桩的高程，从而求得路线中线的纵断面，中平测量的方法通常有水准测量、三角高程测量和 GNSS RTK 测量。

(1) 中桩高程测量的要求。

中平测量应起闭于路线高程控制点。高程应测中桩所在位置的地面,读数取位至厘米,其测量的精度指标应符合表 4-6-6 的规定。沿线需要特殊控制的建筑物、管线、铁路轨顶等,应按规定测出其高程,其两次测量之差应小于 2cm。

中桩高程测量精度　　　　　　表 4-6-6

公 路 等 级	闭合差(mm)	两次测量之差(cm)
高速公路、一二级公路	$\leqslant 30\sqrt{L}$	$\leqslant 5$
三级及以下公路	$\leqslant 50\sqrt{L}$	$\leqslant 10$

注:L-高程测量的路线长度(km)。

(2) 中平水准测量。

中平水准测量是从一个基础水准点测至下一个基础水准点,并同时测定两水准点中间所有中桩的高程。在观测转点时,读数至 mm。中桩观测(中间点)时,读数至 cm,其测量步骤如下:

① 如图 4-6-3 所示,安置水准仪于测站 Z_1 点上,先后视 BM_1,再前视 ZD_1,并将观测读数分别记入记录簿。

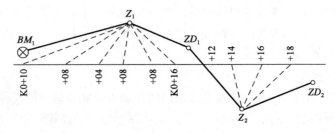

图 4-6-3　中平水准测量

② 然后将后视点 BM_1 上的水准尺,竖立于 K0+000,+20,+40,…+100 等各中桩上,将每一中桩点上的读数记入记录簿。

③ 将仪器搬至测站 Z_2 上,同样先观测后视点 ZD_1 和前视点 ZD_2。

④ 将后视点 ZD_1 的水准尺,依次立于 +120,+140…,+180 等中桩点上,按以上步骤继续前进。

⑤ 测量结束后,应首先计算出水准测量的闭合差,当闭合差在限差要求范围内时,应将闭合差按测站数平均分配于各站进行改正,每一测站的仪器高度为:

$$H_{\text{仪器高}} = H_{\text{记录值}} - H_{\text{闭合差}} \times n/i \tag{4-6-14}$$

式中:$H_{\text{记录值}}$——直接由观测值计算的仪器高度;
　　　i——测站的顺序值;
　　　n——测站总数。

然后根据式(4-6-15)计算出各中桩的高程:

$$H_{\text{中桩}} = H_{\text{仪器高}} - h_{\text{中视}} \tag{4-6-15}$$

式中:$H_{\text{仪器高}}$——后视点高程与后视点上水准尺读数的和。

(3)中平光电测距三角高程测量。

采用红外测距仪或全站仪,通过测量测站点与中桩点间的斜距和垂直角来求算两点间的高差,从而求得中桩高程的方法,称为光电测距三角高程测量法。

①如图4-6-4所示,设测站点为A,中桩点为B,在A点设置仪器,在B点设置棱镜,测量两点间的斜距S和垂直角α,同时测得仪器高i和棱镜高v,则两点间的高差为:

$$h_{AB} = S \cdot \sin\alpha + i - v \qquad (4\text{-}6\text{-}16)$$

中桩高程为:

$$H = H_A + h_{AB} \qquad (4\text{-}6\text{-}17)$$

式中:H_A——测站点高程。

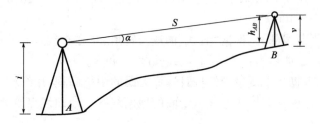

图4-6-4 中平光电测距三角高程测量

②当采用光电测距仪测定中桩高程时,应测量测站至棱镜的斜距和垂直角,当使用全站仪时,亦可将测站高程、仪器高、棱镜高输入仪器中直接测量中桩高程。不管使用何种仪器,均应记录测站点名(号)、仪器高、每一中桩测量时的棱镜高以及相应的观测数据,一般在通视条件较好的地方,将棱镜高的高度固定成仪器的高度,这样既不宜出错,也方便计算。

③测量结束后,应计算出三角高程测量的闭合差,当闭合差在限差要求范围内时,应将闭合差按测站数平均反号分配于各段,计算出每一测站的仪器高程。

$$H_{\text{仪器高程}} = H_{\text{测站高程}} + I - H_{\text{闭合差}} \times i/n \qquad (4\text{-}6\text{-}18)$$

式中:I——仪器高度;
i——测站的顺序值;
n——测站总数。

然后按式(4-6-19)计算出中桩高程。

$$H_{\text{中桩}} = H_{\text{仪器高程}} - v \qquad (4\text{-}6\text{-}19)$$

式中:v——棱镜高。

④三角高程测定中桩高程的方法主要应用于山丘地带以及沼泽、水网地区。采用三角高程测定中桩高程时,每一次距离应观测一测回2个读数,垂直角应观测一测回。

(4)GNSS RTK中平测量。

①采用GNSS RTK方法进行中平测量一般与中桩放样同时进行,当采用GNSS RTK方法放出中桩位置后,应立即采用GNSS RTK的数据采集模式,采集所放中桩的平面坐标和高程,所测量记录的高程值即为中桩高程。

②采用GNSS RTK方法时,求解转换参数采用的高程控制点不应少于4个且应涵盖整个

中桩高程测量区域,流动站至最近高程控制点的距离不应大于2km,并应利用另外一个控制点进行检查,检查点的观测高程与理论值之差应小于两次测量之差限差的0.7倍。

(5)纵断面图的绘制。

纵断面图是公路测量中极为重要的原始资料,是中平测量成果最直观的反映,它的点绘准确与否,将会直接影响路线设计成果。纵断面图一般应示出高程、地面线、设计线、竖曲线及其曲线要素,并应注出桥涵位置、结构类型、孔径(涵洞可只示出位置)、水准点位置及高程,还应注明断链桩、河流洪水位和影响路基高度的沿河路线水位及地下水位等。点绘纵断面图地面线的方法步骤如下:

①确定作图比例尺:根据需要确定水平坐标(表示距离)和垂直坐标(表示高程)的比例。纵断面图上距离与高程的比例一般相差10倍。平原丘陵区距离常使用1:5000或1:2000的比例,高程使用1:500或1:200的比例。在山岭区距离常使用1:2000或1:1000的比例,而高程用1:200或1:100的比例。

②标注直线与平曲线部分:根据"直线、曲线及转角表"在直线及平曲线栏,绘出平曲线位置,并注明交点编号、平曲线半径值、缓和曲线长度、转角等。

③点绘地面线:根据中平测量中经核对计算无误的中桩高程,用纵横坐标法,点绘出所有的中桩地面点,连接这些点即构成路线纵断面的地面线图。地面线点绘完毕,经过整饰,即可进行纵坡设计。

3. 横断面测量

公路横断面是垂直于路线中心线的剖面,弯道上应垂直于圆曲线上该点的切线。

(1)横断面测量的基本要求。

高速公路、一级公路、二级公路横断面测量可采用水准仪+皮尺法、GNSS RTK方法、全站仪法、经纬仪视距法、架置式无棱镜激光测距仪法等方法,无构造物及防护工程路段可采用数字地面模型方法、手持式无棱镜激光测距仪法,特殊困难地区和三级及三级以下公路,可采用手水准仪法、数字地面模型方法和手持式无棱镜激光测距仪法、抬杆法。横断面中的距离、高差的读数取位至0.1m,检测互差限差应符合表4-6-7的规定。横断面测量的宽度应满足路基及排水设计、附属物设置等需要。

横断面检测互差限差 表4-6-7

路　　线	距离(m)	高差(m)
高速公路、一二级公路	$L/100 + 0.1$	$h/100 + L/200 + 0.1$
三级及以下公路	$L/50 + 0.1$	$h/50 + L/100 + 0.1$

注:1. L-测点至中桩的水平距离(m);
　　2. h-测点至中桩的高差(m)。

横断面测量方向应与路线中线切线垂直。横断面测量除应观测高程变化点之间的距离和高差外,还宜观测最远点到中桩的距离和高差,其与高程变化点之间的距离和高差总和之差不应大于表4-6-7的规定。高速公路、一级公路的分离式路基和二、三、四级公路的回头弯路段,应测出连通上、下行线横断面,并应标注相关关系。横断面测量应反映地形、地物情况,横断面应在现场点绘成图并及时核对;采用测记法对室内按坐标点绘时,必须进行现场核对。

(2)横断面测量方法。

横断面测量的方法较多,现阶段主要采用花杆皮尺法、水准仪法、三角高程法、GNSS RTK法、数字地面模型截取横断面等方法。

①花杆皮尺法。

图 4-6-5 为花杆皮尺法测量横断面的示意图,图中 A、B、C 等为横断面方向上所选定的变坡点,将花杆立于 A 点,从中桩地面处将尺拉平后量出至 A 点的距离,并测出皮尺水平截于花杆上的高度,即相对于中桩地面的高差。用同样的方法也可测出 A 到 B、B 到 C 等的距离和高差,一直测到所需的宽度为止。中桩的一侧测完后再测中桩的另外一侧。

②水准仪法。

图 4-6-6 为采用水准测量方法测量横断面的示意图,测量时选择一处适当位置设置经纬仪(水准仪),在中桩上竖立水准尺,读取读数为 H_0,然后在横断面方向上的地形变化处分别竖立水准尺,并读取读数为 H_1,H_2,H_3…,同时量取各立尺点到中桩的距离(可采用视距法或皮尺量取),则可得到地形变化点相对于中桩的高差和距离。

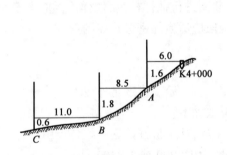

图 4-6-5　花杆皮尺法测量横断面

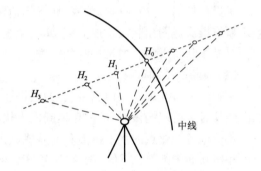

图 4-6-6　水准仪法测量横断面

各点相对于中桩的高差为:

$$\Delta h = H_i - H_0 \quad (i = 1, 2, \cdots, n) \tag{4-6-20}$$

③三角高程法。

三角高程测量法常用于丘陵、山区等地形变化较大路段横断面的测量。如图 4-6-7 所示,选择一处适当位置设置激光测距仪,首先在中桩上竖立棱镜,测量测站至中桩的斜距 $S_{斜0}$ 和垂直角 α_0,或测量平距 $S_{平0}$ 和高差 H_0,然后在横断面方向上的地形变化处分别竖立棱镜,同样测量测站至棱镜的斜距 $S_{斜i}$ 和垂直角 α_i,或测量平距 $S_{平i}$ 和高差 H_i,同时测量立镜点与中桩间的水平夹角 β_i。设仪器高为 i,棱镜为 v,则任意一个立镜点与测站的高差 H 为:

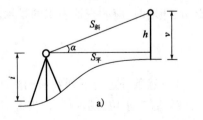

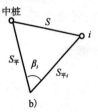

图 4-6-7　三角高程法测量横断面

$$H_i = S_{斜i} \cdot \sin\alpha_i + i - v \qquad (4\text{-}6\text{-}21)$$

任一点相对于中桩的高差为：

$$H_i = H_i - H_0 \qquad (4\text{-}6\text{-}22)$$

任一点相对于中桩的水平距离为：

$$S = S_{平0}^2 + S_{平i}^2 - 2 \cdot S_{平0} \cdot S_{平i} \cdot \cos\beta_i \qquad (4\text{-}6\text{-}23)$$

④GNSS RTK 法。

利用 GNSS RTK 的方法测量横断面是目前最常采用的方法，作业时首先设置横断面方向，利用仪器的偏距测设功能设定横断面方向上的任一偏距点，以此点与中桩的连线为参照方向。然后进行变坡点的数据采集，在与参考方向一致的方向线上逐点采集各变坡点的坐标和高程，即可得到横断面的地面线数据。

⑤数字地面模型截取横断面。

采用数字地面模型截取横断面是现阶段横断面测量方法之一，是在数字地面模型上内插高程变化点的坐标和高程，生成公路设计需要的横断面线。采用数字地面模型获取横断面时应现场进行核对，并应对植被茂密、峡谷等地段对横断面进行抽样检测，抽样比例应大于5%。采用航空摄影成图建立数字地面模型时，植被茂密地段应适当加密像片控制点，像片调绘时应加强对沿线陡坎、植被、建筑物等的调查。

(3) 横断面图的点绘。

横断面一般在现场一边测量、一边根据测量数据进行点绘。优点是外业不作记录，点绘出的图能及时进行现场核对，可避免横断面点错。其方法如下：

①根据各变化点的水平距离和高差或倾角和斜距等，从中桩开始逐一将各点用纵、横坐标点绘在横断面图纸上，应随点随连接，绘图比例尺一般为 1∶200 或 1∶100。

②当采用测记法时，可内业输入计算机绘制横断面图，但绘制的图形必须再进行现场核对，以免横断面方向左、右颠倒。

第二节　路基、路面及排水勘测与调查

定测阶段路基、路面及排水勘测与调查应在对初测资料进行分析利用的基础上，结合路线优化调整情况进行现场核实及补充调查。

定测阶段路基、路面及排水应调查沿线筑路材料的种类、产地、储量、运距、采运条件及其有关物理力学性质，沿线农田水利设施的现状、特点、发展规划，农田耕地表土的性质及厚度等对路基、路面的影响，沿线水系的分布及相互关系，地表水、地下水、裂隙水等的位置、流量、流向和流速，泉眼的位置和流量。公路通过农田、洼地时，应调查地表水的积水深度、积水时间。

一、路基勘测调查

定测阶段路基部分应根据路段所经过地区自然条件进行下列各项勘测调查：

(1) 沿河、湖(塘)、海、水库等地段路基，应调查洪水位、潮水位、波浪高、岸、滩的冲刷和淤积情况、水流的流速、水的深度、水温变化、水的化学成分、水底地质情况、沿河山坡的稳定性等资料。在严寒地区,还应调查冰块移动的撞击情况和冻胀情况。

(2)滑坡地段路基应对滑坡体稳定性、滑坡规模、滑坡体现状等进行调查。

(3)泥石流地段路基应对泥石流最高流量、持续时间、容重、流速、松散固体物质、平均粒径、搬运的最大粒径、最大一次淤积量和淤积厚度等进行勘测调查。

(4)岩溶地区应调查岩溶分布范围、形态、现状与历史等情况。

(5)软土及泥沼地区应对软土及泥沼的分布范围、类型、厚度、成层情况和物理力学性质等进行调查。

(6)多年冻土地区应调查一年中冻结和融化的期间,积雪的时间和厚度(历年的平均值、最大值和最小值),年降雨量、降雨季节,年平均气温、年最低气温和最高气温,多年冻土层的分布、构造、土质和含冰状况,冻土的物理力学试验指标等。

(7)膨胀土地区应调查膨胀土的分布范围、厚度、物理化学性质、物理力学性质等。

(8)黄土地区应对黄土的抗剪强度、内摩擦角、黏聚力等力学特性及黄土边坡的稳定性等进行勘测调查。

(9)盐渍土地区应对路线通过地带盐渍土的分布范围、盐渍土的类型、盐渍土程度等进行勘测调查。

(10)风沙地区应对风沙分布范围,沙丘移动的方向、方式和速度,沙的物理化学性质,植物覆盖率,当地沙生植物种类等进行调查。

(11)雪害地区应调查雪害地区的总降雪量、一次最大降雪量、最大及平均积雪深度、冬季气温及冻融时间、冬季现场积雪情况等资料。

二、路基防护勘测与调查

定测阶段路基防护工程应现场确定路基边坡防护工程的位置、起讫桩号、防护长度和形式。设置防护工程的路段,应实地放出构造物轴线,进行高程测量和横断面测量,防护工程路段的中桩高程和横断面应采用现场实测的方法进行测量,不宜采用地形图或数字地面模型内插截取的方式。

采用种草、铺草皮、撒播草籽、植树等边坡防护的路段,应调查边坡土质的适种性,适宜种植的草种、树种,种植季节及种植方式。

路基防护路段应对边坡的土质、稳定性、含水量及植被情况等进行调查。

三、改移工程勘测与调查

定测阶段改移工程应实地调查并确定改移河道、渠道、道路的位置和改移方案,调查改移河道水流流向、水位、河势、汇水面积,测量坝头、坝身、坝根横断面及轴线高程。实地测量改移工程的起讫桩号,放出改移工程的轴线桩,并进行纵、横断面测量。

改移公路、辅道、支线或连接线,应按相应等级公路要求进行桥涵、路基、路面、排水和其他工程的勘测与调查。改移工程的轴线应与路线控制测量联测。改移河道、主干沟渠及等级公路工程,应测绘比例尺为1∶500~1∶2000的地形图,测绘范围应满足设计要求。

四、路面调查

定测阶段应对项目所在地区既有路面或相似路面的施工技术、施工控制、面层构造和材料,已建公路的材料和混合料的性状、抗滑、透水性、路面结构,可比路面的完整性、损坏程度和路面结构相关性等进行调查。

五、排水勘测与调查

定测阶段排水勘测与调查包括下列内容:
(1)对该地区已有的排水设施使用状况进行实地调查。
(2)根据设计原则并通过调查当地水文、气象等情况,确定路基、路面排水方案。
(3)调查、确定排水设施的形式、横断面尺寸、加固措施,并测量起讫桩号、长度、进出口位置。
(4)需进行特殊设计的集水、排水、输水工程设施,应实地放出轴线,进行纵、横断面测量,并根据需要,测绘比例尺为1:500~1:2000的地形图。

第三节 桥涵勘测与调查

定测阶段桥涵勘测与调查是在初测的基础上对有关资料进行核查、补充、测量和分析计算,为施工图设计提供详细资料。根据《公路勘测规范》(JTG C10—2007)相关要求,桥涵勘测与调查应包含以下方面:

一、小桥涵勘测与调查

定测阶段小桥涵勘测与调查应在初测资料的基础上,对地质、水文、农田水利、气象等资料进行补充调查,并进行形态断面、河床比降、特征水位和汇水面积等测量工作。小桥涵河床比降测量,一般上游测100~200m,下游测50~100m。

应根据批准的初步设计文件所确定的原则和方案,以及地质、水文、农田水利、气象和施工条件,确定小桥涵的结构类型、基础形式、埋置深度、孔径和必要的附属工程,根据路基、路线情况,确定小桥涵墩、台高度和位置。小桥涵的位置和形式,应与路线平、纵面和路线排水系统相配合,同时注意附属工程的设置,保证水流顺畅,不致造成后患。

小桥涵沿路线中线方向的断面测量,应与路线中线测量同步完成,并根据需要适当加密中桩,同时实测沟渠与路线的交角。地形复杂的小桥涵,应在路线中线两侧或河床两侧各施测一个或几个断面,其测量范围应能满足涵底纵坡和进出水口设计、布置桥孔、调治防护工程、计算开挖土石方数量等的需要。

小桥涵位于地质、地形复杂路段,布置比较困难或需进行改河、改道工程及环境协调等综合处理时,应测绘1:500~1:2000工点地形图。改河工程应按布设要求进行纵、横断面测量,原河道相关范围内应进行河床纵坡和河床横断面测量。

改扩建公路利用原有小桥涵时,应进一步核查荷载标准、损坏程度和结构形式,测量其跨径、高度、长度、宽度和位置。

二、大、中桥勘测与调查

定测阶段大、中桥的勘测工作应根据批准的初步设计方案和审批意见,在初测的基础上进行详细的调查、测量和分析计算,对初步设计的有关资料进行核查和补充,解决初步设计留待定测解决的问题,为施工图设计和编制工程预算提供可靠资料。进一步调查河流的形态特征、水文、工程地质、通航和水利要求以及气象与施工条件等资料。

定测阶段地形图的范围应能满足桥梁孔径、桥头引道、调治防护构造物设计和施工场地布置的需要。初测地形图或原有地形图范围不能满足要求时应补测;对地形、地物有明显变化的,应进行修测;当初测地形图完全不能满足设计需要时应重测。

桥轴纵断面的测绘范围应测至设计洪水位以上,应能满足设计桥梁孔径、桥头引道、调治构造物布置的需要。地表起伏较大、地质复杂的桥址,应在桥轴线上、下游各6~20m测辅助纵断面,并在辅助纵断面范围内增加测量辅助横断面。桥轴纵断面陆上部分和引道、接线纵断面测量,各测点与起点间测距误差不应大于测段距离的1/2000,横向偏距不应大于0.1m。测点高程应用水准仪或三角高程测量,中间点的地面高程读至厘米。

形态断面测量一般应在桥位上、下游各选一个断面进行,平原宽滩河流可测至历史最高洪水线以外水平距离50m,山区测至历史最高洪水位以上2~5m。

第四节 隧道勘测与调查

定测阶段隧道勘测与调查是在初测的基础上,对隧道方案进行核查与落实,对横断面、隧道地形图进行实测或补测,为施工图设计提供详细资料。

定测阶段应对隧道所在位置的地形、地质、水文地质、环境等内容进行核实和补充调查。核查隧道轴线、洞口、辅助坑道口的布置是否正确,洞内中线及其连接线的技术标准是否符合规定,平、纵、横面是否协调,隧道排水、附属设施、施工方案是否经济合理。并根据设计需要对通风、照明、供电、通信、信号、标志、运营管理设施、环保、弃渣场地等进行相应的工程调查。

定测阶段左、右行分离的隧道连接线起讫点,宜测至分离式路基与整体式路基汇合处以外50m;分离式路基较长时,每幅路基测至一个平曲线以外。洞顶路线中线桩,除公里桩、转点桩、平曲线特征桩、地形、地质外,其他桩可不测设。洞口附近应根据地形、地质情况适当加桩,隧道浅埋段应进行中桩测量,桩距应小于10m。

定测阶段洞身地段,当洞顶或洞身外侧覆盖层较薄或穿越地质不良地段时,应实测横断面。洞口地段加桩均应施测横断面。

定测阶段应对初测地形图进行现场核对,地形图的范围应能满足地质调绘和其他设计需要;地形、地物发生变化或地形图范围不足时,应进行修测和补测,并按最终确定的洞口位置测绘洞口地形图,比例尺为1∶500,其范围一般为前、后、左、右各宽60~100m,当有引桥、改沟(防护)等工程处理措施时,应根据设计需要扩大测绘范围。

第五节　路线交叉勘测与调查

定测阶段路线交叉勘测与调查是对初测所收集的资料现场核查并进一步补充调查,按路线测量的要求进行中桩和横断面测量,为施工图设计提供可靠资料。根据初步设计的审批意见对交叉的总体布设方案进行认真分析研究。

互通式立体交叉、分离式立体交叉、公路与公路及公路与铁路平面交叉、复杂的管线交叉,均应测绘比例尺为1:500~1:2000的地形图。各种交叉的位置、形式、标准等方案,均应征求地方政府或主管部门的意见。

一、互通式立体交叉勘测与调查

定测阶段互通式立体交叉应对相交公路的路面宽度、路线中线位置、路线纵断面等进行详细测量,测量长度应满足设计需要。同时应核查和补充相交公路路面结构、各层厚度、路面现有状况、病害类型与程度、公路养护周期及提高等级计划。核查相交公路交通组成与交通量,互通式立体交叉处的自然地理位置、经济开发、地区规划与要求。对互通式立体交叉范围内的工程地质、水文地质条件、建筑物和管线的拆迁、防护、排水、改移工程及照明、绿化、环保、占地等进行调查。

互通式立体交叉的匝道和连接线应在实地放桩,中桩间距直线段应不大于20m,曲线段应不大于10m,并按路线测量的要求进行中桩高程和横断面测量。

二、分离式立体交叉勘测与调查

定测阶段分离式立交应核查相交公路提高等级的计划及交叉处的地区发展规划,路面结构及各层厚度,地形、地物、排水等情况。

根据设计需要进行勘测调查工作,主线上跨相交公路,当不改扩建相交公路时,可只测量交叉点的位置、交叉角度、交叉点高程、路线中线位置、路线纵断面;当需改扩建相交公路时,相交公路的路线勘测应按相应等级公路进行勘测与调查,测量长度应满足设计要求。

分离式立体交叉范围内需设置排水设施或改移水渠时应确定改移位置,测量纵、横断面;地形图不能满足设计要求时,应修测或补测地形图。

三、通道与人行天桥勘测与调查

定测阶段通道与人行天桥应核查落实乡村道路的用途及发展规划,研究确定通道及人行天桥的布局、设置位置和形式。与主线公路交叉的乡村道路间距较密或路线在丘陵或山地通过的路段,应调查乡村道路合并与移位或修建通道、天桥的可能性。

根据设计需要进行勘测调查工作,测量相交道路中线、水准、横断面和交叉角度,相交道路测量长度应满足设计要求;当相交道路下穿主线时,应调查排水条件并确定工程防护措施。

四、公路与铁路立体交叉勘测与调查

定测阶段公路与铁路立体交叉应测量铁路每股道的桩号、交叉角度,每股道的内外侧轨道的顶面高程、纵坡,股道间的距离和铁路路基宽度。当公路下穿铁路时,应调查地下水位、排水条件及地质条件,拟定排水措施;当采用泵站抽水或开挖渠排水时,应进行相应的勘测、调查工作。

五、平面交叉勘测与调查

定测阶段平面交叉应根据定测路线与原有道路交叉的位置,实地测量交叉点桩号、交叉角度、相交道路中线并进行水准测量和横断面测量,相交道路的测量长度应满足相交道路平、纵面设计的要求。相交公路中桩间距,环式和加铺转角式交叉应小于10m,分道转弯式交叉符合路线中线测量要求。

公路与铁路平面交叉,应测量交叉处的桩号、交叉角度、铁路股道的内外侧轨道顶面高程、路基宽度及铁路路线纵坡坡度;调查并拟定铁路道口看守的位置以及照明、通信、信号等设施线路接入的方式和位置。

六、公路与管线交叉

定测阶段公路与管线交叉应调查测量各种相交管线的位置、交叉角度、桩号、管线种类、用途、结构形式、跨越或平行公路的长度、悬空高度或埋置深度和杆柱的倒伏长度。重要管线应测量纵、横断面,并拟定必要的防护和加固措施。

第六节　沿线设施勘测与调查

定测阶段沿线设施勘测与调查应对初测收集、调查的资料进行核查并进一步补充调查,核实沿线设施的总体布局、项目、形式、规模、用地及布设的位置,为施工图设计提供可靠资料。

管理设施、服务设施处的地形、地物如有变化,应修测或补测地形图。管理设施、服务设施的连接路线、加减速车道的中线应进行实地放样,并进行纵、横断面测量。同时对沿线安全设施设置的位置、类型、起讫桩号或长度进行调查。

第七节　环境保护调查

定测阶段环境保护调查应对初测所收集的资料现场核查并进一步补充调查,并应按批准的《环境影响评价报告》和初步设计审批意见进一步补充有关内容,确保环保措施的落实,确保工程建设区的生态环境不因公路建设而受到影响,为施工图设计提供可靠资料。同时进行下列勘测调查工作:

线外涵洞、水闸等应实地调查,并测量纵、横断面。声屏障、油水分离池、蒸发池等应实地

放桩,并测绘 1∶500~1∶2000 平面图。应调查沿线需绿化地段起讫桩号及绿化种类、方法与内容;取土坑、弃土堆的位置、范围与面积,土地复垦工程及绿化面积;沿线动、植物品种(特别是一些稀有濒临灭绝物种)等。

另外还应对附近同类或相似的高填深挖工程的防护、路基路面所使用的材料、排水方式以及对周围生态环境产生的影响进行调查。

第八节 临时工程勘测与调查

定测阶段临时工程勘测与调查应对初测阶段调查的有关临时工程勘测调查的内容进行核实并进一步补充,进一步落实施工场地的位置并签订相应的协议。

需要修建的施工便桥、便道应进行放样及纵、横断面测量。需要架设公路临时电力、电信线路时,应调查相适应的规格种类,实测其长度。

第九节 工程经济调查

定测阶段工程经济调查应对初测阶段调查的筑路材料、占用土地、拆迁建筑物、预算等资料进行核查并进一步补充调查,定测阶段工程经济调查工作应符合下列规定:

一、筑路材料调查

定测阶段应对初步设计调查的料场逐一核查,并进一步补充调查。所有调查的料场应进行比较,根据材料需要量确定采用料场。大型料场应进行必要的勘探与试验。

二、占地勘测与调查

定测阶段占用土地应结合设计需要提供永久性占地和临时占地数量,并提交比例尺为 1∶1000~1∶5000 的占地图,图中应标出中线、桩号、各类土地(水田、旱地、菜园、鱼塘、果园等)的分界线、用地宽度、使用人或单位。

应调查土地占用范围内各类土地常种作物和近三年平均产量,调查统计独立果树和价值较高树木的株数、直径、数量及产量,调查沿线砍树、挖根、除草的路段长度,并结合工程设计的需要确定土地占用和植物数量。

三、拆迁建筑物调查

定测阶段拆迁建筑物应调查其位置、范围尺寸、结构类型(房屋应注明层数)。需拆迁的建筑设施,管道、电力和电信设施应调查所属单位及位置和拆迁影响长度,调查线杆或塔架的类型、编号和数量以及管道架设高度或埋设的深度等。与重要管线、铁路、水利等工程及文物古迹等重要设施发生干扰引起的拆迁工程,应与其主管部门协商,落实处理方案和工程措施。

第十节 资料提交

定测阶段提交的勘测、调查资料应能够满足施工图设计的需要,资料提交前应对资料的完整性、可靠性进行检查,并对各项计算过程和精度进行核查。

定测提交资料包括各种调查、勘测原始记录、图纸及资料,各专业勘测调查的质量检查及分析评定资料,路线平、纵面设计及各种底图、底表,各专业主要计算、分析、论证资料,各专业主要设计布置图和设计底表,以及外业勘测说明书及有关协议和文件。

第五篇　结构设计原理

第一章　钢筋混凝土结构设计原则

第一节　钢筋混凝土简述

钢筋混凝土是由钢筋和混凝土两种不同力学性能的材料组成的建筑材料。

混凝土为人造石料，其抗拉强度仅为抗压强度的 1/18～1/8。如将素混凝土用于梁[图 5-1-1a)]，从材料力学可知，在荷载 P_1 作用下，梁的中性轴以上为受压区，中性轴以下为受拉区，随着荷载的增大，梁下边缘混凝土的拉应力将率先达到极限抗拉强度，此时梁上边缘混凝土的压应力还远小于其极限抗压强度，下边缘混凝土一旦受拉开裂即导致梁的整体破坏[图 5-1-1b)]，破坏具有突然性，属于脆性破坏，故素混凝土梁的承载能力通常很低。混凝土由于其抗拉强度很小，一般不能用于可能承受较大拉应力的结构，只能用于不受拉或受拉力很小的基础、垫层等非承重结构。

若在混凝土梁的受拉区适当位置加入适量钢筋，情况就与素混凝土梁有很大的不同[图 5-1-1c)]。当梁的受拉区混凝土开裂后，由于钢筋表面和混凝土之间的黏结力，两种材料还可以共同受力，受拉区钢筋可以代替开裂后退出工作的混凝土承担拉力，梁的受压区混凝土仍然承受压力，故受拉区混凝土开裂后的梁还可以继续承担更大的荷载，直至受拉钢筋屈服、受压区混凝土达到极限抗压强度而破坏。这样钢筋和混凝土两种材料的强度优势都得到充分发挥，因此钢筋混凝土梁的承载能力可以为素混凝土梁的几倍乃至几十倍。此外，配筋适度的钢筋混凝土梁破坏前均具有明显预兆（即明显的裂缝和挠度），属于延性破坏，不同于素混凝土梁的一旦开裂即突然破坏。有预兆的破坏对于结构而言是一件好事。

钢筋和混凝土能够共同工作的三要素如下：

(1) 钢筋表面和混凝土之间具有良好的黏结力，使得钢筋和混凝土能够共同变形，共同受力。

(2) 钢筋和混凝土具有近似相等的温度线膨胀系数（钢筋为 1.2×10^{-5}，混凝土为 $1.0 \times 10^{-5} \sim 1.5 \times 10^{-5}$)，使钢筋混凝土结构不致因温度变化产生明显的温度应力，破坏两者间的黏结力。

(3) 混凝土包裹钢筋，可以保护钢筋免遭锈蚀。

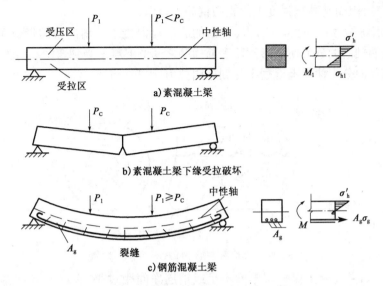

图 5-1-1　素混凝土梁和钢筋混凝土梁受力分析

钢筋混凝土之所以在 20 世纪成为建筑界不可或缺的建筑材料,就在于它充分发挥了混凝土和钢筋的物理和力学性能优势。

第二节　钢筋与混凝土的黏结

钢筋与混凝土之所以能够共同工作,其基本前提是两者之间有可靠的黏结作用,能够承受由于两者的相对变形或滑移在界面上产生的作用力。这种分布在钢筋与混凝土接触面上的剪应力,称为黏结应力,黏结应力之总和为黏结力。

对于钢筋混凝土构件而言,要保证其承载能力至关重要的一点是,保证钢筋在支座、节点及基础中的锚固。而要做到这一点,则必须保证钢筋在混凝土中有足够的锚固长度,通过这段长度上黏结应力的积累,足以抵抗钢筋受到的外力,使钢筋在达到屈服前不会被拔出而引起构件提前破坏。

一、钢筋与混凝土的黏结机理

1. 光圆钢筋与混凝土的黏结作用
(1)混凝土中水泥胶体与钢筋表面的化学胶着力。
(2)钢筋与混凝土接触面上的摩擦力。
(3)钢筋表面与水泥胶产生的机械咬合力。
其中,摩擦和咬合是构成黏结力的主要部分,化学胶着力的作用较小。
对于光圆钢筋,常常要在端部做成弯钩来确保不出现黏结破坏。
2. 带肋钢筋与混凝土的黏结作用
(1)带肋钢筋表面肋纹与混凝土的机械咬合力较之光圆钢筋强得多,是构成变形钢筋黏结力的主要部分,因而其黏结强度也比光圆钢筋大得多。

(2)带肋钢筋受力时(图 5-1-2),其突出的肋纹对混凝土的斜向挤压形成了滑移阻力,斜向挤压力沿钢筋轴向的分力使变形钢筋表面横肋之间的混凝土受到弯曲和剪力,引起斜裂缝;斜向挤压力的径向分力使周围混凝土受到环向拉力,引起径向裂缝。

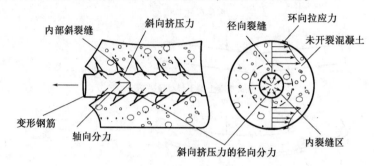

图 5-1-2 变形钢筋横肋处的挤压力和内部裂缝

试验证明,如果混凝土保护层厚度不足或钢筋净间距过小,在没有环向箍筋的情况下,径向裂缝可能延伸到混凝土表面,形成沿钢筋纵向的裂缝,进而导致黏结破坏。黏结破坏是钢筋混凝土构件破坏的一种形式,设计中主要通过保证钢筋有足够的锚固长度、足够的保护层厚度、足够的净距以及配置适当的箍筋来防止这种破坏,规范对以上各项都有相应的构造要求。

3.影响黏结强度的主要因素

(1)钢筋表面情况:钢筋表面越粗糙,黏结强度越高。

(2)混凝土强度:混凝土黏结强度随混凝土强度提高而提高。

(3)混凝土保护层厚度:足够的保护层厚度是黏结强度能够达到充分发挥的重要因素。

(4)钢筋的净距:充足的钢筋净距也是确保黏结强度的重要因素。

(5)箍筋:箍筋对混凝土形成横向约束,阻止纵向裂缝开展,改变黏结破坏形态,延缓黏结破坏的发生。

(6)钢筋在构件中的位置:混凝土浇筑时的集料下沉和泌水现象将对黏结强度产生影响,竖向钢筋的黏结强度大于水平钢筋的黏结强度;同样水平布置的钢筋,上层钢筋的黏结强度高于下层钢筋的黏结强度。

二、钢筋的锚固

《公路钢筋混凝土及预应力混凝土桥涵设计规范》(JTG 3362—2018)(以下简称《公路桥规》)条文说明第 9.1.4 条规定的钢筋最小锚固长度 l_a 按下列公式计算得出:

$$l_a = \frac{f_{sk} A_s}{\pi d \tau} = \frac{f_{sk} d}{4\tau} \tag{5-1-1}$$

式中:f_{sk}——钢筋抗拉强度标准值;

d——钢筋直径;

τ——钢筋与混凝土极限锚固黏结应力,其值见《公路桥规》条文说明表 9-1。

当计算中充分利用钢筋的强度时,其最小锚固长度应符合表 5-1-1 的规定。

钢筋最小锚固长度 l_a 表 5-1-1

钢筋种类		HPB300				HRB400、HRBF400、RRB400			HRB500		
混凝土强度等级		C25	C30	C35	≥C40	C30	C35	≥C40	C30	C35	≥C40
受压钢筋(直端)		45d	40d	38d	35d	30d	28d	25d	35d	33d	30d
受拉钢筋	直端	—	—	—	—	35d	33d	30d	45d	43d	40d
	弯钩端	40d	35d	33d	30d	30d	28d	25d	35d	33d	30d

注:1. d 为钢筋公称直径。
   2. 对于受压束筋和等代直径 $d_e \leq 28$ mm 的受拉束筋的锚固长度,应以等代直径按表值确定,束筋的各单根钢筋可在同一锚固终点截断;对于等代直径 $d_e > 28$ mm 的受拉束筋,束筋内各单根钢筋,应自锚固起点开始,以表内规定的单根钢筋的锚固长度的 1.3 倍,呈阶梯形逐根延伸后截断,即自锚固起点开始,第一根延伸 1.3 倍单根钢筋的锚固长度,第二根延伸 2.6 倍单根钢筋的锚固长度,第三根延伸 3.9 倍单根钢筋的锚固长度。
   3. 采用环氧树脂涂层钢筋时,受拉钢筋最小锚固长度应增加 25%。
   4. 当混凝土在凝固过程中易受扰动时,锚固长度应增加 25%。
   5. 当受拉钢筋末端采用弯钩时,锚固长度为包括弯钩在内的投影长度。

第三节　极限状态设计法

目前,我国使用的《公路桥规》采用以概率理论为基础的极限状态设计法,按分项系数的设计表达式进行设计。

一、极限状态设计法的基本概念

1. 结构的功能要求

(1)根据《公路工程结构可靠性设计统一标准》(JTG 2120—2020)(以下简称《可靠性标准》)第3.1.2条规定,在正常设计、正常施工和正常使用条件下应符合下列功能要求:
①能承受在施工和使用期间规定的各种作用。
②保持良好的使用性能。
③具有足够的耐久性能。
④当设计考虑的偶然事件发生时,结构能保持必需的整体稳固性,不出现与起因不相称的破坏后果,防止出现结构的垮塌、倾覆等。
上述功能要求中,①、④为安全性功能,是结构最重要和最基本的功能;②为适用性功能;③为耐久性功能。
结构的安全性、适用性和耐久性总称为结构的可靠性。

(2)设计基准期。

根据《可靠性标准》附录 A.2.2 规定,公路桥涵结构的设计基准期为 100 年。因桥梁上的可变作用是随时间变化的,所以它的统计分析要用随机过程概率模型来描述。随机过程所选择的时间域即为基准期。

设计基准期不能简单理解为结构的使用年限,两者有联系而不完全等同。当结构的使用年限低于设计基准期 100 年时,理应重新推导确定设计基准期及相关可变作用标准值及多项系数,但设计难度和工作量均较大,故现仍采用设计基准期 100 年。当结构的使用年限超过设计基准期时,表明其可靠度性能均有所降低,而不是结构全部报废。

(3)桥涵设计使用年限。

根据《可靠性标准》第 3.4.2 条规定,公路桥涵结构设计使用年限按表 5-1-2 采用。设计使用年限是体现结构耐久性的主要指标。

桥涵设计使用年限(年)　　　　表 5-1-2

公路等级	主体结构			可更换部件	
	特大桥 大桥	中桥	小桥 涵洞	斜拉索 吊索 系杆等	栏杆 伸缩装置 支座等
高速公路 一级公路	100	100	50	20	15
二级公路 三级公路	100	50	30		
四级公路	100	50	30		

2. 结构的极限状态

按照《可靠性标准》的规定,桥涵结构设计分为承载能力和正常使用两类极限状态。承载能力极限状态设计体现了桥涵的安全性,正常使用极限状态设计体现了桥涵的适用性和耐久性,这两类极限状态概括了结构的可靠性。只有每项设计都符合各有关规范的两类极限状态设计的要求,才能使所设计的桥涵达到其全部的预定功能。

1)承载能力极限状态

承载能力极限状态对应于桥涵结构或其构件达到最大承载能力或出现不适于继续承载的变形或变位的状态,包括构件和连接的强度破坏、结构或构件丧失稳定及结构倾覆、疲劳破坏等。

当结构或构件出现下列状态之一时,应认为超过了承载能力极限状态:

(1)构件或连接因超过材料强度而破坏,或因过度变形而不适于继续承载。

(2)整个结构或其中一部分作为刚体失去平衡。

(3)结构转变为机动体系。

(4)结构或构件丧失稳定。

(5)结构因局部破坏而发生垮塌。

(6)地基丧失承载力而破坏。

(7)结构或构件疲劳破坏。

2)正常使用极限状态

正常使用极限状态对应于桥涵结构或其构件达到正常使用或耐久性能的某限值的状态,包括影响结构、构件正常使用的开裂、变形等。

当结构或构件出现下列状态之一时,应认为超过了正常使用极限状态:

(1)影响正常使用的变形。
(2)影响正常使用或耐久性的局部损坏。
(3)影响正常使用的振动。
(4)影响正常使用的其他特定状态。

二、《公路桥规》的极限状态设计表达式

1. 设计状况

根据《公路桥涵设计通用规范》(JTG D60—2015)(以下简称《通用规范》)第3.1.4条规定,公路桥涵应根据不同种类的作用及其对桥涵的影响、桥涵所处的环境条件,考虑以下四种设计状况,进行极限状态设计。

(1)持久状况。所对应的是桥梁的使用阶段。这个阶段持续的时间很长,要对结构的所有预定功能进行设计,即要进行承载能力极限状态和正常使用极限状态的计算。

(2)短暂状况。所对应的是桥梁的施工阶段和维修阶段。这个阶段的持续时间相对于使用阶段是短暂的,结构体系、结构所承受的荷载等与使用阶段也不同,设计要根据具体情况而定。在这个阶段,要进行承载能力极限状态计算,可根据需要作正常使用极限状态计算。

(3)偶然状况。是指结构可能遇到的异常状况,如撞击、火灾、爆炸等。这种状况出现的概率极小,且持续的时间极短。结构在极短时间内承受的作用以及结构可靠度水平等在设计中都需特殊考虑。偶然状况应作承载能力极限状态计算。

(4)地震状况。地震作用是一种特殊的偶然作用,与撞击等偶然作用相比,地震作用能够统计并有统计资料,可以确定其标准值。而其他偶然作用无法通过概率的方法确定其标准值,因此,两者的设计表达式是不同的。地震状况应作承载能力极限状态设计。

2. 持久状况承载能力极限状态设计表达式

按照《可靠性标准》第3.2.1条的规定,公路桥涵结构的安全等级,应根据结构破坏可能产生后果的严重性确定。对于持久设计状况和短暂设计状况,结构重要性系数应不小于表5-1-3中的规定;对于偶然设计状况和地震设计状况,结构重要性系数应取1.0。公路桥涵结构的安全等级及结构重要性系数按表5-1-3采用。

公路桥涵结构的安全等级及结构重要性系数 表5-1-3

安全等级	破坏后果	结构重要性系数	适 用 对 象
一级	很严重	1.1	1. 各等级公路上的特大桥、大桥、中桥; 2. 高速公路,一级、二级公路,国防公路及城市附近交通繁忙公路上的小桥
二级	严重	1.0	1. 三级、四级公路上的小桥; 2. 高速公路,一级、二级公路,国防公路及城市附近交通繁忙公路上的涵洞
三级	不严重	0.9	三级、四级公路上的涵洞

桥涵构件的承载能力极限状态,根据《公路桥规》第 5.1.2 条规定,按下式计算:

$$\gamma_0 S \leq R \quad (5\text{-}1\text{-}2)$$

$$R = R(f_d, a_d) \quad (5\text{-}1\text{-}3)$$

式中:γ_0——桥梁结构的重要性系数,按公路桥涵的设计安全等级,一级、二级、三级分别取为 1.1、1.0、0.9,桥涵结构设计安全等级应符合表 5-1-3 的规定;

S——作用组合(其中汽车荷载应计入冲击作用)的效应设计值,按《通用规范》的规定,对持久设计状况应按作用基本组合计算;

R——构件承载力设计值;

$R(\cdot)$——构件承载力函数;

f_d——材料强度设计值;

a_d——几何参数设计值,当无可靠数据时,可采用几何参数标准值 a_k,即设计文件规定值。

3. 持久状况正常使用极限状态设计表达式

公路桥涵的持久状况设计应按正常使用极限状态的要求,采用作用频遇的相应组合,对构件的裂缝宽度和挠度进行验算,并使各项计算值不超过规范规定的限值。在上述组合中,汽车荷载效应可不计冲击系数。

(1)裂缝宽度验算。基本表达式为:

$$W_{tk} \leq W_g \quad (5\text{-}1\text{-}4)$$

式中:W_{tk}——按规定的作用频遇组合计算得出的裂缝宽度;

W_g——规范规定的裂缝宽度限值。

(2)挠度验算。挠度验算的关键是结构和构件刚度的计算,有了刚度之后即可用结构力学的方法计算挠度,并与规定的挠度限值加以比较,其基本表达式为:

$$f_j \leq f_g \quad (5\text{-}1\text{-}5)$$

式中:f_j——按照规定的作用频遇组合计算得出的挠度;

f_g——规范规定的挠度限值,一般用跨径的百分比来表示。

三、作用效应组合

1. 作用的分类

根据《通用规范》第 4.1.1 条规定,作用分为永久作用、可变作用、偶然作用和地震作用四类。

(1)永久作用:是经常作用且数值不随时间变化或变化微小的作用。

(2)可变作用:可变作用的数值是随时间变化。

(3)偶然作用:作用时间短暂,且发生的概率很小。

(4)地震作用:是一种特殊的偶然作用。

公路桥涵结构上的作用分类规定按表 5-1-4 采用。

作 用 分 类　　　　　　　　　表 5-1-4

序 号	分 类	名 称
1	永久作用	结构重力(包括结构附加重力)
2		预加力
3		土的重力
4		土侧压力
5		混凝土收缩、徐变作用
6		水的浮力
7		基础变位作用
8	可变作用	汽车荷载
9		汽车冲击力
10		汽车离心力
11		汽车引起的土侧压力
12		汽车制动力
13		人群荷载
14		疲劳荷载
15		风荷载
16		流水压力
17		冰压力
18		波浪力
19		温度(均匀温度和梯度温度)作用
20		支座摩阻力
21	偶然作用	船舶的撞击作用
22		漂流物的撞击作用
23		汽车撞击作用
24	地震作用	地震作用

2. 作用的代表值

公路桥涵设计时,对不同的作用根据《通用规范》第 4.1.2 条规定采用不同的代表值:永久作用的代表值为其标准值。可变作用的代表值包括标准值、组合值、频遇值和准永久值。偶然作用代表值取其设计值。地震作用的代表值为其标准值,应根据现行《公路工程抗震规范》(JTG B02—2013)的规定确定。

(1)作用的标准值。

作用的标准值是结构设计的主要参数,关系到结构的安全问题,是作用的基本代表值。作用的标准值反映了作用在设计基准期内随时间的变异,其量值应取结构设计规定期限内可能出现的最不利值,一般按作用在设计基准期内最大值概率分布的某一分位值确定。

对于结构自重,包括结构的附加重力,它们的标准值按结构设计规定的设计尺寸和材料的重度计算确定。调查统计表明,结构的设计尺寸与实测均值极为相近;钢筋混凝土构件的重度与规范的规定值也是接近的。

(2)可变作用的组合值。

可变作用的组合值是指在主导可变作用(汽车荷载)出现时段内其他可变作用的最大量值,其比可变作用的标准值小,一般由标准值乘以小于1的组合值系数ψ_c得到。

(3)可变作用的频遇值。

可变作用的频遇值是指结构上较频繁出现的且量值较大的作用取值,其比可变作用的标准值小,一般由标准值乘以小于1的频遇值系数ψ_f得到。

(4)可变作用的准永久值。

可变作用的准永久值是指在结构上经常出现的作用取值,但它比可变作用的频遇值又要小一些,一般是由标准值乘以小于1的准永久值系数ψ_q得到。

(5)偶然作用的设计值。

偶然作用的设计值可根据历史记载、现场感测和试验,并结合工程经验综合分析确定,也可根据有关标准的专门规定确定,如根据船舶撞击力、汽车撞击力的设计值确定。

3. 作用效应组合

1)效应组合原则

公路桥涵结构设计应考虑结构上可能同时出现的作用,按承载能力极限状态、正常使用极限状态进行作用组合,均应按下列原则取其最不利组合效应进行设计:

(1)只有在结构上可能同时出现的作用,才进行组合。当结构或结构构件需做不同受力方向的验算时,则应以不同方向的最不利的作用组合效应进行计算。

(2)当可变作用的出现对结构或结构构件产生有利影响时,该作用不应参与组合。实际不可能同时出现的作用或同时参与组合概率很小的作用,按表5-1-5规定不考虑其参与组合。

可变作用不同时组合表　　　　　　　表5-1-5

作用名称	不与该作用同时参与组合的作用	作用名称	不与该作用同时参与组合的作用
汽车制动力	流水压力、冰压力、波浪力、支座摩阻力	冰压力	汽车制动力、流水压力、波浪力
流水压力	汽车制动力、冰压力、波浪力	支座摩阻力	汽车制动力
波浪力	汽车制动力、流水压力、冰压力		

(3)施工阶段的作用组合,应按计算需要及结构所处条件而定,结构上的施工人员和施工机具设备均应作为可变作用加以考虑。组合式桥梁,当把底梁作为施工支撑时,作用组合效应宜分两个阶段计算,底梁受荷为第一个阶段,组合梁受荷为第二个阶段。

(4)多个偶然作用不同时参与组合。

(5)地震作用不与偶然作用同时参与组合。

2)承载能力极限状态设计时的作用组合

公路桥涵结构按承载能力极限状态设计时,对持久设计状况和短暂设计状况应采用作用的基本组合,对偶然设计状况应采用作用的偶然组合,对地震设计状况应采用作用的地震组合,应按《通用规范》第4.1.5条的规定采用:

(1)基本组合:永久作用设计值与可变作用设计值相组合。

作用基本组合的效应设计值可按下式计算:

$$S_{\mathrm{ud}} = \gamma_0 S(\sum_{i=1}^{m}\gamma_{G_i}G_{ik}, \gamma_{Q_1}\gamma_L Q_{1k}, \psi_c\sum_{j=2}^{n}\gamma_{L_j}\gamma_{Q_j}Q_{jk}) \qquad (5\text{-}1\text{-}6)$$

$$S_{\mathrm{ud}} = \gamma_0 S(\sum_{i=1}^{m}G_{id}, Q_{1d}, \sum_{j=2}^{n}Q_{jd}) \qquad (5\text{-}1\text{-}7)$$

式中：S_{ud}——承载能力极限状态下作用基本组合的效应设计值；

$S(\cdot)$——作用组合的效应函数；

γ_0——结构重要性系数，按表5-1-3规定的结构设计安全等级采用，按持久状况和短暂状况承载能力极限状态设计时，公路桥涵结构设计安全等级应不低于表5-1-3的规定，对应于设计安全等级一级、二级和三级分别取1.1、1.0和0.9；

γ_{G_i}——第i个永久作用的分项系数，应按表5-1-6的规定采用；

G_{ik}、G_{id}——第i个永久作用的标准值和设计值；

γ_{Q_1}——汽车荷载（含汽车冲击力、离心力）的分项系数；采用车道荷载计算时取$\gamma_{Q_1}=1.4$，采用车辆荷载计算时，其分项系数取$\gamma_{Q_1}=1.8$；当某个可变作用在组合中其效应值超过汽车荷载效应时，则该作用取代汽车荷载，其分项系数取$\gamma_{Q_1}=1.4$；对专为承受某作用而设置的结构或装置，设计时该作用的分项系数取$\gamma_{Q_1}=1.4$；计算人行道板和人行道栏杆的局部荷载，其分项系数也取$\gamma_{Q_1}=1.4$；

Q_{1k}、Q_{1d}——汽车荷载（含汽车冲击力、离心力）的标准值和设计值；

γ_{Q_j}——在作用组合中除汽车荷载（含汽车冲击力、离心力）、风荷载外的其他第j个可变作用的分项系数，取$\gamma_{Q_j}=1.4$，但风荷载的分项系数取$\gamma_{Q_j}=1.1$；

Q_{jk}、Q_{jd}——在作用组合中除汽车荷载（含汽车冲击力、离心力）外的其他第j个可变作用的标准值和设计值；

ψ_c——在作用组合中除汽车荷载（含汽车冲击力、离心力）外的其他可变作用的组合值系数，取$\psi_c=0.75$；

$\psi_c Q_{jk}$——在作用组合中除汽车荷载（含汽车冲击力、离心力）外的第j个可变作用的组合值；

γ_{L_j}——第j个可变作用的结构设计使用年限荷载调整系数。公路桥涵结构的设计使用年限按表5-1-2取值时，可变作用的设计使用年限荷载调整系数取$\gamma_{L_j}=1.0$；否则，γ_{L_j}取值应按专题研究确定。

永久作用效应的分项系数　　　　　　　　　　　　　　　表5-1-6

序号	作用类别	永久作用效应分项系数	
		对结构的承载能力不利时	对结构的承载能力有利时
1	混凝土和圬工结构重力（包括结构附加重力）	1.2	1.0
	钢结构重力（包括结构附加重力）	1.1或1.2	
2	预应力	1.2	1.0
3	土的重力	1.2	1.0
4	混凝土的收缩及徐变作用	1.0	1.0
5	土侧压力	1.4	1.0

续上表

序号	作用类别		永久作用效应分项系数	
			对结构的承载能力不利时	对结构的承载能力有利时
6	水的浮力		1.0	1.0
7	基础变位作用	混凝土和圬工结构	0.5	0.5
		钢结构	1.0	1.0

注:本表序号1中,当钢桥采用钢桥面板时,永久作用效应分项系数取1.1;当采用混凝土桥面板时,取1.2。

(2)偶然组合:永久作用标准值与可变作用某种代表值、一种偶然作用设计值相组合;与偶然作用同时出现的可变作用,可根据观测资料和工程经验取用频遇值或准永久值。

作用偶然组合的效应设计值可按下式计算:

$$S_{ad} = S\left[\sum_{i=1}^{m}G_{ik}, A_d, (\psi_{f1} \text{ 或 } \psi_{q1})Q_{1k}, \sum_{j=2}^{n}\psi_{qj}Q_{jk}\right] \quad (5\text{-}1\text{-}8)$$

式中: S_{ad}——承载能力极限状态下作用偶然组合的效应设计值;

A_d——偶然作用的设计值;

ψ_{f1}——汽车荷载(含汽车冲击力、离心力)的频遇值系数,取 $\psi_{f1}=0.7$;当某个可变作用在组合中其效应值超过汽车荷载效应时,则该作用取代汽车荷载,人群荷载 $\psi_f=1.0$,风荷载 $\psi_f=0.75$,温度梯度作用 $\psi_f=0.8$,其他作用 $\psi_f=1.0$;

$\psi_{f1}Q_{1k}$——汽车荷载的频遇值;

ψ_{q1}、ψ_{qj}——第1个和第j个可变作用的准永久值系数,汽车荷载(含汽车冲击力、离心力) $\psi_q=0.4$,人群荷载 $\psi_q=0.4$,风荷载 $\psi_q=0.75$,温度梯度作用 $\psi_q=0.8$,其他作用 $\psi_q=1.0$;

$\psi_{q1}Q_{1k}$、$\psi_{qj}Q_{jk}$——第1个和第j个可变作用的准永久值。

3)正常使用极限状态设计时的作用组合

公路桥涵结构按正常使用极限状态设计时,应根据不同的设计要求,采用作用的频遇组合或准永久组合,并应符合下列规定:

(1)频遇组合:永久作用标准值与汽车荷载频遇值、其他可变作用准永久值相组合。作用频遇组合的效应设计值可按下式计算:

$$S_{fd} = S\left(\sum_{i=1}^{m}G_{ik}, \psi_{f1}Q_{1k}, \sum_{j=2}^{n}\psi_{qj}Q_{jk}\right) \quad (5\text{-}1\text{-}9)$$

式中: S_{fd}——作用频遇组合的效应设计值;

ψ_{f1}——汽车荷载(不计汽车冲击力)频遇值系数,取0.7。

(2)准永久组合:永久作用标准值与可变作用准永久值相组合。

作用准永久组合的效应设计值可按下式计算:

$$S_{qd} = S\left(\sum_{i=1}^{m}G_{ik}, \sum_{j=1}^{n}\psi_{qj}Q_{jk}\right) \quad (5\text{-}1\text{-}10)$$

式中: S_{qd}——作用准永久组合的效应设计值;

ψ_{qj}——汽车荷载(不计汽车冲击力)准永久值系数,取0.4。

四、材料的设计强度

钢筋混凝土结构的主要材料是钢筋和混凝土。材料的实测强度具有变异性,其值是具有离散性的随机变量。材料强度标准值是材料强度的代表值,是人为取定的一个值,它由标准试件按标准试验方法经数理统计得到的材料性能概率分布的某一分位值确定。公路桥涵中材料强度标准值取其概率分布的 0.05 分位值,具有不小于95%的保证率。

材料的设计强度是用材料强度标准值除以材料性能分项系数后的值,其取值依据是满足结构的可靠度要求,主要用于极限状态法设计计算中。

1. 混凝土

混凝土强度等级是以边长为150mm 的立方体试件,用标准方法制作、养护至28d 龄期,以标准试验方法测得的具有95%保证率的抗压强度值(以 MPa 计)来确定的。

公路桥涵受力构件的混凝土强度等级应按《公路桥规》第3.1节规定按下列采用:

(1)钢筋混凝土构件不低于 C25;当采用强度标准值400MPa 及以上钢筋时,不低于 C30。

(2)预应力混凝土构件不低于 C40。

混凝土轴心抗压强度标准值 f_{ck} 和轴心抗拉强度标准值 f_{tk} 应按表 5-1-7 采用,混凝土轴心抗压强度设计值 f_{cd} 和轴心抗拉强度设计值 f_{td} 应按表 5-1-8 采用,混凝土的弹性模量 E_c 应按表 5-1-9采用。

混凝土强度标准值 表 5-1-7

强度等级	C25	C30	C35	C40	C45	C50	C55	C60	C65	C70	C75	C80
f_{ck}(MPa)	16.7	20.1	23.4	26.8	29.6	32.4	35.5	38.5	41.5	44.5	47.4	50.2
f_{tk}(MPa)	1.78	2.01	2.20	2.40	2.51	2.65	2.74	2.85	2.93	3.00	3.05	3.10

混凝土强度设计值 表 5-1-8

强度等级	C25	C30	C35	C40	C45	C50	C55	C60	C65	C70	C75	C80
f_{cd}(MPa)	11.5	13.8	16.1	18.4	20.5	22.4	24.4	26.5	28.5	30.5	32.4	34.6
f_{td}(MPa)	1.23	1.39	1.52	1.65	1.74	1.83	1.89	1.96	2.02	2.07	2.10	2.14

混凝土的弹性模量 表 5-1-9

强度等级	C25	C30	C35	C40	C45	C50	C55	C60	C65	C70	C75	C80
E_c(×10⁴MPa)	2.80	3.00	3.15	3.25	3.35	3.45	3.55	3.60	3.65	3.70	3.75	3.80

注:当采用引气剂及较高砂率的泵送混凝土且无实测数据时,表中 C50~C80 的 E_c 值乘以折减系数0.95。

2. 钢筋

(1)公路混凝土桥涵的钢筋应按下列规定采用:

①钢筋混凝土及预应力混凝土构件中的普通钢筋宜选用 HPB300、HRB400、HRB500、HRBF400 和 RRB400 钢筋,预应力混凝土构件中的箍筋应选用其中的带肋钢筋;按构造要求配置的钢筋网可采用冷轧带肋钢筋。

②预应力混凝土构件中的预应力钢筋应选用钢绞线、钢丝;中、小型构件或竖、横向预应力钢筋,也可选用精轧螺纹钢筋。

(2)普通钢筋的抗拉强度标准值 f_{sk} 和预应力钢筋的抗拉强度标准值 f_{pk},应分别按表 5-1-10 和表 5-1-11 采用。

普通钢筋抗拉强度标准值   表 5-1-10

钢筋种类	符号	公称直径 d(mm)	f_{sk}(MPa)
HPB300	ϕ	6~22	300
HRB400 HRBF400 RRB400	Φ Φ^F Φ^R	6~50	400
HRB500	Φ	6~50	500

预应力钢筋抗拉强度标准值   表 5-1-11

钢筋种类	符号		公称直径 d(mm)	f_{pk}(MPa)
钢绞线	1×7	ϕ^S	9.5、12.7、15.2、17.8	1720、1860、1960
			21.6	1860
消除应力钢丝	光面螺旋肋	ϕ^P ϕ^H	5	1570、1770、1860
			7	1570
			9	1470、1570
预应力螺纹钢筋		ϕ^T	18、25、32、40、50	785、930、1080

注:抗拉强度标准值为 1960MPa 的钢绞线作为预应力钢筋使用时,应有可靠工程经验或充分试验验证。

(3)普通钢筋的抗拉强度设计值 f_{sd} 和抗压强度设计值 f'_{sd} 应按表 5-1-12 采用;预应力钢筋的抗拉强度设计值 f_{pd} 和抗压强度设计值 f'_{pd} 应按表 5-1-13 采用。

普通钢筋抗拉、抗压强度设计值   表 5-1-12

钢筋种类	f_{sd}(MPa)	f'_{sd}(MPa)	钢筋种类	f_{sd}(MPa)	f'_{sd}(MPa)
HPB300	250	250	HRB500	415	400
HRB400、HRBF400、RRB400	330	330			

注:1.钢筋混凝土轴心受拉和小偏心受拉构件的钢筋抗拉强度设计值大于 330MPa 时,应按 330MPa 取用;在斜截面抗剪承载力、受扭承载力和冲切承载力计算中垂直于纵向受力钢筋的箍筋或间接钢筋等横向钢筋的抗拉强度设计值大于 330MPa 时,应取 330MPa。

2.构件中配有不同种类的钢筋时,每种钢筋应采用各自的强度设计值。

预应力钢筋抗拉、抗压强度设计值   表 5-1-13

钢筋种类	f_{pk}(MPa)	f_{pd}(MPa)	f_{sd}(MPa)
钢绞线 1×7(七股)	1720	1170	390
	1860	1260	
	1960	1330	
消除应力钢丝	1470	1000	410
	1570	1070	
	1770	1200	
	1860	1260	

续上表

钢筋种类	f_{pk}(MPa)	f_{pd}(MPa)	f_{sd}(MPa)
预应力螺纹钢筋	785	650	400
	930	770	
	1080	900	

（4）普通钢筋的弹性模量 E_s 和预应力钢筋的弹性模量 E_p 宜按表5-1-14采用；当有可靠试验依据时，E_s 和 E_p 可按实测数据确定。

钢筋的弹性模量　　　　　表5-1-14

钢筋种类	弹性模量 E_s（$\times 10^5$ MPa）	钢筋种类	弹性模量 E_p（$\times 10^5$ MPa）
HPB300	2.10	钢绞线	1.95
HRB400、HRB500 HRBF400、RRB400	2.00	消除应力钢丝	2.05
		预应力螺纹钢筋	2.00

第二章 受弯构件承载力计算

受弯构件是指以承受弯矩和剪力为主的构件,钢筋混凝土梁和板是中小桥梁中应用广泛的受弯构件。

在弯矩作用下,构件可能出现正截面破坏;在弯矩和剪力的共同作用下,构件可能出现斜截面破坏;另外,构件的挠度和裂缝宽度可能超过规定值。为防止出现以上情况,应对钢筋混凝土受弯构件进行以下设计计算:

(1)正截面承载力计算。
(2)斜截面承载力计算。

第一节 受弯构件的截面形式与构造

一、截面形式和尺寸

矩形、T形和箱形截面是中、小桥梁钢筋混凝土受弯构件常用的截面形式。

桥梁钢筋混凝土构件可以采用现浇或预制制作。现浇是指在构件实际位置现场制模、绑扎钢筋和浇筑混凝土;预制是指在专门的工场预先浇制构件,待构件具有一定强度后运至现场进行安装。为了减轻构件自重,构件截面常采用空心、T形(箱形截面可视为相连的T形截面)形式。

在确定构件的截面尺寸时,主要考虑构件自身的稳定和跨度大小,同时还要便于施工。对桥梁工程中常用受弯构件的截面尺寸可按下述建议选用。

1. 矩形截面梁

现浇矩形截面梁的宽度 b 常取用 120mm、150mm、180mm、200mm、220mm 和 250mm,其后按 50mm 一级增加(当梁高不大于 800mm 时)或 100mm 增加(当梁高大于 800mm 时)。

矩形截面的高宽比 h/b 一般取 2.0~2.5,截面的高跨比宜为 1/12~1/8。

2. 预制 T 形截面梁

预制 T 形截面梁,其高跨比一般为 $h/l = 1/16 \sim 1/11$,跨径较大时取偏小比值。T 形或箱形截面梁的腹板宽度不应小于 140mm,常取 150~180mm,根据梁内主筋布置及抗剪要求而定。

预制 T 形截面梁或箱形截面梁翼缘悬臂端的厚度不应小于 100mm,与腹板相连处的翼缘厚度不应小于梁高的 1/10。

3. 现浇板和预制板

现浇板的截面宽度较大,计算时可取单位宽度(1m)。预制板宽度一般为 1～1.5m,可采用矩形实心板或空心板。

为了保证施工质量和板的耐久性,《公路桥规》第9.2.1条规定了各种板的最小厚度:空心板桥的顶板和底板厚度均不应小于80mm;人行道板的厚度,就地浇筑的板不应小于80mm,预制板不应小于60mm。

二、受弯构件的钢筋构造

只在钢筋混凝土梁(板)受拉区布置受力钢筋的截面,称为单筋截面;在受拉区和受压区都布置受力钢筋的截面称为双筋截面。

截面上钢筋用量的多少是一个非常重要的指标,通常用受拉钢筋的配筋率 ρ 来表示:

$$\rho = \frac{A_s}{b h_0} \qquad (5\text{-}2\text{-}1)$$

式中:A_s——截面中纵向受拉钢筋全部截面面积;

b——矩形截面宽度或T形截面腹板宽度;

h_0——截面的有效高度(图5-2-1),$h_0 = h - a_s$,h 为截面高度,a_s 为纵向受拉钢筋全部截面的重心到受拉边缘的距离。

图5-2-1中 c 为混凝土保护层厚度,是指最外层钢筋(包含箍筋)外表面到混凝土最近表面的净距离。混凝土保护层厚度与构件的耐久性和裂缝开展宽度及变形密切相关。《公路桥规》第9.1.1条规定,钢筋的最小混凝土保护层厚度不应小于钢筋的公称直径,且应符合表5-2-1的规定。

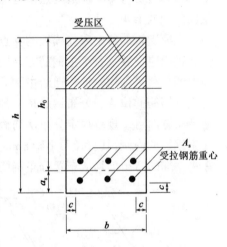

图5-2-1 截面配筋率 ρ 的计算图式

混凝土保护层最小厚度(mm) 表5-2-1

构件类别	梁、板、塔、拱圈、涵洞上部		墩台身、涵洞下部		承台、基础	
设计使用年限(年)	100	50、30	100	50、30	100	50、30
Ⅰ类-一般环境	20	20	25	20	40	40
Ⅱ类-冻融环境	30	25	35	30	45	40
Ⅲ类-近海或海洋氯化物环境	35	30	45	40	65	60
Ⅳ类-除冰盐等其他氯化物环境	30	25	35	30	45	40
Ⅴ类-盐结晶环境	30	25	40	35	45	40
Ⅵ类-化学腐蚀环境	35	30	40	35	60	55
Ⅶ类-磨蚀环境	35	30	45	40	65	60

1. 板的钢筋

按照板的受力特性,可以将板分为单向板和双向板。

单向板上的荷载只向短边方向传递。单边或两对边支承的板一定是单向板;两相邻边、三边、四边支承的板(图5-2-2),当长短边之比 $l_2/l_1 \geqslant 2$ 时,长边弯矩较小可以忽略不计,可按单向板计算。单向板内受力主钢筋沿板的跨度方向(短边)布置。

双向板上的荷载向两个方向(长边和短边)传递。两相邻边、三边、四边支承的板,当 $l_2/l_1 < 2$ 时称为双向板。双向板内受力主钢筋沿板的两个方向(长边和短边)布置。

板内受力主钢筋的直径不应小于10mm(行车道板)或8mm(人行道板),其数量由计算决定,在工程中要特别注意受力钢筋布置方向应与计算跨度一致。

行车道板内主钢筋可在沿板高中心纵轴线的 $1/6 \sim 1/4$ 计算跨径处按 $30° \sim 45°$ 弯起,以承受支座处的负弯矩。通过支点不弯起的主钢筋,在每米板宽内不应少于三根,并不少于主钢筋截面面积的 $1/4$。

在简支板的跨中和连续板的支点处,板内主钢筋间距不应大于200mm。

板内应设置垂直于主钢筋方向的分布钢筋(图5-2-3)。分布钢筋的主要作用是为了将板面上的荷载更加均匀地传递给主钢筋,同时还能够抵抗温度和混凝土收缩产生的应力,以及固定受力钢筋的位置。分布钢筋是一种构造钢筋,其数量不需要计算,只要按照规范规定的数量适当布置即可。规范规定分布钢筋截面面积不宜小于板的截面面积的0.1%。分布钢筋设置在主钢筋的内侧,其直径不小于8mm(行车道板)或6mm(人行道板),其间距不大于200mm。在主钢筋的弯折处均应布置分布钢筋。

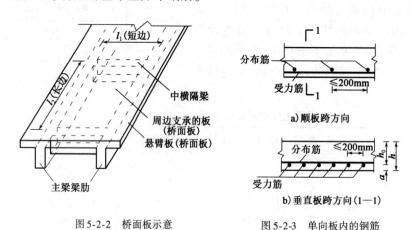

图5-2-2 桥面板示意　　图5-2-3 单向板内的钢筋

2. 梁的钢筋

梁内的钢筋种类有:受力主钢筋、弯起钢筋或斜钢筋、箍筋、架立钢筋和水平纵向钢筋。

梁内的钢筋常常在浇筑混凝土前形成钢筋骨架,骨架可以是绑扎的(图5-2-4),也可以是焊接的(图5-2-5)。无论何种骨架,其基本要求是骨架本身应有一定的刚度,以便搬运和定位,同时还应易于浇筑和捣实混凝土。

梁内主钢筋的数量由计算决定。钢筋的直径一般选为 $12 \sim 32$mm。在同一根梁内宜用直径相同的主钢筋,若用两种以上直径的钢筋,为便于施工识别,直径差应在2mm以上。

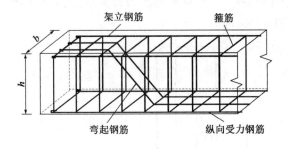
图 5-2-4 绑扎钢筋骨架

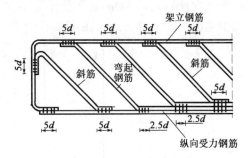
图 5-2-5 焊接钢筋骨架

受弯构件的钢筋净距应考虑浇筑混凝土时,振捣器可以顺利插入,以保证混凝土的密实性。各主钢筋间横向净距和层与层之间的竖向净距,当钢筋为三层或三层以下时,不应小于 30mm 和钢筋直径;当钢筋为三层以上时,不小于 40mm 和钢筋直径的 1.25 倍(图 5-2-6)。对于束筋,此处直径采用等代直径。

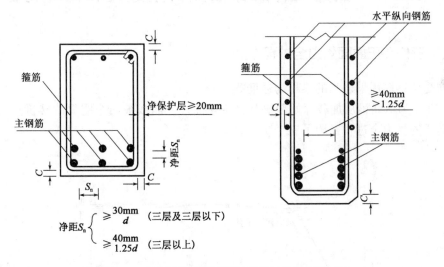
图 5-2-6 梁主钢筋净距和混凝土保护层(I类环境条件)

梁内主钢筋的用量是按梁的控制截面设计弯矩计算的。在设计弯矩较小处,为节约钢筋和承受剪力,可以将一部分主钢筋按一定规律弯起,称为弯起钢筋;有时还要专门配置承受剪力的斜钢筋。弯起钢筋和斜钢筋的数量均由抗剪计算确定。

在梁中与主钢筋垂直的方向上,必须布置箍筋。箍筋有以下作用:协助混凝土抗剪,固定主钢筋的位置以形成骨架,在梁一旦出现斜向裂缝后可以限制斜向裂缝的宽度,并对混凝土的收缩裂缝有一定控制作用。梁内箍筋形式如图 5-2-7 所示。箍筋直径不宜小于 8mm 和主筋直径的 1/4。

梁中还应布置为形成钢筋骨架所需的架立钢筋,在没有主钢筋的箍筋转角处必须布置架立钢筋,架立钢筋的直径通常为 10 ~ 14mm。

T 形、I 形截面梁或箱形截面梁的腹板两侧,为控制腹板裂缝开展,应设置直径 6 ~ 8mm 的水平纵向钢筋,其面积宜为 (0.001 ~ 0.002)bh,b 为腹板宽度,h 为梁高;其间距在受拉区不大于腹板宽度且不大于 200mm，在受压区不大于 300mm。在支点附近剪力较大区段，腹板两侧纵向钢筋面积应予增加，纵向钢筋间距宜为 100～150mm。

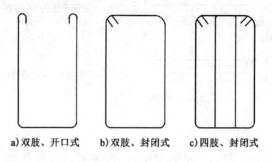

a) 双肢、开口式　　b) 双肢、封闭式　　c) 四肢、封闭式

图 5-2-7　箍筋的形式

第二节　受弯构件正截面受力全过程和破坏特征

一、受弯构件正截面受力全过程

纵向受拉钢筋用量适当的梁称为适筋梁。

图 5-2-8 为适筋梁从加载开始至破坏的 $M\text{-}f$ 曲线。曲线被两个明显的转折点分成三段，表明适筋梁的受力全过程经历了三个阶段。

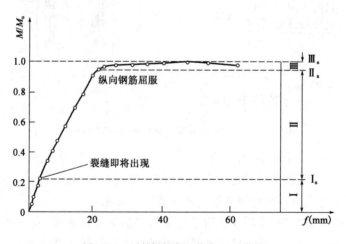

图 5-2-8　适筋梁的弯矩-挠度($M\text{-}f$)曲线

第Ⅰ阶段：弹性工作阶段（加载开始至混凝土即将开裂）。

在这一阶段，弯矩很小，$M\text{-}f$ 曲线基本上呈直线，梁近似为弹性体工作。受拉区和受压区混凝土应力较小，呈三角形分布，截面应变符合平截面假定，混凝土尚未开裂，全截面参与工作。

随着弯矩的增加，受拉区混凝土拉应力达到抗拉强度 f_t，受拉边缘混凝土应变增至极限拉应变 ε_{tu}，混凝土即将开裂。

第Ⅱ阶段:带裂缝工作阶段(混凝土开裂至受拉钢筋屈服)。

混凝土出现第一条裂缝后,M-f 曲线出现第一个转折点,梁的刚度下降,挠度 f 增加的速度较快。混凝土开裂后退出承载,拉应力转卸给钢筋承担,使钢筋的应力突增。截面平均应变仍符合平截面假定,受压区压应力分布图形逐渐弯曲。

在第Ⅱ阶段,随着弯矩增大,裂缝数量逐渐增多,裂缝宽度也逐渐增大,并逐渐向受压区延伸。开裂截面钢筋的拉应力逐渐增大,当钢筋拉应力增大至屈服时,M-f 曲线出现第二个转折点。

第Ⅲ阶段:破坏阶段(受拉钢筋屈服至混凝土压坏)。

钢筋屈服后,梁进入破坏阶段。此时裂缝迅速开展,挠度急剧增大,表现出明显的破坏征兆;受压区混凝土的塑性表现充分,其压应力分布图形更加弯曲;最后,当混凝土受压区边缘应变达到极限压应变 ε_{cu} 时,梁达到极限承载能力而破坏。

二、受弯构件正截面破坏特征

1. 适筋梁的破坏特征

适筋梁在破坏前受拉钢筋先达到屈服,然后到受压区混凝土压坏有一个相对较长的过程,裂缝开展和挠度增加都非常明显,破坏前有明显的预兆,这种破坏称为"延性破坏"。

适筋梁的承载力既取决于钢筋的屈服强度,又取决于混凝土抗压强度,充分发挥了两种材料的优势,破坏又呈延性性质,所以设计适筋梁是设计者的目标。

2. 超筋梁的破坏特征

受拉钢筋配得过多的梁为超筋梁。由于配筋率过大,受拉钢筋的拉应力增加缓慢,致使受压区混凝土先达到极限压应变 ε_{cu} 而破坏,受拉钢筋尚未达到屈服。由于超筋梁破坏前裂缝开展较小,挠度发展不明显,破坏呈突然性,无明显的预兆,属"脆性破坏"。

超筋梁的破坏是受压区混凝土在受拉区钢筋未达到屈服之前就被压碎,破坏取决于混凝土抗压强度,梁中受拉钢筋过多造成浪费,且破坏呈脆性,所以设计中应尽量避免采用超筋梁。

3. 少筋梁的破坏特征

受拉钢筋配得过少的梁为少筋梁。由于梁的配筋率很小,受拉区混凝土一旦开裂,钢筋就会因混凝土退出工作后承受突然增大的拉力而立即屈服,并进入强化阶段,裂缝迅速延伸至梁顶部,导致梁的突然断裂,这也是一种"脆性破坏"。

少筋梁的承载力很低,主要取决于混凝土的抗拉强度,破坏弯矩近似素混凝土梁的开裂弯矩,破坏突然,在桥梁工程中禁止采用。

第三节 受弯构件正截面承载力计算

一、正截面承载力计算的一般规定

1. 基本假定

对于钢筋混凝土构件,在进行正截面承载力计算时应采用以下基本假定。

(1) 构件弯曲后,其截面仍保持为平面,即满足平截面假定。这是在分析了大量试验梁截面变形特点后得出的假定,这一假定是近似的,但由此引起的误差完全能符合工程计算的要求。

(2) 截面受压混凝土的应力图形简化为矩形,其压力强度取混凝土的轴心抗压强度设计值 f_{cd};截面受拉混凝土的抗拉强度不予考虑。

截面破坏时混凝土受压区应力分布图形为一曲线,在设计时要求出其合力及合力作用点比较麻烦。为简化计算,在保持合力大小及合力作用点不变的条件下,用等效矩形应力图来替换原曲线应力分布图。

在混凝土受拉区,从竖向裂缝顶端到中性轴之间的混凝土还可以承受拉力,考虑到这部分拉力较小且内力臂也很小,故在计算中不予考虑,拉力全部由受拉区钢筋承担。

(3) 极限状态计算时,受拉区钢筋应力取其抗拉强度设计值 f_{sd}(小偏压构件除外);受压区或受压较大外排钢筋应力取其抗压强度设计值 f'_{sd}。

《公路桥规》第 3.2.3 条条文说明明确钢筋抗压强度设计值 f'_{sd} 按以下两个条件确定:

① 钢筋的受压应变 $\varepsilon'_s = 0.002$。

② 钢筋的抗压强度设计值 $f'_{sd} = \varepsilon'_s E_s$,必须不大于钢筋的抗拉强度设计值 f_{sd}。

要使第①的条件得到满足,混凝土受压区高度 x 必须满足 $x \geq 2a'_s$,也就是说,受压钢筋达到屈服强度的前提条件是 $x \geq 2a'_s$。

(4) 钢筋应力等于钢筋应变与其弹性模量的乘积,但不大于其强度设计值。即采用简化的理想弹性-塑性应力应变曲线:在钢筋屈服之前,钢筋应力与应变成正比;钢筋屈服以后,其应力保持不变。

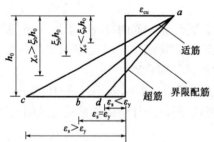

图 5-2-9 梁破坏时截面应变分布

2. 混凝土相对界限受压区高度 ξ_b

界限破坏是指纵向受拉钢筋达到屈服的同时,受压区混凝土边缘达到极限压应变的破坏状态。界限破坏是适筋梁和超筋梁的临界情况。

根据平截面假定,在界限配筋、超筋和适筋条件下梁破坏时截面应变分布(图 5-2-9)各不一样。要避免出现超筋梁破坏,只需混凝土受压区高度 $\chi_c \leq \xi_b h_0$,或相对受压区高度 $\xi \leq \xi_b$。

各种条件下的相对界限受压区高度 ξ_b 值按表 5-2-2 选用。

相对界限受压区高度 ξ_b 表 5-2-2

钢筋种类	混凝土强度等级			
	C50 及以下	C55、C60	C65、C70	C75、C80
HPB300	0.58	0.56	0.54	—
HRB400、HRBF400、RRB400	0.53	0.51	0.49	—
HRB500	0.49	0.47	0.46	—
钢绞线、钢丝	0.40	0.38	0.36	0.35
预应力螺纹钢筋	0.40	0.38	0.36	—

注:1. 截面受拉区内配置不同种类钢筋的受弯构件,其 ξ_b 值应选用相应于各种钢筋的较小者。

2. $\xi_b = x_b / h_0$,x_b 为纵向受拉钢筋和受压区混凝土同时达到各自强度设计值时的受压区矩形应力图高度。

3. 最小配筋率 $\rho_{\min}$

受弯构件的受拉钢筋最小配筋率 $\rho_{\min}$ 是根据素混凝土梁开裂时的弯矩，与同尺寸的钢筋混凝土梁所能承担的弯矩相等而确定的，其目的是当混凝土受拉边缘出现裂缝时，梁不致因配筋过少而脆性破坏。

根据上述要求，并考虑到混凝土温度收缩的需要，《公路桥规》第 9.1.12 条规定受弯构件中受拉钢筋的最小配筋百分率应符合下列要求：

$$\rho_{\min} \geqslant 45 f_{td}/f_{sd}(\%) \text{ 且不小于 } 0.2\%$$

其中，f_{td} 为混凝土轴心抗拉强度设计值，f_{sd} 为钢筋抗拉强度设计值，可查《公路桥规》相关表得到。

二、矩形截面或翼缘位于受拉边的 T 形截面受弯构件

1. 基本公式

矩形截面或翼缘位于受拉边的 T 形截面受弯构件，其正截面承载力计算简图如图 5-2-10 所示。

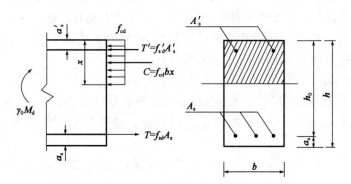

图 5-2-10　矩形截面受弯构件正截面承载力计算图式

由图 5-2-10 平衡条件可以得到如下基本公式：

$$\sum X = 0 \qquad f_{sd} A_s = f_{cd} b x + f'_{sd} A'_s \qquad (5\text{-}2\text{-}2)$$

$$\sum M = 0 \qquad \gamma_0 M_d \leqslant M_u = f_{cd} b x \left(h_0 - \frac{x}{2} \right) + f'_{sd} A'_s (h_0 - a'_s) \qquad (5\text{-}2\text{-}3)$$

式中：f_{sd}——钢筋抗拉强度设计值，可查《公路桥规》相关表得到；

A_s——受拉钢筋截面面积；

f_{cd}——混凝土轴心抗压强度设计值，可查《公路桥规》相关表得到；

b——矩形截面宽度或 T 形截面腹板宽度；

x——按等效矩形应力图的受压区计算高度；

f'_{sd}——钢筋抗压强度设计值，可查《公路桥规》相关表得到；

A'_s——受压钢筋截面面积；

γ_0——桥梁结构的重要性系数，可查《公路桥规》相关表得到；

M_d——弯矩组合设计值；

M_u——截面能承受的极限弯矩值；
a_s'——受压区钢筋合力点到受压区边缘的距离。

2. 基本公式的适用条件

$$x \leqslant \xi_b h_0 \quad (\text{防止发生超筋破坏}) \tag{5-2-4}$$

$$x \geqslant 2a_s' \quad (\text{保证受压钢筋屈服}) \tag{5-2-5}$$

$$\rho \geqslant \rho_{\min} \quad (\text{防止发生少筋破坏}, \rho \text{ 为受拉钢筋配筋率}) \tag{5-2-6}$$

3. 计算方法

桥涵中钢筋混凝土受弯构件的正截面计算，一般选取正、负弯矩最大的截面作为计算控制截面；另外，在变截面梁中通常选取 $l/2$、$l/4$ 截面等作为校核截面。

在实际设计计算中，可以把问题分为截面设计和截面复核两类。

1) 截面设计

在受弯构件设计中，外荷载产生的弯矩 M_d 可根据本篇第一章的办法求出，并根据构件的跨度和设计经验选取适当的截面尺寸和材料级别。因此，在截面设计问题中，弯矩 M_d、材料特性和截面尺寸往往作为已知条件来对待，需要计算的是受力钢筋的截面面积。

当需要承受的弯矩很大，而截面尺寸受限制时，或截面承受正反两个方向弯矩时，则需在截面受压区配置适当的受压钢筋，即采用双筋截面。

(1) 截面设计时，基本公式中的截面有效高度 $h_0 = h - a_s$，a_s 为受拉钢筋合力点到混凝土受拉边缘的距离。对于绑扎钢筋骨架梁，当混凝土保护层厚度为 20mm 时，预计受力钢筋为一层，可假定 $a_s = 40\text{mm}$；预计为两层，可假定 $a_s = 65\text{mm}$。对于人行道板，可取 $a_s = 25\text{mm}$；行车道板，取 $a_s = 35\text{mm}$。

(2) 先验算 $\gamma_0 M_d > f_{cd} b h_0^2 \xi_b (1 - 0.5\xi_b)$，若此式满足，需配置双筋；若不满足，则只配受拉钢筋即可。

(3) 若只需配受拉钢筋，$A_s' = 0$，将已知条件代入两个基本公式，联立求解即可。

(4) 若需配置双筋，则因两个基本公式中有三个未知量，需附加一个条件。设计时为了尽量节约钢材，充分利用混凝土的抗压强度，可令 $x = \xi_b h_0$，代入基本公式即可求解 A_s 和 A_s'。

(5) 截面设计时还可能碰到截面受压区已配有受压钢筋的情况，即 A_s' 已知，此时可直接把已知条件代入两个基本公式，联立求解即可。

(6) 计算中如果出现 $x > \xi_b h_0$，说明截面尺寸偏小，应加大截面尺寸或提高混凝土强度等级或采用双筋截面重新计算。

(7) 计算中如果出现 $x < 2a_s'$，说明受压钢筋数量过多，破坏时达不到屈服，可近似取 $x = 2a_s'$，即假定受压区混凝土的压力点在受压纵筋的合力点上，以该点取矩，即得：

$$\gamma_0 M_d \leqslant f_{sd} A_s (h_0 - a_s') \tag{5-2-7}$$

由此式解得 A_s。

(8) 如果 $\rho < \rho_{\min}$，说明截面尺寸偏大，可修改后重新计算，或取 $\rho = \rho_{\min}$。

2) 截面复核

截面复核时,截面尺寸、混凝土强度等级、钢筋种类和级别、钢筋面积及其布置均为已知,要求计算截面抗弯承载力 M_u,或弯矩设计值 $\gamma_0 M_d$ 也已知,问截面是否满足 $\gamma_0 M_d \leqslant M_u$。

(1) 检验钢筋布置是否符合规范要求。
(2) 计算配筋率 ρ,并需满足 $\rho \geqslant \rho_{\min}$。
(3) 由式(5-2-2)计算受压区高度 x。
(4) 若 $x > \xi_b h_0$,则截面为超筋截面,截面承载力由受压区混凝土决定,则:

$$M_u = f_{cd} b h_0^2 \xi_b (1 - 0.5\xi_b) + f_s' A_s'(h_0 - a_s') \quad (5-2-8)$$

(5) 若 $2a_s' \leqslant x \leqslant \xi_b h_0$,则可由式(5-2-3)求得 M_u。
(6) 若 $x < 2a_s'$,说明受压钢筋破坏时达不到屈服,可近似取 $x = 2a_s'$,按式(5-2-8)计算,$M_u = f_{sd} A_s (h_0 - a_s')$。
(7) 若 $\gamma_0 M_d \leqslant M_u$,则截面符合要求,若 $\gamma_0 M_d > M_u$,则应按截面设计步骤重新设计截面。

有时可直接选用经济配筋率进行截面设计,如矩形梁可以选 $\rho = 0.006 \sim 0.015$,板可选 $\rho = 0.003 \sim 0.008$。

【例 5-2-1】 已知矩形截面尺寸 $b \times h = 250\text{mm} \times 500\text{mm}$,弯矩组合设计值 $M_d = 136\text{kN} \cdot \text{m}$,拟采用 C25 混凝土,HRB400 级钢筋,桥梁结构重要性系数 $\gamma_0 = 1.1$,Ⅰ类环境条件。求所需钢筋截面面积 A_s,如图 5-2-11 所示。

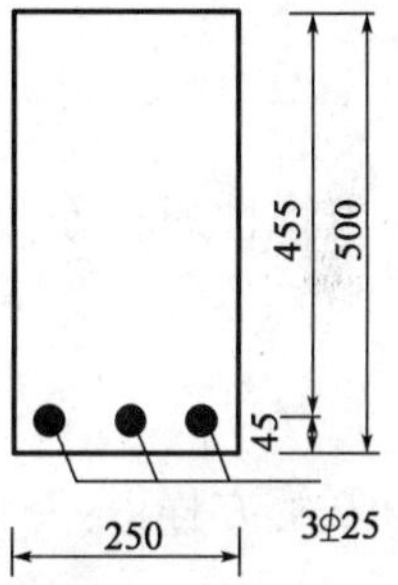

解:查表 5-1-8、5-1-12、5-2-2 得 $f_{cd} = 11.5\text{MPa}$,$f_{sd} = 330\text{MPa}$,$f_{td} = 1.23\text{MPa}$,$\xi_b = 0.53$。

假设钢筋按单排布置,取 $a_s = 45\text{mm}$,$h_0 = 500 - 45 = 455\text{mm}$。

图 5-2-11 截面(尺寸单位:mm)

$\gamma_0 M_d = 1.1 \times 136 \times 10^6 = 149.6 \times 10^6 \text{N} \cdot \text{mm}$
$< f_{cd} b h_0^2 \xi_b (1 - 0.5\xi_b) = 11.5 \times 250 \times 455^2 \times 0.53 \times (1 - 0.5 \times 0.53) = 232 \times 10^6 \text{N} \cdot \text{mm}$

按单筋截面设计即可。

由公式 $\gamma_0 M_d = f_{cd} b x \left(h_0 - \dfrac{x}{2}\right)$,可得:

$$x = h_0 - \sqrt{h_0^2 - \dfrac{2\gamma_0 M_d}{f_{cd} b}},\text{代入数值得}$$

$$x = 455 - \sqrt{455^2 - \dfrac{2 \times 1.1 \times 136 \times 10^6}{11.5 \times 250}}$$

$$= 134.1\text{mm} < \xi_b h_0 = 0.53 \times 455\text{mm} = 241.2\text{mm}$$

$$A_s = \dfrac{f_{cd} b x}{f_{sd}} = \dfrac{11.5 \times 250 \times 134.1}{330} = 1168\text{mm}^2$$

查钢筋表选取 3⌀25,$A_s = 1473\text{mm}^2$,钢筋一排布置,所需截面最小宽度:

$$b_{\min} = 2 \times 25 + 3 \times 28.4 + 2 \times 30 = 195\text{mm} < b = 250\text{mm}$$

梁的实际有效高度:$h_0 = 500 - (30 + 28.4/2) = 455\text{mm}$,与假设的基本一致。

最小配筋率:

$$\rho_{\min} = 45 \frac{f_{td}}{f_{sd}}\% = 45 \times \frac{1.23}{330}\% = 0.168\% < 0.2\%, 取 \rho_{\min} = 0.2\%$$

$$\rho = \frac{A_s}{b h_0} = \frac{1473}{250 \times 455} = 0.0129 = 1.29\% > \rho_{\min} = 0.2\%$$

配筋率满足规范要求。

三、翼缘位于受压区的 T 形截面受弯构件

翼缘位于受压区的 T 形截面可以看作矩形截面受拉区混凝土挖去一部分后剩下的截面。因为 T 形截面自重轻,材料利用充分,所以,T 形截面梁是桥梁工程中应用最广泛的梁之一。

工程中常用的圆孔空心板、方孔空心板和箱形截面均可换算为工形截面,如图 5-2-12 所示,其换算步骤如下。

按面积相等:

$$b_k h_k = \frac{\pi}{4} D^2$$

按惯性矩相等:

$$\frac{1}{12} b_k h_k^3 = \frac{\pi}{64} D^4$$

联解方程得:

$$b_k = \frac{\sqrt{3}}{6}\pi D \qquad h_k = \frac{\sqrt{3}}{2} D$$

于是,可以将圆孔换算为方孔,并可进一步简化为 T 形截面。

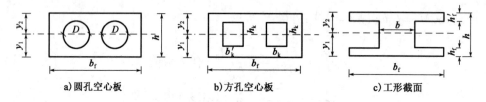

a) 圆孔空心板　　b) 方孔空心板　　c) 工形截面

图 5-2-12　空心板截面换算成等效工字形截面

试验和理论分析都证明,T 形截面梁受弯时,受压翼缘上法向应力的分布是不均匀的,靠近腹板处较大,离腹板越远则越小(图 5-2-13)。在设计中为简化计算,按等效原则,将翼缘上曲线分布的压应力代之以均匀应力分布宽度,称为翼缘有效宽度 b_f',在该宽度范围以外的翼缘,则认为不参与受力。《公路桥规》第 4.3.3 条规定了 T 形截面梁的翼缘有效宽度 b_f' 的确定方法。

T 形截面梁按中性轴位置的不同分为两类(图 5-2-14):中性轴位于翼缘内($x \leq h_f'$)为第一类 T 形截面;中性轴位于腹板内($x > h_f'$)为第二类 T 形截面。

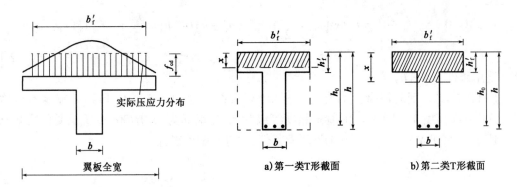

图 5-2-13 T形截面受压翼缘法向应力分布　　　　图 5-2-14 两类 T 形截面

当满足

$$f_{cd}b'_f h'_f + f'_{sd}A'_s \geqslant f_{sd}A_s (截面复核时) \tag{5-2-9}$$

或

$$f_{cd}b'_f h'_f \left(h_0 - \frac{h'_f}{2}\right) + f'_{sd}A'_s(h_0 - a'_s) \geqslant \gamma_0 M_d (截面设计时) \tag{5-2-10}$$

按第一类 T 形截面计算。

当满足

$$f_{cd}b'_f h'_f + f'_{sd}A'_s < f_{sd}A_s (截面复核时) \tag{5-2-11}$$

或

$$f_{cd}b'_f h'_f \left(h_0 - \frac{h'_f}{2}\right) + f'_{sd}A'_s(h_0 - a'_s) < \gamma_0 M_d (截面设计时) \tag{5-2-12}$$

按第二类 T 形截面计算。

1. 第一类 T 形截面

按宽度为 b'_f 的矩形截面计算正截面抗弯承载力。注意：验算 $\rho = \dfrac{A_s}{bh_0} \geqslant \rho_{\min}$ 时，公式中 b 为 T 形截面的腹板宽度。

2. 第二类 T 形截面

计算中应考虑截面腹板受压的作用，如图 5-2-15 所示，其正截面抗弯承载力按下列公式计算：

$$\sum X = 0 \quad f_{sd}A_s = f_{cd}bx + f_{cd}(b'_f - b)h'_f + f'_{sd}A'_s \tag{5-2-13}$$

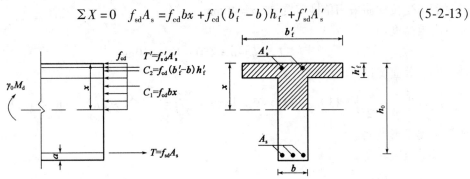

图 5-2-15 第二类 T 形截面

$$\Sigma M = 0 \quad \gamma_0 M_d \le M_u = f_{cd}bx\left(h_0 - \frac{x}{2}\right) + f_{cd}(b_f' - b)h_f'\left(h_0 - \frac{h_f'}{2}\right) + f_{sd}'A_s'(h_0 - a_s')$$

(5-2-14)

适用条件: $x \le \xi_b h_0$。

【例 5-2-2】 钢筋混凝土简支空心板,计算截面尺寸如图 5-2-16 所示。翼缘有效宽度 $b_f' = 1\mathrm{m}$,截面高度 $h = 450\mathrm{mm}$,混凝土强度等级为 C30,钢筋为 HRB400,板所承受的弯矩组合设计值 $M_d = 500\mathrm{kN \cdot m}$,$\gamma_0 = 1.0$,I 类环境条件,试进行配筋设计。

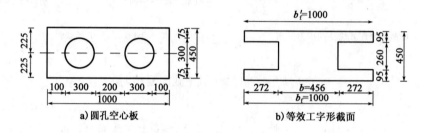

图 5-2-16 截面尺寸(尺寸单位:mm)

解:查《公路桥规》表得: $f_{sd} = 330\mathrm{MPa}$,$f_{cd} = 13.8\mathrm{MPa}$,$\xi_b = 0.53$,$\gamma_0 = 1.0$。
将空心板截面换算为等效工字形截面。
方孔宽度:

$$b_k = \frac{\sqrt{3}}{6}\pi D = \frac{\sqrt{3}}{6} \times 3.14 \times 300 = 272\mathrm{mm}$$

方孔高度:

$$h_k = \frac{\sqrt{3}}{2}D = \frac{\sqrt{3}}{2} \times 300 = 260\mathrm{mm}$$

翼板厚度:

$$h_f = h_f' = \frac{450 - 260}{2} = 95\mathrm{mm}$$

腹板厚度:

$$b = 1000 - 272 \times 2 = 456\mathrm{mm}$$

假定受拉钢筋采用单排布置,取 $a = 40\mathrm{mm}$,
有效高度:

$$h_0 = h - a = 450 - 40 = 410\mathrm{mm}$$

判别截面类型:

$$f_{cd}b_f'h_f'\left(h_0 - \frac{h_f'}{2}\right) = 13.8 \times 1000 \times 95 \times \left(410 - \frac{95}{2}\right) = 475.24 \times 10^6 \mathrm{N \cdot mm} < \gamma_0 M_d = 500\mathrm{kN \cdot m},$$

属第二类 T 形截面。
求受压区高度 x:
将已知数据代入 $\gamma_0 M_d = f_{cd}bx\left(h_0 - \frac{x}{2}\right) + f_{cd}(b_f' - b)h_f'\left(h_0 - \frac{h_f'}{2}\right)$ 中,得

$$1.0 \times 500 \times 10^6 = 13.8 \times 456x\left(410 - \frac{x}{2}\right) + 13.8 \times (1000 - 456) \times 95 \times \left(410 - \frac{95}{2}\right)$$

整理得：

$$x^2 - 820x + 76745 = 0$$

方程的有效解：

$$x = 121\,\mathrm{mm} \begin{cases} > h_f' = 95\,\mathrm{mm} \\ < \xi_b h_0 = 217.3\,\mathrm{mm} \end{cases}$$

$$A_s = \frac{f_{cd}bx + f_{cd}(b_f' - b)h_f'}{f_{sd}}$$

$$= \frac{13.8 \times 456 \times 121 + 13.8 \times (1000 - 456) \times 95}{330}$$

$$= 4469\,\mathrm{mm}^2$$

选钢筋 8 ⌀25mm + 4 ⌀18mm（图 5-2-17），实际面积 $A_s = 4945\,\mathrm{mm}^2$，钢筋布置满足要求。

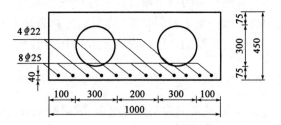

图 5-2-17　圆孔空心板（尺寸单位：mm）

第四节　受弯构件斜截面受力特点和破坏形态

受弯构件在弯矩和剪力共同作用下，主拉应力方向与构件纵轴斜交，当主拉应力较大时，就可能产生垂直于主拉应力方向的斜裂缝，从而导致构件沿斜截面发生破坏。

为了保证斜截面的承载力，在受弯构件中需配置箍筋和弯起钢筋以承担剪力，习惯上把箍筋和弯起钢筋统称为腹筋。

一、斜截面受剪破坏形态

试验研究表明，剪跨比是影响斜截面破坏形态的重要因素。剪跨比定义为 $m = \dfrac{M}{Vh_0}$，它反映了截面上弯矩与剪力的相对大小。对于集中荷载作用下的简支梁，其剪跨比可更为简单地表示为 $m = \dfrac{a}{h_0}$，其中，a 为集中力作用点至简支梁最近的支座之间的距离，称为"剪跨"。

根据构件剪跨比的不同以及腹筋用量的多少，梁斜截面受剪破坏主要有下面三种形态（图 5-2-18）。

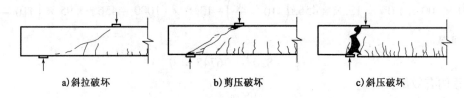

图 5-2-18 斜截面破坏形态

1. 斜拉破坏

当梁的剪跨比较大($m>3$)且梁中腹筋过少时,将发生斜拉破坏。梁内斜裂缝一旦出现,迅速形成临界斜裂缝,向上延伸至梁顶集中荷载作用点附近,与斜裂缝相交的腹筋很快达到屈服,梁斜向被拉裂成两部分而破坏。

2. 剪压破坏

当梁的剪跨比适中($m=1\sim3$),且梁中腹筋数量不过多时;或剪跨比较大,但腹筋数量不过少时,常发生剪压破坏。首先在梁的剪弯段受拉边缘出现竖向裂缝,并随荷载的增加斜向上延伸,在众多的斜裂缝中会形成一条主要斜裂缝(称为临界斜裂缝),再继续加大荷载,与斜裂缝相交的腹筋屈服,最后斜裂缝顶端的剪压区混凝土在剪压复合应力作用下达到复合受力强度而破坏。

3. 斜压破坏

当梁的剪跨比较小($m<1$),或梁内腹筋配置过多,或梁腹板较薄时,常发生斜压破坏。梁的剪弯段腹部首先出现多条大体平行的斜裂缝,将混凝土分割为多条斜向受压"短柱",最终梁腹部混凝土被斜向压坏,此时腹筋尚未屈服。

以上三种斜截面破坏性质均属于脆性破坏,其中斜拉破坏的脆性最为明显。

二、影响斜截面抗剪承载力的主要因素

1. 剪跨比 m

剪跨比是影响斜截面破坏形态和抗剪承载力的主要因素。分析表明,当其他条件相同时,剪跨比 m 越大,梁的抗剪承载力越低。但当 $m>3$ 后,斜截面抗剪承载力趋于稳定,剪跨比的影响就不明显了。

2. 混凝土强度等级 $f_{cu,k}$

梁的斜截面抗剪承载力随混凝土强度等级的提高而提高。试验表明,对于剪跨比 $1\leqslant m \leqslant 3$ 的梁,斜截面抗剪承载力与 $\sqrt{f_{cu,k}}$ 成正比。

3. 纵向钢筋配筋率 ρ

纵向钢筋不仅能抑制斜裂缝的开展,还能起抗剪的销栓作用。试验表明,梁的斜截面抗剪承载力随纵向钢筋配筋率的提高而增大。

4. 配箍率 ρ_{sv} 和箍筋强度 f_{sv}

梁出现斜裂缝后,箍筋不仅直接承担相当一部分剪力,而且能有效地抑制斜裂缝的开展和延伸,增加混凝土剪压区的面积,综合提高混凝土及纵筋的抗剪能力。

在一定范围内,梁的斜截面抗剪承载力与配箍率和箍筋强度的乘积大体呈线性关系。

第五节 受弯构件斜截面承载力

一、斜截面抗剪承载力的计算公式与适用范围

1. 矩形、T形和I形截面受弯构件斜截面抗剪承载力

矩形、T形和I形截面受弯构件斜截面抗剪承载力按下式计算(图5-2-19):

$$\gamma_0 V_d \leq V_{cs} + V_{sb} \quad (5\text{-}2\text{-}15)$$

$$V_{cs} = \alpha_1 \alpha_3 0.45 \times 10^{-3} b h_0 \sqrt{(2+0.6P)} \sqrt{f_{cu,k}} \rho_{sv} f_{sv}$$
$$(5\text{-}2\text{-}16)$$

$$V_{sb} = 0.75 \times 10^{-3} f_{sd} \sum A_{sb} \sin\theta_s \quad (5\text{-}2\text{-}17)$$

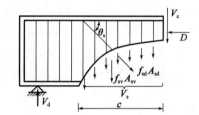

图5-2-19 斜截面抗剪承载力计算

式中:V_d——剪力设计值(kN),按斜截面剪压区对应正截面处取值;

V_{cs}——斜截面内混凝土和箍筋共同的抗剪承载力设计值(kN);

V_{sb}——与斜截面相交的普通弯起钢筋抗剪承载力设计值(kN);

α_1——异号弯矩影响系数,计算简支梁和连续梁近边支点梁段的抗剪承载力时,$\alpha_1 = 1.0$;计算连续梁和悬臂梁近中间支点梁段的抗剪承载力时,$\alpha_1 = 0.9$;

α_3——受压翼缘的影响系数,对矩形截面取 $\alpha_3 = 1.0$;对T形和I形截面取 $\alpha_3 = 1.1$;

b——斜截面受压端正截面处,矩形截面宽度(mm),或T形和I形截面腹板宽度(mm);

h_0——斜截面受压端正截面的有效高度,自纵向受拉钢筋合力点至受压边缘的距离(mm);

P——斜截面内纵向受拉钢筋的配筋百分率,$P = 100\rho$,$\rho = A_s/(bh_0)$,当 $P > 2.5$ 时,取 $P = 2.5$;

$f_{cu,k}$——边长为150mm 的混凝土立方体抗压强度标准值(MPa);

ρ_{sv}——斜截面内箍筋配筋率,$\rho_{sv} = A_{sv}/s_v b$;

f_{sv}——箍筋抗拉强度设计值(MPa);

A_{sv}——斜截面内配置在同一截面的箍筋各肢总截面面积(mm²);

s_v——斜截面内箍筋的间距(mm);

A_{sb}——斜截面内同一弯起平面的弯起钢筋的截面面积(mm²);

θ_s——弯起钢筋的切线与水平线的夹角。

2. 计算公式的适用范围

1)上限值——截面最小尺寸要求

目的:①防止发生斜压破坏;②防止使用阶段斜裂缝宽度过大。

矩形、T形和I形截面的受弯构件,其抗剪截面应符合下列要求:

$$\gamma_0 V_d \leqslant 0.51 \times 10^3 \sqrt{f_{cu,k}} b h_0 \qquad (5\text{-}2\text{-}18)$$

式中：V_d——剪力设计值(kN)，按验算斜截面的最不利值取用；

$f_{cu,k}$——边长为 150mm 的混凝土立方体抗压强度标准值(MPa)；

b——矩形截面宽度(mm)或 T 形和 I 形截面腹板宽度(mm)，取斜截面所在范围内的最小值；

h_0——自纵向受拉钢筋合力点至受压边缘的距离(mm)，取斜截面所在范围内截面有效高度的最小值。

若式(5-2-18)不满足时，应加大截面尺寸或提高混凝土强度等级。

2)下限值——按构造要求配置箍筋

矩形、T 形和 I 形截面的受弯构件，当符合下列条件时，则不需要进行斜截面抗剪承载力计算，而仅需按构造要求配置箍筋。

$$\gamma_0 V_d \leqslant 0.50 \times 10^{-3} \alpha_2 f_{td} b h_0 \qquad (5\text{-}2\text{-}19)$$

最小配箍率：

$$\rho_{sv,min} = \begin{cases} 0.14\% & \text{HPB300} \\ 0.11\% & \text{HRB400} \end{cases}$$

构造上还要满足箍筋最小直径及最大间距要求，详见《公路桥规》第 9.3.12 条。

二、梁斜截面抗剪承载力计算方法与步骤

梁斜截面抗剪承载力设计计算如图 5-2-20 所示。

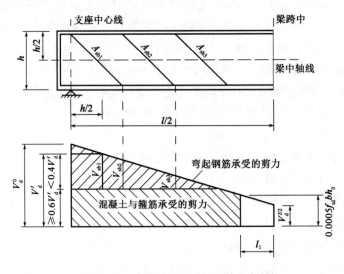

图 5-2-20　斜截面抗剪承载力腹筋设计计算

1. V_d 的取值

(1)最大剪力取距支座中心 $h/2$ 截面处的数值 V'_d。

绘出剪力设计值包络图，将 V'_d 分成两部分，其中不少于 60% 的剪力由混凝土与箍筋共同承担，即 $V_{cs} \geqslant 0.6 V'_d$，弯起钢筋承担的部分剪力不超过 40%，即 $V_{sb} < 0.4 V'_d$。

(2)计算第一排弯起钢筋时,取用距支座中心 $h/2$ 处由弯起钢筋承担的那部分剪力值 V_{sb1}。

(3)计算后一排弯起钢筋时,取用前一排弯起钢筋弯起点处由弯起钢筋承担的那部分剪力值 V_{sb2}、V_{sb3}……

2. 箍筋设计

预先选定箍筋种类和直径,可按下式计算箍筋间距:

由 $V_{cs} = \alpha_1 \alpha_3 0.45 \times 10^{-3} bh_0 \sqrt{(2+0.6P)\sqrt{f_{cu,k}} \rho_{sv} f_{sv}}$ 得:

$$S_v = \frac{\alpha_1^2 \alpha_3^2 \times 0.2 \times 10^{-6}(2+0.6P)\sqrt{f_{cu,k}} A_{sv} f_{sv} b h_0^2}{(\xi \gamma_0 V_d)^2} \quad (\text{mm}) \quad (5\text{-}2\text{-}20)$$

3. 弯起钢筋设计

每排弯起钢筋的总截面面积按下式计算:

$$A_{sbi} = \frac{\gamma_0 V_{sbi}}{0.75 \times 10^{-3} f_{sd} \sin\theta_s} \quad (\text{mm}^2) \quad (5\text{-}2\text{-}21)$$

三、斜截面抗剪承载力复核

受弯构件斜截面抗剪承载力验算的位置(图 5-2-21)按下列规定采用。

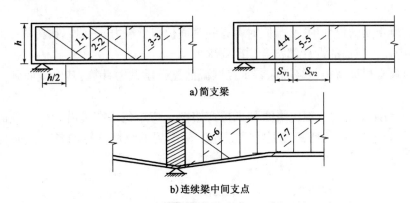

图 5-2-21 斜截面抗剪承载力验算位置示意

1. 简支梁和连续梁近边支点梁段

(1)距支座中心 $h/2$(梁高一半)处的截面(图 5-2-21 截面 1-1)。

(2)受拉区弯起钢筋弯起点处的截面(图 5-2-21 截面 2-2、3-3)。

(3)锚于受拉区的纵向钢筋开始不受力处的截面(图 5-2-21 截面 4-4)。

(4)箍筋数量或间距改变处的截面(图 5-2-21 截面 5-5)。

(5)构件腹板宽度改变处的截面。

2. 连续梁和悬臂梁近中间支点梁段

(1)支点横隔梁边缘处截面(图 5-2-21 截面 6-6)。

(2)变高度梁高度突变处截面(图 5-2-21 截面 7-7)。

(3)参照简支梁的要求,需要进行验算的截面。

将已知数据代入式(5-2-16)、式(5-2-17)即可计算各斜截面抗剪承载力。

四、斜截面抗弯承载力计算

梁的剪弯段在弯矩和剪力共同作用下,可能发生斜截面剪切破坏,也可能发生斜截面弯曲破坏(图 5-2-22),当斜裂缝产生后,梁被斜裂缝分开的两部分将绕斜裂缝顶端剪压区的公共铰转动,最后导致受压区混凝土被压碎而破坏。对斜裂缝顶端剪压区混凝土合力 D 作用点中心 O 取矩,可得斜截面抗弯承载力按下式计算:

$$\gamma_0 M_d \leqslant f_{sd} A_s Z_s + \sum f_{sd} A_{sb} Z_{sb} + \sum f_{sv} A_{sv} Z_{sv} \tag{5-2-22}$$

受弯构件的纵向钢筋和箍筋,当符合《公路桥规》第 9.1.4 条、第 9.3.8 条至第 9.3.12 条的要求时,可不进行斜截面抗弯承载力计算。

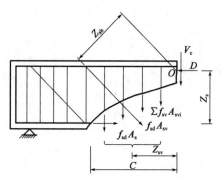

图 5-2-22 斜截面抗弯承载力计算图式

第六节 全梁承载力校核与构造要求

在钢筋混凝土梁的设计中,必须同时考虑斜截面抗剪承载力、正截面和斜截面的抗弯承载力,以保证梁中任一截面的设计都符合预期要求。

梁设计时通常根据弯矩包络图取若干控制截面进行承载力计算,其他截面则需通过图解法来校核。

图 5-2-23 为简支梁的弯矩包络图和抵抗弯矩图。弯矩包络图是沿梁长各截面上弯矩组合设计值 M_d 的分布图,抵抗弯矩图是沿梁长按实际配置的纵筋计算的各正截面抗弯承载力 M_u 的分布图。

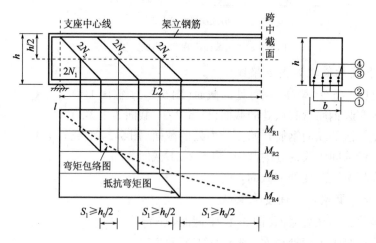

图 5-2-23 简支梁的弯矩包络图和抵抗弯矩图(半跨)

一、纵筋的弯起构造要点

受拉区弯起钢筋的弯起点,应设在该钢筋强度充分利用点以外不小于 $h_0/2$ 处,保证斜截面抗弯承载力。钢筋弯起后,抵抗弯矩图不能切入弯矩包络图内,保证正截面抗弯承载力。各排弯起钢筋的弯起终点必须落在前一排钢筋弯起点截面以内;对简支梁,第一排钢筋弯起终点应位于支座中心截面处。弯起钢筋末端应留有锚固长度:受拉区不应小于 $20d$,受压区不应小于 $10d$;不得采用不与主钢筋焊接的斜钢筋。弯起钢筋宜先弯上层,后弯下层;尽量对称;底层两侧的钢筋不能弯起;弯起角一般为 $45°$,特殊情况时 $30° \leqslant \alpha \leqslant 60°$。

二、纵筋的截断与锚固

纵向受拉钢筋不宜在受拉区截断;如需截断时,应从按正截面抗弯承载力计算充分利用点至少延伸 $(l_a + h_0)$ 如图 5-2-24 所示;同时应考虑从正截面抗弯承载力计算的不需要点至少延伸 $20d$(环氧涂层钢筋 $25d$)。

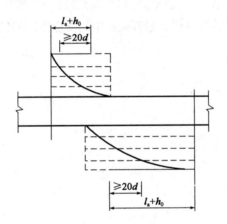

图 5-2-24 纵向受拉钢筋截断时的延伸长度

纵向受压钢筋如在跨间截断时,应延伸至按计算不需要点以外至少 $15d$(环氧涂层钢筋 $20d$)。

第七节 连续梁的斜截面抗剪承载力

对于连续梁的斜截面抗剪,国内外试验表明,连续梁近边支点梁段,其混凝土和箍筋共同抗剪的性质与简支梁相同,斜截面抗剪承载力可按简支梁的规定计算;连续梁近中间支点梁段,则因为有异号弯矩的影响,抗剪承载力有所降低。试验指出,当广义剪跨比较大 $\left(m = \dfrac{M}{Vh_0} = 2.67\right)$ 时,梁破坏时在反弯点两侧出现两条主斜裂缝,它们各不越过反弯点,沿梁顶和梁底的纵向钢筋的应力性质(拉、压)完全与弯矩图正负号一致[图 5-2-25a)];当剪跨比较小 $\left(m = \dfrac{M}{Vh_0} = 1.0\right)$ 时,梁破坏时主斜裂缝越过了反弯点,跨越了正、负弯矩区[图 5-2-25b)],

于是与主斜裂缝相交的纵向钢筋产生了应力重分配,原来受压的变为受拉,沿纵筋的黏结力遭到破坏,出现撕裂裂缝,降低了抗剪的销栓作用;受压区混凝土的压力也加大了,减小了混凝土的抗剪能力。上述原因导致承受异号弯矩的连续梁抗剪能力的降低。

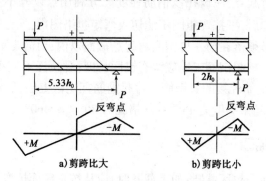

图 5-2-25 承受异号弯矩钢筋混凝土梁的典型剪切破坏

综合以上分析,《公路桥规》第 5.2.9 条规定,对连续梁的斜截面抗剪承载力计算与简支梁采用了同一个计算公式,仅在公式中引入异号弯矩影响系数 α_1,计算简支梁和连续梁近边支点梁段的抗剪承载力时,$\alpha_1=1.0$;计算连续梁和悬臂梁近中间支点梁段的抗剪承载力时,$\alpha_1=0.9$。

第三章 受压构件承载力计算

受压构件按受力情况分为轴心受压构件和偏心受压构件两类。

第一节 受压构件一般构造要求

(1)纵向受力钢筋一般选HPB300、HRB400级钢筋,有特殊要求时,可用HRB500级钢筋。钢筋的直径不应小于12mm,净距不应小于50mm且不应大于350mm。构件全部纵向钢筋的配筋百分率不应小于0.5%(当混凝土强度等级在C50及以上时,不应小于0.6%);同时,一侧钢筋的配筋百分率不应小于0.2%。构件的全部纵筋配筋率不宜超过5%。要注意,配筋率应按构件的毛截面面积计算。

(2)纵向受力钢筋应伸入基础和盖梁,伸入长度不应小于《公路桥规》表9.1.4规定的锚固长度。

(3)箍筋应做成闭合式,其直径不应小于纵向钢筋直径的1/4,且不小于8mm。

(4)箍筋间距不应大于纵向受力钢筋直径的15倍、不大于构件短边尺寸(圆形截面采用0.8倍直径)并不大于400mm。纵向受力钢筋搭接范围内的箍筋间距应符合《公路桥规》第9.3.12条的规定。

纵向钢筋截面面积大于混凝土截面面积3%时,箍筋间距不应大于纵向钢筋直径的10倍,且不大于200mm。

(5)构件内纵向受力钢筋应设置于离角筋中心距离S(图5-3-1)不大于150mm或15倍箍筋直径(取较大者)范围内,如超出此范围设置纵向受力钢筋,应设复合箍筋。相邻箍筋的弯钩接头,在纵向应错开布置。

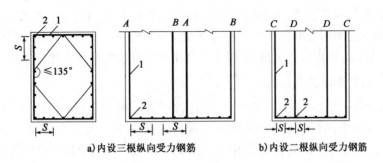

a)内设三根纵向受力钢筋 b)内设二根纵向受力钢筋

图5-3-1 柱内复合箍筋布置
1-箍筋;2-角筋;A、B、C、D-箍筋编号
注:[图a)、b)内,箍筋A、B与C、D两组设置方式可根据实际情况选用]

(6)当构件的截面高度 $h \geqslant 600$mm 时,在侧面应设置直径为 10～16mm 的纵向构造钢筋,必要时相应设置复合箍筋,用以保持钢筋骨架刚度。

对矩形截面偏心受压构件,应注意将长边设在弯矩作用方向,纵向受力钢筋沿截面短边配置。

第二节　轴心受压构件正截面抗压承载力

当构件受到位于截面形心的轴向压力时,为轴心受压构件。钢筋混凝土轴心受压构件中应配置纵向受压钢筋和箍筋。纵向钢筋的主要作用在于协助混凝土受压,增加构件的延性,承受可能出现的拉力。

普通箍筋轴心受压构件中配置的箍筋可固定纵筋的位置以形成钢筋骨架,防止纵筋在屈服前被压屈。另外,箍筋对核心混凝土有一定的约束作用,可改善构件的脆性性质。

螺旋箍筋轴心受压构件中配置的螺旋箍筋可以有效地约束核心混凝土的横向变形,使其处于三向受压的状态,从而提高混凝土的抗压强度和构件的延性。

一、普通箍筋轴心受压构件

1. 短柱的受力特点

当钢筋混凝土短柱受到的轴心压力较小时,钢筋和混凝土处于弹性阶段,钢筋和混凝土的应力随荷载的增加而增加。当荷载较大时,混凝土出现塑性,钢筋与混凝土之间的应力发生重分布,钢筋的应力增长快于混凝土的应力增长。当达到破坏荷载时,构件出现纵向裂缝,纵筋因受压屈服而外鼓,随之混凝土达到极限压应变而破坏。

如果纵筋的抗压强度较高,可能混凝土先达到极限压应变而破坏,而纵筋尚未屈服。因此,在轴心受压构件中配置强度高的钢筋不经济,一般采用 HPB300 级、HRB400 级钢筋即可。

构件加载后,如果维持荷载不变,由于混凝土的徐变,随着荷载作用时间的增加,混凝土的压应力会逐渐变小,钢筋的压应力会逐渐增大。初期变化比较快,经过一定时间后趋于稳定。在荷载突然卸载时,构件回弹,由于混凝土徐变变形的大部分不可恢复,而钢筋的变形基本上可全部恢复,两者之间的变形差会使钢筋受压而混凝土受拉。若构件的配筋率过大,还可能将混凝土拉裂。为了防止出现这种情况,要求构件中全部纵筋配筋率不超过 5%。

2. 轴心受压构件的稳定系数 φ

对于长细比较大的轴心受压构件,由于各种因素影响产生的初始偏心距,会导致构件产生附加弯矩和相应的侧向挠曲,因而降低构件的抗压承载力。当长细比很大时,还可能发生失稳破坏。此外,在长期荷载作用下,由于混凝土的徐变,也会使构件的抗压承载力降低。

《公路桥规》第 5.3.1 条用稳定系数 φ 计入长细比对构件抗压承载力降低的影响,其值见表 5-3-1。

钢筋混凝土轴心受压构件的稳定系数 φ　　　　　表 5-3-1

l_0/b	≤8	10	12	14	16	18	20	22	24	26	28
$l_0/2r$	≤7	8.5	10.5	12	14	15.5	17	19	21	22.5	24
l_0/i	≤28	35	42	48	55	62	69	76	83	90	97
φ	1.0	0.98	0.95	0.92	0.87	0.81	0.75	0.70	0.65	0.60	0.56
l_0/b	30	32	34	36	38	40	42	44	46	48	50
$l_0/2r$	26	28	29.5	31	33	34.5	36.5	38	40	41.5	43
l_0/i	104	111	118	125	132	139	146	153	160	167	174
φ	0.52	0.48	0.44	0.40	0.36	0.32	0.29	0.26	0.23	0.21	0.19

注：l_0-构件计算长度，按《公路桥规》附录 E 的规定取值；b-矩形截面的短边尺寸；r-圆形截面的半径；i-截面最小回转半径。

3. 正截面抗压承载力计算

钢筋混凝土轴心受压构件，当配有箍筋（或螺旋筋，或在纵向钢筋上焊有横向钢筋）时（图 5-3-2），其正截面抗压承载力根据《公路桥规》第 5.3.1 条规定，按下式计算：

$$\gamma_0 N_d \leq 0.9\varphi(f_{cd}A + f'_{sd}A'_s) \tag{5-3-1}$$

式中：N_d——轴向力设计值；

φ——轴压构件稳定系数，按表 5-3-1 采用；

A——构件毛截面面积，当纵向钢筋配筋率大于 3% 时，A 应改用 $A_n = A - A'_s$；

A'_s——全部纵向钢筋的截面面积。

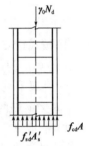

图 5-3-2　配有普通箍筋的轴心受压构件

二、配有纵向钢筋和螺旋箍筋的轴心受压构件

螺旋箍筋轴心受压构件施工较为复杂，用钢量较多，一般不宜采用。当构件承受很大轴向压力且其截面尺寸受限，采用普通箍筋轴心受压构件不足以满足承载力要求时，可考虑采用螺旋箍筋轴心受压构件。

1. 受力特点

当螺旋箍筋柱受力较小时，其应力应变情况与普通箍筋柱基本相同。当螺旋箍筋柱承受的轴心压力较大时，混凝土的横向变形明显增大，此时包围着核心混凝土的密距螺旋箍筋犹如套筒一样，约束着核心混凝土的横向膨胀，使其处于三向受压状态，从而明显地提高了核心混凝土的轴心抗压强度，直到螺旋箍筋达到受拉屈服，失去了对混凝土的有效约束，混凝土被压碎，构件破坏。

同时，螺旋箍筋柱具有很好的延性，其变形能力大大高于普通箍筋柱。

2. 正截面抗压承载力计算

钢筋混凝土轴心受压构件，当配有螺旋式或焊接环式间接钢筋时（图 5-3-3），其正截面抗

压承载力根据《公路桥规》第 5.3.2 条规定,按下式计算:

$$\gamma_0 N_d \leqslant 0.9\varphi(f_{cd}A_{cor} + f'_{sd}A'_s + kf_{sd}A_{so}) \quad (5\text{-}3\text{-}2)$$

$$A_{so} = \frac{\pi d_{cor}A_{so1}}{S} \quad (5\text{-}3\text{-}3)$$

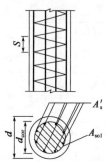

图 5-3-3　配置螺旋箍筋的轴心受压构件

式中:A_{cor}——构件核心截面面积;

A_{so}——间接钢筋的换算截面面积;

d_{cor}——构件核心截面的直径;

k——间接钢筋影响系数,混凝土强度等级为 C50 及以下时,取 $k = 2.0$;混凝土强度等级为 C50~C80 时,取 $k = 2.0$~1.70,中间值直线插入取用;

A_{so1}——单根间接钢筋的截面面积;

S——沿构件轴线方向间接钢筋的螺距或间距。

在应用上述公式时应注意以下两点:

(1)按式(5-3-2)算得的构件抗压承载力值不应大于按普通箍筋轴心受压构件计算式(5-3-1)算得值的 1.5 倍。这是为了防止混凝土保护层过早脱落。

(2)凡属下列情况之一者,不考虑间接钢筋的影响,而按普通箍筋轴心受压构件计算。

①间接钢筋的换算截面面积 A_{so} 小于全部纵向钢筋截面面积的 25%,或间接钢筋的间距大于 80mm 或 $d_{cor}/5$ 时,认为间接钢筋配置得太少,套箍作用的效果不明显。

②构件长细比 $l_0/i > 48$ 时,因长细比较大,有可能因纵向弯曲使间接钢筋不能发挥其约束作用。

③当按式(5-3-2)算得的构件抗压承载力小于按式(5-3-1)算得的抗压承载力时。

第三节　偏心受压构件的受力特点与破坏形态

钢筋混凝土偏心受压构件是实际工程中应用广泛的受力构件,如拱桥的主拱圈、桁架的上弦杆、刚架的立柱、墩(台)柱、桩基础等均属偏心受压构件。

一、偏心受压构件的正截面破坏形态

钢筋混凝土偏心受压构件的破坏形态可分为受拉破坏和受压破坏两种。

1. 受拉破坏(大偏心受压破坏)

破坏特点是受拉钢筋达到屈服强度在先,受压区混凝土压碎在后,受压钢筋通常能达到屈服强度。破坏时有明显预兆,属延性破坏。当相对偏心距 e_0/h_0 较大,而受拉钢筋 A_s 配置得不太多时,会发生受拉破坏。

2. 受压破坏(小偏心受压破坏)

截面是因受压区混凝土先被压碎而宣告破坏,同一侧的钢筋压应力达到屈服强度,而另一侧的钢筋可能受拉也可能受压,但均未屈服;破坏时无明显预兆,属脆性破坏。当相对偏心距 e_0/h_0 较大,但受拉钢筋 A_s 数量过多;或者相对偏心距 e_0/h_0 较小时,会发生受压破坏。当相对

偏心距 e_0/h_0 很小,而远离纵向力一侧钢筋 A_s 数量少,靠近纵向力一侧钢筋 A'_s 较多时,由于截面的实际形心和构件的几何中心不重合,也可能发生离纵向力较远一侧的混凝土先压坏的情况。

3. 两类偏心受压破坏的界限及设计判别条件

两类偏心受压破坏的根本区别在于破坏时受拉钢筋应力是否达到屈服强度。若受拉钢筋应力达到屈服强度的同时受压区边缘混凝土刚好达到极限压应变,则为区分两类破坏的界限状态,此状态所对应的相对受压区高度为 ξ_b。所以,判别大、小偏心受压破坏的条件是:$\xi \leq \xi_b$ 为大偏心受压;$\xi > \xi_b$ 为小偏心受压。

二、偏心受压构件的 N-M 相关曲线

偏心受压构件处于弯矩和轴力共同作用之下,二者的作用相互影响,使构件的承载力随之发生变化。图 5-3-4 是根据截面承载力计算分析得到的偏心受压构件的 N-M 相关曲线,曲线内部为承载力安全区域,外部表示破坏区域。

图 5-3-4 表明,在小偏心受压情况下,随着轴向压力的增大,截面所能承担的弯矩随之减小;在大偏心受压情况下,随着轴向压力的增大,截面所能承担的弯矩反而随之提高。在界限状态下(b 点),构件承受的弯矩达到最大值。

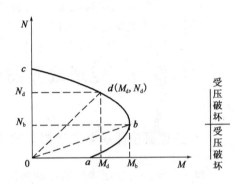

图 5-3-4　偏心受压构件的 N-M 相关曲线

三、偏心受压构件的纵向弯曲

偏心受压构件在偏心压力作用下,将产生纵向弯曲变形,即侧向挠曲。对于长细比小的短柱,侧向挠曲小,计算时可不予考虑,构件的破坏属于"材料破坏"。而对长细比较大的长柱,侧向挠曲不可忽略,截面上的弯矩由原来的 Ne_0 增大为 $N(e_0+f)$,f 为构件的侧向挠度,导致构件破坏时所能承受的压力比短柱低。从其破坏特征来讲,仍属于"材料破坏"。

长细比过大的细长柱,弯矩的增长速度远远快于纵向压力,在尚未达到材料破坏之前,纵向压力的微小增量就可引起构件弯矩的不收敛增加而导致破坏,即发生"失稳破坏"。此种构件能够承受的纵向压力远远小于短柱,破坏时钢筋和混凝土均未达到材料破坏。在工程中应尽量不采用细长柱。

上述由于构件纵向弯曲所产生的附加弯矩称为二阶弯矩(Nf),或称二阶效应。《公路桥规》第 5.3.9 条规定,对长细比 $l_0/i > 17.5$ 的偏心受压构件,应考虑偏心受压构件的轴向力承载能力极限状态偏心距增大系数 η。

矩形、T 形、I 形和圆形截面偏心受压构件的承载能力极限状态偏心距增大系数 η 可按下列公式计算:

$$\eta = 1 + \frac{1}{1300e_0/h_0}\left(\frac{l_0}{h}\right)^2 \zeta_1 \zeta_2 \qquad (5\text{-}3\text{-}4)$$

$$\zeta_1 = 0.2 + 2.7\frac{e_0}{h_0} \leq 1.0 \quad (5\text{-}3\text{-}5)$$

$$\zeta_2 = 1.15 - 0.01\frac{l_0}{h} \leq 1.0 \quad (5\text{-}3\text{-}6)$$

式中：l_0——构件的计算长度；按《公路桥规》附录 E 确定；

e_0——轴向力对截面重心轴的偏心距；不小于 20mm 和偏压方向截面最大尺寸的 1/30 两者之间的较大值；

h_0——截面有效高度，对圆形截面取 $h_0 = r + r_s$；

h——截面高度，对圆形截面取 $h = 2r$，r 为圆形截面半径；

ζ_1——荷载偏心率对截面曲率的影响系数；

ζ_2——构件长细比对截面曲率的影响系数。

当构件长细比满足 $l_0/i \leq 17.5$（$l_0/h \leq 5$）时，可不考虑二阶效应的影响，取 $\eta = 1$。

第四节 矩形截面偏心受压构件正截面承载力计算

一、正截面抗压承载力计算公式

矩形截面偏心受压构件的正截面抗压承载力按下列公式计算（图 5-3-5）：

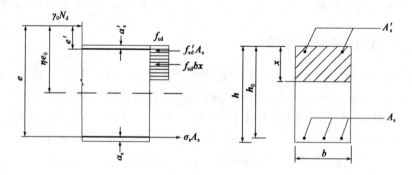

图 5-3-5 矩形截面偏心受压构件正截面抗压承载力计算

$$\gamma_0 N_d \leq f_{cd}bx + f'_{sd}A'_s - \sigma_s A_s \quad (5\text{-}3\text{-}7)$$

$$\gamma_0 N_d e \leq f_{cd}bx\left(h_0 - \frac{x}{2}\right) + f'_{sd}A'_s(h_0 - a'_s) \quad (5\text{-}3\text{-}8)$$

$$e = \eta e_0 + \frac{h}{2} - a \quad (5\text{-}3\text{-}9)$$

式中：e——轴向力作用点至截面受拉边或受压较小边纵向钢筋 A_s 和 A_p 合力点的距离；

e_0——轴向力对截面重心轴的偏心距，$e_0 = M_d/N_d$；

M_d——相应于轴向力的弯矩组合设计值；

h_0——截面受压较大边边缘至受拉边或受压较小边纵向钢筋合力点的距离,$h_0 = h - a$;

η——偏心受压构件轴向力偏心距增大系数。

在承载力计算中,若考虑截面受压较大边的纵向受压钢筋时,受压区高度应符合以下要求:

$$x \geqslant 2a'_s \tag{5-3-10}$$

截面受拉边或受压较小边纵向钢筋的应力 σ_s 应按下列情况采用:当 $\xi \leqslant \xi_b$ 时为大偏心受压构件,取 $\sigma_s = f_{sd}$,此处,相对受压区高度 $\xi = x/h_0$。当 $\xi > \xi_b$ 时为小偏心受压构件,σ_s 根据《公路桥规》第 5.1.5 条的规定按下式计算:

$$\sigma_{si} = \varepsilon_{cu} E_s \left(\frac{\beta h_{0i}}{x} - 1 \right) \tag{5-3-11}$$

式中:x——截面受压区矩形应力图的高度;

h_{0i}——第 i 层纵向钢筋截面重心至截面受压边缘(偏压构件取受压较大边)的距离;

E_s——钢筋的弹性模量;

β——截面受压区矩形应力图与实际受压区高度的比值,按表 5-3-2 采用;

ε_{cu}——截面非均匀受压时,混凝土的极限压应变,当混凝土强度等级为 C50 及以下时,取 $\varepsilon_{cu} = 0.0033$;当混凝土强度等级为 C80 时,取 $\varepsilon_{cu} = 0.003$;中间强度等级用直线插入求得。

系 数 β　　　　　　　　　　　表 5-3-2

混凝土强度等级	C50 及以下	C55	C60	C65	C70	C75	C80
β	0.80	0.79	0.78	0.77	0.76	0.75	0.74

对于小偏心受压构件,当轴向力作用在纵向钢筋 A'_s 合力点与 A_s 合力点之间时,有可能出现离轴向力较远一侧的混凝土先被压坏的情况。为避免这种破坏的发生,应控制 A_s 的数量不能太少,抗压承载力计算尚应符合下列规定:

$$\gamma_0 N_d e' \leqslant f_{cd} bh \left(h'_0 - \frac{h}{2} \right) + f'_{sd} A_s (h'_0 - a_s) \tag{5-3-12}$$

$$e' = \frac{h}{2} - e_0 - a' \tag{5-3-13}$$

$$h'_0 = h - a'_s \tag{5-3-14}$$

二、矩形截面偏心受压构件的计算方法

在实际工程中,矩形截面偏心受压构件中的钢筋除了非对称配置外,当构件承受数值相差不大的异号弯矩时,为了构造简单、施工方便,宜采用对称配筋。

1. 大小偏心受压的判定

(1)判别构件是大偏心受压还是小偏心受压的条件是:

①当 $\xi \leqslant \xi_b$ 时为大偏心受压。

②当 $\xi > \xi_b$ 时为小偏心受压。

但是对于截面设计问题,由于钢筋数量未知,无法计算 ξ 值,故无法利用上述条件进行判断。

(2)根据计算分析和经验,采用如下初步判别方法:

①当 $\eta e_0 > 0.3 h_0$ 时,可先按大偏心受压构件计算。

②当 $\eta e_0 \leqslant 0.3 h_0$ 时,可先按小偏心受压构件计算。

③对于对称配筋的偏压构件,这个判别条件不一定适用,此时可设 $A_s = A'_s$,$f'_{sd} = f_{sd}$,则可得到如下判别条件:$\gamma_0 N_d \leqslant f_{cd} b \xi_b h_0$ 为大偏心受压构件,$\gamma_0 N_d > f_{cd} b \xi_b h_0$ 为小偏心受压构件。

2. 矩形截面对称配筋的钢筋混凝土小偏心受压构件

在计算中不可避免地会出现一元三次方程,为了简化计算,《公路桥规》第5.3.4条推荐用以下公式计算其钢筋截面面积:

$$A_s = A'_s = \frac{\gamma_0 N_d e - \xi(1 - 0.5\xi)f_{cd}bh_0^2}{f'_{sd}(h_0 - a'_s)} \quad (5\text{-}3\text{-}15)$$

式中,相对受压区高度 ξ 可按下列公式计算:

$$\xi = \frac{\gamma_0 N_d - \xi_b f_{cd} b h_0}{\frac{\gamma_0 N_d e - 0.43 f_{cd} b h_0^2}{(\beta - \xi_b)(h_0 - a'_s)} + f_{cd} b h_0} + \xi_b \quad (5\text{-}3\text{-}16)$$

3. 按轴心受压构件验算抗压承载力

不论是大偏心还是小偏心受压构件,除应计算弯矩作用平面抗压承载力外,尚应按轴心受压构件验算垂直于弯矩作用平面的抗压承载力。

此时不考虑弯矩的作用,计算公式(5-3-1)中的钢筋面积 A'_s 应取全部纵向钢筋的截面面积;稳定系数 φ 应按 l_0/b 查表5-3-1,b 为截面短边尺寸。

第五节 I 形和 T 形截面偏心受压构件

为了节省混凝土和减轻自重,对于截面尺寸较大的偏心受压构件,例如大跨径拱桥的拱肋、钢筋混凝土刚架桥的立柱、斜拉桥的索塔以及钢筋混凝土薄壁墩等,常采用 I 形、箱形和 T 形等截面形式。

对于 I 形和 T 形截面偏心受压构件的构造要求,与矩形偏心受压构件相同。在箍筋的布置上,应注意不允许采用有内折角的箍筋[图5-3-6c)],因为有内折角的箍筋受力后有拉直的趋势,其合力使内折角处混凝土崩裂。应采用[图5-3-6a)、b)]所示的箍筋形式,并要求在箍筋转角处设置纵向钢筋,以形成骨架。

试验研究和计算分析表明,I 形和 T 形截面偏心受压构件的破坏形态、计算原理都与矩形截面偏心受压构件相同,仅因受压区的图形可能为 T 形或矩形两种情况而在具体计算公式的表达上有所差异。

翼缘位于截面受压较大边的 T 形截面或 I 形截面偏心受压构件,其正截面抗压承载力应按下列规定计算:当受压区高度 $x \leqslant h'_\mathrm{f}$ 时,应按 $b'_\mathrm{f} \times h$ 的矩形截面计算;当受压区高度 $x > h'_\mathrm{f}$ 时,应按下列公式计算(图 5-3-7):

$$\gamma_0 N_\mathrm{d} \leqslant f_\mathrm{cd} bx + f_\mathrm{cd}(b'_\mathrm{f} - b)h'_\mathrm{f} + f'_\mathrm{sd} A'_\mathrm{s} - \sigma_\mathrm{s} A_\mathrm{s} \tag{5-3-17}$$

$$\gamma_0 N_\mathrm{d} e_\mathrm{s} \leqslant f_\mathrm{cd} bx\left(h_0 - \frac{x}{2}\right) + f_\mathrm{cd}(b'_\mathrm{f} - b)h'_\mathrm{f}\left(h_0 - \frac{h'_\mathrm{f}}{2}\right) + f'_\mathrm{sd} A'_\mathrm{s}(h_0 - a'_\mathrm{s}) \tag{5-3-18}$$

公式中钢筋应力 σ_s 的确定,受压区高度 x 应符合的条件,均参考矩形截面的相关规定处理。

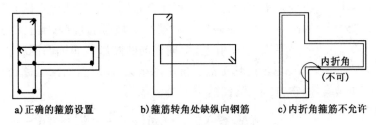

图 5-3-6 T形截面偏心受压构件的箍筋形式

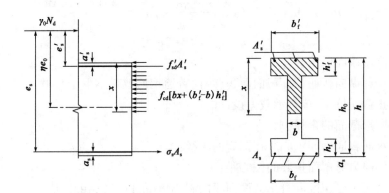

图 5-3-7 T形截面偏心受压构件正截面抗压承载力计算

翼缘位于截面受拉边或受压较小边的 T 形截面或 I 形截面构件,当 $x > h - h_\mathrm{f}$ 时,其正截面抗压承载力计算应考虑翼缘受压部分的作用。

翼缘位于截面受压较大边的 T 形截面小偏心受压构件,当轴向力作用在纵向钢筋 A'_s 合力点与 A_s 合力点之间时,尚应按下式计算:

$$\gamma_0 N_\mathrm{d} e' \leqslant f_\mathrm{cd} bh\left(h'_0 - \frac{h}{2}\right) + f_\mathrm{cd}(b'_\mathrm{f} - b)h'_\mathrm{f}\left(\frac{h'_\mathrm{f}}{2} - a'_\mathrm{s}\right) + f'_\mathrm{sd} A_\mathrm{s}(h'_0 - a_\mathrm{s}) \tag{5-3-19}$$

翼缘位于截面受压较小边的 T 形截面小偏心受压构件,尚应按下式计算:

$$\gamma_0 N_\mathrm{d} e' \leqslant f_\mathrm{cd} bh\left(h'_0 - \frac{h}{2}\right) + f_\mathrm{cd}(b_\mathrm{f} - b)h_\mathrm{f}\left(h'_0 - \frac{h_\mathrm{f}}{2}\right) + f'_\mathrm{sd} A_\mathrm{s}(h'_0 - a_\mathrm{s}) \tag{5-3-20}$$

式中:b_f——位于截面受压较小边的翼缘宽度;
h_f——位于截面受压较小边的翼缘厚度。

第六节　圆形截面偏心受压构件

试验研究表明,钢筋混凝土圆形截面偏心受压构件的破坏,最终表现为受压区混凝土压碎。随轴向力对截面形心的偏心距不同,也会出现类似矩形截面偏心受压构件那样的"受压破坏"和"受拉破坏"两种破坏形态。但是,对于钢筋沿周边均匀布置的圆形截面来说,构件破坏时各根钢筋的应变是不等的,应力也不完全相同。随着轴向力偏心距的增大,构件的破坏由"受压破坏"向"受拉破坏"的过渡基本上是连续的。

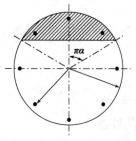

图5-3-8　沿周边均匀配筋的圆形截面

沿周边均匀配置纵向钢筋的圆形截面钢筋混凝土偏心受压构件(图5-3-8),其正截面抗压承载力计算应符合《公路桥规》第5.3.8条规定,按下式计算:

$$\gamma_0 N_d \leq N_{ud} = \alpha f_{cd} A \left(1 - \frac{\sin 2\pi\alpha}{2\pi\alpha}\right) + (\alpha - \alpha_1) f_{cd} A_s \quad (5\text{-}3\text{-}21)$$

$$\gamma_0 N_d \eta e_0 \leq M_{ud} = \frac{2}{3} f_{cd} A r \frac{\sin^3 \pi\alpha}{\pi} + f_{sd} A_s r_s \frac{\sin \pi\alpha + \sin \pi\alpha_s}{\pi} \quad (5\text{-}3\text{-}22)$$

$$\alpha_t = 1.25 - 2\alpha \quad (5\text{-}3\text{-}23)$$

式中：A——圆形截面面积；

A_s——全部纵向普通钢筋截面面积(纵向普通钢筋数量不少于8根)；

N_{ud}、M_{ud}——正截面抗压、抗弯承载力设计值；

r——圆形截面的半径；

r_s——纵向普通钢筋重心所在圆周的半径；

e_0——轴向力对截面重心的偏心距；

α——对应于受压区混凝土截面面积的圆心角(rad)与2π的比值；

α_t——纵向受拉普通钢筋截面面积与全部纵向普通钢筋截面面积的比值,当α大于0.625时,取α_t为0。

当混凝土强度等级在C30~C50、纵向钢筋配筋率在0.5%~4%之间,沿周边均匀配置纵向钢筋的圆形截面钢筋混凝土偏心受压构件正截面抗压承载力,按《公路桥规》附录F确定。

第四章 钢筋混凝土构件裂缝和变形验算

对钢筋混凝土构件,除应进行承载能力极限状态计算外,还要根据施工和使用条件进行持久状况正常使用极限状态和短暂状况的验算。

第一节 换 算 截 面

在进行钢筋混凝土受弯构件正常使用阶段的验算时,一般采用梁受力的第Ⅱ阶段,即带裂缝工作阶段作为计算依据。在第Ⅱ阶段中,竖向裂缝已开展,中性轴以下大部分混凝土已退出工作,拉力由钢筋承担,钢筋的应力还远远小于其屈服强度,受压区混凝土的压应力图形大致是抛物线。

为了利用材料力学中匀质弹性梁的计算方法以简化计算,在此引入"换算截面"的概念。所谓换算截面,是将钢筋和受压区混凝土两种材料组成的实际截面换算成一种由匀质弹性材料组成的截面,从而能采用材料力学公式进行截面计算。

一、换算截面

钢筋混凝土受弯构件第Ⅱ阶段的计算,采用以下三项基本假定。

1. 平截面假定

即沿梁高同一水平纤维的应变与其到中性轴的距离成正比。同时,由于钢筋与混凝土之间的黏结力,钢筋与其同一水平处的混凝土应变相等。

2. 弹性体假定

在第Ⅱ阶段中,钢筋远未屈服,可视为线弹性材料;混凝土此时的塑性不大,也可近似作为弹性材料。

3. 受拉区混凝土不承担拉力,拉力仅由钢筋承担

根据以上假定,可以推导出如下结论:钢筋的拉应力 σ_s 是同一水平位置处混凝土拉应力 σ_c 的 α_{ES} 倍。即:

$$\sigma_s = \alpha_{ES}\sigma_c \tag{5-4-1}$$

式中:α_{ES}——钢筋与混凝土弹性模量之比,即 $\alpha_{ES} = E_s/E_c$。

通常将钢筋截面面积 A_s 换算成等效的受拉混凝土截面面积 A_{sc},位于钢筋的重心处(图5-4-1)。依据力的等效原则,换算混凝土 A_{sc} 承受的总拉力应该与钢筋承受的总拉力相

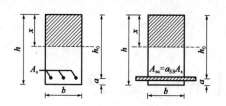

图 5-4-1 换算截面

等，即：

$$A_s \sigma_s = A_{sc} \sigma_c \tag{5-4-2}$$

将式(5-4-1)代入式(5-4-2)可得：

$$A_{sc} = A_s \sigma_s / \sigma_c = \alpha_{ES} A_s \tag{5-4-3}$$

将 $A_{sc} = \alpha_{ES} A_s$ 称为钢筋的换算面积，而将受压区的混凝土面积和受拉区的钢筋换算面积所组成的截面称为钢筋混凝土构件开裂截面的换算截面(图 5-4-1)，这样就可以按材料力学的方法来计算换算截面的几何特性。

二、常用换算截面的几何特性

1. 单筋矩形截面梁开裂截面的换算截面(图 5-4-1)

换算截面面积 A_{cr}：

$$A_{cr} = bx + \alpha_{ES} A_s \tag{5-4-4}$$

换算截面对中性轴的面积矩 S_0：

$$\text{受压区 } S_{0c} = \frac{1}{2} b x^2 \tag{5-4-5}$$

$$\text{受拉区 } S_{0t} = \alpha_{ES} A_s (h_0 - x) \tag{5-4-6}$$

换算截面惯性矩 I_{cr}：

$$I_{cr} = \frac{1}{3} b x^3 + \alpha_{ES} A_s (h_0 - x)^2 \tag{5-4-7}$$

对于受弯构件，开裂截面的中性轴通过其换算截面的形心轴，即 $S_{0c} = S_{0t}$，可得：

$$\frac{1}{2} b x^2 = \alpha_{ES} A_s (h_0 - x) \tag{5-4-8}$$

化简后得受压区高度 x：

$$x = \frac{\alpha_{ES} A_s}{b} \left(\sqrt{1 + \frac{2 b h_0}{\alpha_{ES} A_s}} - 1 \right) \tag{5-4-9}$$

2. 翼缘位于受压区的 T 形截面开裂截面的换算截面(图 5-4-2)

(1)当受压区高度 $x \leqslant h'_f$ 时，应按宽度为 b'_f 的矩形截面计算，应用式(5-4-4)~式(5-4-9)来计算开裂截面的换算截面几何特性。

(2)当受压区高度 $x > h'_f$ 时，表明中性轴位于 T 形截面的肋部，这时换算截面的受压区高度 x 按下式计算：

$$x = \sqrt{A^2 + B} - A$$

$$A = \frac{\alpha_{ES} A_s + (b'_f - b) h'_f}{b}$$

$$B = \frac{2 \alpha_{ES} A_s h_0 + (b'_f - b)(h'_f)^2}{b} \tag{5-4-10}$$

换算截面惯性矩 I_{cr}：

$$I_{cr} = \frac{b_f' x^3}{3} - \frac{(b_f' - b)(x - h_f')^3}{3} + \alpha_{ES} A_s (h_0 - x)^2 \qquad (5\text{-}4\text{-}11)$$

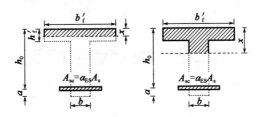

图 5-4-2 开裂状态下 T 形换算截面

3. 矩形全截面的换算截面（图 5-4-3）

在进行钢筋混凝土受弯构件开裂前的计算中，应采用全截面换算截面的截面几何特性。

全截面的换算截面是混凝土全截面面积和钢筋的换算面积所组成的截面。对于（图 5-4-3）矩形截面，全截面的换算截面几何特性计算式如下：

换算截面面积 A_0：

$$A_0 = bh + (\alpha_{ES} - 1) A_s \qquad (5\text{-}4\text{-}12)$$

受压区高度 x：

$$x = \frac{\frac{1}{2} bh^2 + (\alpha_{ES} - 1) A_s h_0}{A_0} \qquad (5\text{-}4\text{-}13)$$

换算截面惯性矩 I_0：

$$I_0 = \frac{1}{12} bh^3 + bh \left(\frac{1}{2} h - x \right)^2 + (\alpha_{ES} - 1) A_s (h_0 - x)^2 \qquad (5\text{-}4\text{-}14)$$

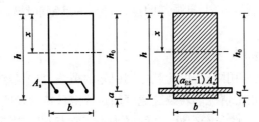

图 5-4-3 矩形全截面的换算截面

4. T 形全截面的换算截面（图 5-4-4）

换算截面面积 A_0：

$$A_0 = bh + (b_f' - b) h_f' + (\alpha_{ES} - 1) A_s \qquad (5\text{-}4\text{-}15)$$

受压区高度 x：

$$x = \frac{\frac{1}{2} bh^2 + \frac{1}{2} (b_f' - b)(h_f')^2 + (\alpha_{ES} - 1) A_s h_0}{A_0} \qquad (5\text{-}4\text{-}16)$$

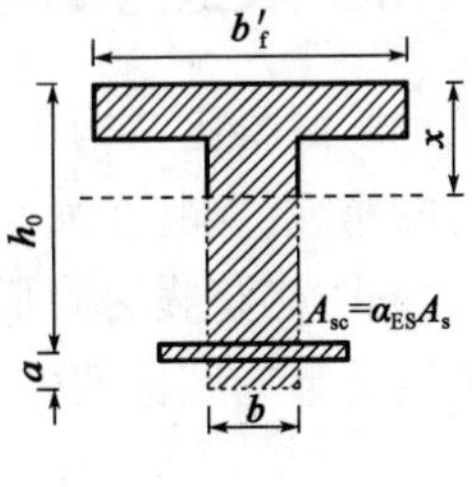

图 5-4-4 T 形全截面的换算截面

换算截面惯性矩 I_0：

$$I_0 = \frac{1}{12}bh^3 + bh\left(\frac{1}{2}h - x\right)^2 + \frac{1}{12}(b_f' - b)(h_f')^3 + (b_f' - b)h_f'\left(\frac{1}{2}h_f' - x\right)^2 +$$
$$(\alpha_{ES} - 1)A_s(h_0 - x)^2 \tag{5-4-17}$$

第二节 裂缝宽度验算

一、裂缝原因及对策

因为混凝土的抗拉强度很低，大致为其抗压强度的1/10，在不大的拉力作用下混凝土就可能开裂，因而钢筋混凝土构件一般是带裂缝工作的。

钢筋混凝土结构裂缝产生的原因大致可分为以下三类。

1. 外加变形或约束变形（温差、收缩等）引起的裂缝

对于这一类非正常裂缝，可通过采取相应的构造措施和施工工艺予以控制。例如，混凝土收缩引起的裂缝，往往发生在混凝土的结硬初期，因此需要良好的初期养护条件和合适的混凝土配合比设计。另外，对大体积混凝土，浇筑时可设置施工缝或后浇带，以减小温差和收缩应力。同时，《公路桥规》还规定，对于钢筋混凝土薄腹梁，应沿腹板两侧设置水平纵向钢筋，并且具有规定的钢筋直径和配筋率以防止过宽的收缩裂缝。

2. 钢筋锈蚀引起的裂缝

由于这种裂缝将降低结构的耐久性，危害性较大，故必须防止其出现。在实际工程中，应采取切实措施，在施工上保证混凝土的密实性，在设计上采用必要的混凝土保护层厚度，以防止它的出现；并应严格控制早凝剂、早强剂的掺入量。一旦钢筋锈蚀裂缝出现，应当及时进行处理。

3. 荷载作用引起的裂缝

在钢筋混凝土结构的使用阶段，由荷载作用引起的裂缝，只要裂缝宽度符合规范要求且处于基本稳定状态，均属于正常情况。若裂缝宽度超过规定且持续发展，会造成裂缝处钢筋腐蚀加速加大，影响结构的耐久性和安全性，这就属于不正常状况。对于在荷载作用下产生的裂缝，主要通过设计计算和构造措施来控制裂缝宽度。

二、最大裂缝宽度限值

在钢筋混凝土结构中，如果混凝土的裂缝过宽，则由于水汽和有害气体等的侵入，将会导致钢筋的锈蚀，尤其在海水侵蚀的情况下，钢筋更易腐蚀，这将大大缩短钢筋混凝土结构的使用寿命；同时必将显著降低构件的刚度，导致结构物变形的增大，影响结构物的使用；另外，过宽的裂缝会影响结构的外观，引起人们心理上的不安全感。因此，控制裂缝的宽度就显得十分重要。

《公路桥规》第6.4.1条规定，钢筋混凝土构件应按作用频遇组合并考虑长期效应的影响

验算裂缝宽度,其最大裂缝宽度不应超过以下限值：Ⅰ类一般环境和Ⅱ类冻融环境为0.20mm；Ⅲ类近海或海洋氯化物环境和Ⅳ类除冰盐等其他氯化物环境为0.15mm。

三、最大裂缝宽度的计算公式

《公路桥规》第6.4.3条规定,钢筋混凝土构件的最大裂缝宽度可按下列公式计算：

$$W_{cr} = C_1 C_2 C_3 \frac{\sigma_{ss}}{E_s} \left(\frac{c + d}{0.36 + 1.7\rho_{te}} \right) \tag{5-4-18}$$

式中：C_1——钢筋表面形状系数,对光面钢筋 $C_1 = 1.40$；对带肋钢筋,$C_1 = 1.00$；对环氧树脂涂层带肋钢筋,$C_1 = 1.15$；

C_2——长期效应影响数,$C_2 = 1 + 0.5 \frac{M_l}{M_s}$,其中 M_l 和 M_s 分别按《公路桥规》第6.3.2条的作用准永久组合和作用频遇组合计算的弯矩计值(或轴力设计值)；

C_3——与构件受力性质有关的系数,当为钢筋混凝土板式受弯构件时,$C_3 = 1.15$,其他受弯构件 $C_3 = 1.0$,轴心受拉构件 $C_3 = 1.2$,偏心受拉构件 $C_3 = 1.1$,圆形截面偏心受压构件 $C_3 = 0.75$,其他截面偏心受压构件 $C_3 = 0.9$；

σ_{ss}——钢筋应力,按《公路桥规》第6.4.4条计算；

c——最外排纵向受拉钢筋的混凝土保护层厚度(mm),当 $c > 50$mm 时,取 50mm；

d——纵向受拉钢筋直径(mm)；当用不同直径的钢筋时,d 改用换算直径 d_e,$d_e = \frac{\sum n_i d_i^2}{\sum n_i d_i}$,式中 n_i 为受拉区第 i 种钢筋的根数,d_i 为受拉区第 i 种钢筋的直径,按《公路桥规》表6.4.3取值；对于《公路桥规》第9.3.11条的焊接钢筋骨架,按式(5-4-18)中 d 或 d_e 应乘以系数 1.3；

ρ_{te}——纵向受拉钢筋的有效配筋率,按《公路桥规》第6.4.5条计算,当 $\rho_{te} > 0.1$ 时,取 $\rho_{te} = 0.1$；当 $\rho_{te} < 0.01$ 时,取 $\rho_{te} = 0.01$。

当矩形、T形和I形截面偏心受压构件满足 $e_0/h \leq 0.55$,或圆形截面偏心受压构件满足 $e_0/r \leq 0.55$ 时,可不进行裂缝宽度验算。

对于圆形截面钢筋混凝土构件裂缝宽度的计算,统一采用式(5-4-18)计算。只是纵向受拉钢筋和有效钢筋配筋率的计算公式不同。

四、纵向受拉钢筋的有效配筋率计算

纵向受拉钢筋的有效配筋率 ρ_{te} 根据《公路桥规》第6.4.5条规定按下列公式计算：

1. 矩形、T形和I形截面构件

$$\rho_{te} = \frac{A_s}{A_{te}} \tag{5-4-19}$$

式中：A_s——受拉区纵向钢筋截面面积,轴心受拉构件取全部纵向钢筋截面面积；受弯、偏心受拉及大偏心受压构件取受拉区纵向钢筋截面面积或受拉较大一侧的钢筋截面面积；

A_{te}——有效受拉混凝土截面面积,轴心受拉构件取构件截面面积;受弯、偏心受拉、偏心受压构件取 $2a_s b$,a_s 为受拉钢筋重心至受拉区边缘的距离,对矩形截面,b 为截面宽度,对翼缘位于受拉区的 T 形、I 形截面,b 为受拉区有效翼缘宽度。

2. 圆形截面构件

$$\rho_{te} = \frac{\beta A_s}{\pi(r^2 - r_1^2)} \quad (5\text{-}4\text{-}20)$$

$$r_1 = r - 2\alpha_s \quad (5\text{-}4\text{-}21)$$

$$\beta = (0.4 + 2.5\rho)\left[1 + 0.353\left(\frac{\eta_s e_0}{r}\right)^{-2}\right] \quad (5\text{-}4\text{-}22)$$

$$\rho = \frac{A_s}{\pi r^2} \quad (5\text{-}4\text{-}23)$$

式中:β——构件纵向受拉钢筋对裂缝贡献的系数;
  A_s——全部纵向钢筋截面面积;
  r_1——圆形截面半径与单根钢筋中心到构件边缘 2 倍距离的差值;
  ρ——纵向钢筋配筋率。

第三节 受弯构件的变形验算

一、受弯构件的刚度

由材料力学知,匀质弹性材料梁的跨中挠度为:

$$f = S\frac{M}{EI}l_0^2 \quad (5\text{-}4\text{-}24)$$

式中:S——与荷载形式、构件支承条件有关的系数;
  l_0——梁的计算跨度;
  EI——梁的截面抗弯刚度,截面抗弯刚度的物理意义是指截面产生单位转角所需施加的弯矩,它体现了构件截面抵抗弯曲变形的能力。

对于钢筋混凝土受弯构件,上述关于匀质弹性材料梁的力学概念仍然适用。但是,带裂缝工作的钢筋混凝土构件与匀质弹性构件的刚度存在明显的差别,其刚度沿梁长发生变化,裂缝截面处刚度小,两裂缝间刚度大,因此是一根不等刚度的构件。

《公路桥规》第 6.5.2 条规定在确定钢筋混凝土受弯构件的抗弯刚度时,既考虑了开裂对构件刚度的削弱,也考虑了未开裂截面对构件挠曲的有利影响,按在两端部弯矩作用下构件转角相等的原则,把带裂缝的变刚度构件等效为等刚度构件,求出带裂缝受弯构件的等效抗弯刚度 B。

钢筋混凝土受弯构件的刚度可按下列公式计算:

$M_s \geq M_{cr}$ 时

$$B = \frac{B_0}{\left(\frac{M_{cr}}{M_s}\right)^2 + \left[1 - \left(\frac{M_{cr}}{M_s}\right)^2\right]\frac{B_0}{B_{cr}}} \quad (5\text{-}4\text{-}25)$$

$M_s < M_{cr}$ 时

$$B = B_0 \quad (5\text{-}4\text{-}26)$$

$$M_{cr} = \gamma f_{tk} W_0 \quad (5\text{-}4\text{-}27)$$

式中：B——开裂构件等效截面的抗弯刚度；

B_0——全截面的抗弯刚度，$B_0 = 0.95 E_c I_0$；

B_{cr}——开裂截面的抗弯刚度，$B_{cr} = E_c I_{cr}$；

M_s——按作用频遇组合计算的弯矩值；

M_{cr}——开裂弯矩；

γ——构件受拉区混凝土塑性影响系数，按 $\gamma = \frac{2 S_0}{W_0}$ 计算；

I_0——全截面换算截面惯性矩；

I_{cr}——开裂截面换算截面惯性矩；

f_{tk}——混凝土轴心抗拉强度标准值；

S_0——全截面换算截面重心轴以上（或以下）部分面积对重心轴的面积矩；

W_0——换算截面抗裂边缘的弹性抵抗矩。

二、受弯构件的变形

钢筋混凝土受弯构件在正常使用极限状态下的挠度，可根据式(5-4-27)计算的刚度，用结构力学的方法计算得到。

随着结构使用时间的增长和潜在的荷载增长，钢筋混凝土受弯构件的刚度要降低，挠度要增大。这是因为构件使用时间越长，混凝土性能退化越明显，使用期的汽车荷载可能超越设计预期和有关规定的概率越大；受压区混凝土发生徐变；受拉区裂缝间混凝土与钢筋之间的黏结逐渐退化，钢筋平均应变增大；受压区与受拉区混凝土收缩不一致，构件曲率增大以及混凝土弹性模量降低等。因此，在计算受弯构件使用阶段的挠度时应考虑长期效应的影响，即按荷载频遇组合计算和《公路桥规》第6.5.2条的刚度计算的挠度值，乘以挠度长期增长系数 η_θ。

挠度长期增长系数 η_θ 可按下列规定取用：

当采用C40以下混凝土时，$\eta_\theta = 1.60$；当采用C40~C80混凝土时，$\eta_\theta = 1.45 \sim 1.35$；中间强度等级可按直线内插取用。

钢筋混凝土受弯构件按上述计算的长期挠度值，由汽车荷载（不计冲击力）和人群荷载频遇组合在梁式桥主梁产生的最大挠度不应超过计算跨径的1/600；在梁式桥主梁悬臂端产生的最大挠度不应超过悬臂长度的1/300。

三、受弯构件的预拱度

桥梁中受弯构件的变形是由结构重力（恒载）和可变荷载两部分作用产生的。设置预拱度可消除结构重力引起的变形,使桥梁建成后行车较为平顺。

《公路桥规》规定,当由荷载频遇组合并考虑长期效应影响产生的长期挠度不超过计算跨径的 1/1600 时,可不设预拱度;当不符合上述规定时应设预拱度,且其值可按结构自重和 1/2 可变荷载频遇值计算的长期挠度值之和采用。

第五章 预应力混凝土结构

第一节 预应力混凝土的基本原理

一、预应力混凝土的基本概念

普通钢筋混凝土是由钢筋和混凝土自然地结合在一起而共同工作的。它的最大缺点是抗裂性差。由于混凝土的抗拉强度很小,构件在使用荷载下一般带裂缝工作,刚度小而挠度大,故不能用于不允许开裂的结构。它的另一缺点是不能充分利用高强材料。如果在构件中采用高强材料,可大幅减少材料用量,相应减轻构件自重;但要使高强钢筋达到屈服,其相应的拉应变必将很大,致使构件出现远远超过规范限值的变形和裂缝宽度。另外,高强混凝土的抗拉强度提高很少,也不能有效地起到减小裂缝宽度的作用。特别是在桥梁工程中,荷载随着跨度的增大而增大,此时靠增加构件的截面尺寸或钢筋用量的方法来控制裂缝和变形是不经济的,将直接导致构件的自重增加,因而限制其跨越能力。因此,要使钢筋混凝土结构得到进一步发展,就必须克服其抗裂性差这一缺点。于是人们经过长期的理论和实践,终于创造了预应力混凝土结构。

所谓预应力混凝土,是指事先由人工在混凝土中引入内部应力,使其大小和分布能抵消使用荷载产生的应力至期望程度的混凝土。也就是说,在构件承受外荷载之前,对受拉区的混凝土施加压力,使其产生预压应力,以抵消外荷载引起的拉应力,改善构件的受力性能。我们把这种对混凝土预先施加的应力称为预应力,这类构件称为预应力混凝土构件。

现以预应力混凝土简支梁(图 5-5-1)为例,说明预应力混凝土的基本原理。

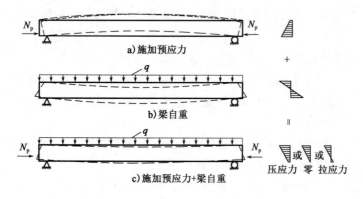

图 5-5-1 预应力混凝土的基本原理

该梁在工作荷载作用之前,预先在梁的受拉区施加一对偏心压力 N_p,使梁截面混凝土中产生预压应力[图5-5-1a)];当荷载 q(包括梁自重)作用时,梁跨中截面应力[(图5-5-1b)]。将[图5-5-1a)、b)]叠加后,梁跨中截面的应力分布[图5-5-1c)],通过人为控制预压力 N_p 的大小,可使受拉边缘混凝土处于压应力、零应力或很小的拉应力状态。由此可见,由于预先给混凝土梁施加了预压力 N_p,使混凝土梁在荷载 q 作用下,其下边缘产生的拉应力被预压应力完全或大部分抵消,因而可以避免混凝土出现裂缝(或将裂缝宽度控制在容许范围之内),这就改善了钢筋混凝土梁的抗裂性能,并能充分发挥高强度材料的作用。

二、预应力混凝土的特点

1. 优点

预应力混凝土与普通钢筋混凝土相比,有如下优点:

1)提高了构件的抗裂度和刚度

对构件施加预应力,可控制构件在使用荷载作用下不出现裂缝,或使裂缝大大推迟出现,有效地改善了构件的使用性能,提高了构件的刚度,增加了结构的耐久性。

2)可以节省材料,减少自重,增大跨越能力

预应力混凝土由于采用了高强材料,可减小构件截面尺寸,节省材料用量,降低结构的自重。这对自重比例很大的大跨径桥梁来说,有更显著的优越性。大跨度和重荷载结构,采用预应力混凝土结构一般是经济合理的。

3)可以减小混凝土梁的竖向剪力和主拉应力

预应力混凝土梁的曲线钢筋(束),可使梁支座附近的竖向剪力减小;还由于混凝土截面上预压应力的存在,使荷载作用下的主拉应力也相应减小。这有利于减小梁的腹板厚度,梁的自重可以进一步减小。

4)结构质量安全可靠

对构件施加预应力时,钢筋(束)与混凝土都经受了一次强度检验。如果在张拉钢筋时钢筋质量表现良好,那么,在使用时也可以认为构件是安全可靠的。因此,有人称预应力混凝土结构是经过预先检验的结构。

5)其他优点

预应力可作为结构构件连接的手段,促进了桥梁结构新体系和新施工方法的发展。

2. 缺点

预应力混凝土结构也存在一些缺点,主要有:

(1)工艺较复杂,对施工质量要求很高,因而需要配备一支技术较熟练的专业队伍。

(2)需要有专门设备,如张拉机具、注浆设备等,先张法需要有张拉台座,后张法需要耗费数量较多、价格较贵的锚具等。

(3)预应力反拱度不易控制。它将随混凝土徐变的增加而增大,如存梁时间过久再进行安装,就可能因上拱度很大,造成桥面不平顺。

(4)预应力混凝土结构的开工费用较大,对于跨径小、构件数量少的工程,成本较高。

(5)预应力损失和永存应力难以控制和检测,预应力结构和构件的长期性能(弹模、收缩徐变等)衰退难以控制,构件的非预期开裂和过度下挠问题比较突出。

第二节 预加应力的方法与设备

一、预加应力的方法

常用的预加应力方法主要有先张法和后张法两类。

1. 先张法

先张法即先张拉钢筋,后浇筑混凝土构件的方法,施工工序(图5-5-2)。先在台座上张拉预应力钢筋至控制应力,并用锚具临时固定;再浇筑构件混凝土;待混凝土达到规定强度后,切断或放松预应力钢筋,混凝土构件借助钢筋的弹性恢复获得预压应力。先张法预应力混凝土构件是通过预应力钢筋与混凝土之间的黏结力来保持和传递预应力的。

先张法通常适合在长线台座(50~200m)上成批生产直线预应力布筋的中小型构件。其主要优点是生产效率高、施工工艺简单、夹具可多次重复使用。

2. 后张法

后张法即先浇筑构件混凝土,后张拉预应力钢筋的方法,一般可分为两类。

第一类为体内预应力,施工工序如图5-5-3所示。先浇筑构件混凝土,并在混凝土构件中预留孔道;待混凝土达到规定强度后,将钢筋穿过预留孔道;以混凝土构件本身作为支承件,张拉预应力钢筋至控制应力;然后用专用锚具将预应力钢筋锚固于构件端面上,使混凝土构件获得并保持预应力;在预留孔道内压注水泥浆,以使预应力钢筋与梁体黏结为整体;最后浇筑封端混凝土以保护锚具不致锈蚀。

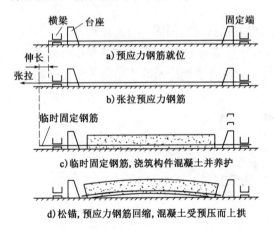

图 5-5-2 先张法施工工序示意

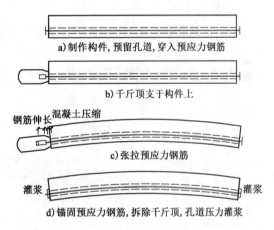

图 5-5-3 后张法工序示意

第二类为体外预应力,与第一类不同的地方,主要是除锚固位置和转向块外预应力钢筋不设置在混凝土壁内部。

后张法预应力混凝土构件主要是通过锚具来保持和传递预应力的。

后张法不需要专门台座,适用于在现场制作大型结构构件,可配置直线或曲线预应力钢筋。但施工工艺较复杂,锚具消耗量较大,成本较高。

二、预加应力的设备

1. 锚具

1) 对锚具的要求

无论是先张法所用的临时锚具,还是后张法所用的永久性工作锚具,都是保证预应力混凝土施工安全、结构可靠的关键性技术设备。因此,在设计、制造或选择锚具时,应注意满足:受力安全可靠;刚度大,预应力损失小;构造简单、紧凑,制作方便,用钢量少;张拉锚固方便迅速,设备简单。

2) 锚具的分类及类型

锚具的种类繁多,按其传力锚固的受力原理,可分为:

(1) 依靠摩阻力锚固的锚具。如楔形锚、锥形锚和用于锚固钢绞线的 JM 锚与夹片式群锚等,都是借张拉筋束的回缩或千斤顶的顶压,带动锥销或夹片将筋束楔紧于锥孔中而锚固的。

(2) 依靠承压锚固的锚具。如墩头锚、钢筋螺纹锚等,是利用钢丝的墩粗头或钢筋螺纹承压达到锚固的。

(3) 依靠黏结力锚固的锚具。如先张法的筋束锚固,以及后张法固定端的钢绞线压花锚具等,都是利用筋束与混凝土之间的黏结力进行锚固的。

对于不同形式的锚具,往往需要有专门的张拉设备配套使用。因此,在设计施工中,锚具与张拉设备的选择应同时考虑。

目前,国内在桥梁结构中常用的几种锚具有:锥形锚、墩头锚、高强精轧螺纹钢筋锚具、夹片锚具等。

2. 千斤顶

各种锚具都必须配置相应的张拉设备,才能顺利地进行张拉、锚固。与夹片锚具配套的张拉设备,是一种大直径的穿心千斤顶(图 5-5-4),它常与夹片锚具配套研制,其他各种锚具也都具有各自适用的千斤顶。因此,在设计施工需要时,应详细查阅各生产厂家的产品目录配套购置。

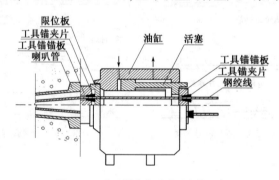

图 5-5-4 夹片锚张拉千斤顶安装示意

3. 其他设备

按照施工工艺的要求,预加应力尚需有以下一些设备或配件。

1) 制孔器

预制后张法构件时,需预留筋束穿入的孔道。目前,国内桥梁构件预留孔道所用的制孔器主要有金属波纹管和塑料波纹管。

2) 穿索机

当采用后张法时,一般都采用后穿法穿束。但当构件的筋束很长时,人工穿束十分困难,需采用穿索(束)机。穿索(束)机有两种类型:一是液压式;二是电动式。

3) 灌孔水泥浆及压浆机

在后张法预应力混凝土构件中,筋束张拉锚固后必须给预留孔道压注水泥浆,以免钢筋锈蚀,并使筋束与梁体混凝土结合为一整体。施工时应严格控制水灰比并保证孔道内水泥浆密实。

压浆机是孔道灌浆的主要设备,它主要由灰浆搅拌桶、存浆桶和压送灰浆的灰浆泵以及供水系统组成。

4) 张拉台座

采用先张法生产预应力混凝土构件时,需设置用作张拉和临时锚固筋束的张拉台座。张拉台座将承受张拉筋束巨大的回缩力,设计时应保证具有足够的强度、刚度和稳定性。

第三节 预应力损失与有效预应力

一、张拉控制应力

张拉控制应力 σ_{con} 是指张拉预应力钢筋锚固前,张拉千斤顶的油压表所显示的总拉力除以预应力钢筋截面积所得的应力值。

1. 后张法构件为梁体内锚下(扣除锚圈口损失后)的钢筋应力 σ_{con}

对后张法构件为梁体内锚下(扣除锚圈口损失后)的钢筋应力,σ_{con} 应符合下列规定:

1) 钢丝、钢绞线的张拉控制应力值

体内预应力 $\qquad \sigma_{con} \leq 0.75 f_{pk}$

体外预应力 $\qquad \sigma_{con} \leq 0.70 f_{pk}$ (5-5-1)

2) 精轧螺纹钢筋的张拉控制应力值

$$\sigma_{con} \leq 0.85 f_{pk} \tag{5-5-2}$$

式中:f_{pk}——预应力钢筋抗拉强度标准值。

当对构件进行超张拉或计入锚圈口摩擦损失时,钢筋中最大控制应力(千斤顶油泵上显示的值)对钢丝和钢绞线不应超过 $0.80 f_{pk}$;对精轧螺纹钢筋不应超过 $0.95 f_{pk}$。

2. 张拉应力不宜超过规定值

为充分发挥预应力的效果,预应力钢筋的张拉控制应力宜尽量取得高些,以使混凝土获得较大的预压应力,从而提高构件的抗裂性。但张拉控制应力也不宜定得过高,否则可能引起如下问题:

(1) 在高应力状态下可能使构件预压区出现纵向裂缝。

(2) 可能造成后张法构件端部混凝土局部承压破坏。

(3)钢筋的应力松弛大。

(4)在束筋中每根钢丝或钢绞线获得的张拉应力不均匀而导致断筋。

二、预应力损失

在施工和使用过程中,由于张拉工艺和材料特性等原因,构件中预应力钢筋的应力将逐渐降低,这种现象称作预应力损失。了解预应力损失的产生原因,正确估算预应力损失值以及采用有效的措施减少损失,是预应力混凝土结构设计与施工的重要内容。下面分别讨论各种预应力损失。

1. 后张法构件张拉时,预应力钢筋与管道壁之间摩擦引起的预应力损失 σ_{l1}

后张法的预应力钢筋一般由直线段和曲线段组成。张拉时,预应力筋将沿着管道壁滑移而产生摩擦力,使钢筋中的预拉应力形成张拉端高,向构件跨中方向逐渐减小的情况,减小的部分即为预应力损失(图5-5-5)。预应力筋的摩擦损失 σ_{l1} 主要由管道的弯曲和管道位置偏差两部分引起。σ_{l1} 根据《公路桥规》第6.2.2条规定按下式计算:

$$\sigma_{l1} = \sigma_{con}[1 - e^{-(\mu\theta+kx)}] \tag{5-5-3}$$

式中:σ_{con}——预应力钢筋锚下的张拉控制应力值;

μ——预应力钢筋与管道壁的摩擦系数,按《公路桥规》表6.2.2采用;

θ——从张拉端至计算截面曲线管道部分切线的夹角之和(rad)(图5-5-6);

k——管道每米局部偏差对摩擦的影响系数,按《公路桥规》表6.2.2采用;

x——从张拉端至计算截面的管道长度,可近似地取该段管道在构件纵轴上的投影长度(m)。

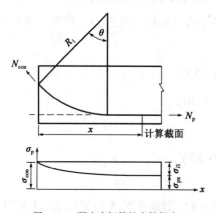

图5-5-5 预应力钢筋的摩擦损失

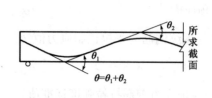

图5-5-6 θ 的计算图示

减少 σ_{l1} 的措施有:

(1)采用两端张拉,以减小 θ 值及管道长度 x 值。

(2)采用超张拉。

2. 由锚具变形、钢筋回缩和接缝压缩引起的预应力损失 σ_{l2}

预应力钢筋张拉结束进行锚固时,锚具将受到巨大的压力而变形,锚下垫板间的所有缝隙被挤紧,同时钢筋在锚具内回缩;此外,拼装式构件的接缝也被压密,所有这些变形都将使锚固后的预应力钢筋放松,从而引起预应力损失。

对直线预应力钢筋,该项预应力损失根据《公路桥规》第6.2.3条规定按下式计算:

$$\sigma_{l2} = \frac{\Delta l}{l} E_p \tag{5-5-4}$$

式中:Δl——张拉端锚具变形、钢筋回缩和接缝压缩值(mm),按《公路桥规》表6.2.3采用;

l——张拉端至锚固端之间的距离(mm)。

对曲线或折线预应力钢筋的后张法构件,当将预应力钢筋张拉至σ_{con}并锚固在构件端部时,由于锚具变形所引起的钢筋回缩同样会受到管道壁反向摩擦的影响,σ_{l2}只在一定长度l_f内发生,该长度称为反向摩擦影响长度。计算时需考虑这种反向摩擦的影响。具体计算可参照《公路桥规》第6.2.3条和附录G进行。

σ_{l2}只考虑发生在张拉端。至于锚固端,因在张拉过程中锚具变形和钢筋回缩已经完成,故不应考虑。

减小σ_{l2}的措施有:

(1)选择锚具变形和钢筋回缩值较小的锚具,并尽量少用垫板。

(2)对先张法,宜采用长线台座。

3. 先张法预应力混凝土构件,当采用加热方法养护时,由钢筋与台座之间的温差引起的预应力损失σ_{l3}

制作先张法构件时,为了缩短生产周期,常采用蒸汽养护,促使混凝土快硬。当新浇筑的混凝土尚未结硬时,加热升温,预应力钢筋受热伸长,但台座因与大地相连,温度基本上不变,台座间距离也保持不变,这样预应力钢筋的伸长就受到约束,相当于将预应力钢筋压缩了一个长度,使其应力下降。当停止升温养护时,混凝土已结硬并与预应力钢筋结成整体,钢筋应力不能恢复原值,于是就产生了预应力损失σ_{l3}。σ_{l3}根据《公路桥规》第6.2.4条规定按下式计算:

$$\sigma_{l3} = 2(t_2 - t_1) \tag{5-5-5}$$

式中:t_2——混凝土加热养护时,受拉钢筋的最高温度(℃);

t_1——张拉钢筋时,制造场地的温度(℃)。

减小σ_{l3}损失的措施有:

(1)采用分阶段养护措施。第一阶段用低温养护,温差控制在20℃左右,然后恒温养护,待混凝土达到一定强度预应力钢筋与混凝土结成整体时,再进行第二阶段的升温养护。此时σ_{l3}仅计入第一阶段温差引起的预应力损失。

(2)采用钢模生产预应力构件,钢模与构件一起整体入池养护。

4. 由混凝土弹性压缩引起的预应力损失σ_{l4}

当预应力混凝土构件受到预压应力而产生压缩变形时,对于已张拉并锚固于该构件上的预应力钢筋来说,也将产生压缩变形,其大小与该预应力钢筋重心水平处混凝土相同,因而产生预应力损失,即混凝土弹性压缩损失σ_{l4}。这项损失的计算与构件预加应力的方式有关。

(1)后张法预应力混凝土构件当采用分批张拉时,先张拉的钢筋由张拉后批钢筋所引起的混凝土弹性压缩的预应力损失,根据《公路桥规》第6.2.5条规定按下式计算:

$$\sigma_{l_4} = \alpha_{EP} \cdot \Delta\sigma_{pc} \tag{5-5-6}$$

式中：$\Delta\sigma_{pc}$——在计算截面完成张拉的预应力钢筋重心处，由后批张拉预应力钢筋产生的混凝土法向应力；

α_{EP}——预应力钢筋弹性模量与混凝土弹性模量的比值。

(2) 先张法预应力混凝土构件，放松钢筋时由混凝土弹性压缩引起的预应力损失，计算公式为：

$$\sigma_{l4} = \alpha_{EP}\sigma_{pc} \tag{5-5-7}$$

式中：σ_{pc}——在计算截面钢筋重心处，由全部钢筋预加力产生的混凝土法向应力。

5. 预应力钢筋由于钢筋松弛引起的预应力损失 σ_{l5}

钢筋在持续荷载作用下，其应变不变，应力随时间增长而降低的现象称作钢筋的应力松弛。

(1) 钢筋的应力松弛有如下特点：

① 应力松弛最初发展迅速，以后逐渐减慢，最后趋于稳定。第 1h 可完成全部应力松弛值的 50% 左右，24h 可达约 80%，1000h 趋于稳定。

② 钢筋的初拉应力越高，应力松弛越大。

③ 热处理钢筋的应力松弛较小，钢丝、钢绞线应力松弛较大，但低松弛钢绞线的应力松弛明显小于普通钢绞线。

④ 钢筋松弛与温度变化有关，它随温度升高而增加，这对采用蒸汽养护的预应力混凝土构件会有所影响。

试验表明，当初始应力小于钢筋极限强度的 50% 时，其松弛量很小，可忽略不计。

(2) 预应力钢筋松弛引起的预应力损失终极值 σ_{l5}，根据《公路桥规》第 6.2.6 条规定按下式计算：

① 预应力钢丝、钢绞线

$$\sigma_{l5} = \psi \cdot \zeta \left(0.52\frac{\sigma_{pe}}{f_{pk}} - 0.26\right)\sigma_{pe} \tag{5-5-8}$$

式中：ψ——张拉系数，一次张拉时，$\psi = 1.0$；超张拉时，$\psi = 0.9$；

ζ——钢筋松弛系数，Ⅰ级松弛（普通松弛），$\zeta = 1.0$；Ⅱ级松弛（低松弛），$\zeta = 0.3$；

σ_{pe}——传力锚固时的钢筋应力，对后张拉构件，$\sigma_{pe} = \sigma_{con} - \sigma_{l1} - \sigma_{l2} - \sigma_{l4}$；对先张法构件，$\sigma_{pe} = \sigma_{con} - \sigma_{l2}$。

② 预应力螺纹钢筋

一次张拉

$$\sigma_{l5} = 0.05\sigma_{con} \tag{5-5-9}$$

超张拉

$$\sigma_{l5} = 0.035\sigma_{con} \tag{5-5-10}$$

当需分阶段计算钢筋应力松弛损失时，其中间值应根据建立预应力的时间按表 5-5-1 确定。

钢筋松弛损失中间值与终极值的比值　　　　　表 5-5-1

时间(d)	2	10	20	30	40
比值	0.5	0.61	0.74	0.87	1.00

钢筋应力松弛损失的计算,应根据钢筋不同受力阶段的持荷时间进行。对于先张法构件,在预加应力阶段,一般按松弛损失的一半计算,其余一半认为在随后的使用阶段中完成;对于后张拉构件,其松弛损失可认为全部在使用阶段完成。

采用超张拉可以减小钢筋的应力松弛损失。预应力钢筋在超过张拉控制应力的高应力下持荷 2min,使本来在低应力下需较长时间完成的松弛在 2min 内完成大部分,即这部分应力松弛发生在钢筋锚固之前,此后应力再回降至张拉控制应力并锚固,此时一部分应力松弛已完成,锚固后损失减小。

6. 由混凝土收缩、徐变引起预应力钢筋的预应力损失 σ_{l6}、σ'_{l6}

混凝土具有收缩和徐变的特性。

收缩:混凝土在凝结硬化过程中产生体积缩小的现象。

徐变:混凝土在持续应力作用下,应变随时间而增大的现象。若加载龄期越小,应力水平越高,荷载持续时间越长,则混凝土的徐变越大;另外,水灰比和水泥用量越大,集料品质和施工及养护质量越差,混凝土的徐变和收缩也越大。

混凝土的收缩和徐变都会导致预应力混凝土构件长度的缩短,预应力钢筋随之回缩而产生预应力损失。

由混凝土收缩、徐变引起的构件受拉区和受压区预应力钢筋的预应力损失 σ_{l6}、σ'_{l6},根据《公路桥规》第 6.2.7 条规定按下式计算:

$$\sigma_{l6}(t) = \frac{0.9[E_P \varepsilon_{cs}(t,t_0) + \alpha_{EP}\sigma_{pc}\phi(t,t_0)]}{1 + 15\rho\rho_{ps}} \tag{5-5-11}$$

$$\sigma'_{l6}(t) = \frac{0.9[E_P \varepsilon_{cs}(t,t_0) + \alpha_{EP}\sigma'_{pc}\phi(t,t_0)]}{1 + 15\rho'\rho'_{ps}} \tag{5-5-12}$$

$$\rho = \frac{A_p + A_s}{A}, \rho' = \frac{A'_p + A'_s}{A} \tag{5-5-13}$$

$$\rho_{ps} = 1 + \frac{e_{ps}^2}{i^2}, \rho'_{ps} = 1 + \frac{e'^2_{ps}}{i^2} \tag{5-5-14}$$

$$e_{ps} = \frac{A_p e_p + A_s e_s}{A_p + A_s}, e'_{ps} = \frac{A'_p e'_p + A'_s e'_s}{A'_p + A'_s} \tag{5-5-15}$$

式中:σ_{l6}、$\sigma'_{l6}(t)$——构件受拉区、受压区全部纵向钢筋截面重心处由混凝土收缩、徐变引起的预应力损失。

σ_{pc}、σ'_{pc}——构件受拉区、受压区全部纵向钢筋截面重心处由预应力产生的混凝土法向压应力,应按《公路桥规》第 6.1.6 条和第 6.1.7 条规定计算。此时,预应力损失值仅考虑预应力钢筋锚固时(第一批)的损失,普通钢筋应力

σ_{l6}、σ'_{l6}应取为0；σ_{pc}、σ'_{pc}值不得大于传力锚固时混凝土立方体抗压强度f'_{cu}的0.5倍；当σ'_{pc}为拉应力时，应取为0。计算σ_{pc}、σ'_{pc}时，可根据构件制作情况考虑自重的影响。

E_p——预应力钢筋的弹性模量。

α_{EP}——预应力钢筋弹性模量与混凝土弹性模量的比值。

ρ,ρ'——构件受拉区、受压区全部纵向钢筋配筋率。

A——构件截面面积，对先张法构件，$A=A_0$；对后张法构件，$A=A_n$。

i——截面回转半径，$i^2=I/A$，先张法构件取$I=I_0$，$A=A_0$；后张法构件取$I=I_n$，$A=A_n$。

e_p、e'_p——构件受拉区、受压区预应力钢筋截面重心至构件截面重心的距离。

e_s、e'_s——构件受拉区、受压区纵向普通钢筋截面重心至构件截面重心距离。

e_{ps}、e'_{ps}——构件受拉区、受压区预应力钢筋和普通钢筋截面重心至构件截面重心轴的距离。

$\varepsilon_{cs}(t,t_0)$——预应力钢筋传力锚固龄期为t_0，计算考虑的龄期为t时的混凝土收缩应变，按《公路桥规》附录C计算。

$\phi(t,t_0)$——加载龄期为t_0，计算考虑的龄期为t时的徐变系数，按《公路桥规》附录C计算。

三、有效预应力

上述六种预应力损失，有的只发生在先张法构件中（如σ_{l3}），有的只发生在后张法构件中（如σ_{l1}），有的损失两种构件均有，而且损失发生的时间也是各不相同的。

预应力钢筋的有效预应力定义为：张拉控制应力扣除相应预应力损失后，预应力钢筋中剩余的预应力。因为各项预应力损失是先后发生的，则有效预应力值亦随不同受力阶段而变。

预应力钢筋的永存预应力是指张拉控制应力扣除全部预应力损失后，预应力钢筋中剩余的预应力。

为了便于分析计算，将预应力损失分为两个阶段进行组合。这两个阶段的划分以混凝土受到预压为界：对先张法，是指放松预应力钢筋的时刻；对后张法，是指张拉预应力钢筋至σ_{con}并锚固的时刻。则第一阶段损失指在传力锚固时已发生的损失，称为第一批损失，以$\sigma_{l\mathrm{I}}$表示；第二阶段损失指在传力锚固以后的损失，称为第二批损失，以$\sigma_{l\mathrm{II}}$表示。各阶段预应力损失值的组合根据《公路桥规》第6.2.8条规定按表5-5-2采用。

各阶段预应力损失值的组合　　　　表5-5-2

预应力损失值的组合	先张法构件	后张法体内预应力混凝土构件	后张法体内体外混合预应力混凝土构件	
			体内预应力钢筋	体外预应力钢筋
传力锚固时的损失（第一批）$\sigma_{l\mathrm{I}}$	$\sigma_{l2}+\sigma_{l3}+\sigma_{l4}+0.5\sigma_{l5}$	$\sigma_{l1}+\sigma_{l2}+\sigma_{l4}$		
传力锚固后的损失（第二批）$\sigma_{l\mathrm{II}}$	$0.5\sigma_{l5}+\sigma_{l6}$	$\sigma_{l5}+\sigma_{l6}$		

第四节　预应力混凝土受弯构件的承载力计算

一、正截面抗弯承载力计算

对构件施加预应力主要是为了提高构件的抗裂能力,并可利用高强材料以减小截面尺寸和自重。截面和配筋条件完全相同的钢筋混凝土构件和预应力混凝土构件,其破坏荷载是相同的,也就是说,预加应力本身对正截面承载能力没有影响。

预应力混凝土受弯构件正截面破坏特征与普通钢筋混凝土受弯构件相同,其正截面抗弯承载力计算的基本假定、计算图式和计算公式与普通钢筋混凝土受弯构件基本相同,不同之处是,设于受压区的预应力钢筋在构件破坏时并未达到相应的条件极限。具体计算参阅《公路桥规》第 5.2.2~5.2.4 条。

二、斜截面抗剪承载力计算

预应力钢筋的轴向预压力抑制了斜裂缝的出现和发展,由于纵向预应力弯起钢筋和竖向预应力的作用增加了剪压区混凝土高度和斜裂缝面上的集料咬合作用,从而提高了斜截面的抗剪承载力;预应力混凝土梁的斜裂缝长度比钢筋混凝土梁有所增长,也提高了斜裂缝内箍筋的抗剪能力。《公路桥规》第 5.2.9 条中预应力混凝土受弯构件与普通钢筋混凝土受弯构件采用了同一斜截面抗剪承载力计算公式,与前述钢筋混凝土受弯构件比较,主要区别为:

(1)考虑纵向预应力的作用,乘以预应力提高系数 α_2,取 $\alpha_2 = 1.25$,但当由钢筋合力引起的截面弯矩与外弯矩的方向相同时,或对于允许出现裂缝的预应力混凝土受弯构件,取 $\alpha_2 = 1.0$。

(2)考虑了预应力弯起钢筋的作用。

(3)计入了竖向预应力的作用。

预应力混凝土受弯构件的抗剪截面限制条件和最小配箍率与钢筋混凝土受弯构件相同。

第五节　抗裂验算

预应力混凝土构件的抗裂验算是以应力控制来进行的,属于正常使用极限状态计算的范畴,在考虑的各种作用效应组合中,汽车荷载效应可不计冲击系数,预应力应作为荷载考虑,荷载分项系数取为 1.0。对连续梁等超静定结构,尚应计入由预应力、温度作用等引起的次效应。

预应力混凝土构件可根据桥梁使用和所处环境的要求,设计为全预应力混凝土构件或部分预应力混凝土构件。全预应力混凝土构件在作用(或荷载)频遇组合组合下控制的正截面的受拉边缘不允许出现拉应力(不得消压)。部分预应力混凝土构件在作用(或荷载)频遇组合组合下控制的正截面的受拉边缘可出现拉应力:当拉应力加以限制时,为 A 类预应力混凝土构件;当拉应力超过限值时,为 B 类预应力混凝土构件。

《公路桥规》第6.3.1条规定,对于全预应力混凝土构件和A类和B类预应力混凝土构件,必须进行正截面抗裂验算和斜截面抗裂验算。

1. 正截面抗裂

对构件正截面混凝土的拉应力进行验算,应符合下列要求:

(1) 全预应力混凝土构件。

预制构件:

$$\sigma_{st} - 0.85\sigma_{pc} \leq 0 \qquad (5\text{-}5\text{-}16)$$

分段浇筑或砂浆接缝的纵向分块构件:

$$\sigma_{st} - 0.80\sigma_{pc} \leq 0 \qquad (5\text{-}5\text{-}17)$$

(2) A类预应力混凝土构件。

$$\sigma_{st} - \sigma_{pc} \leq 0.70 f_{tk} \qquad (5\text{-}5\text{-}18)$$

$$\sigma_{lt} - \sigma_{pc} \leq 0 \qquad (5\text{-}5\text{-}19)$$

式中:σ_{st}——在作用频遇组合下构件抗裂验算截面边缘混凝土的法向拉应力,按《公路桥规》第6.3.2条的规定计算;

σ_{lt}——在作用准永久组合下构件抗裂验算截面边缘混凝土的法向拉应力,按《公路桥规》第6.3.2条的规定计算;

σ_{pc}——扣除全部预应力损失后的预加力在构件抗裂验算边缘产生的混凝土预压应力,按《公路桥规》第6.1.6条的规定计算。

(3) B类预应力混凝土受弯构件在结构自主作用下控制截面受控边缘不得消压。

2. 斜截面抗裂

预应力混凝土桥梁的腹部一旦出现斜裂缝是不能自动闭合的,它不像构件的正截面裂缝,在使用阶段的多数情况下是闭合的。因此,对构件的斜截面抗裂应要求更严格些,也更应引起设计人员的重视。无论哪类受弯构件均不希望出现斜裂缝,《公路桥规》都要求进行斜截面抗裂验算。

对构件斜截面混凝土的主拉应力σ_{tp}进行验算,应符合下列要求:

(1) 全预应力混凝土构件。

预制构件:

$$\sigma_{tp} \leq 0.6 f_{tk} \qquad (5\text{-}5\text{-}20)$$

现场浇筑(包括预制拼装)构件:

$$\sigma_{tp} \leq 0.4 f_{tk} \qquad (5\text{-}5\text{-}21)$$

(2) A类和B类预应力混凝土构件。

预制构件:

$$\sigma_{tp} \leq 0.7 f_{tk} \qquad (5\text{-}5\text{-}22)$$

现场浇筑(包括预制拼装)构件:

$$\sigma_{tp} \leqslant 0.5 f_{tk} \tag{5-5-23}$$

式中：σ_{tp}——由作用频遇组合和预加力产生的混凝土主拉应力，按《公路桥规》第6.3.3条的规定计算；

f_{tk}——混凝土的抗拉强度标准值，按表5-1-6采用。

第六节　端部锚固区计算

一、端部锚固区的受力分析

后张法构件的预压力是通过锚具传递的，在布置锚具的局部区域，巨大的预加压力 P_l 将通过锚具及其下面不大的垫板面积传递给混凝土（图5-5-7），使锚下混凝土承受很大的应力。锚具的局部压力要经过一个过渡区段传递到整个截面上。试验和理论研究表明，这个过渡区段的长度大约等于构件的高度 h，因此常把构件端部 h 范围内的这一区段称为端块。端块的混凝土处于复杂的三向应力状态，在局部压力作用下，靠近垫板处产生横向压应力，在其他部位则产生横向拉应力。当锚具的吨位很大时，有可能导致构件纵向开裂，甚至发生局部破坏。故对后张法构件设计时，必须验算锚下混凝土局部承压的抗裂度和承载力，并配置足够的局部加强钢筋，以防止在横向拉应力的作用下出现裂缝。

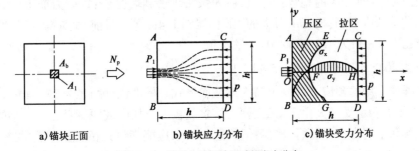

图5-5-7　混凝土局部受压时的应力分布

对于后张法构件的端部锚固区，宜对区段内的局部应力进行分析，并结合构造要求配置闭合式箍筋，其局部抗压承载力的计算，根据《公路桥规》第5.7.1、5.7.2条的规定进行。

二、端部锚固区的构造要求

后张法构件端部锚固区的应力状态比较复杂，设计时应采取如下加强措施：

1. 设置钢垫板

在锚下应设置厚度不小于16mm的钢垫板或采用具有喇叭管的锚具垫板。梁端平面尺寸由锚具尺寸、锚具间距以及张拉千斤顶的要求等布置而定。

2. 锚下梁体设钢筋网或螺纹筋

在锚下梁体内，尚需设置间接钢筋（钢筋网或螺旋箍筋），其体积配筋率 ρ_v 不应小于

0.5%,其布置深度不应小于局部承压面积的最大边长。

3. 锚固点的设置

当预应力钢筋需要在构件中间锚固时,其锚固点宜设在截面重心轴附近或外荷载作用下的受压区,如因锚固而削弱梁截面,应用普通钢筋补强。当箱形截面梁的顶、底板内的预应力钢筋引出板外时,应在专设的齿板上锚固,此时,预应力钢筋宜采用较大弯曲半径,并按《公路桥规》第9.4.8条设置箍筋。

另外,在预加应力施加完毕后,埋封于梁体内的锚具周围应设置构造钢筋与梁体连接,然后浇筑混凝土封锚。封锚混凝土强度等级不应低于构件本身混凝土强度等级的80%,且不低于C30。

第七节 预应力混凝土受弯构件的构造要求

一、预应力混凝土梁的常用截面形式

1. 预应力混凝土空心板[图5-5-8a)]

其芯模可采用圆形、圆端形等形式,跨径较大的后张法空心板则向薄壁箱形截面靠拢。施工方法一般采用现场制作直线配筋的先张法(多用长线法生产),适于跨径8~20m的桥梁。近年来,空心板跨径有加大的趋势;方法也由先张法扩展到后张法;预应力筋束由有黏结的扩展到使用无黏结预应力筋;板宽由过去的1m扩展到1.4m等。目前,最大跨径已达到30m,简支板的高跨比 h/l 一般为 $1/15 \sim 1/20$。

2. 预应力混凝土T形梁[图5-5-8b)]

这是我国最常用的预应力混凝土简支梁截面形式。标准设计跨径为25~40m。在梁的下缘,为了布置筋束和承受强大预压力的需要,常将腹板下缘加厚成"马蹄"形。T梁的腹板主要是承受剪应力和主应力,一般做得较薄;但构造上要求应能满足预留孔道的需要,一般最小为140~160mm,而梁端锚固区段(即约等于梁高的范围)内,应满足布置锚具和局部承压的需要,故常将其做成与"马蹄"同宽。其上翼缘宽度,一般为1.6~2.5m,随跨径增大而增加。预应力混凝土简支T形梁的高跨比一般为 $1/15 \sim 1/25$。

3. 预制预应力混凝土I形梁现浇整体化截面梁[图5-5-8c)]

它是在预制I形梁安装定位后,再现浇横梁和桥面(包括部分翼缘宽度)混凝土使截面整体化。其部分翼缘为现浇,故其起吊重量相对较轻,对斜梁桥或曲率半径较大的弯梁桥,在平面布置时较易处理。但预制I形梁侧弯刚度小,易出现侧向弯曲。

4. 预应力混凝土I形梁[图5-5-8d)]

为了减轻吊装重量,而采用预应力混凝土I形梁加预制微弯板(或钢筋混凝土板)形成的组合式梁。现有标准设计图纸的跨径为16~20m,高跨比 h/l 为 $1/16 \sim 1/18$。此种截面形式,因梁肋受力条件不利,故不如整体式T形梁用料经济。施工中应注意加强结合面处的连接,以保证肋与板能共同工作。

5. 预应力混凝土槽形截面梁[图 5-5-8e)]

槽形梁属于组合式截面梁,一般采用标准设计,工厂预制,用先张法施工,适用于跨径为 16~25m 的中小跨径桥梁,高跨比 h/l 约为 1/16~1/20。

6. 预制预应力混凝土小箱梁[图 5-5-8f)]

预制预应力混凝土小箱梁类似于 T 形梁,采用多梁式截面,梁与梁之间通过现浇混凝土连接。小箱梁高跨比 h/l 约为 1/16~1/20,标准跨径一般为 20~40m。

7. 预应力混凝土箱形截面梁[图 5-5-8g)]

箱形截面为闭口截面,其抗扭刚度比一般开口截面(如 T 形截面梁)大得多,可使梁的荷载分布比较均匀。箱壁一般做得较薄,材料利用合理,自重较轻,跨越能力大。只有少数大跨度预应力混凝土简支梁采用箱形截面,箱形截面梁更多的是用于连续梁、T 形刚构、连续刚构、斜梁桥等。

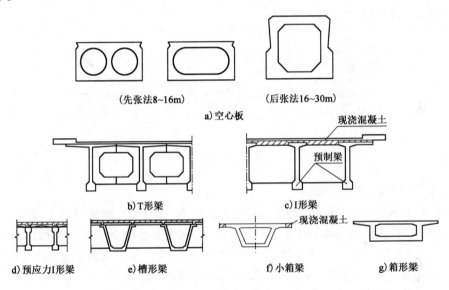

图 5-5-8 预应力混凝土梁的常用截面形式

二、抗弯效率指标 ρ

预应力混凝土梁抵抗外弯矩的机理与钢筋混凝土梁不同。钢筋混凝土梁的抵抗弯矩主要是由变化的钢筋应力的合力(或变化的混凝土压应力的合力)与固定的内力偶臂 Z 的乘积所形成。

预应力混凝土梁是由基本不变的预加力 N_{pe}(或混凝土预压应力的合力),与随外弯矩变化而变化的内力偶臂 Z 的乘积来抵抗荷载弯矩。其内力偶臂 Z 所能变化的范围越大,则在预加力 N_{pe} 相同的条件下,抵抗外弯矩的能力也就越大,也即抗弯效率越高。在保证上、下缘混凝土不产生拉应力的条件下,内力偶臂 Z 可能变化的最大范围只能是上核心距 K_s 与下核心距 K_x 之间,因此,截面抗弯效率可用参数 $\rho = \dfrac{K_s + K_x}{h}$($h$ 为梁的全截面高)来表示,将 ρ 称为截面抗弯效率指标。ρ 值越高,表示所设计的预应力混凝土梁截面经济效率越高,例如,矩形截面

的 ρ 值为 1/3,而空心板则随挖空率而变化,一般为 0.4~0.55,T 形截面梁也可达到 0.5 左右。故在预应力混凝土梁设计时,应在设计与施工要求的前提下选取合理的截面形式。

三、预应力钢筋的布置

1. 束界

合理地确定预加力作用点的位置是非常重要的。根据全预应力混凝土构件的要求,其上、下缘混凝土不出现拉应力的原则,可以按照在最小外荷载(即构件恒载 G_1)作用下和最不利荷载(即梁恒载 G_1、后加恒载 G_2 和活载 P)作用下的两种情况,分别确定 N_p 在各个截面上偏心距的最大限值。由此可以绘出两条 e_p 的限值线 E_1 和 E_2(图 5-5-9)。只要 N_p 作用点(即近似为预应力钢筋的截面重心)的位置,落在由 E_1 及 E_2 所围成的区域内,就能保证构件在最小外荷载和最不利荷载作用下,其上、下缘混凝土均不会出现拉应力。因此,我们把由 E_1 和 E_2 两条曲线所围成的钢束重心界限,称为束界(或索界)。

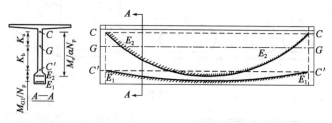

图 5-5-9 全预应力混凝土简支梁的束界

2. 预应力钢筋的布置原则

布置预应力钢筋时,应使其重心线不超过束界范围。因此,后张法预应力混凝土梁(包括连续梁和连续刚构边跨现浇段)的部分预应力钢筋,应在靠近端支座区段横桥向对称成对弯起,宜沿梁端面均匀布置,同时沿纵向可将梁腹板加宽。在梁端部附近,按《公路桥规》第 9.3.7 条及第 9.4.1 条规定,设置间距较密的纵向钢筋和箍筋。

预应力钢筋逐步弯起主要考虑:适应构件弯矩变化的需要;抵消部分外荷载剪力;有利于构件端部分散布锚。

3. 预应力钢筋弯起点的确定

预应力钢筋的弯起点,应兼顾剪力与弯矩两方面的受力要求。

(1)从受剪考虑,一般是根据经验,在跨径的三分点到四分点之间开始弯起。

(2)从受弯考虑,应满足预应力钢筋弯起后的正截面抗弯承载力的要求。

(3)预应力钢筋的弯起点尚应考虑满足斜截面抗弯承载力的要求。

4. 预应力钢筋的弯起角度 θ

从减小曲线形预应力钢筋预拉时摩阻应力损失出发,弯起角度 θ 不宜大于 20°,一般在梁端锚固时都不会达到此值。而对于弯出梁顶锚固的预应力钢筋,则往往超过 20°,θ 常为 25°~30°。θ 角较大的钢束,应注意采取减小摩擦系数值的措施,以减小由此引起的摩擦应力损失。

5. 曲线形预应力钢筋的曲线半径

(1)钢丝束、钢绞线束的钢丝直径等于或小于 5mm 时,曲线半径不宜小于 4m;钢丝直径大于 5mm 时,不宜小于 6m。

（2）精轧螺纹钢筋的直径等于或小于 25mm 时,曲线半径不宜小于 12m;钢筋直径大于 25mm 时,不宜小于 15m。

四、非预应力钢筋的布置

1. 箍筋

箍筋与弯起钢束同为预应力混凝土梁的腹筋,与混凝土一起共同承担着荷载剪力,故应按抗剪要求来确定箍筋数量。在剪力较小的梁段,按计算要求的箍筋数量很少,但为了防止混凝土受剪时的意外脆性破坏,仍要求按下列规定配置构造箍筋。

（1）预应力混凝土 T 形、I 形截面梁和箱形截面梁腹板内应分别设置直径不小于 10mm 和 12mm 的箍筋,且应采用带肋钢筋,间距不应大于 250mm;自支座中心起长度不小于一倍梁高范围内,应采用闭合式箍筋,间距不应大于 100mm。

（2）在 T 形、I 形截面梁下部的"马蹄"内,应另设直径不小于 8mm 的闭合式箍筋,间距不应大于 200mm。此外,"马蹄"内尚应设直径不小于 12mm 的定位钢筋。这是因为"马蹄"在预加应力阶段承受着很大的预压应力。为了防止混凝土横向变形过大和沿梁轴方向发生纵向水平裂缝,而予以局部加强。

2. 水平纵向辅助钢筋

T 形截面预应力混凝土梁,截面上有翼缘、下有"马蹄",它们在梁横向的尺寸,都比腹板厚度大,在混凝土硬化或温度骤降时,腹板将受到翼缘与"马蹄"的钳制作用(因翼缘和"马蹄"部分尺寸较大,温度下降引起的混凝土收缩较慢),而不能自由地收缩变形,因而有可能产生裂缝。经验指出,对于未设水平纵向辅助钢筋的薄腹板梁,其下缘因有密布的纵向钢筋,出现的裂缝细而密,而过下缘(即"马蹄")与腹板的交界处进入腹板后,其裂缝就常显得粗而稀。梁的截面越高,这种现象越明显。例如采用蒸汽养护的预应力混凝土 T 形梁,有的因出坑温度较高,出坑后温度骤降而在三分点处出现这种裂缝,且裂缝宽度较大。为了缩小裂缝间距,防止腹板裂缝较宽,一般需要在腹板两侧设置水平纵向辅助钢筋,通常称为防裂钢筋。对于预应力混凝土梁,这种钢筋宜采用小直径的钢筋网,紧贴箍筋布置于腹板的两侧,以增加与混凝土的黏结力,使裂缝的间距和宽度均减小。从这个意义上讲,将这种构造钢筋称为裂缝分散钢筋似更为合适。

3. 局部加强钢筋

对于局部受力较大的部位,应设置加强钢筋,如"马蹄"中的闭合式箍筋和梁端锚固区的加强钢筋等,除此之外,梁底支座处亦设置钢筋网加强。

4. 架立钢筋与定位钢筋

架立钢筋是用于支撑箍筋的,一般采用直径 $d = 12 \sim 20$mm 的圆钢筋;定位钢筋系指用于固定预留孔道制孔器位置的钢筋,常做成网格式。

第六章 砌体结构

第一节 砌体结构的材料及受力性能

公路桥涵的基础、墩台、拱圈、隧道的衬砌,重力式挡土墙及涵洞的边墙等,一般采用石材或混凝土结构,可以充分利用材料的抗压能力强和就地取材的优点。石材与混凝土结构通常称为圬工结构。

一、材料强度等级

1. 混凝土

混凝土一般采用整体灌注的形式形成结构,也可以采用混凝土预制块砌体结构。
《公路圬工桥涵设计规范》(JTG D61—2005)(以下简称《圬工规范》)规定采用的混凝土强度等级为:C40、C35、C30、C25、C20、C15。

片石混凝土为混凝土中掺入不多于其体积20%的片石,片石强度等级不应低于混凝土强度等级和表5-6-1规定的石材最低强度等级。片石混凝土各项强度、弹性模量和剪变模量可按同强度等级的混凝土采用。

圬工材料的最低强度等级   表5-6-1

结构物种类	材料最低强度等级	砌筑砂浆最低强度等级
拱圈	MU50 石材 C25 混凝土(现浇) C30 混凝土(预制块)	M10(大、中桥) M7.5(小桥涵)
大、中桥墩台及基础,轻型桥台	MU40 石材 C25 混凝土(现浇) C30 混凝土(预制块)	M7.5
小桥涵墩台、基础	MU30 石材 C20 混凝土(现浇) C25 混凝土(预制块)	M5

2. 石材

石材的强度等级,采用边长为70mm的含水饱和的立方体试件的抗压强度表示。《圬工规范》规定采用的石材强度等级为:MU120、MU100、MU80、MU60、MU50、MU40、MU30。

3. 砂浆

砂浆强度等级采用边长为70.7mm的立方体试件,在标准条件下养护28d的抗压强度表示。《圬工规范》规定采用的强度等级为:M20、M15、M10、M7.5、M5。

小石子混凝土是由水泥和粒径不大于20mm的细卵石或碎石、细砂和水配制而成,但含石率不宜超过30%。小石子混凝土的强度等级和混凝土一致。

4. 材料最低强度等级要求

根据《圬工规范》第3.2.1条的规定,公路圬工桥涵结构结构物所用材料的最低强度等级应符合表5-6-1的要求。

二、砌体的受力性能

1. 砌体的种类

根据所用块材的不同,常用砌体分为以下几类:

(1)细石料砌体。砌块厚度200~300mm的石材,宽度为厚度的1.0~1.5倍,长度为厚度的2.5~4.0倍,表面凹陷深度不大于10mm,外形方正的六面体,错缝砌筑。砌筑缝宽不应大于10mm。

(2)半细料石砌体。砌块表面凹陷深度不大于15mm,缝宽不大于15mm,其他要求同细料石砌体。

(3)粗料石砌体。砌块表面凹陷深度不大于20mm,缝宽不大于20mm,其他要求同细石料砌体。

(4)块石砌体。砌块厚度200~300mm的石材,形状大致方正,宽度约为厚度的1.0~1.5倍,长度约为厚度的1.5~3.0倍,每层石材高度大致相同,并错缝砌筑。

(5)片石砌体。砌块厚度不小于150mm的石材,砌筑时敲去其尖锐凸出部分,平稳放置,可用小石块填塞空隙。

(6)混凝土预制块砌体。砌块规格、尺寸及砌缝要求同细料石砌体。

2. 砌体的抗压强度

砌体是由单块块材用砂浆黏结砌筑而成,其受压工作性能与单块块材有较大差异。砌体受压时的应力状态如下。

1)砌体中块材处于压、弯、剪复合受力状态

砌体在砌筑过程中,水平砂浆铺设不饱满、不均匀,加之块材表面可能不平整,使块材在砌体中并非均匀受压,而是处于压、弯、剪复合受力状态(图5-6-1)。通常块材的抗拉、抗剪强度较低,弯曲产生的拉应力和剪应力可使单块块材首先出现裂缝。

2)砌体中块材承受水平拉应力

砌体在受压时要产生横向变形,块材和砂浆的弹性模量及横向变形系数不同,一般情况下,块材的横向变形小于砂浆的变形。由于块材与砂浆之间黏结力和摩擦力的作用,使二者的横向变形保持协调,块材与砂浆的相互制约使块材内产生横向拉应力,使砂浆内产生横向压应力(图5-6-2)。

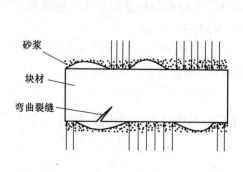
图 5-6-1 受压砌体中块材的受力状态

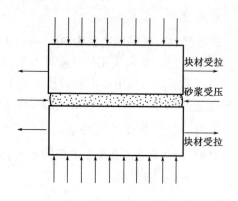
图 5-6-2 块材横向拉应力

3) 竖向灰缝应力集中

砌体中竖向灰缝一般不密实饱满,加之砂浆硬化过程中收缩,使砌体在竖向灰缝处整体性明显削弱。位于竖向灰缝处的块材内产生较大的横向拉应力和剪应力的集中,加速砌体中单块块材开裂,降低砌体强度。

综上所述,砌体的抗压强度明显低于单块块材的抗压强度。

3. 砌体的抗拉、弯拉与抗剪强度

圬工砌体除主要用于承压结构外,也常处于受拉、弯拉或受剪状态。

(1)砌体受拉时有三种破坏形式:沿齿缝;沿块体和竖向灰缝;沿水平通缝。其中前两种受力情况类同,仅破坏形式不一,砌体抗拉强度设计值取两者较小者,称"齿缝"。水平通缝虽有一定的黏结力,但很不稳定、不可靠,所以不允许设计中出现通缝受拉。

(2)砌体受弯拉时,在受拉区破坏。砌体弯拉有三种破坏形式:砌体在竖向受弯时,水平通缝截面受拉破坏,如轻型桥台受台背土压力和上部结构偏心压力使轻型桥台前面水平通缝受拉[图 5-6-3a)];砌体在水平方向受弯时,有沿齿缝破坏和沿块体及竖向灰缝破坏两种,其受力情况类同,但破坏形式不一,砌体抗拉强度设计值取两者较小者,称"齿缝",如后肋式挡土墙的挡土面板,即为水平方向受弯一例[图 5-6-3b)]。

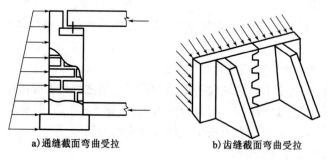

a) 通缝截面弯曲受拉　　b) 齿缝截面弯曲受拉

图 5-6-3 砌体弯曲受拉

(3)砌体受剪时,有三种破坏形式:通缝抗剪;齿缝抗剪和阶梯形抗剪。根据试验,上述三种破坏形式的抗剪强度基本一样,所以"直接抗剪"不再分开叙述破坏特征。

砌体的抗拉、抗弯与抗剪强度远低于砌体的抗压强度,这是因为砌体的抗压强度主要取决于块材的强度。然而在大多数情况下,砌体的受拉、受弯及受剪破坏一般均发生于砂浆与块材的连接面上。因此,砌体的抗拉、抗弯与抗剪强度将取决于砌缝的强度,亦即取决于砌缝中砂浆与块材的黏结强度。

各种砌体材料的设计指标按《圬工规范》的规定采用。

第二节 受压构件正截面承载力计算

圬工桥涵结构除了按承载能力极限状态进行设计外,并应根据桥涵的结构特点,采取相应的构造措施来保证正常使用极限状态的要求。

一、砌体(包括砌体与混凝土组合)受压构件

1. *砌体(包括砌体与混凝土组合)受压构件*

根据《圬工规范》第 4.0.5 条规定,受压构件偏心距限值范围内(表 5.6.5)的承载力按下式计算:

$$\gamma_0 N_d < \varphi A f_{cd} \tag{5-6-1}$$

式中:N_d——轴向力设计值;

A——构件截面面积,对于组合截面按强度比换算,即 $A = A_0 + \eta_1 A_1 + \eta_2 A_2 + \cdots$,$A_0$ 为标准层截面面积,A_1、A_2、$\cdots$ 为其他层的截面面积,$\eta_1 = f_{c1d}/f_{c0d}$,$\eta_2 = f_{c2d}/f_{c0d}$,$\cdots$,f_{c0d} 为标准层轴心抗压强度设计值,f_{c1d}、f_{c2d} 为其他层的轴心抗压强度设计值;

f_{cd}——砌体或混凝土轴心抗压强度设计值,按《圬工规范》第 3.3.2 条、第 3.3.3 条及第 3.3.4 条的规定采用;对组合截面应采用标准层的轴心抗压强度设计值;

φ——构件轴向力的偏心距和长细比对受压构件承载力的影响系数,按式(5-6-2)计算。

2. *砌体偏心受压构件承载力影响系数 φ*

根据《圬工规范》第 4.0.6 条规定,砌体偏心受压构件承载力影响系数 φ,按下式计算:

$$\varphi = \frac{1}{\dfrac{1}{\varphi_x} + \dfrac{1}{\varphi_y} - 1} \tag{5-6-2}$$

$$\varphi_x = \frac{1 - \left(\dfrac{e_x}{x}\right)^m}{1 + \left(\dfrac{e_x}{i_y}\right)^2} \cdot \frac{1}{1 + \alpha \beta_x (\beta_x - 3)\left[1 + 1.33\left(\dfrac{e_x}{i_y}\right)^2\right]} \tag{5-6-3}$$

$$\varphi_y = \frac{1 - \left(\dfrac{e_y}{y}\right)^m}{1 + \left(\dfrac{e_y}{i_x}\right)^2} \cdot \frac{1}{1 + \alpha \beta_y (\beta_y - 3)\left[1 + 1.33\left(\dfrac{e_y}{i_x}\right)^2\right]} \tag{5-6-4}$$

式中：φ_x、φ_y——x 方向和 y 方向偏心受压构件承载力影响系数。

x、y——x 方向和 y 方向截面重心至偏心方向截面边缘的距离（图 5-6-4）。

e_x、e_y——轴向力在 x 方向、y 方向的偏心距，$e_x = M_{yd}/N_d$、$e_y = M_{xd}/N_d$，其值不应超过表 5-6-5 及图 5-6-6 所示在 x 方向、y 方向的规定值，其中 M_{yd}、M_{xd} 分别为绕 x 轴、y 轴的弯矩设计值，N_d 为轴向力设计值（图 5-6-4）。

m——截面形状系数，对于圆形截面取 2.5；对于 T 形或 U 形截面取 3.5；对于箱形截面或矩形截面（包括两端设有曲线形或圆弧形的矩形墩身截面）取 8.0。

i_x、i_y——弯曲平面内的截面回转半径，$i_x = \sqrt{I_x/A}$、$i_y = \sqrt{I_y/A}$；I_x、I_y 分别为截面绕 x 轴和绕 y 轴的惯性矩，A 为截面面积；对于组合截面，A、I_x、I_y 应按弹性模量比换算，即 $A = A_0 + \psi_1 A_1 + \psi_2 A_2 + \cdots$，$I_x = I_{0x} + \psi_1 I_{1x} + \psi_2 I_{2x} + \cdots$，$I_y = I_{0y} + \psi_1 I_{1y} + \psi_2 I_{2y} + \cdots$，$A_0$ 为标准层截面面积，A_1、A_2、$\cdots$ 为其他层截面面积，I_{0x}、I_{0y} 为绕 x 轴和绕 y 轴的标准层惯性矩，I_{1x}、I_{2x}、$\cdots$ 和 I_{1y}、I_{2y}、$\cdots$ 为绕 x 轴和绕 y 轴的其他层惯性矩；$\psi_1 = E_1/E_0$、$\psi_2 = E_2/E_0$、$\cdots$，E_0 为标准层弹性模量，E_1、E_2、$\cdots$ 为其他层的弹性模量。对于矩形截面，$i_y = b/\sqrt{12}$、$i_x = h/\sqrt{12}$，b、h 见图 5-6-4。

α——与砂浆强度等级有关的系数，当砂浆强度等级大于或等于 M5 或为组合构件时，α 为 0.002；当砂浆强度为 0 时，α 为 0.013。

β_x、β_y——构件在 x 方向、y 方向的长细比，按式 (5-6-5)、式 (5-6-6) 计算，当 β_x、β_y 小于 3 时取 3。

$$\beta_x = \frac{\gamma_\beta l_0}{3.5 i_y} \tag{5-6-5}$$

$$\beta_y = \frac{\gamma_\beta l_0}{3.5 i_x} \tag{5-6-6}$$

式中：γ_β——不同砌体材料构件的长细比修正系数，按表 5-6-2 的规定采用；

l_0——构件计算长度，按表 5-6-3 的规定采用；拱的纵、横向计算长度见《圬工规范》第 5.1.4 条；

i_x、i_y——弯曲平面内的截面回转半径，对于等截面构件，见式 (5-6-2) 的说明；对于变截面构件，可取等代截面的回转半径。

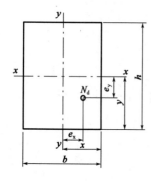

图 5-6-4 砌体构件偏心受压

长细比修正系数 γ_β 表 5-6-2

砌体材料类别	γ_β
混凝土预制块砌体或组合构件	1.0
粗料石、块石、片石砌体	1.3
细料石、半细料石砌体	1.1

构件计算长度 l_0 表 5-6-3

构件及其两端约束情况		计算长度 l_0
直杆	两端固结	$0.5l$
	一端固定,一端为不移动的铰	$0.7l$
	两端均为不移动的铰	$1.0l$
	一端固定,一端自由	$2.0l$

注:l 为构件支点间长度。

二、混凝土偏心受压构件的承载力计算

混凝土构件和砌体构件的偏心受压承载力计算,如按弹性状态,两者可采用同一计算方法。如果进入塑性状态,两者并不一致。砌体是由单块石块用砂浆衬垫黏结而成;混凝土则相对来讲较为匀质,其整体性较好。所以在塑性状态,砌体的承载力计算公式不应用于混凝土结构。

混凝土偏心受压构件承载力计算时,认为其进入了塑性状态。根据试验分析,可以认为受压区的法向应力图形为矩形,其应力可取混凝土抗压强度设计值,受压应力的合力点与轴向力作用点重合。在确定偏心受压构件的受压区面积时,可先根据轴向力偏心距 e,得出受压区面积重心离截面重心轴的距离 $e_c = e$(图 5-6-5),即可求出受压区面积。

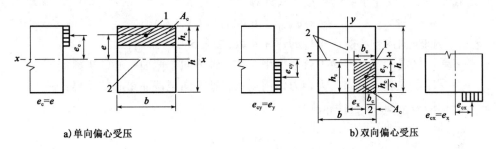

a) 单向偏心受压　　　　　　　　b) 双向偏心受压

图 5-6-5　混凝土构件偏心受压

1-受压区重心(法向压应力合力作用点);2-截面重心轴;e-单向偏心受压偏心距;e_c-单向偏心受压法向应力合力作用点距重心轴距离;e_x、e_y-双向偏心受压在 x 方向、y 方向的偏心距;e_{cx}、e_{cy}-双向偏心受压法向应力合力作用点在 x、y 方向的偏心距;A_c-受压区面积;h_c、b_c-矩形截面受压区高度、宽度

混凝土偏心受压构件的承载力根据《圬工规范》第4.0.8条规定按下式计算:

$$\gamma_0 N_d < \varphi f_{cd} A_c \quad (5\text{-}6\text{-}7)$$

式中:A_c——混凝土受压区面积。

1. 单向偏心受压

其受压区高度 h_c 按 $e_c = e$ [图5-6-5a)] 的条件确定。

矩形截面的受压承载力按下式计算:

$$\gamma_0 N_d < \varphi f_{cd} b(h - 2e) \quad (5\text{-}6\text{-}8)$$

式中：φ——弯曲平面内轴心受压构件的弯曲系数，按表5-6-4采用；
    e_c——受压区混凝土法向应力合力作用点至截面重心的距离；
    e——轴向力的偏心距；
    b——矩形截面宽度；
    h——矩形截面高度。

混凝土轴心受压构件的弯曲系数 φ　　　　表5-6-4

l_0/b	<4	4	6	8	10	12	14	16	18	20	22	24	26	28	30
l_0/i	<14	14	21	28	35	42	49	56	63	70	76	83	90	97	104
φ	1.00	0.98	0.96	0.91	0.86	0.82	0.77	0.72	0.68	0.63	0.59	0.55	0.51	0.47	0.44

注：1. l_0-计算长度，按表5-6-3的规定采用。
   2. 在计算 l_0/b 或 l_0/i 时，b 和 i 的取值：对于单向偏心受压构件，取弯曲平面内截面高度或回转半径；对于轴心受压构件及双向偏心受压构件，取截面短边尺寸或截面最小回转半径。

当构件弯曲平面外长细比大于弯曲平面内长细比时，尚应按轴心受压构件验算其承载力。

2. 双向偏心受压

其受压区高度和宽度按下列条件确定[图5-6-5b)]：

$$e_{cy} = e_y$$
$$e_{cx} = e_x$$

矩形截面的偏心受压承载力可按下式计算：

$$\gamma_0 N_d < \varphi f_{cd}[(h - 2e_y)(b - 2e_x)] \quad (5\text{-}6\text{-}9)$$

式中：φ——弯曲平面内轴心受压构件的弯曲系数，按表5-6-4采用；
    e_{cy}——受压区混凝土法向应力合力作用点在 y 轴方向至截面重心的距离；
    e_{cx}——受压区混凝土法向应力合力作用点在 x 轴方向至截面重心的距离；
    e_y——轴向力 y 轴方向的偏心距；
    e_x——轴向力 x 轴方向的偏心距。

三、偏心距限值

砌体结构偏心受压构件采用双控制进行设计，即承载力控制和偏心距控制。偏心距限值的制定考虑了抗压强度、裂缝和截面稳定三方面的要求。一般要求砌体和混凝土的单向和双向偏心受压构件，偏心距不得超过表5-6-5的规定。

受压构件偏心距限值　　　　表5-6-5

作用组合	偏心距限值 e	作用组合	偏心距限值 e
基本组合	≤0.6s	偶然组合	≤0.7s

注：1. 混凝土结构单向偏心的受拉一边或双向偏心的各受拉一边，当设有不小于截面面积0.05%的纵向钢筋时，表内规定值可增加0.1s。
   2. 表中 s 值为截面或换算截面重心轴至偏心方向截面边缘的距离（图5-6-6）。

根据《圬工规范》第4.0.10条规定，当构件截面的轴向力比较小而偏心距 e 比较大，超过了表5-6-5规定的限值时，在截面受拉边还有可能小于抗弯拉强度设计值。在这种情况下，构件承载力应按式(5-6-10)或式(5-6-11)计算，此时结构将不出现裂缝，因此也不需要通过限制偏心距的办法来控制结构的裂缝。

单向偏心：

$$\gamma_0 N_d \leq \varphi \frac{A f_{tmd}}{\frac{Ae}{W}-1} \quad (5\text{-}6\text{-}10)$$

双向偏心：

$$\gamma_0 N_d \leq \varphi \frac{A f_{tmd}}{\frac{A e_x}{W_y}+\frac{A e_y}{W_x}-1} \quad (5\text{-}6\text{-}11)$$

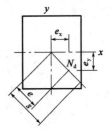

图 5-6-6 受压构件偏心距

N_d-轴向力；e-偏心距；s-截面重心至偏心方向截面边缘的距离

式中：N_d——轴向力设计值；

A——构件截面面积，对于组合截面应按弹性模量比换算为换算截面面积；

W——单向偏心时，构件受拉边缘的弹性抵抗矩，对于组合截面应按弹性模量比换算为换算截面弹性抵抗矩；

W_y、W_x——双向偏心时，构件 x 方向受拉边缘绕 y 轴的截面弹性抵抗矩和构件 y 方向受拉边缘绕 x 轴的截面弹性抵抗矩，对于组合截面应按弹性模量比换算为换算截面弹性抵抗矩；

f_{tmd}——构件受拉边层的弯曲抗拉强度设计值；

e——单向偏心时，轴向力偏心距；

e_x、e_y——双向偏心时，轴向力在 x 方向和 y 方向的偏心距；

φ——砌体偏心受压构件承载力影响系数或混凝土轴心受压构件弯曲系数。

第六篇　职业法规

第一章　建设工程法律制度

第一节　法律概述

一、法的概念

关于法的概念和本质,在法学研究史上曾有过多种不同的观点。马克思主义法学家认为:法是由一定的国家机关制定或认可,并由国家强制力保障实施的行为规则的总和。这为我国法学界所普遍接受。

广义的"法律"一词是与"法"通用的。但狭义的"法律"则仅仅是指有立法权的国家机关即全国人民代表大会和全国人民代表大会常务委员会颁布的规范性文件。在这种情况下,它与"法"的概念存在着以下的区别:

(1)法律是具体的行为规范,而法仍是抽象的概念。

(2)法律的范围较小,如国务院颁布的条例属于行政法规,是法的表现形式,但不是此含义下的法律。

建设工程法律制度是我国法律体系的重要组成部分,它直接体现国家组织、管理、协调城乡建设、工程建设、建筑业、房地产业、市政公用事业等各项建设活动的方针、政策和基本原则,是调整国家管理机关、法人、有关组织以及公民在建设活动中所发生的社会关系的法律规范的总称。

二、我国法的形式

法的形式是指法的存在和表现形式,即国家制定和认可的法律规范的各种表现形式,也被称为法的渊源。

1. 宪法

宪法是我国的最高法律形式,是国家的根本大法。它所规定的是关于国家生活中最根本的问题。宪法具有最高的法律效力,是一般法律的立法基础。宪法的制定和修改要经过特定的程序,宪法的制定和修改只能由全国人民代表大会进行,且须经全国人民代表大会以全体代表的三分之二以上的人数通过。

2. 法律

法律是指由全国人民代表大会和全国人民代表大会常务委员会制定颁布的规范性法律文件,即狭义的法律。法律分为基本法和一般法两类。基本法律是由全国人民代表大会制定的调整国家和社会生活中带有普遍性的社会关系的规范性法律文件的统称,如刑法、民法、诉讼法以及有关国家机构的组织法等法律;一般法律是由全国人民代表大会常务委员会制定的调整国家和社会生活中某种具体社会关系或其中某一方面内容的规范性文件的统称。

3. 行政法规

行政法规是由国务院制定,是次于宪法和法律的一种法律形式。国务院是国家最高权力机关的执行机关,有权根据宪法和法律,规定行政措施,制定行政法规。它所发布的决议和命令,对在全国范围内贯彻执行宪法和法律,完成国家的组织和管理活动,具有重要的作用。

4. 部门规章

国务院所属机构,包括各部、各委员会制定的规范性的文件,也是我国法律形式之一。但这些规范性的文件只能在制定和颁布的部、委管辖的业务范围内产生法律效力。

5. 地方性法规、自治条例和单行条例

在不与宪法、法律、行政法规相抵触的前提下,省、自治区、直辖市的人民代表大会及其常务委员会,可以制定并发布地方性法规。设区的市的人民代表大会及其常务委员会根据本市的具体情况和实际需要,可以对城乡建设与管理、环境保护、历史文化保护等方面的事项制定地方性法规。这些规范性文件也是我国法的形式之一。

6. 地方政府规章

由省、自治区、直辖市、设区的市、自治州的人民政府和广东省东莞市和中山市、甘肃省嘉峪关市、海南省三沙市四个不设区的市人民政府,根据法律、行政法规和本省、自治区、直辖市或本市的地方性法规,制定并颁布的规范性文件。地方政府规章也是我国法的形式之一。

7. 国际条约

我国与各国签订的国际条约也是我国的法律形式之一。国际条约是指国家之间,就相互交往中的权利与义务关系所达成的各种书面形式的协议。我国同外国签订的条约生效后,对我国国内的社会组织、公民也具有普遍约束力,因此也是我国法的形式之一。

第二节 《中华人民共和国公路法》的相关内容

《中华人民共和国公路法》(以下简称《公路法》)于1997年7月3日由第八届全国人民代表大会常务委员会第二十六次会议通过,自1998年1月1日起施行。2017年11月4日第十二届全国人民代表大会常务委员会第三十次会议第五次修正。

一、掌握《公路法》第二章"公路规划"中的具体规定

有关"公路规划"的具体条款如下：

第十二条　公路规划应当根据国民经济和社会发展以及国防建设的需要编制，与城市建设发展规划和其他方式的交通运输发展规划相协调。

第十三条　公路建设用地规划应当符合土地利用总体规划，当年建设用地应当纳入年度建设用地计划。

第十四条　国道规划由国务院交通主管部门会同国务院有关部门并商国道沿线省、自治区、直辖市人民政府编制，报国务院批准。

省道规划由省、自治区、直辖市人民政府交通主管部门会同同级有关部门并商省道沿线下一级人民政府编制，报省、自治区、直辖市人民政府批准，并报国务院交通主管部门备案。

县道规划由县级人民政府交通主管部门会同同级有关部门编制，经本级人民政府审定后，报上一级人民政府批准。

乡道规划由县级人民政府交通主管部门协助乡、民族乡、镇人民政府编制，报县级人民政府批准。

依照第三款、第四款规定批准的县道、乡道规划，应当报批准机关的上一级人民政府交通主管部门备案。

省道规划应当与国道规划相协调。县道规划应当与省道规划相协调。乡道规划应当与县道规划相协调。

第十五条　专用公路规划由专用公路的主管单位编制，经其上级主管部门审定后，报县级以上人民政府交通主管部门审核。

专用公路规划应当与公路规划相协调。县级以上人民政府交通主管部门发现专用公路规划与国道、省道、县道、乡道规划有不协调的地方，应当提出修改意见，专用公路主管部门和单位应当作出相应的修改。

第十六条　国道规划的局部调整由原编制机关决定。国道规划需要作重大修改的，由原编制机关提出修改方案，报国务院批准。

经批准的省道、县道、乡道公路规划需要修改的，由原编制机关提出修改方案，报原批准机关批准。

第十七条　国道的命名和编号，由国务院交通主管部门确定；省道、县道、乡道的命名和编号，由省、自治区、直辖市人民政府交通主管部门按照国务院交通主管部门的有关规定确定。

第十八条　规划和新建村镇、开发区，应当与公路保持规定的距离并避免在公路两侧对应进行，防止造成公路街道化，影响公路的运行安全与畅通。

第十九条　国家鼓励专用公路用于社会公共运输。专用公路主要用于社会公共运输时，由专用公路的主管单位申请，或者由有关方面申请，专用公路的主管单位同意，并经省、自治区、直辖市人民政府交通主管部门批准，可以改划为省道、县道或者乡道。

二、熟悉《公路法》第三章"公路建设"中的具体规定

有关"公路建设"的具体条款如下：

第二十条　县级以上人民政府交通主管部门应当依据职责维护公路建设秩序,加强对公路建设的监督管理。

第二十一条　筹集公路建设资金,除各级人民政府的财政拨款、包括依法征税筹集的公路建设专项资金转为的财政拨款外,可以依法向国内外金融机构或者外国政府贷款。

国家鼓励国内外经济组织对公路建设进行投资。开发、经营公路的公司可以依照法律、行政法规的规定发行股票、公司债券筹集资金。

依照本法规定出让公路收费权的收入必须用于公路建设。

向企业和个人集资建设公路,必须根据需要与可能,坚持自愿原则,不得强行摊派,并符合国务院的有关规定。

公路建设资金还可以采取符合法律或者国务院规定的其他方式筹集。

第二十二条　公路建设应当按照国家规定的基本建设程序和有关规定进行。

第二十三条　公路建设项目应当按照国家有关规定实行法人负责制度、招标投标制度和工程监理制度。

第二十四条　公路建设单位应当根据公路建设工程的特点和技术要求,选择具有相应资格的勘查设计单位、施工单位和工程监理单位,并依照有关法律、法规、规章的规定和公路工程技术标准的要求,分别签订合同,明确双方的权利义务。

承担公路建设项目的可行性研究单位、勘查设计单位、施工单位和工程监理单位,必须持有国家规定的资质证书。

第二十五条　公路建设项目的施工,须按国务院交通主管部门的规定报请县级以上地方人民政府交通主管部门批准。

第二十六条　公路建设必须符合公路工程技术标准。

承担公路建设项目的设计单位、施工单位和工程监理单位,应当按照国家有关规定建立健全质量保证体系,落实岗位责任制,并依照有关法律、法规、规章以及公路工程技术标准的要求和合同约定进行设计、施工和监理,保证公路工程质量。

第二十七条　公路建设使用土地依照有关法律、行政法规的规定办理。

公路建设应当贯彻切实保护耕地、节约用地的原则。

第二十八条　公路建设需要使用国有荒山、荒地或者需要在国有荒山、荒地、河滩、滩涂上挖砂、采石、取土的,依照有关法律、行政法规的规定办理后,任何单位和个人不得阻挠或者非法收取费用。

第二十九条　地方各级人民政府对公路建设依法使用土地和搬迁居民,应当给予支持和协助。

第三十条　公路建设项目的设计和施工,应当符合依法保护环境、保护文物古迹和防止水土流失的要求。

公路规划中贯彻国防要求的公路建设项目,应当严格按照规划进行建设,以保证国防交通的需要。

第三十一条　因建设公路影响铁路、水利、电力、邮电设施和其他设施正常使用时,公路建设单位应当事先征得有关部门的同意;因公路建设对有关设施造成损坏的,公路建设单位应当按照不低于该设施原有的技术标准予以修复,或者给予相应的经济补偿。

第三十二条　改建公路时,施工单位应当在施工路段两端设置明显的施工标志、安全标志。需要车辆绕行的,应当在绕行路口设置标志;不能绕行的,必须修建临时道路,保证车辆和行人通行。

第三十三条　公路建设项目和公路修复项目竣工后,应当按照国家有关规定进行验收;未经验收或者验收不合格的,不得交付使用。

建成的公路,应当按照国务院交通主管部门的规定设置明显的标志、标线。

第三十四条　县级以上地方人民政府应当确定公路两侧边沟(截水沟、坡脚护坡道)外缘起不少于一米的公路用地。

三、了解《公路法》第一章中的如下条款

第一条　为了加强公路的建设和管理,促进公路事业的发展,适应社会主义现代化建设和人民生活的需要,制定本法。

第二条　在中华人民共和国境内从事公路的规划、建设、养护、经营、使用和管理,适用本法。

本法所称公路,包括公路桥梁、公路隧道和公路渡口。

第三条　公路的发展应当遵循全面规划、合理布局、确保质量、保障畅通、保护环境、建设改造与养护并重的原则。

第四条　各级人民政府应当采取有力措施,扶持、促进公路建设。公路建设应当纳入国民经济和社会发展计划。

国家鼓励、引导国内外经济组织依法投资建设、经营公路。

第五条　国家帮助和扶持少数民族地区、边远地区和贫困地区发展公路建设。

第六条　公路按其在公路路网中的地位分为国道、省道、县道和乡道,并按技术等级分为高速公路、一级公路、二级公路、三级公路和四级公路。具体划分标准由国务院交通主管部门规定。

新建公路应当符合技术等级的要求。原有不符合最低技术等级要求的等外公路,应当采取措施,逐步改造为符合技术等级要求的公路。

第七条　公路受国家保护,任何单位和个人不得破坏、损坏或者非法占用公路、公路用地及公路附属设施。

任何单位和个人都有爱护公路、公路用地及公路附属设施的义务,有权检举和控告破坏、损坏公路、公路用地、公路附属设施和影响公路安全的行为。

第三节　《中华人民共和国建筑法》的相关内容

《中华人民共和国建筑法》(以下简称《建筑法》)于1997年11月1日由第八届全国人民代表大会常务委员会第二十八次会议通过,自1998年3月1日起施行。2019年4月23日第十三届全国人民代表大会常务委员会第十次会议第二次修正。

《建筑法》是一部规范建筑活动的重要法律,它的立法主要目的在于:加强对建筑活动的

监督管理,维护建筑市场秩序,保障建筑工程的质量和安全,促进建筑业健康发展。《建筑法》共有八章八十五条,它以规范建筑市场行为为起点,以建筑工程质量和安全为主线,主要设置了总则、建筑许可、建筑工程发包与承包、建筑工程监理、建筑安全生产管理、建筑工程质量管理、法律责任、附则等内容。

一、掌握建筑施工许可的主要内容

1.建筑施工许可的概念

许可是指行政机关根据公民、法人或者其他组织的申请,经依法审查,准予其从事特定活动的行政行为,通常是通过授予书面证书形式赋予公民、法人或者其他组织以某种权利能力,或确认具备某种资格。

建筑施工许可是指建设行政主管部门根据建设单位和从事建筑活动的单位、个人的申请,依法准许建设单位开工或确认单位、个人具备从事建筑活动资格的行政行为。

根据《建筑法》第二章的规定,建筑许可包括三种,即:建筑工程施工许可、从事建筑活动单位资质和个人资格。建筑工程施工许可制度是指建设行政主管部门根据建设单位的申请,依法对建筑工程是否具备施工条件进行审查,符合条件者,准许该建筑工程开始施工并颁发施工许可证的一种制度。从事建筑活动的单位资质制度是指建设行政主管部门对从事建筑活动的建筑施工企业、勘察单位、设计单位和工程监理单位的注册资本、专业技术人员、技术装备和已完成的建筑工程业绩等资质条件进行审查,以确定其承担任务的范围,并发给相应的资质证书的一种制度。从事建筑活动的个人资格是指建设行政主管部门及有关部门对从事建筑活动的专业技术人员,依法进行考试和注册,并颁发执业资格证书的一种制度。

2.从业单位的条件

建筑活动不同于一般的经济活动,从业单位条件的高低直接影响建筑工程质量和建筑安全生产,因此,从事建筑活动的单位必须有严格的法律条件。根据《建筑法》第十二条的规定,从事建筑活动的建筑施工企业、勘察单位、设计单位和工程监理单位应当具备四个方面的条件:

(1)有符合国家规定的注册资本。注册资本反映的是企业法人的财产权,也是判断企业经济力量的依据之一。从事经营活动的企业组织,都必须具备基本的责任能力,能够承担与其经营活动相适应的财产义务,这既是法律权利与义务相一致、利益与风险相一致原则的反映,也是保护债权人利益的需要。

(2)有与其从事的建筑活动相适应的具有法定执业资格的专业技术人员。建筑活动具有技术密集的特点,因此,从事建筑活动的建筑施工企业、勘察单位、设计单位和工程监理单位必须有足够的专业技术人员。如建筑施工企业不仅要有工程技术人员,而且要有经济、会计、统计等管理人员。设计单位不仅要有建筑师,还需要有结构、水、电等方面的工程师。建筑活动是一种涉及公民生命和财产安全的一种特殊活动,因此,从事建筑活动的专业技术人员还必须有法定执业资格。这种法定执业资格必须依法通过考试和注册才能取得。建筑工程的规模和复杂程度各不相同,因此,建筑活动所要求的专业技术人员的级别和数量也不同,建筑施工企业、勘察单位、设计单位和工程监理单位必须有与其从事的建筑活动相适应的专业技术人员。

(3)有从事相关建筑活动所应有的技术装备。建筑活动具有专业性、技术性强的特点,没有相应的技术装备则无法进行。如从事建筑施工活动,必须有相应的施工机械设备与质量检验测试手段;从事勘察设计活动,必须有相应的勘察仪具设备和设计机具仪器。因此,从事建筑活动的建筑施工企业、勘察单位、设计单位和工程监理单位必须有从事相关建筑活动所应有的技术装备。没有相应技术装备的单位,不得从事建筑活动。

(4)法律、行政法规规定的其他条件。建筑施工企业、勘察单位、设计单位和工程监理单位除了应具备从事建筑活动所必需的注册资本、专业技术人员和技术装备外,还须具备从事经营活动所应具备的其他条件。如按照《中华人民共和国民法典》第五十八条规定,法人应当有自己的名称、组织机构、住所、财产或者经费。按照《中华人民共和国公司法》规定,设立从事建筑活动的有限责任公司和股份有限公司,股东或发起人必须符合法定人数;股东或发起人共同制定公司章程(采用募集方式设立的股份有限公司的章程还须经创立大会通过);有公司名称,建立符合要求的组织机构;有公司住所等;有限责任公司有符合公司章程规定的全体股东认缴的出资额,股份有限公司有符合公司章程规定的全体发起人认购的股本总额或者募集的实收股本总额。

3. 从业单位资质审查

《建筑法》第十三条对从事建筑活动的建筑施工、勘察单位、设计单位和工程监理单位进行资质审查作出了明确规定,从法律上确立了从业单位资质审查制度。

从事建筑活动的建筑施工企业、勘察单位、设计单位和工程监理单位,按照其拥有的注册资本、专业技术人员、技术装备和已完成的建筑工程业绩等资质条件,划分为不同的资质等级,经资质审查合格,取得相应等级的资质证书后,方可在其资质等级许可的范围内从事建筑活动。

4. 专业技术人员执业资格

《建筑法》第十四条对从事建筑活动的专业技术人员实行执业资格制度作出了明确规定。

从事建筑活动的专业技术人员,应当依法取得相应的执业资格证书,并在执业资格证书许可的范围内从事建筑活动。对从事建筑活动的专业技术人员实行执业资格制度非常必要。一是深化我国建筑工程管理体制改革的需要。以往由于专业技术人员的责、权、利不明确,常常出现高资质单位承接的业务,由低水平的专业技术人员来完成的现象,影响了建筑工程质量和投资效益的提高。实行专业技术人员执业资格制度,可以保证建筑工程由具有相应资格的专业技术人员主持完成设计、施工、监理任务。二是我国工程建设领域与国际惯例接轨,适应对外开放的需要。随着我国对外开放的不断扩大,我国的专业技术人员走向世界,其他国家和地区的专业技术人员希望进入中国建筑市场,建立专业技术人员执业资格制度有利于对等互认和加强管理。三是加速人才培养,提高专业技术人员业务水平和队伍素质的需要。执业资格制度有一套严格的考试、注册和继续教育的要求,这种激励机制有利于促进建筑工程质量、专业技术人员水平和执业能力的不断提高。

目前,我国建筑工程的执业人员主要包括:注册建筑师、注册结构工程师、注册监理工程师、注册造价工程师、注册建造师以及法律、法规规定的其他人员。

二、掌握《建筑法》第三章关于建筑工程发承包的主要内容

1. 禁止肢解工程发包的有关规定

第二十四条 提倡对建筑工程实行总承包,禁止将建筑工程肢解发包。

建筑工程的发包单位可以将建筑工程的勘察、设计、施工、设备采购一并发包给一个工程总承包单位,也可以将建筑工程勘察、设计、施工、设备采购的一项或者多项发包给一个工程总承包单位;但是,不得将应当由一个承包单位完成的建筑工程肢解成若干部分发包给几个承包单位。

2. 承揽工程的有关规定

第二十六条 承包建筑工程的单位应当持有依法取得的资质证书,并在其资质等级许可的业务范围内承揽工程。

禁止建筑施工企业超越本企业资质等级许可的业务范围或者以任何形式用其他建筑施工企业的名义承揽工程。禁止建筑施工企业以任何形式允许其他单位或者个人使用本企业的资质证书、营业执照,以本企业的名义承揽工程。

第二十七条 大型建筑工程或者结构复杂的建筑工程,可以由两个以上的承包单位联合共同承包。共同承包的各方对承包合同的履行承担连带责任。

两个以上不同资质等级的单位实行联合共同承包的,应当按照资质等级低的单位的业务许可范围承揽工程。

3. 分包的有关规定

第二十八条 禁止承包单位将其承包的全部建筑工程转包给他人,禁止承包单位将其承包的全部建筑工程肢解以后以分包的名义分别转包给他人。

第二十九条 建筑工程总承包单位可以将承包工程中的部分工程发包给具有相应资质条件的分包单位;但是,除总承包合同中约定的分包外,必须经建设单位认可。施工总承包的,建筑工程主体结构的施工必须由总承包单位自行完成。

建筑工程总承包单位按照总承包合同的约定对建设单位负责;分包单位按照分包合同的约定对总承包单位负责。总承包单位和分包单位就分包工程对建设单位承担连带责任。

禁止总承包单位将工程分包给不具备相应资质条件的单位。禁止分包单位将其承包的工程再分包。

三、了解《建筑法》第七章"法律责任"关于发包单位、承包单位、设计单位法律责任的规定

《建筑法》中对勘察设计单位违反本法应承担的法律责任做出了相关规定,具体条款如下:

第六十五条 发包单位将工程发包给不具有相应资质条件的承包单位的,或者违反本法规定将建筑工程肢解发包的,责令改正,处以罚款。

超越本单位资质等级承揽工程的,责令停止违法行为,处以罚款,可以责令停业整顿,降低资质等级;情节严重的,吊销资质证书;有违法所得的,予以没收。

未取得资质证书承揽工程的,予以取缔,并处罚款;有违法所得的,予以没收。

以欺骗手段取得资质证书的,吊销资质证书,处以罚款;构成犯罪的,依法追究刑事责任。

第六十七条 承包单位将承包的工程转包的,或者违反本法规定进行分包的,责令改正,没收违法所得,并处罚款,可以责令停业整顿,降低资质等级;情节严重的,吊销资质证书。

承包单位有前款规定的违法行为的,对因转包工程或者违法分包的工程不符合规定的质量标准造成的损失,与接受转包或者分包的单位承担连带赔偿责任。

第六十八条 在工程发包与承包中索贿、受贿、行贿,构成犯罪的,依法追究刑事责任;不构成犯罪的,分别处以罚款,没收贿赂的财物,对直接负责的主管人员和其他直接责任人员给予处分。

对在工程承包中行贿的承包单位,除依照前款规定处罚外,可以责令停业整顿,降低资质等级或者吊销资质证书。

第七十三条 建筑设计单位不按照建筑工程质量、安全标准进行设计的,责令改正,处以罚款;造成工程质量事故的,责令停业整顿,降低资质等级或者吊销资质证书,没收违法所得,并处罚款;造成损失的,承担赔偿责任;构成犯罪的,依法追究刑事责任。

第四节 《中华人民共和国森林法》的相关内容

《中华人民共和国森林法》于1984年9月20日由第六届全国人民代表大会常务委员会第七次会议通过,2019年12月28日第十三届全国人民代表大会常务委员会第十五次会议修订,2020年7月1日起施行。应熟悉以下条款:

第三十七条 矿藏勘查、开采以及其他各类工程建设,应当不占或者少占林地;确需占用林地的,应当经县级以上人民政府林业主管部门审核同意,依法办理建设用地审批手续。

占用林地的单位应当缴纳森林植被恢复费。森林植被恢复费征收使用管理办法由国务院财政部门会同林业主管部门制定。

县级以上人民政府林业主管部门应当按照规定安排植树造林,恢复森林植被,植树造林面积不得少于因占用林地而减少的森林植被面积。上级林业主管部门应当定期督促下级林业主管部门组织植树造林、恢复森林植被,并进行检查。

第三十九条第一款 禁止毁林开垦、采石、采砂、采土以及其他毁坏林木和林地的行为。

第七十四条第一款 违反本法规定,进行开垦、采石、采砂、采土或者其他活动,造成林木毁坏的,由县级以上人民政府林业主管部门责令停止违法行为,限期在原地或者异地补种毁坏株数一倍以上三倍以下的树木,可以处毁坏林木价值五倍以下的罚款;造成林地毁坏的,由县级以上人民政府林业主管部门责令停止违法行为,限期恢复植被和林业生产条件,可以处恢复植被和林业生产条件所需费用三倍以下的罚款。

第七十五条 违反本法规定,擅自移动或者毁坏森林保护标志的,由县级以上人民政府林业主管部门恢复森林保护标志,所需费用由违法者承担。

第五节 《中华人民共和国民法典》合同编的相关内容

《中华人民共和国民法典》(以下简称《民法典》)于 2020 年 5 月 28 日由第十三届全国人大三次会议表决通过,2021 年 1 月 1 日起施行。

一、掌握合同的有关概念

1. 合同的概念

《民法典》第四百六十四条规定:"合同是民事主体之间设立、变更、终止民事法律关系的协议。"

《民法典》第四百七十条规定:"合同的内容由当事人约定,一般包括以下条款:(一)当事人的姓名或者名称和住所;(二)标的;(三)数量;(四)质量;(五)价款或者报酬;(六)履行期限、地点和方式;(七)违约责任;(八)解决争议的方法。"

2. 合同无效的概念

《民法典》在以下条文中规定了合同无效的情形:

1)主体不适格签订的合同

第一百四十四条　无民事行为能力人实施的民事法律行为无效。

第二十、二十一条规定,不能辨认自己行为的八周岁以上未成年人、成年人和不满八周岁的人为无民事行为能力人。根据《民法典》的上述规定,前述人员实施的诸如订立合同等民事行为无效。

2)意思表示不真实签订的合同

第一百四十六条　行为人与相对人以虚假的意思表示实施的民事法律行为无效。

以虚假的意思表示隐藏的民事法律行为的效力,依照有关法律规定处理。

3)签订违法违规的合同

第一百五十三条第一款　违反法律、行政法规的强制性规定的民事法律行为无效。但是,该强制性规定不导致该民事法律行为无效的除外。

关于何谓强制性规定,则比较复杂。典型的在建设工程领域,违反建筑法、规划法等订立的合同往往因为违反这些法律的强制性规定而导致合同无效。对于强制性规定,指影响合同效力的强制性规定,并非所有的强制性规定均导致合同无效。

4)违背公序良俗的合同

第一百五十三条第二款　违背公序良俗的民事法律行为无效。

5)恶意串通损害他人利益的合同

第一百五十四条　行为人与相对人恶意串通,损害他人合法权益的民事法律行为无效。

6)格式条款无效的情形

第四百九十七条　有下列情形之一的,该格式条款无效:

(一)具有本法第一编第六章第三节和本法第五百零六条规定的无效情形;

(二)提供格式条款一方不合理地免除或者减轻其责任、加重对方责任、限制对方主要

权利;

(三)提供格式条款一方排除对方主要权利。

7)免责条款无效的情形

第五百零六条 合同中的下列免责条款无效:

(一)造成对方人身损害的;

(二)因故意或者重大过失造成对方财产损失的。

3.合同条款空缺的处理

合同条款空缺,是指合同生效后,当事人对合同条款约定有缺陷。

第五百一十条 合同生效后,当事人就质量、价款或者报酬、履行地点等内容没有约定或者约定不明确的,可以协议补充;不能达成补充协议的,按照合同有关条款或者交易习惯确定。

第五百一十一条 当事人就有关合同内容约定不明确,依据前条规定仍不能确定的,适用下列规定:

(一)质量要求不明确的,按照强制性国家标准履行;没有强制性国家标准的,按照推荐性国家标准履行;没有推荐性国家标准的,按照行业标准履行;没有国家标准、行业标准的,按照通常标准或者符合合同目的的特定标准履行。

(二)价款或者报酬不明确的,按照订立合同时履行地市场价格履行;依法应当执行政府定价或者政府指导价的,按照规定履行。

(三)履行地点不明确,给付货币的,在接受货币一方所在地履行;交付不动产的,在不动产所在地履行;其他标的,在履行义务一方所在地履行。

(四)履行期限不明确的,债务人可以随时履行,债权人也可以随时要求履行,但是应当给对方必要的准备时间。

(五)履行方式不明确的,按照有利于实现合同目的的方式履行。

(六)履行费用的负担不明确的,由履行义务一方负担;因债权人原因增加的履行费用,由债权人负担。

第五百一十三条 执行政府定价或者政府指导价的,在合同约定的交付期限内政府价格调整时,按照交付时的价格计价。逾期交付标的物的,遇价格上涨时,按照原价格执行;价格下降时,按照新价格执行。逾期提取标的物或者逾期付款的,遇价格上涨时,按照新价格执行;价格下降时,按照原价格执行。

4.效力待定合同的概念

效力待定的合同,要经合同权利人追认才具有法律效力,没有追认的,合同无效。

第十九条 八周岁以上的未成年人为限制民事行为能力人,实施民事法律行为由其法定代理人代理或者经其法定代理人同意、追认;但是,可以独立实施纯获利益的民事法律行为或者与其年龄、智力相适应的民事法律行为。

第二十二条 不能完全辨认自己行为的成年人为限制民事行为能力人,实施民事法律行为由其法定代理人代理或者经其法定代理人同意、追认;但是,可以独立实施纯获利益的民事法律行为或者与其智力、精神健康状况相适应的民事法律行为。

第一百四十五条 限制民事行为能力人实施的纯获利益的民事法律行为或者与其年龄、智力、精神健康状况相适应的民事法律行为有效;实施的其他民事法律行为经法定代理人同意或者追认后有效。

相对人可以催告法定代理人自收到通知之日起三十日内予以追认。法定代理人未作表示的,视为拒绝追认。民事法律行为被追认前,善意相对人有撤销的权利。撤销应当以通知的方式作出。

第一百六十八条 代理人不得以被代理人的名义与自己实施民事法律行为,但是被代理人同意或者追认的除外。

代理人不得以被代理人的名义与自己同时代理的其他人实施民事法律行为,但是被代理的双方同意或者追认的除外。

第一百六十九条 代理人需要转委托第三人代理的,应当取得被代理人的同意或者追认。

转委托代理经被代理人同意或者追认的,被代理人可以就代理事务直接指示转委托的第三人,代理人仅就第三人的选任以及对第三人的指示承担责任。

转委托代理未经被代理人同意或者追认的,代理人应当对转委托的第三人的行为承担责任;但是,在紧急情况下代理人为了维护被代理人的利益需要转委托第三人代理的除外。

第一百七十一条 行为人没有代理权、超越代理权或者代理权终止后,仍然实施代理行为,未经被代理人追认的,对被代理人不发生效力。

相对人可以催告被代理人自收到通知之日起三十日内予以追认。被代理人未作表示的,视为拒绝追认。行为人实施的行为被追认前,善意相对人有撤销的权利。撤销应当以通知的方式作出。

行为人实施的行为未被追认的,善意相对人有权请求行为人履行债务或者就其受到的损害请求行为人赔偿。但是,赔偿的范围不得超过被代理人追认时相对人所能获得的利益。

相对人知道或者应当知道行为人无权代理的,相对人和行为人按照各自的过错承担责任。

5.合同转让的概念

合同转让,是指合同成立后,当事人依法可以将合同中的全部权利、部分权利或者合同中的全部义务、部分义务转让或转移给第三人的法律行为。

1)债权人转让权利

债权转让,是指合同债权人通过协议将其债权全部或者部分转让给第三人的行为。债权转让又称债权让与或合同权利的转让。

第五百四十五条 债权人可以将债权的全部或者部分转让给第三人,但是有下列情形之一的除外:

(一)根据债权性质不得转让;

(二)按照当事人约定不得转让;

(三)依照法律规定不得转让。

当事人约定非金钱债权不得转让的,不得对抗善意第三人。当事人约定金钱债权不得转让的,不得对抗第三人。

第五百四十六条 债权人转让债权,未通知债务人的,该转让对债务人不发生效力。

债权转让的通知不得撤销,但是经受让人同意的除外。

2)债务人转移义务

债务转移,是指合同债务人与第三人之间达成协议,并经债权人同意,将其义务全部或部分转移给第三人的法律行为。债务转移又称债务承担或合同义务转让。

第五百五十一条 债务人将债务的全部或者部分转移给第三人的,应当经债权人同意。

债务人或者第三人可以催告债权人在合理期限内予以同意,债权人未作表示的,视为不同意。

3)合同当事人对合同中权利和义务的概括转让

债权、债务概括转让是指合同当事人一方将其债权债务一并转移给第三人,由第三人概括地接受原当事人的债权和债务的法律行为。

第五百五十五条 当事人一方经对方同意,可以将自己在合同中的权利和义务一并转让给第三人。

第五百五十六条 合同的权利和义务一并转让的,适用债权转让、债务转移的有关规定。

6. 合同终止的概念

合同终止,是指因发生法律规定或当事人约定的情况,使合同当事人之间的权利义务关系消灭,使合同的法律效力终止。

第五百五十七条 有下列情形之一的,债权债务终止:

(一)债务已经履行;

(二)债务相互抵销;

(三)债务人依法将标的物提存;

(四)债权人免除债务;

(五)债权债务同归于一人;

(六)法律规定或者当事人约定终止的其他情形。

合同解除的,该合同的权利义务关系终止。

二、掌握《民法典》合同编对建设工程合同的具体规定

《民法典》合同编对建设工程合同的具体规定在其第十八章中体现,具体条款如下:

第七百八十八条 建设工程合同是承包人进行工程建设,发包人支付价款的合同。

建设工程合同包括工程勘察、设计、施工合同。

第七百八十九条 建设工程合同应当采用书面形式。

第七百九十条 建设工程的招标投标活动,应当依照有关法律的规定公开、公平、公正进行。

第七百九十一条 发包人可以与总承包人订立建设工程合同,也可以分别与勘察人、设计人、施工人订立勘察、设计、施工承包合同。发包人不得将应当由一个承包人完成的建设工程支解成若干部分发包给数个承包人。

总承包人或者勘察、设计、施工承包人经发包人同意,可以将自己承包的部分工作交由第三人完成。第三人就其完成的工作成果与总承包人或者勘察、设计、施工承包人向发包人承担连带责任。承包人不得将其承包的全部建设工程转包给第三人或者将其承包的全部建设工程支解以后以分包的名义分别转包给第三人。

禁止承包人将工程分包给不具备相应资质条件的单位。禁止分包单位将其承包的工程再

分包。建设工程主体结构的施工必须由承包人自行完成。

第七百九十二条 国家重大建设工程合同,应当按照国家规定的程序和国家批准的投资计划、可行性研究报告等文件订立。

第七百九十三条 建设工程施工合同无效,但是建设工程经验收合格的,可以参照合同关于工程价款的约定折价补偿承包人。

建设工程施工合同无效,且建设工程经验收不合格的,按照以下情形处理:

(一)修复后的建设工程经验收合格的,发包人可以请求承包人承担修复费用;

(二)修复后的建设工程经验收不合格的,承包人无权请求参照合同关于工程价款的约定折价补偿。

发包人对因建设工程不合格造成的损失有过错的,应当承担相应的责任。

第七百九十四条 勘察、设计合同的内容一般包括提交有关基础资料和概预算等文件的期限、质量要求、费用以及其他协作条件等条款。

第七百九十五条 施工合同的内容一般包括工程范围、建设工期、中间交工工程的开工和竣工时间、工程质量、工程造价、技术资料交付时间、材料和设备供应责任、拨款和结算、竣工验收、质量保修范围和质量保证期、相互协作等条款。

第七百九十六条 建设工程实行监理的,发包人应当与监理人采用书面形式订立委托监理合同。发包人与监理人的权利和义务以及法律责任,应当依照本编委托合同以及其他有关法律、行政法规的规定。

第七百九十七条 发包人在不妨碍承包人正常作业的情况下,可以随时对作业进度、质量进行检查。

第七百九十八条 隐蔽工程在隐蔽以前,承包人应当通知发包人检查。发包人没有及时检查的,承包人可以顺延工程日期,并有权请求赔偿停工、窝工等损失。

第七百九十九条 建设工程竣工后,发包人应当根据施工图纸及说明书、国家颁发的施工验收规范和质量检验标准及时进行验收。验收合格的,发包人应当按照约定支付价款,并接收该建设工程。建设工程竣工经验收合格后,方可交付使用;未经验收或者验收不合格的,不得交付使用。

第八百条 勘察、设计的质量不符合要求或者未按照期限提交勘察、设计文件拖延工期,造成发包人损失的,勘察人、设计人应当继续完善勘察、设计,减收或者免收勘察、设计费并赔偿损失。

第八百零一条 因施工人的原因致使建设工程质量不符合约定的,发包人有权请求施工人在合理期限内无偿修理或者返工、改建。经过修理或者返工、改建后,造成逾期交付的,施工人应当承担违约责任。

第八百零二条 因承包人的原因致使建设工程在合理使用期限内造成人身损害和财产损失的,承包人应当承担赔偿责任。

第八百零三条 发包人未按照约定的时间和要求提供原材料、设备、场地、资金、技术资料的,承包人可以顺延工程日期,并有权请求赔偿停工、窝工等损失。

第八百零四条 因发包人的原因致使工程中途停建、缓建的,发包人应当采取措施弥补或者减少损失,赔偿承包人因此造成的停工、窝工、倒运、机械设备调迁、材料和构件积压等损失和实际费用。

第八百零五条　因发包人变更计划,提供的资料不准确,或者未按照期限提供必需的勘察、设计工作条件而造成勘察、设计的返工、停工或者修改设计,发包人应当按照勘察人、设计人实际消耗的工作量增付费用。

第八百零六条　承包人将建设工程转包、违法分包的,发包人可以解除合同。

发包人提供的主要建筑材料、建筑构配件和设备不符合强制性标准或者不履行协助义务,致使承包人无法施工,经催告后在合理期限内仍未履行相应义务的,承包人可以解除合同。

合同解除后,已经完成的建设工程质量合格的,发包人应当按照约定支付相应的工程价款;已经完成的建设工程质量不合格的,参照本法第七百九十三条的规定处理。

第八百零七条　发包人未按照约定支付价款的,承包人可以催告发包人在合理期限内支付价款。发包人逾期不支付的,除根据建设工程的性质不宜折价、拍卖的以外,承包人可以与发包人协议将该工程折价,也可以请求人民法院将该工程依法拍卖。建设工程的价款就该工程折价或者拍卖的价款优先受偿。

第八百零八条　本章没有规定的,适用承揽合同的有关规定。

三、熟悉合同的担保形式

担保,是指合同的当事人双方为了使合同能够得到全面按约履行,根据法律、行政法规的规定,经双方协商一致而采取的一种具有法律效力的保护措施。《民法典》第三百八十八条规定:"担保合同包括抵押合同、质押合同和其他具有担保功能的合同"。

1. 保证

保证,是指保证人和债权人约定,当债务人不履行债务时,保证人按照约定履行债务或承担责任的法律行为。《民法典》第六百八十一条规定:"保证合同是为保障债权的实现,保证人和债权人约定,当债务人不履行到期债务或者发生当事人约定的情形时,保证人履行债务或者承担责任的合同"。

保证人须是具有代为清偿债务能力的人,既可以是法人,也可以是其他组织或公民。《民法典》第六百八十三条规定了不得为保证人的法人或组织。

第六百八十三条　机关法人不得为保证人,但是经国务院批准为使用外国政府或者国际经济组织贷款进行转贷的除外。

以公益为目的的非营利法人、非法人组织不得为保证人。

《民法典》第六百八十六、六百八十七、六百八十八条规定了保证的方式。

第六百八十六条　保证的方式包括一般保证和连带责任保证。

当事人在保证合同中对保证方式没有约定或者约定不明确的,按照一般保证承担保证责任。

第六百八十七条　当事人在保证合同中约定,债务人不能履行债务时,由保证人承担保证责任的,为一般保证。

一般保证的保证人在主合同纠纷未经审判或者仲裁,并就债务人财产依法强制执行仍不能履行债务前,有权拒绝向债权人承担保证责任,但是有下列情形之一的除外:

(一)债务人下落不明,且无财产可供执行;
(二)人民法院已经受理债务人破产案件;
(三)债权人有证据证明债务人的财产不足以履行全部债务或者丧失履行债务能力;
(四)保证人书面表示放弃本款规定的权利。
第六百八十八条 当事人在保证合同中约定保证人和债务人对债务承担连带责任的,为连带责任保证。
连带责任保证的债务人不履行到期债务或者发生当事人约定的情形时,债权人可以请求债务人履行债务,也可以请求保证人在其保证范围内承担保证责任。

2.抵押

抵押是指债务人或者第三人不转移对特定财产(主要是不动产)的占有,将该财产作为债权的担保。

第四百条 设立抵押权,当事人应当采用书面形式订立抵押合同。
抵押合同一般包括下列条款:
(一)被担保债权的种类和数额;
(二)债务人履行债务的期限;
(三)抵押财产的名称、数量等情况;
(四)担保的范围。
第三百九十九条 下列财产不得抵押:
禁止抵押的财产有:
(一)土地所有权;
(二)宅基地、自留地、自留山等集体所有的土地使用权,但是法律规定可以抵押的除外;
(三)学校、幼儿园、医院等以公益为目的成立的非营利法人的教育设施、医疗设施和其他公益设施;
(四)所有权、使用权不明确或者有争议的财产;
(五)依法被查封、扣押、监管的财产;
(六)法律、行政法规规定不得抵押的其他财产。
第四百一十条 债务人不履行到期债务或者发生当事人约定的实现抵押权的情形,抵押权人可以与抵押人协议以抵押财产折价或者以拍卖、变卖该抵押财产所得的价款优先受偿。协议损害其他债权人利益的,其他债权人可以请求人民法院撤销该协议。
抵押权人与抵押人未就抵押权实现方式达成协议的,抵押权人可以请求人民法院拍卖、变卖抵押财产。
抵押财产折价或者变卖的,应当参照市场价格。
第四百一十三条 抵押财产折价或者拍卖、变卖后,其价款超过债权数额的部分归抵押人所有,不足部分由债务人清偿。

3.质押

质押,是指债务人或第三人将其动产或权利转移债权人占有,用以担保债权的实现,当债务人不能履行债务时,债权人依法有权就该动产或权利优先得到清偿的担保法律行为。质押包括动产质押和权利质押两种。

第四百二十七条 设立质权,当事人应当采用书面形式订立质押合同。

质押合同一般包括下列条款:

(一)被担保债权的种类和数额;

(二)债务人履行债务的期限;

(三)质押财产的名称、数量等情况;

(四)担保的范围;

(五)质押财产交付的时间、方式。

第四百四十条 债务人或者第三人有权处分的下列权利可以出质:

(一)汇票、支票、本票;

(二)债券、存款单;

(三)仓单、提单;

(四)可以转让的基金份额、股权;

(五)可以转让的注册商标专用权、专利权、著作权等知识产权中的财产权;

(六)现有的以及将有的应收账款;

(七)法律、行政法规规定可以出质的其他财产权利。

4. 留置

留置,是指合同当事人一方依据法律规定或合同约定,占有合同中对方的财产,有权留置以保护自身合法利益的法律行为。因保管合同、运输合同、加工承揽合同发生的债权,债务人不履行债务的,债权人有留置权。

第四百四十七条 债务人不履行到期债务,债权人可以留置已经合法占有的债务人的动产,并有权就该动产优先受偿。前款规定的债权人为留置权人,占有的动产为留置财产。

5. 定金

第五百八十六条 当事人可以约定一方向对方给付定金作为债权的担保。定金合同自实际交付定金时成立。

定金的数额由当事人约定;但是,不得超过主合同标的额的百分之二十,超过部分不产生定金的效力。实际交付的定金数额多于或者少于约定数额的,视为变更约定的定金数额。

第五百八十七条 债务人履行债务的,定金应当抵作价款或者收回。给付定金的一方不履行债务或者履行债务不符合约定,致使不能实现合同目的的,无权请求返还定金;收受定金的一方不履行债务或者履行债务不符合约定,致使不能实现合同目的的,应当双倍返还定金。

第六节 《中华人民共和国招标投标法》的相关内容

《中华人民共和国招标投标法》(以下简称《招标投标法》)于1999年8月30日由第九届全国人民代表大会常务委员会第十一次会议通过,自2000年1月1日起施行。2017年12月27日第十二届全国人民代表大会常务委员会第三十一次会议修订。

《招标投标法》的立法目的是为了规范招标投标活动,保护国家利益、社会公共利益和招标投标活动当事人的合法权益,提高经济效益,保证项目质量。《招标投标法》共六章六十八条,分别从招标、投标、开标、评标和中标等各主要阶段对招投标活动作出了规定。

一、掌握《招标投标法》的基本原则

1. 必须招标的建设工程项目的规定

1)工程建设项目招标范围

第三条 在中华人民共和国境内进行下列工程建设项目包括项目的勘察、设计、施工、监理以及与工程建设有关的重要设备、材料等的采购,必须进行招标:

(一)大型基础设施、公用事业等关系社会公共利益、公众安全的项目;

(二)全部或者部分使用国有资金投资或者国家融资的项目;

(三)使用国际组织或者外国政府贷款、援助资金的项目。

前款所列项目的具体范围和规模标准,由国务院发展计划部门会同国务院有关部门制订,报国务院批准。

法律或者国务院对必须进行招标的其他项目的范围有规定的,依照其规定。

2)工程建设项目招标规模标准

根据2018年6月1日起施行的《必须招标的工程项目规定》,《招标投标法》第三条规定范围内的项目,其勘察、设计、施工、监理以及与工程建设有关的重要设备、材料等的采购达到下列标准之一的,必须招标:(一)施工单项合同估算价在400万元人民币以上;(二)重要设备、材料等货物的采购,单项合同估算价在200万元人民币以上;(三)勘察、设计、监理等服务的采购,单项合同估算价在100万元人民币以上。同一项目中可以合并进行的勘察、设计、施工、监理以及与工程建设有关的重要设备、材料等的采购,合同估算价合计达到前款规定标准的,必须招标。

2. 招投标活动的基本原则

《招标投标法》第五条确定了招投标活动的公开、公平、公正和诚实信用的原则。

1)公开原则

招标投标活动的公开原则,首先要求进行招标活动的信息要公开。

第十六条第一款 招标人采用公开招标方式的,应当发布招标公告。依法必须进行招标的项目的招标公告,必须通过国家指定的报刊、信息网络或者其他公共媒介发布。

根据《招标投标法》第十六条第二款、第十七条第二款,无论是招标公告还是投标邀请书,都应当载明招标人的名称和地址、招标项目的性质、数量、实施地点和时间以及获取招标文件的办法等事项。

2)公平原则

招标投标活动的公平原则,要求同等地对待每一个投标竞争者,不得对不同的投标竞争者采用不同的标准。招标人不得以不合理的条件限制或者排斥潜在投标人,不得对潜在投标人实行歧视待遇。任何单位和个人不得违法限制或者排斥本地区、本系统以外的法人或者其他组织参加投标,不得以任何方式非法干涉招标投标活动。

3)公正原则

在招标投标活动中招标人行为应当公正,严格按照规定的条件和程序办事。特别是在评标时,评标标准应当明确、严格。招标人和投标人双方在招标投标活动中的地位平等,任何一方不得向另一方提出不合理的要求,不得将自己的意志强加给对方。

第二十八条第二款　在招标文件要求提交投标文件的截止时间后送达的投标文件,招标人应当拒收。

第四十四条　评标委员会成员应当客观、公正地履行职务,遵守职业道德,对所提出的评审意见承担个人责任。

评标委员会成员不得私下接触投标人,不得收受投标人的财物或者其他好处。

评标委员会成员和参与评标的有关工作人员不得透露对投标文件的评审和比较、中标候选人的推荐情况以及与评标有关的其他情况。

4) 诚实信用原则

诚实信用是民事活动的一项基本原则,招标投标活动是以订立采购合同为目的的民事活动,当然也适用这一原则。诚实信用原则要求招标投标各方都要诚实守信,不得有欺骗、背信的行为。

3. 招标方式

第十条　招标分为公开招标和邀请招标。

公开招标,是指招标人以招标公告的方式邀请不特定的法人或者其他组织投标。

邀请招标,是指招标人以投标邀请书的方式邀请特定的法人或者其他组织投标。

第十一条　国务院发展计划部门确定的国家重点项目和省、自治区、直辖市人民政府确定的地方重点项目不适宜公开招标的,经国务院发展计划部门或者省、自治区、直辖市人民政府批准,可以进行邀请招标。

二、掌握《招标投标法》关于招标的主要规定

第十二条　招标人有权自行选择招标代理机构,委托其办理招标事宜,任何单位和个人不得以任何方式为招标人指定招标代理机构。

招标人具有编制招标文件和组织评标能力的,可以自行办理招标事宜。任何单位和个人不得强制其委托招标代理机构办理招标事宜。

依法必须进行招标的项目,招标人自行办理招标事宜的,应当向有关行政监督部门备案。

第十三条　招标代理机构是依法设立、从事招标代理业务并提供相关服务的社会中介组织。

招标代理机构应当具备下列条件:

(一)有从事招标代理业务的营业场所和相应资金。

(二)有能够编制招标文件和组织评标的相应专业力量。

第十四条　招标代理机构与行政机关和其他国家机关不得存在隶属关系或者其他利益关系。

第十五条　招标代理机构应当在招标人委托的范围内办理招标事宜,并遵守本法关于招标人的规定。

三、掌握《招标投标法》关于投标的主要规定

1. 投标的要求和程序

第二十六条 投标人应当具备承担招标项目的能力；国家有关规定对投标人资格条件或者招标文件对投标人资格条件有规定的，投标人应当具备规定的资格条件。

第二十七条 投标人应当按照招标文件的要求编制投标文件。投标文件应当对招标文件提出的实质性要求和条件作出响应。

招标项目属于建设施工的，投标文件的内容应当包括拟派出的项目负责人与主要技术人员的简历、业绩和拟用于完成招标项目的机械设备等。

第二十八条 投标人应当在招标文件要求提交投标文件的截止时间前，将投标文件送达投标地点。招标人收到投标文件后，应当签收保存，不得开启。投标人少于三个的，招标人应当依照本法重新招标。

在招标文件要求提交投标文件的截止时间后送达的投标文件，招标人应当拒收。

2. 联合体投标

1）联合投标的含义

第三十一条第一款 两个以上法人或者其他组织可以组成一个联合体，以一个投标人的身份共同投标。

2）联合体各方的资格要求

第三十一条第二款 联合体各方均应当具备承担招标项目的相应能力；国家有关规定或者招标文件对投标人资格条件有规定的，联合体各方均应当具备规定的相应资格条件。由同一专业的单位组成的联合体，按照资质等级较低的单位确定资质等级。

3）联合体各方的权利和义务

《招标投标法》第三十一条第三款规定："联合体各方应当签订共同投标协议，明确约定各方拟承担的工作和责任，并将共同投标协议连同投标文件一并提交招标人。联合体中标的，联合体各方应当共同与招标人签订合同，就中标项目向招标人承担连带责任。"根据该规定，联合体各方的权利和义务分为内部和外部两种。

(1) 联合体各方内部的权利和义务

共同投标协议属于合同关系，即平等主体的自然人、法人、其他组织之间通过设立、变更、终止民事权利义务关系的协议而形成的关系。联合体内部各方通过协议明确约定各方在中标后要承担的工作和责任，该约定必须详细、明确，以免日后发生争议。同时，该共同协议应当同投标文件一并提交招标人，使招标人了解有关情况，并在评标时予以考虑。

(2) 联合体各方外部的权利和义务

联合体各方就中标项目对外向招标人承担连带责任。

所谓连带责任，是指在同一债权债务关系中两个以上的债务人中，任何一个债务人都负有向债权人履行债务的义务。《民法典》第一百七十八条规定了连带责任的责任份额确定和承担方式。

《民法典》第一百七十八条 二人以上依法承担连带责任的，权利人有权请求部分或者全部连带责任人承担责任。

连带责任人的责任份额根据各自责任大小确定；难以确定责任大小的，平均承担责任。实

际承担责任超过自己责任份额的连带责任人,有权向其他连带责任人追偿。

连带责任,有法律规定或者当事人约定。

联合体各方在中标后承担的连带责任包括以下两种情况:

第一种:联合体在接到中标通知书未与招标人签订合同前,除不可抗力外,联合体放弃中标项目的,其已提交的投标保证金不予退还,给招标人造成的损失超过投标保证金数额的,还应当对超过部分承担连带赔偿责任。

第二种:中标的联合体除不可抗力外,不履行与招标人签订的合同时,履约保证金不予退还,给招标人造成的损失超过履约保证金数额的,还应当对超过部分承担连带赔偿责任。

四、掌握投标的禁止性规定

1. 投标人之间串通投标

《招标投标法》第三十二条第一款规定:"投标人不得相互串通投标报价,不得排挤其他投标人的公平竞争,损害招标人或者其他投标人的合法权益。"

2. 投标人与招标人之间串通招标投标

《招标投标法》第三十二条第二款规定:"投标人不得与招标人串通投标,损害国家利益、社会公共利益或者他人的合法权益。"

3. 投标人以行贿的手段谋取中标

《招标投标法》第三十二条第三款规定:"禁止投标人以向招标人或者评标委员会成员行贿的手段谋取中标。"

4. 投标人以低于成本的报价竞标

《招标投标法》第三十三条规定,投标人不得以低于成本的报价竞标。

5. 投标人以非法手段骗取中标

《招标投标法》第三十三条规定,投标人不得以他人名义投标或者以其他方式弄虚作假,骗取中标。

五、掌握招标投标法关于开标、评标和中标的主要规定

1. 开标主要规定

第三十四条 开标应当在招标文件确定的提交投标文件截止时间的同一时间公开进行;开标地点应当为招标文件中预先确定的地点。

第三十五条 开标由招标人主持,邀请所有投标人参加。

第三十六条 开标时,由投标人或者其推选的代表检查投标文件的密封情况,也可以由招标人委托的公证机构检查并公证;经确认无误后,由工作人员当众拆封,宣读投标人名称、投标价格和投标文件的其他主要内容。

招标人在招标文件要求提交投标文件的截止时间前收到的所有投标文件,开标时都应当当众予以拆封、宣读。

开标过程应当记录,并存档备查。

2. 评标委员会和评标主要规定

1)评标委员会

第三十七条　评标由招标人依法组建的评标委员会负责。

依法必须进行招标的项目,其评标委员会由招标人的代表和有关技术、经济等方面的专家组成,成员人数为五人以上单数,其中技术、经济等方面的专家不得少于成员总数的三分之二。

前款专家应当从事相关领域工作满八年并具有高级职称或者具有同等专业水平,由招标人从国务院有关部门或者省、自治区、直辖市人民政府有关部门提供的专家名册或者招标代理机构的专家库内的相关专业的专家名单中确定;一般招标项目可以采取随机抽取方式,特殊招标项目可以由招标人直接确定。

与投标人有利害关系的人不得进入相关项目的评标委员会;已经进入的应当更换。

评标委员会成员的名单在中标结果确定前应当保密。

2)评标主要规定

第三十八条　招标人应当采取必要的措施,保证评标在严格保密的情况下进行。

任何单位和个人不得非法干预、影响评标的过程和结果。

第三十九条　评标委员会可以要求投标人对投标文件中含义不明确的内容作必要的澄清或者说明,但是澄清或者说明不得超出投标文件的范围或者改变投标文件的实质性内容。

第四十条　评标委员会应当按照招标文件确定的评标标准和方法,对投标文件进行评审和比较;设有标底的,应当参考标底。评标委员会完成评标后,应当向招标人提出书面评标报告,并推荐合格的中标候选人。

招标人根据评标委员会提出的书面评标报告和推荐的中标候选人确定中标人。招标人也可以授权评标委员会直接确定中标人。

国务院对特定招标项目的评标有特别规定的,从其规定。

第四十二条　评标委员会经评审,认为所有投标都不符合招标文件要求的,可以否决所有投标。

依法必须进行招标的项目的所有投标被否决的,招标人应当依照本法重新招标。

第四十三条　在确定中标人前,招标人不得与投标人就投标价格、投标方案等实质性内容进行谈判。

六、熟悉中标通知书的有关规定

第四十一条　中标人的投标应当符合下列条件之一:

(一)能够最大限度地满足招标文件中规定的各项综合评价标准;

(二)能够满足招标文件的实质性要求,并且经评审的投标价格最低;但是投标价格低于成本的除外。

第四十五条　中标人确定后,招标人应当向中标人发出中标通知书,并同时将中标结果通知所有未中标的投标人。

中标通知书对招标人和中标人具有法律效力。中标通知书发出后,招标人改变中标结果的,或者中标人放弃中标项目的,应当依法承担法律责任。

第四十六条　招标人和中标人应当自中标通知书发出之日起三十日内,按照招标文件和中标人的投标文件订立书面合同。招标人和中标人不得再行订立背离合同实质性内容的其他协议。

招标文件要求中标人提交履约保证金的,中标人应当提交。

第四十七条　依法必须进行招标的项目,招标人应当自确定中标人之日起十五日内,向有关行政监督部门提交招标投标情况的书面报告。

七、了解违反《招标投标法》的有关法律责任规定

1. 应该招标而未招标的法律责任

第四十九条　违反本法规定,必须进行招标的项目而不招标的,将必须进行招标的项目化整为零或者以其他任何方式规避招标的,责令限期改正,可以处项目合同金额千分之五以上千分之十以下的罚款;对全部或者部分使用国有资金的项目,可以暂停项目执行或者暂停资金拨付;对单位直接负责的主管人员和其他直接责任人员依法给予处分。

2. 招标代理机构法律责任

第五十条　招标代理机构违反本法规定,泄露应当保密的与招标投标活动有关的情况和资料的,或者与招标人、投标人串通损害国家利益、社会公共利益或者他人合法权益的,处五万元以上二十五万元以下的罚款,对单位直接负责的主管人员和其他直接责任人员处单位罚款数额百分之五以上百分之十以下的罚款;有违法所得的,并处没收违法所得;情节严重的,禁止其一年至二年内代理依法必须进行招标的项目并予以公告,直至由工商行政管理机关吊销营业执照;构成犯罪的,依法追究刑事责任。给他人造成损失的,依法承担赔偿责任。

前款所列行为影响中标结果的,中标无效。

3. 招标人法律责任

第五十一条　招标人以不合理的条件限制或者排斥潜在投标人的,对潜在投标人实行歧视待遇的,强制要求投标人组成联合体共同投标的,或者限制投标人之间竞争的,责令改正,可以处一万元以上五万元以下的罚款。

第五十二条　依法必须进行招标的项目的招标人向他人透露已获取招标文件的潜在投标人的名称、数量或者可能影响公平竞争的有关招标投标的其他情况的,或者泄露标底的,给予警告,可以并处一万元以上十万元以下的罚款;对单位直接负责的主管人员和其他直接责任人员依法给予处分;构成犯罪的,依法追究刑事责任。

前款所列行为影响中标结果的,中标无效。

第五十五条　依法必须进行招标的项目,招标人违反本法规定,与投标人就投标价格、投标方案等实质性内容进行谈判的,给予警告,对单位直接负责的主管人员和其他直接责任人员依法给予处分。

前款所列行为影响中标结果的,中标无效。

第五十七条　招标人在评标委员会依法推荐的中标候选人以外确定中标人的,依法必须进行招标的项目在所有投标被评标委员会否决后自行确定中标人的,中标无效。责令改正,可以处中标项目金额千分之五以上千分之十以下的罚款;对单位直接负责的主管人员和其他直接责任人员依法给予处分。

第五十九条　招标人与中标人不按照招标文件和中标人的投标文件订立合同的,或者招标人、中标人订立背离合同实质性内容的协议的,责令改正;可以处中标项目金额千分之五以

上千分之十以下的罚款。

4. 投标人法律责任

第五十三条 投标人相互串通投标或者与招标人串通投标的,投标人以向招标人或者评标委员会成员行贿的手段谋取中标的,中标无效,处中标项目金额千分之五以上千分之十以下的罚款,对单位直接负责的主管人员和其他直接责任人员处单位罚款数额百分之五以上百分之十以下的罚款;有违法所得的,并处没收违法所得;情节严重的,取消其一年至二年内参加依法必须进行招标的项目的投标资格并予以公告,直至由工商行政管理机关吊销营业执照;构成犯罪的,依法追究刑事责任。给他人造成损失的,依法承担赔偿责任。

第五十四条 投标人以他人名义投标或者以其他方式弄虚作假,骗取中标的,中标无效,给招标人造成损失的,依法承担赔偿责任;构成犯罪的,依法追究刑事责任。

依法必须进行招标的项目的投标人有前款所列行为尚未构成犯罪的,处中标项目金额千分之五以上千分之十以下的罚款,对单位直接负责的主管人员和其他直接责任人员处单位罚款数额百分之五以上百分之十以下的罚款;有违法所得的,并处没收违法所得;情节严重的,取消其一年至三年内参加依法必须进行招标的项目的投标资格并予以公告,直至由工商行政管理机关吊销营业执照。

5. 中标人法律责任

第五十八条 中标人将中标项目转让给他人的,将中标项目肢解后分别转让给他人的,违反本法规定将中标项目的部分主体、关键性工作分包给他人的,或者分包人再次分包的,转让、分包无效,处转让、分包项目金额千分之五以上千分之十以下的罚款;有违法所得的,并处没收违法所得;可以责令停业整顿;情节严重的,由工商行政管理机关吊销营业执照。

第六十条 中标人不履行与招标人订立的合同的,履约保证金不予退还,给招标人造成的损失超过履约保证金数额的,还应当对超过部分予以赔偿;没有提交履约保证金的,应当对招标人的损失承担赔偿责任。

中标人不按照与招标人订立的合同履行义务,情节严重的,取消其二年至五年内参加依法必须进行招标的项目的投标资格并予以公告,直至由工商行政管理机关吊销营业执照。

因不可抗力不能履行合同的,不适用前两款规定。

第七节 《中华人民共和国安全生产法》的相关内容

《中华人民共和国安全生产法》(以下简称《安全生产法》)于 2002 年 6 月 29 日由第九届全国人民代表大会常务委员会第二十八次会议通过。2014 年 8 月 31 日第十二届全国人民代表大会常务委员会第十次会议第二次修正,2020 年 11 月 25 日国务院常务会议通过《中华人民共和国安全生产法(修正草案)》。

一、掌握《安全生产法》的立法目的

第一条 为了加强安全生产工作,防止和减少生产安全事故,保障人民群众生命和财产安全,促进经济社会持续健康发展,制定本法。

二、掌握安全生产"三同时"制度及有关规定

第二十八条　生产经营单位新建、改建、扩建工程项目(以下统称建设项目)的安全设施,必须与主体工程同时设计、同时施工、同时投入生产和使用。安全设施投资应当纳入建设项目概算。

第二十九条　矿山、金属冶炼建设项目和用于生产、储存、装卸危险物品的建设项目,应当按照国家有关规定进行安全评价。

第三十条　建设项目安全设施的设计人、设计单位应当对安全设施设计负责。

矿山、金属冶炼建设项目和用于生产、储存、装卸危险物品的建设项目的安全设施设计应当按照国家有关规定报经有关部门审查,审查部门及其负责审查的人员对审查结果负责。

第三十三条　安全设备的设计、制造、安装、使用、检测、维修、改造和报废,应当符合国家标准或者行业标准。

生产经营单位必须对安全设备进行经常性维护、保养,并定期检测,保证正常运转。维护、保养、检测应当作好记录,并由有关人员签字。

第三十五条　国家对严重危及生产安全的工艺、设备实行淘汰制度,具体目录由国务院安全生产监督管理部门会同国务院有关部门制定并公布。法律、行政法规对目录的制定另有规定的,适用其规定。

省、自治区、直辖市人民政府可以根据本地区实际情况制定并公布具体目录,对前款规定以外的危及生产安全的工艺、设备予以淘汰。

生产经营单位不得使用应当淘汰的危及生产安全的工艺、设备。

三、熟悉安全生产中从业人员的权利和义务

第四十九条　生产经营单位与从业人员订立的劳动合同,应当载明有关保障从业人员劳动安全、防止职业危害的事项,以及依法为从业人员办理工伤保险的事项。

生产经营单位不得以任何形式与从业人员订立协议,免除或者减轻其对从业人员因生产安全事故伤亡依法应承担的责任。

第五十条　生产经营单位的从业人员有权了解其作业场所和工作岗位存在的危险因素、防范措施及事故应急措施,有权对本单位的安全生产工作提出建议。

第五十一条　从业人员有权对本单位安全生产工作中存在的问题提出批评、检举、控告;有权拒绝违章指挥和强令冒险作业。

生产经营单位不得因从业人员对本单位安全生产工作提出批评、检举、控告或者拒绝违章指挥、强令冒险作业而降低其工资、福利等待遇或者解除与其订立的劳动合同。

第五十二条　从业人员发现直接危及人身安全的紧急情况时,有权停止作业或者在采取可能的应急措施后撤离作业场所。

生产经营单位不得因从业人员在前款紧急情况下停止作业或者采取紧急撤离措施而降低其工资、福利等待遇或者解除与其订立的劳动合同。

第五十三条　因生产安全事故受到损害的从业人员,除依法享有工伤保险外,依照有关民

事法律尚有获得赔偿的权利的,有权向本单位提出赔偿要求。

第五十四条　从业人员在作业过程中,应当严格遵守本单位的安全生产规章制度和操作规程,服从管理,正确佩戴和使用劳动防护用品。

第五十五条　从业人员应当接受安全生产教育和培训,掌握本职工作所需的安全生产知识,提高安全生产技能,增强事故预防和应急处理能力。

第五十六条　从业人员发现事故隐患或者其他不安全因素,应当立即向现场安全生产管理人员或者本单位负责人报告;接到报告的人员应当及时予以处理。

四、了解生产安全事故应急救援与调查处理的法律规定

1. 安全生产责任事故应急救援

第七十七条　县级以上地方各级人民政府应当组织有关部门制定本行政区域内安全生产事故应急救援预案,建立应急救援体系。

第七十九条　危险物品的生产、经营、储存单位以及矿山、金属冶炼、城市轨道交通运营、建筑施工单位应当建立应急救援组织;生产经营规模较小的、可以不建立应急救援组织,但应当指定兼职的应急救援人员。

危险物品的生产、经营、储存、运输单位以及矿山、金属冶炼、城市轨道交通运营、建筑施工单位应当配备必要的应急救援器材、设备和物资,并进行经常性维护、保养,保证正常运转。

第八十条第二款　单位负责人接到事故报告后,应当迅速采取有效措施,组织抢救,防止事故扩大,减少人员伤亡和财产损失,并按照国家有关规定立即如实报告当地负有安全生产监督管理职责的部门,不得隐瞒不报、谎报或者迟报,不得故意破坏事故现场、毁灭有关证据。

2. 安全生产责任事故报告

第八十条第一款　生产经营单位发生生产安全事故后,事故现场有关人员应当立即报告本单位负责人。

第八十一条　负有安全生产监督管理职责的部门接到事故报告后,应当立即按照国家有关规定上报事故情况。负有安全生产监督管理职责的部门和有关地方人民政府对事故情况不得隐瞒不报、谎报或者迟报。

第八十二条第一款　有关地方人民政府和负有安全生产监督管理职责部门的负责人接到安全生产事故报告后,应当按照生产安全事故应急救援预案的要求立即赶到事故现场,组织事故抢救。

3. 安全生产责任事故调查处理

第八十三条　事故调查处理应当按照科学严谨、依法依规、实事求是、注重实效的原则,及时、准确地查清事故原因,查明事故性质和责任,总结事故教训,提出整改措施,并对事故责任者提出处理意见。事故调查报告应当依法及时向社会公布。事故调查和处理的具体办法由国务院制定。

事故发生单位应当及时全面落实整改措施,负有安全生产监督管理职责的部门应当加强监督检查。

第八十四条　生产经营单位发生生产安全事故,经调查确定为责任事故的,除了应当查明

事故单位的责任并依法予以追究外,还应当查明对安全生产的有关事项负有审查批准和监督职责的行政部门的责任,对有失职、渎职行为的,追究法律责任。

第八十五条　任何单位和个人不得阻挠和干涉对事故的依法调查处理。

第八十六条　县级以上地方各级人民政府安全生产监督管理部门应当定期统计分析本行政区域内发生生产安全事故的情况,并定期向社会公布。

第八节　《建设工程安全生产管理条例》的相关内容

《建设工程安全生产管理条例》于2003年11月12日由国务院第28次常务会议通过,自2004年2月1日起施行。

一、掌握《建设工程安全生产管理条例》的如下内容

1. 立法目的

第一条　为了加强建设工程安全生产监督管理,保障人民群众生命和财产安全,根据《中华人民共和国建筑法》《中华人民共和国安全生产法》,制定本条例。

2. 适用范围

第二条　在中华人民共和国境内从事建设工程的新建、扩建、改建和拆除等有关活动及实施对建设工程安全生产的监督管理,必须遵守本条例。

本条例所称建设工程,是指土木工程、建筑工程、线路管道和设备安装工程及装修工程。

第六十九条　抢险救灾和农民自建低层住宅的安全生产管理不适用本条例;

第七十条　军事建设工程的安全生产管理,按照中央军事委员会的有关规定执行。

3. 方针

第三条　建设工程安全生产管理,坚持安全第一、预防为主的方针。

4. 勘察、设计有关单位的安全责任

1) 勘察单位的安全责任

第十二条　勘察单位应当按照法律、法规和工程建设强制性标准进行勘察,提供的勘察文件应当真实、准确,满足建设工程安全生产的需要。

勘察单位在勘察作业时,应当严格执行操作规程,采取措施保证各类管线、设施和周边建筑物、构筑物的安全。

2) 设计单位的安全责任

第十三条　设计单位应当按照法律、法规和工程建设强制性标准进行设计,防止因设计不合理导致生产安全事故的发生。

设计单位应当考虑施工安全操作和防护的需要,对涉及施工安全的重点部位和环节在设计文件中注明,并对防范生产安全事故提出指导意见。

采用新结构、新材料、新工艺的建设工程和特殊结构的建设工程,设计单位应当在设计中提出保障施工作业人员安全和预防生产安全事故的措施建议。

设计单位和注册建筑师等注册执业人员应当对其设计负责。

二、熟悉建设单位安全生产管理的如下责任和义务

1. 不得向有关单位提出不符合建设工程安全生产法律、法规和强制性标准规定的要求

第七条　建设单位不得对勘察、设计、施工、工程监理等单位提出不符合建设工程安全生产法律、法规和强制性标准规定的要求,不得压缩合同约定的工期。

2. 应当确定安全生产所需费用

第八条　建设单位在编制工程概算时,应当确定建设工程安全作业环境及安全施工措施所需费用。

三、了解条例对勘察、设计单位的法律责任规定

第五十六条　违反本条例的规定,勘察单位、设计单位有下列行为之一的,责令限期改正,处10万元以上30万元以下的罚款;情节严重的,责令停业整顿,降低资质等级,直至吊销资质证书;造成重大安全事故,构成犯罪的,对直接责任人员,依照刑法有关规定追究刑事责任;造成损失的,依法承担赔偿责任:

(一)未按照法律、法规和工程建设强制性标准进行勘察、设计的。

(二)采用新结构、新材料、新工艺的建设工程和特殊结构的建设工程,设计单位未在设计中提出保障施工作业人员安全和预防生产安全事故的措施建议的。

第五十八条　注册执业人员未执行法律、法规和工程建设强制性标准的,责令停止执业3个月以上1年以下;情节严重的,吊销执业资格证书,5年内不予注册;造成重大安全事故的,终身不予注册;构成犯罪的,依照刑法有关规定追究刑事责任。

第九节　《建设工程质量管理条例》的相关内容

《建设工程质量管理条例》于2000年1月10日由国务院第二十五次常务会议通过,2000年1月30日中华人民共和国国务院令第279号发布并起施行。2019年4月23日,中华人民共和国国务院令第714号公布,对《建设工程质量管理条例》部分条款予以修改。

一、掌握《建设工程质量管理条例》的如下内容

1. 立法目的

第一条　为了加强对建设工程质量的管理,保证建设工程质量,保护人民生命和财产安全,根据《中华人民共和国建筑法》,制定本条例。

2. 适用范围

第二条　凡在中华人民共和国境内从事建设工程的新建、扩建、改建等有关活动及实施对建设工程质量监督管理的,必须遵守本条例。

本条例所称建设工程,是指土木工程、建筑工程、线路管道和设备安装工程及装修工程。

3. 建设工程质量管理的基本制度

1) 工程质量监督管理制度

第三条　建设单位、勘察单位、设计单位、施工单位、工程监理单位依法对建设工程质量负责。

第四条　县级以上人民政府建设行政主管部门和其他有关部门应当加强对建设工程质量的监督管理。

第五条　从事建设工程活动，必须严格执行基本建设程序，坚持先勘察、后设计、再施工的原则。

县级以上人民政府及其有关部门不得超越权限审批建设项目或者擅自简化基本建设程序。

2) 工程竣工验收备案制度

第四十九条　建设单位应当自建设工程竣工验收合格之日起 15 日内，将建设工程竣工验收报告和规划、公安消防、环保等部门出具的认可文件或者准许使用文件报建设行政主管部门或者其他有关部门备案。

建设行政主管部门或者其他有关部门发现建设单位在竣工验收过程中有违反国家有关建设工程质量管理规定行为的，责令停止使用，重新组织竣工验收。

3) 工程质量事故报告制度

第五十二条　建设工程发生质量事故，有关单位应当在 24 小时内向当地建设行政主管部门和其他有关部门报告。对重大质量事故，事故发生地的建设行政主管部门和其他有关部门应当按照事故类别和等级向当地人民政府和上级建设行政主管部门和其他有关部门报告。

4) 工程质量检举、控告、投诉制度

第五十三条　任何单位和个人对建设工程的质量事故、质量缺陷都有权检举、控告、投诉。工程质量检举、控告、投诉制度是为了更好地发挥群众监督和社会舆论监督的作用，是保证建设工程质量的一项有效措施。

4. 勘察、设计单位的质量责任和义务

《建设工程质量管理条例》第三章明确了勘察、设计单位的质量责任和义务。

第十八条　从事建设工程勘察、设计的单位应当依法取得相应等级的资质证书，并在其资质等级许可的范围内承揽工程。

禁止勘察、设计单位超越其资质等级许可的范围或者以其他勘察、设计单位的名义承揽工程。禁止勘察、设计单位允许其他单位或者个人以本单位的名义承揽工程。

勘察、设计单位不得转包或者违法分包所承揽的工程。

第十九条　勘察、设计单位必须按照工程建设强制性标准进行勘察、设计，并对其勘察、设计的质量负责。

注册建筑师、注册结构工程师等注册执业人员应当在设计文件上签字，对设计文件负责。

第二十条　勘察单位提供的地质、测量、水文等勘察成果必须真实、准确。

第二十一条　设计单位应当根据勘察成果文件进行建设工程设计。

设计文件应当符合国家规定的设计深度要求，注明工程合理使用年限。

第二十二条　设计单位在设计文件中选用的建筑材料、建筑构配件和设备，应当注明规格、型号、性能等技术指标,其质量要求必须符合国家规定的标准。

除有特殊要求的建筑材料、专用设备、工艺生产线等外,设计单位不得指定生产厂、供应商。

第二十三条 设计单位应当就审查合格的施工图设计文件向施工单位作出详细说明。

第二十四条 设计单位应当参与建设工程质量事故分析,并对因设计造成的质量事故,提出相应的技术处理方案。

二、熟悉建设单位质量管理的如下责任和义务

第七条 建设单位应当将工程发包给具有相应资质等级的单位。

建设单位不得将建设工程肢解发包。

第八条 建设单位应当依法对工程建设项目的勘察、设计、施工、监理以及与工程建设有关的重要设备、材料等的采购进行招标。

第十条 建设工程发包单位不得迫使承包方以低于成本的价格竞标,不得任意压缩合理工期。

建设单位不得明示或者暗示设计单位或者施工单位违反工程建设强制性标准,降低建设工程质量。

第十一条 建设单位应当将施工图设计文件报县级以上人民政府建设行政主管部门或者其他部门审查。施工图设计文件审查的具体办法,由国务院建设行政主管部门会同国务院其他有关部门制定。

施工图设计文件未经审查批准的,不得使用。

第十五条 涉及建筑主体和承重结构变动的装修工程,建设单位应当在施工前委托原设计单位或者具有相应资质等级的设计单位提出设计方案;没有设计方案的,不得施工。

第十六条 建设单位收到建设工程竣工报告后,应当组织设计、施工、工程监理等有关单位进行竣工验收。

建设工程竣工验收应当具备下列条件:

(一)完成建设工程设计和合同约定的各项内容;

(二)有完整的技术档案和施工管理资料;

(三)有工程使用的主要建筑材料、建筑构配件和设备的进场试验报告;

(四)有勘察、设计、施工、工程监理等单位分别签署的质量合格文件;

(五)有施工单位签署的工程保修书。

建设工程经验收合格的,方可交付使用。

三、了解条例对勘察、设计单位的法律责任规定

第六十条 违反本条例规定,勘察、设计、施工、工程监理单位超越本单位资质等级承揽工程的,责令停止违法行为,对勘察、设计单位或者工程监理单位处合同约定的勘察费、设计费或者监理酬金1倍以上2倍以下的罚款;对施工单位处工程合同价款百分之二以上百分之四以下的罚款,可以责令停业整顿,降低资质等级;情节严重的,吊销资质证书;有违法所得的,予以

没收。

未取得资质证书承揽工程的,予以取缔,依照前款规定处以罚款;有违法所得的,予以没收。

以欺骗手段取得资质证书承揽工程的,吊销资质证书,依照本条第一款规定处以罚款;有违法所得的,予以没收。

第六十一条 违反本条例规定,勘察、设计、施工、工程监理单位允许其他单位或者个人以本单位名义承揽工程的,责令改正,没收违法所得,对勘察、设计单位和工程监理单位处合同约定的勘察费、设计费和监理酬金1倍以上2倍以下的罚款;对施工单位处工程合同价款百分之二以上百分之四以下的罚款;可以责令停业整顿,降低资质等级;情节严重的,吊销资质证书。

第六十二条 违反本条例规定,承包单位将承包的工程转包或者违法分包的,责令改正,没收违法所得,对勘察、设计单位处合同约定的勘察费、设计费百分之二十五以上百分之五十以下的罚款;对施工单位处工程合同价款百分之零点五以上百分之一以下的罚款;可以责令停业整顿,降低资质等级;情节严重的,吊销资质证书。

第六十三条 违反本条例规定,有下列行为之一的,责令改正,处10万元以上30万元以下的罚款:

(一)勘察单位未按照工程建设强制性标准进行勘察的;

(二)设计单位未根据勘察成果文件进行工程设计的;

(三)设计单位指定建筑材料、建筑构配件的生产厂、供应商的;

(四)设计单位未按照工程建设强制性标准进行设计的。

有前款所列行为,造成工程质量事故的,责令停业整顿,降低资质等级;情节严重的,吊销资质证书;造成损失的,依法承担赔偿责任。

第七十二条 违反本条例规定,注册建筑师、注册结构工程师、监理工程师等注册执业人员因过错造成质量事故的,责令停止执业1年;造成重大质量事故的,吊销执业资格证书,5年以内不予注册;情节特别恶劣的,终身不予注册。

第七十七条 建设、勘察、设计、施工、工程监理单位的工作人员因调动工作、退休等原因离开该单位后,被发现在该单位工作期间违反国家有关建设工程质量管理规定,造成重大工程质量事故的,仍应当依法追究法律责任。

第十节 《建设工程勘察设计管理条例》的相关内容

《建设工程勘察设计管理条例》于2000年9月20日由国务院第31次常务会议通过,2000年9月25日中华人民共和国国务院令第293号发布并起施行。2017年10月7日,中华人民共和国国务院令第687号公布,对《建设工程勘察设计管理条例》部分条款予以修改。

一、掌握第二章"资质资格管理"和第四章"建设工程勘察设计文件的编制与实施"的如下条款

第七条 国家对从事建设工程勘察、设计活动的单位,实行资质管理制度。具体办法由国务院建设行政主管部门商国务院有关部门制定。

第八条 建设工程勘察、设计单位应当在其资质等级许可的范围内承揽建设工程勘察、设计业务。

禁止建设工程勘察、设计单位超越其资质等级许可的范围或者以其他建设工程勘察、设计单位的名义承揽建设工程勘察、设计业务。禁止建设工程勘察、设计单位允许其他单位或者个人以本单位的名义承揽建设工程勘察、设计业务。

第九条 国家对从事建设工程勘察、设计活动的专业技术人员,实行执业资格注册管理制度。

未经注册的建设工程勘察、设计人员,不得以注册执业人员的名义从事建设工程勘察、设计活动。

第十条 建设工程勘察、设计注册执业人员和其他专业技术人员只能受聘于一个建设工程勘察、设计单位;未受聘于建设工程勘察、设计单位的,不得从事建设工程的勘察、设计活动。

第二十五条 编制建设工程勘察、设计文件,应当以下列规定为依据:

(一)项目批准文件;

(二)城市规划;

(三)工程建设强制性标准;

(四)国家规定的建设工程勘察、设计深度要求。

铁路、交通、水利等专业建设工程,还应当以专业规划的要求为依据。

第二十六条 编制建设工程勘察文件,应当真实、准确,满足建设工程规划、选址、设计、岩土治理和施工的需要。

编制方案设计文件,应当满足编制初步设计文件和控制概算的需要。

编制初步设计文件,应当满足编制施工招标文件、主要设备材料订货和编制施工图设计文件的需要。

编制施工图设计文件,应当满足设备材料采购、非标准设备制作和施工的需要,并注明建设工程合理使用年限。

第二十七条 设计文件中选用的材料、构配件、设备,应当注明其规格、型号、性能等技术指标,其质量要求必须符合国家规定的标准。

除有特殊要求的建筑材料、专用设备和工艺生产线等外,设计单位不得指定生产厂、供应商。

第二十八条 建设单位、施工单位、监理单位不得修改建设工程勘察、设计文件;确需修改建设工程勘察、设计文件的,应当由原建设工程勘察、设计单位修改。经原建设工程勘察、设计单位书面同意,建设单位也可以委托其他具有相应资质的建设工程勘察、设计单位修改。修改单位对修改的勘察、设计文件承担相应责任。

施工单位、监理单位发现建设工程勘察、设计文件不符合工程建设强制性标准、合同约定的质量要求的,应当报告建设单位,建设单位有权要求建设工程勘察、设计单位对建设工程勘察、设计文件进行补充、修改。

建设工程勘察、设计文件内容需要作重大修改的,建设单位应当报经原审批机关批准后,方可修改。

第二十九条 建设工程勘察、设计文件中规定采用的新技术、新材料,可能影响建设工程质量和安全,又没有国家技术标准的,应当由国家认可的检测机构进行试验、论证,出具检测报告,并经国务院有关部门或者省、自治区、直辖市人民政府有关部门组织的建设工程技术专家委员会审定后,方可使用。

第三十条 建设工程勘察、设计单位应当在建设工程施工前,向施工单位和监理单位说明建设工程勘察、设计意图,解释建设工程勘察、设计文件。

建设工程勘察、设计单位应当及时解决施工中出现的勘察、设计问题。

二、熟悉建设工程勘察、设计的概念及其发包与承包规定

1. 工程勘察、设计的概念及有关规定

第二条 从事建设工程勘察、设计活动,必须遵守本条例。

本条例所称建设工程勘察,是指根据建设工程的要求,查明、分析、评价建设场地的地质地理环境特征和岩土工程条件,编制建设工程勘察文件的活动。本条例所称建设工程设计,是指根据建设工程的要求,对建设工程所需的技术、经济、资源、环境等条件进行综合分析、论证,编制建设工程设计文件的活动。

第四条 从事建设工程勘察、设计活动,应当坚持先勘察、后设计、再施工的原则。

第五条 县级以上人民政府建设行政主管部门和交通、水利等有关部门应当依照本条例的规定,加强对建设工程勘察、设计活动的监督管理。

建设工程勘察、设计单位必须依法进行建设工程勘察、设计,严格执行工程建设强制性标准,并对建设工程勘察、设计的质量负责。

第六条 国家鼓励在建设工程勘察、设计活动中采用先进技术、先进工艺、先进设备、新型材料和现代管理方法。

2. 建设工程勘察设计发包与承包

第十二条 建设工程勘察、设计发包依法实行招标发包或者直接发包。

第十六条 下列建设工程的勘察、设计,经有关主管部门批准,可以直接发包:

(一)采用特定的专利或者专有技术的;

(二)建筑艺术造型有特殊要求的;

(三)国务院规定的其他建设工程的勘察、设计。

第十七条 发包方不得将建设工程勘察、设计业务发包给不具有相应勘察、设计资质等级的建设工程勘察、设计单位。

第十八条 发包方可以将整个建设工程的勘察、设计发包给一个勘察、设计单位;也可以将建设工程的勘察、设计分别发包给几个勘察、设计单位。

第十九条 除建设工程主体部分的勘察、设计外,经发包方书面同意,承包方可以将建设工程其他部分的勘察、设计再分包给其他具有相应资质等级的建设工程勘察、设计单位。

第二十条 建设工程勘察、设计单位不得将所承揽的建设工程勘察、设计转包。

第二十一条 承包方必须在建设工程勘察、设计资质证书规定的资质等级和业务范围内承揽建设工程的勘察、设计业务。

第二十二条 建设工程勘察、设计的发包方与承包方,应当执行国家规定的建设工程勘

察、设计程序。

第二十三条 建设工程勘察、设计的发包方与承包方应当签订建设工程勘察、设计合同。

第二十四条 建设工程勘察、设计发包方与承包方应当执行国家有关建设工程勘察费、设计费的管理规定。

三、了解条例对勘察、设计单位的法律责任规定

第三十六条 违反本条例规定,未经注册,擅自以注册建设工程勘察、设计人员的名义从事建设工程勘察、设计活动的,责令停止违法行为,没收违法所得,处违法所得2倍以上5倍以下罚款;给他人造成损失的,依法承担赔偿责任。

第三十七条 违反本条例规定,建设工程勘察、设计注册执业人员和其他专业技术人员未受聘于一个建设工程勘察、设计单位或者同时受聘于两个以上建设工程勘察、设计单位,从事建设工程勘察、设计活动的,责令停止违法行为,没收违法所得,处违法所得2倍以上5倍以下的罚款;情节严重的,可以责令停止执行业务或者吊销资格证书;给他人造成损失的,依法承担赔偿责任。

第三十八条 违反本条例规定,发包方将建设工程勘察、设计业务发包给不具有相应资质等级的建设工程勘察、设计单位的,责令改正,处50万元以上100万元以下的罚款。

第三十九条 违反本条例规定,建设工程勘察、设计单位将所承揽的建设工程勘察、设计转包的,责令改正,没收违法所得,处合同约定的勘察费、设计费25%以上50%以下的罚款,可以责令停业整顿,降低资质等级;情节严重的,吊销资质证书。

第四十条 违反本条例规定,勘察、设计单位未依据项目批准文件,城乡规划及专业规划,国家规定的建设工程勘察、设计深度要求编制建设工程勘察、设计文件的,责令限期改正;逾期不改正的,处10万元以上30万元以下的罚款;造成工程质量事故或者环境污染和生态破坏的,责令停业整顿,降低资质等级;情节严重的,吊销资质证书;造成损失的,依法承担赔偿责任。

第四十一条 违反本条例规定,有下列行为之一的,依照《建设工程质量管理条例》第六十三条的规定给予处罚:

(一)勘察单位未按照工程建设强制性标准进行勘察的;

(二)设计单位未根据勘察成果文件进行工程设计的;

(三)设计单位指定建筑材料、建筑构配件的生产厂、供应商的;

(四)设计单位未按照工程建设强制性标准进行设计的。

第四十二条 本条例规定的责令停业整顿、降低资质等级和吊销资质证书、资格证书的行政处罚,由颁发资质证书、资格证书的机关决定;其他行政处罚,由建设行政主管部门或者其他有关部门依据法定职权范围决定。

依照本条例规定被吊销资质证书的,由工商行政管理部门吊销其营业执照。

第四十三条 国家机关工作人员在建设工程勘察、设计活动的监督管理工作中玩忽职守、滥用职权、徇私舞弊,构成犯罪的,依法追究刑事责任;尚不构成犯罪的,依法给予行政处分。

第二章　勘察设计从业人员职业道德准则规范

(1) 发扬爱国、爱岗、敬业精神，既对国家负责同时又为企业服好务。珍惜国家资金、土地、能源、材料设备，力求取得更大的社会、经济和环境效益。

(2) 坚持质量第一，遵守各项勘察设计标准、规范、规程，防止重产值、轻质量的倾向，确保公众人身及财产安全，对工程质量负责到底。

(3) 钻研科学技术，不断采用新技术、新工艺，推动行业技术进步；树立正派学风，不搞技术封锁，不剽窃他人成果，采用他人成果要标明出处，尊重他人的正当技术、经济权利。

(4) 认真贯彻勘察设计的各项方针政策，合法经营，不搞无证勘察设计，不搞越级勘察设计，不搞私人勘察设计，不出卖图签图章。

(5) 遵守市场管理，平等竞争，严格按规定收费，不超收、不压价，勇于抵制行业不正之风，不因收取"回扣""介绍费"等而选用价高质次的材料设备，不贬低别人，抬高自己。

(6) 信守勘察设计合同，以高效、优质的服务，为行业赢得信誉。

(7) 注重团结协作，树立集体观念，甘当配角，艰苦奋斗，无名奉献。

(8) 服从单位管理，有令则行，有禁必止。

参 考 文 献

[1] 公路工程技术标准:JTG B01—2014[S]. 北京:人民交通出版社,2014.
[2] 公路工程抗震规范:JTG B02—2013[S]. 北京:人民交通出版社,2013.
[3] 公路路线设计规范:JTG D20—2017[S]. 北京:人民交通出版社股份有限公司,2017.
[4] 公路水泥混凝土路面设计规范:JTG D40—2011[S]. 北京:人民交通出版社,2011.
[5] 公路路基设计规范:JTG D30—2015[S]. 北京:人民交通出版社股份有限公司,2015.
[6] 公路沥青路面设计规范:JTG D50—2017[S]. 北京:人民交通出版社股份有限公司,2017.
[7] 公路排水设计规范:JTG/T D33—2012[S]. 北京:人民交通出版社,2012.
[8] 公路桥涵设计通用规范:JTG D60—2015[S]. 北京:人民交通出版社股份有限公司,2015.
[9] 公路圬工桥涵设计规范:JTG D61—2005[S]. 北京:人民交通出版社,2005.
[10] 公路钢筋混凝土及预应力混凝土桥涵设计规范:JTG 3362—2018[S]. 北京:人民交通出版社股份有限公司,2018.
[11] 公路桥涵地基与基础设计规范:JTG 3363—2019[S]. 北京:人民交通出版社股份有限公司,2019.
[12] 公路沥青路面施工技术规范:JTG F40—2004[S]. 北京:人民交通出版社,2004.
[13] 公路路基施工技术规范:JTG/T 3610—2019[S]. 北京:人民交通出版社股份有限公司,2019.
[14] 公路路面基层施工技术细则:JTG/T F20—2015[S]. 北京:人民交通出版社股份有限公司,2015.
[15] 公路工程沥青及沥青混合料试验规程:JTG E20—2011[S]. 北京:人民交通出版社,2011.
[16] 公路工程水泥及水泥混凝土试验规程:JTG 3420—2020[S]. 北京:人民交通出版社股份有限公司,2020.
[17] 公路工程岩石试验规程:JTG E41—2005[S]. 北京:人民交通出版社,2005.
[18] 公路工程无机结合料稳定材料试验规程:JTG E51—2009[S]. 北京:人民交通出版社,2009.
[19] 公路工程集料试验规程:JTG E42—2005[S]. 北京:人民交通出版社,2005.
[20] 公路路基路面现场测试规程:JTG 3450—2019[S]. 北京:人民交通出版社股份有限公司,2019.
[21] 公路工程质量检验评定标准 第一册 土建工程:JTG F80/1—2017[S]. 北京:人民交通出版社股份有限公司,2017.
[22] 公路勘测规范:JTG C10—2007[S]. 北京:人民交通出版社,2007.
[23] 公路隧道设计细则:JTG/T D70—2010[S]. 北京:人民交通出版社,2010.

[24] 公路交通安全设施设计规范:JTG D81—2017[S].北京:人民交通出版社股份有限公司,2017.
[25] 公路自然区划标准:JTJ 003—86[S].北京:人民交通出版社,1986.
[26] 公路土工试验规程:JTG 3430—2020[S].北京:人民交通出版社股份有限公司,2020.
[28] 道路交通标志和标线:GB 5768—2017[S].北京:中国标准出版社,2017.
[29] 城市道路交通规划设计规范:GB 50220—95[S].北京:中国标准出版社,1995.
[30] 城市工程管线综合规划规范:GB 50289—2016[S].北京:中国建筑工业出版社,2016.
[31] 城市道路设计规范2016年版:CJJ 37—2012[S].北京:中国建筑工业出版社,2012.
[32] 市政工程勘察规范:CJJ 56—2012[S].北京:中国计划出版社,2013.
[33] 城市人行天桥与人行地道技术规范:CJJ 69—95[S].北京:中国建筑工业出版社,1995.
[34] 城市道路绿化规划与设计规范:CJJ 75—97[S].北京:中国建筑工业出版社,1998.
[35] 城市桥梁设计规范2019年版:CJJ 11—2011[S].北京:中国建筑工业出版社,2019.
[36] 无障碍设计规范:GB 50763—2012[S].北京:中国建筑工业出版社,2012.
[37] 厂矿道路设计规范:GBJ 22—87[S].北京:中国计划出版社,1987.
[38] 住房城乡建设部工程质量安全监管司.市政公用工程设计文件编制深度规定:2013年版[M].中国建筑工业出版社,2013.
[39] 交通部第二公路勘察设计研究院.公路设计手册 路基第二版[M].北京:人民交通出版社,1991.
[40] 凌天清.道路工程[M].北京:人民交通出版社,2005.
[41] 方左英.路基工程[M].北京:人民交通出版社,1996.
[42] 全国一级建造师执业资格考试用书编写委员会.公路工程管理与实务[M].北京:中国建筑工业出版社,2004.
[43] 交通部公路局.公路建设管理法规文件汇编[M].北京:人民交通出版社,2006.
[44] 公路勘测细则:JTG/T C10—2007[S].北京:人民交通出版社,2007.
[45] 黄文元,汪双杰.公路勘测手册[M].北京:人民交通出版社,2007.
[46] 公路工程地质勘察规范:JTG C20—2011[S].北京:人民交通出版社,2011.
[47] 岩土工程勘察规范2009年版:GB 50021—2001[S].北京:中国建筑工业出版社,2001.
[48] 公路工程结构可靠性设计统一标准:JTG 2120—2020[S].北京:人民交通出版社股份有限公司,2020.